中央文化名家"四个一批"人才工程项目"中国发展权研究报告"的成果形式

中国发展权研究报告
——话语体系构建

The Research Report on the Right to Development of China:
The Establishment of Discourse System

汪习根 等◎著

人民出版社

责任编辑：李琳娜

图书在版编目（CIP）数据

中国发展权研究报告：话语体系构建/汪习根 等著. —北京：人民出版社，
　2020.8
ISBN 978－7－01－020812－1

Ⅰ.①中… Ⅱ.①汪… Ⅲ.①权利-研究报告-中国 Ⅳ.①D921

中国版本图书馆 CIP 数据核字（2019）第 091097 号

中国发展权研究报告
ZHONGGUO FAZHANQUAN YANJIU BAOGAO
——话语体系构建

汪习根　等著

人民出版社 出版发行
（100706　北京市东城区隆福寺街 99 号）

中煤（北京）印务有限公司印刷　新华书店经销

2020 年 8 月第 1 版　2020 年 8 月北京第 1 次印刷
开本：710 毫米×1000 毫米 1/16　印张：20.5
字数：320 千字

ISBN 978－7－01－020812－1　定价：69.00 元

邮购地址 100706　北京市东城区隆福寺街 99 号
人民东方图书销售中心　电话（010）65250042　65289539

目　录

前　言 ……………………………………………………………… 1

第一章　定位:发展权是首要的基本人权 ………………………… 1
　第一节　发展权人权定位的国家分歧与学说争鸣………………… 1
　　一、《发展权利宣言》表决国之间的争议 ……………………… 1
　　二、发展权形成过程中的学理争鸣 …………………………… 5
　　三、发展权价值定位的多重观点 ……………………………… 7
　第二节　理论与实践:发展权定位的中国选择和中国面貌 ……… 9
　　一、重中之重——中国发展权的首要地位……………………… 9
　　二、独具特色——中国发展权的本土面貌 …………………… 17

第二章　概念:提出保证人民平等参与平等发展权利……………… 26
　第一节　中国与发展权——从外交话语到执政理念 …………… 26
　　一、外交话语:发展权的倡导者 ……………………………… 26
　　二、执政理念:发展权的践行者 ……………………………… 28
　　三、理性解读:发展权的构建者 ……………………………… 31
　第二节　发展权概念构建的中国贡献…………………………… 34
　　一、发展权概念的细化 ………………………………………… 34
　　二、发展权概念的创新 ………………………………………… 37

第三章　内容：经济、政治、文化、社会和生态文明"五位一体"的

发展权利 ……………………………………………… 64

　第一节　"五位一体"发展权观的演进 ……………………… 64

　　一、发展权"一元论" ………………………………………… 64

　　二、发展权"三元论" ………………………………………… 65

　　三、发展权"多元论" ………………………………………… 68

　第二节　"五位一体"发展权观的内容 ……………………… 70

　　一、政治发展权 ……………………………………………… 70

　　二、经济发展权 ……………………………………………… 74

　　三、文化发展权 ……………………………………………… 77

　　四、社会发展权 ……………………………………………… 80

　　五、生态发展权 ……………………………………………… 83

　第三节　"五位一体"发展权观的意义 ……………………… 85

　　一、发展主体：物本位到人本位的超越 …………………… 86

　　二、发展客体："四位"到"五位"的超越 ………………… 86

　　三、发展动力：外部扶持到能力建设 ……………………… 87

第四章　性质：发展权是社会主义的本质要求 ……………… 89

　第一节　发展权与社会主义的本质关联 …………………… 89

　　一、发展权与社会制度的正义 ……………………………… 90

　　二、发展权是社会主义的本质要求 ………………………… 95

　第二节　发展权与解放和发展生产力 ……………………… 97

　　一、发展是发展权的基本实现路径 ………………………… 97

　　二、生产力与发展权 ………………………………………… 99

　第三节　发展权与消除贫困 ………………………………… 100

　　一、消除贫困是社会主义与发展权的首要交汇点 ………… 100

　　二、免于贫困的发展权利是发展权的一个基本形态 ……… 101

　　三、中国免于贫困的发展权利实践成就 …………………… 104

　第四节　发展权与共同富裕 ………………………………… 106

一、共同富裕是社会主义的本质要求 ……………………… 106

二、发展机会均等是发展权的核心要义 ………………… 107

三、发展过程公平是发展权的必要保障 ………………… 108

四、发展结果公平是发展权的根本价值 ………………… 109

第五章　理念：以创新、协调、绿色、开放、共享发展权理念引领

发展权 …………………………………………………… 112

第一节　新发展理念与发展权的内在联系 ………………… 113

一、创新是实现发展权的首要动力 ……………………… 114

二、协调是实现发展权的内在要求 ……………………… 117

三、绿色是永续发展权的必要条件 ……………………… 120

四、开放是实现发展权的必由之路 ……………………… 124

五、共享是实现发展权的根本目标 ……………………… 126

第二节　发展权新理念的世界意义 ………………………… 129

一、发展权新理念的理论贡献 …………………………… 130

二、发展权新理念的实践意义 …………………………… 136

第六章　原则：坚持以人民为中心的发展权导向 ………… 152

第一节　以人民为中心的发展权的思想渊源 ……………… 152

一、"以人为本"：古代民本思想的滥觞 ……………… 153

二、"道法自然"，道家思想的民本内涵 ……………… 155

三、"兼爱非攻"：墨家思想的民本主张 ……………… 159

四、"仁者爱人"：秦汉儒家的民本思想 ……………… 162

五、"万民之忧乐"，明清民本思想的蝶变 …………… 166

第二节　以人民为中心的发展权的理论基础 ……………… 169

一、古典人权理论的核心——"人民主权" …………… 169

二、人权理论的创新——"人民主体" ………………… 174

第三节　以人民为中心的发展权的主要内容 ……………… 181

一、人是发展的主体 ……………………………………… 182

二、人的发展权利 ·· 184

第四节　以人民为中心的发展权的现实体现 ············ 188

一、以人民为中心的发展行动规范 ····················· 188

二、以人民为中心的发展实践模式 ····················· 192

第七章　战略:以"发展是第一要务"落实发展权 ········· 194

第一节　理论基础:发展战略与发展权 ·················· 194

一、发展与发展权的关系 ································· 194

二、发展战略与发展权的关系 ··························· 198

第二节　战略定位:中国发展战略与发展权 ············· 200

一、"发展是硬道理"与发展权 ·························· 200

二、"发展是执政兴国的第一要务"与发展权 ·········· 202

三、"科学发展观"与发展权 ····························· 203

四、"新发展理念"与发展权 ····························· 205

第三节　战略任务:战略规划与落实发展权 ············· 207

一、脱贫攻坚与落实发展权 ····························· 207

二、区域开发与落实发展权 ····························· 210

三、城乡一体化建设与落实发展权 ····················· 212

四、社会保障体系与落实发展权 ························· 214

第八章　步骤:在实现中华民族伟大复兴中国梦中增进发展权 ········ 216

第一节　中国梦的科学内涵与发展权 ···················· 217

一、历史纵向中国梦与发展权 ··························· 218

二、中外横向中国梦与发展权 ··························· 219

三、个体群体中国梦与发展权 ··························· 221

第二节　发展权理论保障实现中国梦 ···················· 226

一、发展权理论为中国梦提供价值引领 ··············· 226

二、中国梦的实现有助于增进发展权 ·················· 230

第九章　保障:从机会均等到社会公平的发展权支持体系 ……………… 250

　　第一节　从"发展机会均等"到"社会公平" ……………………… 250

　　　　一、"发展机会均等"是发展权的核心要义 ……………… 251

　　　　二、"社会公平"对"发展机会均等"的超越 ……………… 253

　　第二节　社会公平观是发展权保障的重要理论基础 …………… 255

　　　　一、权利公平与发展权 ……………………………………… 256

　　　　二、机会公平与发展权 ……………………………………… 259

　　　　三、规则公平与发展权 ……………………………………… 261

　　第三节　发展权社会公平保障体系的建构路径 ………………… 264

　　　　一、完善收入分配制度 ……………………………………… 264

　　　　二、完善社会保障制度 ……………………………………… 266

　　　　三、完善公共财政制度 ……………………………………… 268

第十章　方式:以法治思维和法治方式推动发展权 …………………… 272

　　第一节　以法治思维和法治方式推动发展权的内在机理 ……… 273

　　　　一、法治对发展权的价值 …………………………………… 273

　　　　二、发展权对法治的功能 …………………………………… 276

　　　　三、发展权法治思维方式 …………………………………… 279

　　第二节　以法治思维和法治方式推动发展权 …………………… 280

　　　　一、发展权法治思维的丰富内涵 …………………………… 280

　　　　二、发展权法治思维的实践成效 …………………………… 288

参考文献 …………………………………………………………………… 297

前　言

本成果是本人主持的中央文化名家"四个一批"人才项目的最终成果形式。衷心感谢中央设立这一重要人才项目并提供资助与支持,让我们得以持续不断地研究发展权这一主题。

一

和平与发展是当今世界的两大主题。而和平、发展与人权构成联合国的三大支柱。发展权不仅越来越引起国际社会的重视,也是作为世界上最大发展中国家的中国所关注的首要人权问题。然而,在国际社会,围绕发展权的理论争议绵延不断,实践分歧难以弥合。贫困、饥饿、疾病、灾害、剥削、贸易保护、社会不公、环境危机、冲突与战争,如此等等,给发展权带来严峻挑战。如何解决发展权这一发展中国家面临的最重要的人权问题,成为世人瞩目的关键。

中国改革开放以来的发展权实践,为人类共同分享发展权积累了宝贵的经验,值得深入总结与提炼。改革开放以来,中国尽管面临重重发展障碍,但是,通过制度改革和对外开放,以发展是第一要务为战略导向,致力于把发展权与生存权作为首要的基本人权,在发展权保障上创造了世界奇迹。从 1978 年到 2017 年,中国跃居为世界第二大经济体,全国城镇人均可支配收入由 343 元增加到 36000 多元,农民人均纯收入由 134 元增加到 13400 多元;[①]建

---

① 参见国家统计局网站,见 http://data.stats.gov.cn/easyquery.htm? cn = Bo18&2b = A0501&sj = 2017。

立起了覆盖13.5亿人的基本医疗保险和9亿多人的社会养老保险体系；全面实现小学和初中免费义务教育；7亿多人口摆脱绝对贫困，占同期全球减贫人口总数的70%以上。依法保护公民人身权利财产权利；建立和完善人民代表大会制度，平等保障公民的参与权、知情权、选举权、表达权、监督权；实现民族区域自治制度，有效保护55个少数民族的人权；特别重视保护老、弱、病、残、妇女、儿童等弱势群体的人权。当然，中国发展权实践进程没有也不可能就此止步。继党的十七大、十八大提出保障全体人民平等参与平等发展的权利之后，党的十九大报告强调指出，在全面建成小康社会之后，再用15年时间，基本实现现代化，使全体公民平等参与平等发展的权利得到充分落实。可见，发展权在中国人权体系中具有无可替代的重要地位。

实践出真知。丰富多彩的发展权实践为发展权话语体系构建提供了生动素材和鲜活样本，而发展权国内保障水平的进一步提高尤其是国际话语权影响力的提升呼唤更为科学系统的知识供给与理论支持。为此，我们必须深度思考和认真分析如下基础性问题：发展权的理论基础究竟是什么？如何进行发展权的概念构建？发展权的价值理念和价值原则是什么？如何最大限度地释放发展权的价值效能？这些无疑是新时代对发展权理论与实践提出的崭新课题，对形成科学理性、意义深远的发展权话语体系具有始源性意义。

正是基于对经验凝练与意义发现的关注，我们转变原有的发展权研究方法论，以实践主义与实证分析为基本导引，研究"活的"中国发展权话语体系。

二

围绕本课题，主持人进行了持之以恒地进行研究和学术积累，在社会调查、经典阅读、政策分析、国际实践与学术研讨五大层面开展了一系列学术活动。特别是在中共中央宣传部直接领导下，我们先后于2016年5月和2018年7月在武汉举办了"新发展理念与发展权——纪念联合国《发展权利宣言》通过三十周年"研讨会和"改革开放与中国人权事业的进步"研讨会。第十届全国政协副主席罗豪才、时任中共中央宣传部副部长、国务院外宣办副主任崔玉英、中共中央宣传部人权事务局局长鲁广锦、中共中央党校原副校长李君如、中国人权研究会副会长、全国人大常委、全国人大宪法与法律委员会副主任徐显明和西南政法大学校长付子堂、外交部前大使陈士球、沈永祥同志以及来自中国人民大学、中国政法大学、北京大学、清华大学、南开大学、西南政法大学、山东大学、复旦大学、广州大学等高校知名专家参加了研讨。主持人参加了联合国人权理事会有关会议，受中央有关部门委托策划主持联合国发展权主题边会，并先后参加北京人权论坛、南南人权论坛等国际重大会议，就课题研究与国内外有关专家学者进行了深入交流。课题研究期间，主持人还带领课题组成员先后奔赴北京和广州参加"中国人权研究会深入学习贯彻党的十九大精神座谈会"以及由中国人权研究会和广东省委宣传部主办的"新时代中国人权事业的发展"研讨会，时刻把握课题相关最新学术动态与实践前沿问题。在此，特向有关领导和专家表示由衷的感谢！

正是基于这些研究，在原有基础上，近几年来形成一系列新的研究成果。其一，在《人民日报》《光明日报》《中国社会科学文摘》《求是》等重要报刊发表了数十篇发展权方面的专业学术论文，系统研究了发展权在中国的理论表达与实践经验问题。其二，在荷兰、日本出版发展权方面的英文和日文著作2部、中文著作1部、发展权集刊1部。其三，向中央提供一系列高质量咨询报告，被中央有关部门领导批示，特别是《着力提升中国发展权话语国际影响力》，首次从十大方面全面阐释了中国发展权话语权的总体构成和基本样态。其四，作为联合国发展权唯一一位华人高级专家，主持人直接参加了联合国发展权国际标准的起草和讨论工作，并多次应邀赴联合国日内瓦办事处就发展权问题向联合国提供咨询意见，有关咨询建议被载入联合国官方文件。其五，受外交部门和宣传部门邀请，在联合国举办中国发展权成就的边会，与欧美以及亚非拉国家进行多次对话与交流，取得良好的国际效果。其六，受中央委托，负责起草了中国发展权白皮书——《发展权：中国的理念、实践与贡献》，于2016年底由国务院新闻办向全世界以多种语言文字发行，产生良好的国际反响，受到联合国好评。

三

本课题聚焦于全球背景下中国自身发展权的理论与实践价值,从定位、概念、内容、性质、理念、原则、战略、步骤、保障与方式共计十大方面全面揭示了发展权在中国的理论表达与经验模式。从逻辑上看,这十大方面可以分解为从概念构建到价值理念再到实践保障三个层次:前三者是对发展权进行的意义分析与概念构造,而性质、理念、原则这三者则是对发展权的理论原则与价值理念进行的挖掘提炼,旨在为实践保障提供导航与指引。最后的战略、步骤、保障与实践方式这四者揭示了落实与保护发展权的实践方案。

这十个方面的每一点都蕴含着巨大的理论勇气与创新精神。从定位上看,对何为基本人权? 国际学术界和人权实践领域可谓众说纷纭,莫衷一是。有的认为生命权最为重要,有的认为自由权最为基本,有的将公民政治权利作为基础性人权,还有的则把重点放到经济社会文化权利。其实,任何人权都不是抽象的孤立的脱离社会而存在的,每一种人权都是相互依存、相互关联、不可分离和割裂的。而不同社会背景和发展水平下的优先考虑事项又是各不相同的。中国致力于以生存权和发展权为人权体系中的基本的首要的人权,这是对西方人权理论的突破,为世界人权注入了新的生命活力,体现了对人权理论体系构建的原创性贡献。从概念上看,发展权自 1986 年被联合国发展权利宣言确立以来,不仅是一个国际话语,还融入国家内部的制度系统,更为重要的是,它已经成为执政党治国理政的根本价值取向。中国共产党在十七大、十八大和十九大报告中,连续三次明确提出保护气体公民平等参与平等发展的权利,旨在让发展成果更多更公平地惠及全体人民。这就改变了以往将发展权仅仅当做是一项国际法意义上的人权的观点,使之转变成为是一项在国际和国内两个层面共存的符合性人权形态。不仅是国家尤其是弱国向国际社会主张的一项人权,也是国家对公民的郑重承诺和法定责任。这一概念场域的重大变化,为发展权的实现奠定了厚实的基础,无疑是对国际发展权的理论贡献。从内容上看,中国提出的经济、政治、社会、文化与生态文明"五位一体"的总体布局,丰富与拓展了发展权内涵与外延,发展权不再仅仅是经济发展权,也不只是经济与社会互动的发展权,它是一个综合体,包含了经济发展权、政治发展权、社会发展权、文化发展权与生态上的可持续发展权五种子人权形式。在性质上,提出发展权是社会主义本质属性反映这一命题,把发展权与社会主义连为一体。这是人权法学与法政治学上的重大突破。有必要深刻揭示其内在依据与法理基础:社会主义的本质在于解放和发展生产力,消除贫穷、消除两极分化,通过一部分人先富,最终实现共同富裕。而消除贫困、共同富裕、社会公平正是发展权的基本诉求。所以,发展权应当被上升到社会主义本质特征与根本价值这一上层建筑的层面来认识,才能获得最优制度保障。从理念上看,从起初以经济建设为中心,到经济与环境的互动,再到创新、协调、绿色、开发、共享新发展理念的提出,为发展权的实现提供了更加全方位的科学指引,成为中国发展权实践的根本指针。从战略上看,中国提出以发展促进发展权的实现,为国际学术界关于人权与发展的理论争论开创了新的思路。西方学界一般认为,人权先于发展,只有人权保障水平提高了,才能促进发展。其实,人权与发展不可分离,发展本身就是人权,以人权看待发展和以发展看待人权同等重要。而发展是解决发展中的各种人权问题的关键。这一原理生动地贯彻于中国的发展实践之中,从起初的发展是硬道理到后来的发展是执政兴国的第一要务,再到新近的发展是中国的第一要务,持续不断地展示了发展与人权关系定位的中国魅力,深刻回应了国际社会关于人权与发展关系理论之不足。在步骤上,中国发展权实践的宏观设想经历了"三步走"——一个时段、两个阶段的演进,十九大提出,到 2020 年全面建成小康社会,人权得到极大尊重和保障;从 2020 年起,经过 15 年的发展,全体人民平等参与平等发展的权利得到充分落实;再经过 15 年,建设成为一个人权强国。从保障体系上看,改变了联合国发展权利宣言提出的"发展机会均等"是发展权的关键这一观点,而提出应当构建机会公平、规则公平和权利公平的社会公平体系,体现了形式主义与实质正义连为一体的新发展权观点。而为了实现发展权,法治是最为重要而有效的实践方式。全面依法治国,建设法治中国,为发展权的有效落实提供了基本方略。人权是法治的根本价值,法治是人权是强制保障。通过全面推进依法治国,让人权中国与法治中国相映成趣、交相辉映。

四

面对国际人权领域的尖锐分歧和风云变幻的局势,应当主动设置建设性议题,向国际社会展示中国发展权理论与实践创新对全球人权事业发展的独创性贡献,并向联合国提出富有建设性的发展权议题和建议,积极倡导进一步采取卓有成效和效率的措施促进人类发展权的实现。

对如何提升中国发展权理论与实践的世界影响力,我们认为,结合当前的国际国内环境,可以采取以下六大对策:

(一)建议联合国制定关于实现发展权主流化的专门文件。在充分认识到发展权的紧迫性及其与其他人权相互关联的基础上,呼吁联合国根据《发展权利宣言》和有关决议以协商一致的方式构建保障发展权主流化的机制,召开专门会议进行深度研究讨论,就发展权的主流化问题达成共识。为此,建议联合国制定一个将发展权主流化的专门文件,可以称之为《关于实现发展权主流化的决议》,确定发展权在人权体系中的基本人权地位,以及发展权主流化的价值理念、基本原则、战略规划和行动计划。中国政府可以向联合国提出一个建议稿,或者通过民间学者以民间组织的名义向联合国人权高专办提出该建议稿,将中国发展权主张有意识地提升为国际规则,牢牢把握规则制定这一最大的国际话语权,充分释放价值引导功能,彻底走出西方人权普世价值的泥潭。

(二)向联合国建议专题研究如何将发展权深度融入联合国《变革我们的世界:2030年可持续发展议程》(以下简称《2030年可持续发展议程》)的具体实施机制与方式。国际社会应当在现有成果基础上进一步深入研究将发展权融入《2030年可持续发展议程》的具体路径、对策、步骤、评审与监督机制,对照议程的17个目标设定阶段性的具体目标与任务。为达此目的,应当强化联合国发展权专门机制,重新设立发展权高级专家机制,建立顾问制度,增强联合国系统内部的协调性及其与国际组织、各国家和民间社会、学术机构的合作,进行有针对性的研究。倡导各国应该根据各国国情和发展现状制定国别方案,确保有计划地逐一落实。2016 年 9 月,我国发布了《中国落实 2030 年可持续发展议程国别方案》。今后,应当组织力量,加强对这一方案与发展权的互动机制与关联方式的实践论证,加强对这一方面实践成果与成功经验的理论总结,加强对我国发展模式的提炼与对外传播,通过在这三个方面的努力,可以找准突破口,切实占领人权舆论制高点,始终抓住人权宣传主动权。

（三）在国际社会旗帜鲜明地主张发展权应当作为人权事务的优先考虑事项。以人权价值观从自由向公正转型为理论支撑,不断让国际社会和各国民众明确人权的核心关切应当是重点解决发展中国家的贫困、饥饿、疾病、教育、失业等民生问题。为此,需要廓清一个前提性问题:发展权与公民政治权利以及经济社会文化权利之间的相互依存关系。应当铭记《2030 年可持续发展议程》对发展权与发展议程之间的关联性的定位以及对发展权重要性的特别强调,在保护所有人权的同时,重点保护发展权。而其中尤为重要的是确保供给足够的食物、洁净的饮用水、基本的医疗卫生保健、适足的住房、充分的就业、全民共享的社会保障与公共服务。这应当成为人权理论研究和人权舆论战的基本出发点和最终归宿,并为国际社会所接受。

（四）积极构建发展权全球经验总结与分享平台。可以采取两种方式:一是呼吁联合国和有关国际组织搭建发展权经验分享平台,在广泛收集世界各国发展权实践的成功经验和失败教训的基础上,选取具有典型意义的样本作为国际社会落实发展权的参考。二是广泛动员和联合世界上的各主流媒体,构建一个发展权的经验交流与互动网络体系。不仅从宏观上阐释中国发展权政策法律、理论研究与实践成果,而且要更加注重在微观上以案说法、见微知著;不仅要体现中国特色,而且要做到中国故事、国际表达;不仅要以中国人权理论阐释发展权,而且要善于用国际人权理论为背景来求证与分析发展权,形成为国际话语。事实上,我国在发展权实践上,自 20 世纪 80 年代以来,已经先后形成了区域发展模式、减贫模式、公平教育模式、可持续发展模式等,特别是为2030可持续发展议程的形成和落实做出了应有的贡献。2016年4月，中方发布了《落实发展议程中方立场文件》；中方作为二十国集团（G20）主席国，9月在杭州承办G20峰会，首次将发展问题置于G20议程的核心位置，设置"包容、联动式发展"议题。这表明，完全应当也可以积极创设条件，理直气壮地与各国在自愿平等原则基础上分享中国经验。

（五）主动构建发展权国际合作伙伴关系。建议有关国际组织、各国家、企业界、NGOs重点开展在投资、贸易、金融、知识产权等方面的合作，重点帮助发展中国家缓解债务危机、提供技术援助、强化能力建设。为此，呼吁各国家采取行之有效的措施履行发展援助承诺，奉行全面履行和及时履行两个基本原则。对联合国现有的发展机制、方案、项目进行适度的整合以进一步提高效率，搭建一个民间社会与官方对话的平台。也可以考虑拓展社会论坛（Social Forum）的功能，将会期由一年一次增加到一年两次或多次；提高参加人员的代表性，发动工商企业、金融业、学者、NGO广泛参与，就发展权重点领域的问题进行讨论，形成成果文件提交联合国有关机构或组织作为决策参考。总之，国际社会应当加强全球或区域合作，优化方案，一致行动，不让一个人掉队，共同开创发展权的美好未来。

（六）定期出版《中国发展权白皮书》和《中国发展权蓝皮书》。在国际人权领域，要尽可能发挥发展权的威力，就不能将发展权当成单一的把式，而应开发出一套发展权组合拳，确保强效高效地连续发力，用足用活这把对西方人权的杀手锏。为此，一是由中央每3—5年对外发布一个《中国发展权白皮书》，向全球集中系统展示我国发展权的成果，全方位反映经济发展权、政治发展权、社会发展权、文化发展权和可持续发展权的最新动态与成功经验。二是每一年发布一个《中国发展权蓝皮书》，由发展权专家牵头撰写，按照年度专题报告的形式，在实践、经验与理论三大层面灵活多样地向世人展示我国发展权成果，扩大国际交流渠道，搞好阵地建设。这两者相互补充、相互关联，在国际社会将共同发挥不可替代的人权理论思想建设功能。

本成果是主持人负责制下集体合作的产物。各章编写人员如下：汪习根、陈佑武（第四章）、廖奕、胡振灏（第一章）、肖凤（第三、七章）、刘远（第二、六章)、汪茹霞(第八、十章)、周锐(第九章)、张娇娇(第五章)。周昕对本成果的结构安排提出了宝贵意见。最后由主持人统稿、改稿与定稿。

　　由于研究水平所限,对其中存在的疏漏与缺点,我们真诚地期待学界给予批评指正!

汪习根

2020 年 7 月

第一章　定位:发展权是首要的基本人权

自 1970 年塞内加尔第一任最高法院院长、人权国际协会副主席凯巴·姆巴耶在《作为一项人权的发展权》的演讲中指出发展权是一项人权,发展权概念由此被正式提出,到发展权被集中记载于 1979 年联大通过的《关于发展权的决议》和 1986 年联大通过的《发展权利宣言》之中,从而作为一种人权规范和制度被正式确认,再到后来发展权在理论与实践中的不断发展和丰富,发展权的历程可谓是历经坎坷。在这么多年的发展过程中,发展权从被提出到被联大确认,都伴随着质疑、批判甚至抵制的声音,以至于到现如今,关于发展权到底是不是一项人权、发展权属不属于基本人权等这样的人权定位问题一直萦绕在各个国家和相关国际组织以及众多学者的左右,观点不一、分歧颇多。然而,中国作为世界上最大的发展中国家在发展权提出的最初就赞成发展权是一项人权的说法,在后来的发展历程中也逐渐将发展权提高到和生存权一样的首要的基本人权地位。本章主要阐述的是两部分问题:一是发展权的人权定位过程中具有哪些具体的争议,不同的国家和学者又是如何看待这些问题的;二是中国为何将发展权定位成首要的基本人权,以及作为一项首要人权在中国本土形成了怎样的与时俱进的特色内容。

第一节　发展权人权定位的国家分歧与学说争鸣

一、《发展权利宣言》表决国之间的争议

联合国大会、人权委员会、不结盟国家首脑会议以及非洲统一组织国家和

政府首脑会议等国际或区域组织一再宣告发展权这一事实的存在,但是这并不能直接将其确定为各国已认可的事项。为此,还需要国家实践的支撑以及签署一份对发展权利内容作出详细规定并取得各国广泛认同的文件。

1981 年,人权委员会专设一个工作小组以起草一项关于发展权的宣言。但是由于该小组(共 15 个成员,分别来自于法国、荷兰、美国等国家)不能达成一致,故人权委员会将该问题提交给联合国大会。前南斯拉夫接受了关于推进该项目进展的任务,后在 1985 年第 40 届联大会议上,散发了 15 人工作小组之前准备的数个草案中的一个。令人意想不到的是,该草案得到了大多数国家的认同,不过由于没有取得全体一致的同意,故前南斯拉夫代表团决定在此届联大暂不表决该项草案。在 1986 年,前南斯拉夫代表团在第 41 届联大上再一次散发该草案,而且明确表示要将该事项付诸表决。1986 年 12 月 4 日,第 41 届联大以 146 票赞成、1 票反对和 8 票弃权,通过了 41/128 号决议,即《发展权利宣言》。联大第 3 委员会主席在第 41 届会议上,将该宣言的通过表述为"可能是该委员会的最重要的成就"。[1]

《发展权利宣言》虽然获得高票通过,但是没有获得全体表决国的一致认可。投出唯一反对票的国家是当时在经济金融方面国际上最大的援助国美国,其代表团在投反对票时做出了这样的解释:"该宣言是不精确的和自相矛盾的"。[2] 美国方面认为发展不能主要通过发达国家向发展中国家直接经济援助及转让财富的方式取得。另外 8 个投弃权票的国家有日本、英国、联邦德国及四个北欧国家。这些国家均是发达国家,是国际上重要的经济援助国,而且都对于推进现代人权体系构建和保障有着重要影响力。它们对于这样的投票结果所做出的解释是:首先,处于首要的人权地位的应当是个人人权而不是泛化的人民权利(集体人权)概念;此外,对于发展的扶持和援助不能被从国际法的角度加以规范和确定以形成一项限定的义务。

在《发展权利宣言》的讨论和表决通过过程中,持有不同人权观念和站在

---

[1] 〔澳〕R.里奇:《发展权:一项人民的权利?》,李鸣译,载沈宗灵、黄枬森:《西方人权学说(下)》,四川人民出版社 1994 年版,第 293 页。

[2] 〔澳〕R.里奇:《发展权:一项人民的权利?》,李鸣译,载沈宗灵、黄枬森:《西方人权学说(下)》,四川人民出版社 1994 年版,第 294 页。

不同利益立场上的国家，对于发展权的接受的范围和包容的程度不尽相同，也由此产生了诸多方面的分歧和争议。

在发展权的权利内涵上存在两种对立的观点，一种观点认为，发展权是国家及其国民对国际社会所主张的一种需要其给予特殊注意和保护并提供相应发展援助的权利，这就需要国家在承担国际关系中的义务的同时，应当也有为了自身的发展而寻求国际社会的必要保护和协助的权利，诸如参与构建更加平等有效、减少歧视和剥削的国际政治和经济新秩序，促进各国特别是发展中国家的均衡快速发展；另一种观点认为，发展权是一个国家的国民对该国所要求和享受的促进全面发展的个人权利，国家应该尽力帮助全体国民获得并享受在政治、经济、文化和社会等各方面自由、协调、综合发展的权利。两种观点分歧的关键之处在于："发展权究竟是个人的人权和国家义务的统一，还是国家的权利和国家组成的国际社会义务的统一；究竟是以经济发展为核心，还是以政治发展为重点"。[①]

在发展权的权利归属方面，国际人权法学界分歧颇多，有三种不同的声音。第一种声音是，个人是发展权的享有者。发展权作为一种人权，是全体人类中的每一个人都应享有的权利。"发展权"概念的提出者凯巴·姆巴在早期著作中认为发展权源于生存权，并得出了"发展权显然是一项个人人权，因为没有无发展的人权"的结论。这种观点的推崇者认为仅有个人能享有并实践发展权利，而国家或其他集体主体并不是发展的主体，只是在组成它们的个体成员的意义上才能享有这一权利。[②] 第二种声音是，发展权是一项集体人权，其归属于集体，包括国家及其国民。当然这里的"国民"泛指作为一个集合体的国家人民的全部，并不是简单视作每一个国民个体。这样的观点主要是基于发展权是在特定的历史背景下的产物，它主要是发展中国家为了在原有不合理的国际政治经济秩序条件下争取更多的平等发展空间和构建良好的国际大环境而提出并倡导的。这一观点的部分极端推崇者甚至认为，发展权

---

① 汪习根：《法治社会的基本人权——发展权法律制度研究》，中国人民公安大学出版社2002年版，第45页。

② 参见汪习根：《法治社会的基本人权——发展权法律制度研究》，中国人民公安大学出版社2002年版，第61页以下。

是一项国家专属的权利,其属于国家集体权而非一项人权。该观点不赞同获得更好的发展是为了促进和保护个人权利,认为发展权的归属国家这一层次的主体,国家的发展权不能等同于作为一项人权的发展权,因为人权是个人的权利,但发展权是由个人组成的集体社会(即在某种程度上可以直接看作国家)为了赢取发展的直接或相配套的权益而采取联合行动的权利。第三种声音认为,发展权作为一项人权,其既包括个人的方面也包含集体的要素。发展权不仅是由个人争取并享有的,还关系到民族和国家的发展,所以由个体所组成的团体、民族、国家、社会等集体概念也是这个权利的主体之一,因为发展的落脚点不仅仅在于个体的保护和成长,也在于国家和社会的长远进步和稳定,这需要全人类包括个人和集体的共同参与和推动才能够实现。

关于发展权的权利实现上,有的国家(特别是发展中国家)认为,发展权的积极实现需要创建一个良好的公平发展的国际大环境,摆脱现有的国际政治经济发展旧秩序的束缚,为各国特别是发展相对滞后受限的发展中国家注入更多的发展的原动力。这就需要发达国家在此方面做出更多的努力,积极履行重要的发展援助和合作的责任,同时,国际组织(尤其是国际经济金融方面的组织)和国际社会也应在其中发挥重要的推进作用,从而缩小各国之间的发展程度上的巨大差异,促进全球社会共同发展和均衡发展。另一部分国家则认为,发展权的实现主要依靠各国内部的付出和贡献,发展中国家也不例外。人权是个人的权利和自由,并不能与各国在国际社会上的权利相混淆。发展中国家不能以发展权需要发达国家及国际社会的共同援助而模糊了发展权实现的重点,即发展中国家应该着力提高本国的政治、经济、文化、社会等发展水平,采用健全的民主制度、法治模式、市场经济体制等,通过大力消除贫困、保护民主自由、打击腐败与犯罪、加强教育、鼓励创新等一系列措施来推进发展权的实现。发展权要是被当做一项人权来对待,那么就必须先以在本国内保护和实现国民个人权利为基础。

当然,除了上述提及的发展权在表决过程中出现的争议,还有诸如发展权法律性质、发展权的良好运行及发展权法律保障与救济机制等方面仍然存在不小的分歧。这些在国家层面对于发展权的种种争论暴露出发展权在出现和被国际文件所确认之处就面临着众多质疑和挑战,发展权的理论体系此时并不完善和成熟,即便对《发展权利宣言》投出了赞成票的国家也并不都能完全接受发展权的理论,由此,在国际社会也引发了一系列关于发展权理论与实践相关问题的热烈讨论和交流。

二、发展权形成过程中的学理争鸣

从"发展权"概念于 1972 年被首次提出,到 1986 年《发展权利宣言》在第 41 届联大的高票通过再到后来被各国所普遍接纳及内化,发展权的基本人权属性定型可谓是经历了一个漫长而曲折的路程。不过,即便目前国际社会已经普遍承认发展权是一项基本人权,在人权学术界和研究社群中,发展权能否作为一项人权这个问题都曾经历过激烈的争论。在哲学层面和法律层面分别有两种相左的观点贯穿于发展权的权利形成和演进过程中。

(一)哲学层面:"不相容性"争议

持"不相容性"观点的学者们认为,发展权这个概念本身是与国际人权法律制度形成时所依赖的哲学思想根基相背离的,因而发展权不能被称为一项人权,否则会破坏国际人权法律体系最基本的哲学理论基础。他们的观点总结来说就是,在第二次世界大战后建立的国际人权法律体系是把西方近代自然权利思想作为哲学根基的,在这一理论基础上,人权是个人的天然权利,集体并未纳入权利的主体范围之内。但是发展权如果作为一项人权,其主体不仅包含个人,还包含了人的集群或集合体这一方面,而且从某种程度上来说,发展权更偏向于集体人权这一范畴。所以反对者认为,发展权不应作为一项人权被纳入国家和国际的保护范围,否则将与人权形成的哲学根基相去甚远。相当一部分西方自由民主派学者秉持着这样的观点,其中的代表人物就是杰克·唐纳利。他指出,"在《世界人权宣言》中,人权已经被清晰、明白地概念化为人类所固有的,而非社会合作的产物。这些权利被概念化为普遍且为所有人平等享有的,也即自然权利"[1];"集体人权的观念代表了一种对自然法模型的重大但充其量是令人困惑的偏离"[2]。因此,唐纳利教授旗帜鲜明地认

----

[1]　Jack Donnelly,"Human Rights as Natural Rights",4 *Human Rights Quarterly* 391(1982).

[2]　Jack Donnelly,"In Search of the Unicorn:The Jurisprudence and Politics of the Right to Development",15 *California International Law Journal* 497(1985).

为,集体人权不能从常规意义上的人权概念来理解,以发展权为代表的集体人权不应被认定为人权。

这种带有"天赋人权"论痕迹的观点不仅被众多自然法学派学者所秉持,也在国际人权法案和人权的国家的实践中有所体现。《世界人权宣言》指出人的自由发展是基于"人人生而自由、在尊严和权利上一律平等",三个世界人权公约也认为人们谋求经济、社会和文化的发展是源自于人自身的"固有尊严"。这样的表述就反映了国际社会对于发展权的认知还未超出传统人权理论体系范围。而在20世纪80年代,包括瑞典、冰岛、挪威、芬兰、丹麦、西德等在内的众多欧洲国家也无法接受"集体人权""人民人权"等说法,认为若将发展权定义为一项集体人权,就会冲破现有人权的话语体系,导致一定的混乱。

(二)法学层面:"可裁决性"争议

正所谓"法律的生命力在于实施",在法学层面,众多学者认为人权作为体现在多种法律文件中的重要组成部分,对其的实现和保障是立法者终极指向的体现,也是评价人权的效用和价值的关键因素。而某项人权是否具有可裁决性,则会引发法律上对于该人权权利属性和效力认定的争论。主张发展权不具有可裁决性的论断多是从这样一个逻辑三段论来阐述的:大前提,只要是人权都应当具备可裁决性;小前提,发展权从实际情况来看并不具备可裁决性;结论,发展权不属于人权范畴。

为此,"可裁决性"质疑者们从法律实证主义学派那里找到了可以证明上述大前提成立的依据。例如,汉斯·凯尔森认为:"(一项权利的)基本要素就是具备由法律秩序授予(个体)的法律权力,而后该项权力可以通过法律诉讼带来惩罚的执行,这是对于不履行义务者的回应",[①]如此看来,凯尔森是对人权应具有"可裁决性"这一论断的坚决拥护者。对于小前提的论证,"可裁决性"质疑者们的论证观点在于:如果发展权具有可裁决性,那么司法就必定会直接干预到政治范畴的事务,这是违背分权制衡原则的,所以自始就不具有合

---

① Quoted in Philip Alston,"Marking Space for New Human Rights:The Case o f the Right to Development",1 *Harvard Human Rights Yearbook* 34(1988).

法性。而且，法院的法官暂不具备处理发展权相关事务纠纷的专业能力和素养，因为这需要的不仅仅是法律上的知识，更多的可能会涉及其他众多领域的综合知识和能力。退一步说，即使前述问题不存在，诉讼制度方面也存在众多现实因素导致发展权的可裁决性实现的受阻。

纵使可裁决性质疑者们罗列了看似充分的理由来佐证发展权不是一项人权的观点，但是持不同意见的人认为，在该三段论大前提都不成立的情况下，那么三段论的结果一定不为真。而前述中已经提及，既有的国际人权规范体系的哲学根基并不是简单一元的，其包含自然法思想、实证主义思想及其他哲学思想来源，是在多元哲学根据汇聚融合下形成的综合体。在此情况下，"凡人权都应具备可裁决性"这一大前提就不能被认为是正确的，因为若自然法传统或其他某些哲学思想的指引下，人权的确定与享有并不以其是否具备可裁决性为前提。在国际人权的法律规范体系下，能否完成和监督人权的实现才是构成一项人权必要的条件，在相关人权纠纷发生后，可裁决性只是辅助于人权实现的一个方式，而不是确定是否为人权的一个判定标准。

三、发展权价值定位的多重观点

发展权是否是一项人权？若是，那么在此情况下，发展权到底在人权框架中具有怎样的价值属性，我们该如何将其定位？发展权是否能够被认作一项具有基本人权价值属性的人权形式？这些是研究和关注发展权的学者们避不开的问题，对此，分别有三种论调做出了相应的分析和阐述。

（一）否定论

这种论调指出，发展权根本不是一项人权，更不用说是一项基本人权，因为它并不具备人权的基本价值属性。持这种观点的人认为，发展权只不过是某些国家运用的一种"障眼法"式的政治手段和政治口号而已，其核心在于一些居心叵测的国家为了改变旧的国际经济秩序、赢取更多的资源和利益，反对西方民主模式的深入渗透和影响，并为本国和相关发展较为落后的国家争取更多的国际话语权和自由度。此外，还有学者认为，发展这一命题确实非常重要，其在促进个人权利实现的高效化和利益获得的最大化方面具有关键意义，而且这是推动国家与社会打破旧面貌，完成国家实力和社会财富的快速提升的重要路径。可是，发展并不能直接内化到权利范畴内，因为经济社会发展、国民财富增长、国家现代化等等一系列发展的表现都不属于个人权利的范畴。发展更多是一种目标和向往所在，其是众多公认的人权最后得以实现而必然产生的结果表现，但是发展本身不应当成为一项人权，其不具备人权的价值属性。而且，若发展权真如众多国家所认为的那样——发展权是国际社会对于国家的一种援助性权利——那么发展权就只是国家在国际社会中的利益诉求，而不是一项人权。

（二）怀疑论

持怀疑论调的人通常不直接否认发展权的人权价值属性，但又抱持着一种观望和怀疑的态度。对于他们来说，发展权是一项具有积极意义的人权观念，对于其他人权来说可以起到促进和推动的作用，但是它很难说是一项具有重中之重意味的基本人权，因为它的地位是从属性质的，相较于其他人权只能具有补充和辅助的功能。发展权确实在一些国家及人民的经济增长和其他人权的权益争取等方面产生了积极的影响，有助于这些国家（特别是第三世界国家）对抗来自他国（特别是西方发达国家）或国际社会的经济压制和剥削，给予了这些国家的国民以此种方式更多地参与人权的争取和实现的途径，不过，是否要将其直接划归人权体系还有待斟酌。因而，对于发展权的价值定位，怀疑论者一直未能给出明确的答案。其实怀疑论不能构成一种学说，因为其游离在肯定与否定之间，一直对发展权的权利属性和人权价值闪烁其词，不能给出明确的正面回应，也没有相应的论证观点和依据。

（三）肯定论

肯定论者一般认为发展权是一项和传统人权理论具有较大出入的新型人权。发展权在代际人权划分标准中属于第三代人权，是和第一代人权（公民权利和政治权利）及第二代人权（经济权利、社会权利和文化权利）既具有明显差异又具有重要联系的一种独立的人权形式。而且，发展权在人权体系中和生存权一样占据着母体性和基础性的地位，是为所有人权主体普遍享有的不可取代的具有基本人权价值属性的一项权利。此外，发展权是人（这里的"人"包括个人和集体两方面）所固有的一项权利，它的实现和保障是依靠各国国家本身和国际社会共同努力和相互协调才能最终完成的。若没有生存权和发展权，其他一切人权将无从谈起。若没有国家、社会和个人的全面协调发展，那么其他人权就不可能得到良好的保护与实现。"发展权是一项独立的不可为其他人权所取代的基本人权。发展权与其他基本人权一道，对主体的价值与尊严、独立性与自主性以及权威性起着不可取代的作用"，"总之，离开了人的发展权利，人不可能成为真正的人，人权就成了无源之水、无本之木。"①

第二节　理论与实践：发展权定位的中国选择和中国面貌

一、重中之重——中国发展权的首要地位

在发展权的概念提出和权利确定的过程中经历了诸多非议和质疑之后，有不少国家仍对发展权的人权性质和人权价值表示怀疑或否定，对发展权是否是一项人权、是否包含集体或国家的权利，是否具有实现的可行路径等方面提出了尖锐的问题，而就目前来看，世界大部分国家还是接受了发展权是一种人权这样的说法，可是，随之而来的是另外一些问题——发展权究竟是否应该被认为是一项基本人权？而它又和生存权之间存在什么样的关系？它是否能够和生存权一道成为首要的基本人权？

对人权体系中何种人权最为重要这个问题，存在着众说纷纭的观点。西方一些国家认为，只有公民权利（特别是生命权、人身自由权等）才是最重要的基本权利；也有国家认为，诸如选举权与被选举权这样的政治权利才是处于第一位的权利类型；许多发展中国家认为，没有什么人权比生存权更加重要，生存权是在人权体系中具有突出地位和作用的人权；还有些国家认为，人权价值没有高下之分，不应给某些人权设定特殊的地位。在我国，发展权被界定为是与生存权一样具有首要地位的基本人权。下文将从发展权中国定位的应然和实然两方面来阐述发展权缘何在中国具备首要的基本人权地位，而后从发

_____

① 汪习根：《论发展权的本质》，《社会科学战线》1998 年第 2 期。

展权与生存权的两者关系中论证发展权具备和生存权一样的"首要"地位。

（一）发展权中国定位的应然层面论证

1. 作为人权的发展权

中国承认和认可发展权是一项人权。关于"权利"这一概念，古已有之，而在现代社会，它是如何被确认和固定化的呢？"对某个人来讲，当他认为或者被认为应该从他人、从社会那里获得某种不行为或行为时，这种'应该获得'，就是最粗浅的权利观念。""它们若得到习惯或法律的支持，就形成关于权利义务的制度。"①换句话说，当某些人或某些群体认为其存在某种具体且可行的"应该获得"的利益，而社会大众从习惯的角度或者国家通过确认法律规范的方式，对该权益进行了认可，那么该权益就自然而然成为了"权利"。从形式上讲，权利是一种资格或权能，是主张利益且能被社会和国家提供支持的一种凭证；从内容上来说，权利是利益和自由的体现，是利益得以被认可和实现的一种方式。权利不可能是"人权普遍主义"者们认为的那样——是天生就有的、普遍存在的、无条件取得的，在任何时期和地域范围内都是一致的，恰恰相反，人权一定是建立在一定的历史背景和社会环境条件下的，不是放之四海而皆准的，在不同的条件下会出现时不同的含义和表达，"发展权正是社会关系发展不均衡尤其是发展差距悬殊的产物，是在主权独立和个体生存的基础上追求生存质量和平等发展机会的必需，是物质条件和文化条件相互作用的结果。"②发展权就是在特定的历史社会条件背景下产生的，包含着个人和集体自由地参与和增进经济、社会、文化、政治的全面、协调、均衡、持续发展的需求和权益，且在国际和国内社会得到了普遍的认可，也在众多国际文件中得到了体现和并被规范化，所以，这项关于发展机会均等和发展利益共享的权益是符合"权利"构成的条件的。故，中国从一开始就坚持认为发展权是一项人权。

2. 作为基本人权的发展权

中国进一步认为发展权是一项基本人权。对于基本人权的认定，着重点

---

① 夏勇：《人权概念起源——权利的历史哲学》，中国政法大学出版社 2001 年版，第 5 页。

② 汪习根：《法治社会的基本人权——发展权法律制度研究》，中国人民公安大学出版社 2002 年版，第 58 页。

在于对"基本"这个词的认定。亨利·舒对于"基本"这一概念的界定得到广泛认同,他以罗尔斯的原初利益理论为依据,以权利之间的相互关系为视角,认为如果某项权利的享有对于其他所有权利的享有是至关重要的,那么该项权利就是基本权利。而且基本权利包含着对人的尊严的维护以及对自由平等、公平正义等价值的追求这样层面的意义,如果人民在社会生活中不享有这样的权利,那么人的价值实现和国家的民主性将会遭受破坏。发展权就是这样一种符合基本权利要求的人权类型,为此,我们可以从以下几个层面进行解读。

首先,发展权的主体涵盖了全体人民和所有个人,将广义的"人"这个普遍性主体认为是发展权的主体;其次,发展权地位的基础性体现在它是主体不可或缺、不能分割和转让的权利,这是发展权主体所享有的绝对必需和长久稳定的权利;再者,发展权和生存权一样在人权系统中均居于高位,它是其他人权存在和融合共生的场所,它作为一项人权不仅具有自己独立存在的功能和价值,而且还是谋求其他人权的更好实现的必要手段;另外,发展权作为一项基本人权,其培育了符合人的发展的文化和社会氛围的法律理念、原则和规则,是法的正当性评判标准和法的进化的驱动力,同时,它也派生出一系列的子人权如经济发展合作权、社会保障发展权发展国际援助权等具体人权;最后,发展权的实现既需要公共权力消极的不予侵害和妨碍,也需要国际和国内两个层面的主动积极的法律政策上和具体措施上的切实保障,这是发展权在运行上综合性的体现。

3. 发展权作为首要的基本人权的主要依据

发展权之所以能够在中国被作为首要的基本人权加以重点保护,其理由主要在于以下四个方面:

一是外部依据。第二次世界大战之后,众多殖民地、半殖民地获得解放和独立,建立了主权国家,但是,由于发达国家在政治、军事、经济、文化等方面对民族独立国家仍然进行着操控与打压,使得这些发展中国家举步维艰。经济上,发展中国家独立后,需要谋求民族经济发展来摆脱困境,不过,当今世界贫富悬殊,发达国家对发展中国家采取种种贸易限制,以及始终没有得到改变的不合理的国际经济旧秩序一直制约着发展中国家的生产、贸易、金融等各领域,许多发展中国家社会经济发展缓慢,发展中国家三分之一的人口生活在贫困线以下;政治上,很多发展中国家虽然获得了独立和主权,但是仍然面临着发达国家的在国际政治格局中的霸权主义和强权政治的干预;文化上,发达国家的文化渗透和文化入侵大行其道,传统文化面临着被遗弃、被替代的危机;此外,一些发展中国家还面临着地区局部冲突、社会动荡、贫困加剧、债务沉重、技术落后等不利的内部因素的影响。所有的这些都严重制约着发展中国家乃至整个国际社会的全面发展,只有消除不公正和不合理的国际政治经济旧秩序对发展所带来的极为不利的影响,建立公平合理的国际关系新秩序,才能为实现全体人类的共同发展创造积极条件。"对广大发展中国家人民来说,最紧迫的人权问题仍然是生存权利和经济、社会和文化发展的权利。因此发展权应优先受到重视。"①而中国作为世界上最大的发展中国家,当然要把发展权摆在首要位置加以保护,以应对来自外部的众多阻碍和压力。

二是历史依据。在漫长的历史进程中,中华民族一直是善于创新、坚持不懈地发展、追求进步、共享发展成果的民族。但是,中国也面临着人口基数大,人均资源相对贫乏,发展不平衡的困境。近代工业革命开始后,同很多发展中国家一样,曾经长期遭受外国侵略、掠夺和压迫,战后又受"冷战"思维制约,经济社会发展受到巨大的牵制。"享有生存权和发展权,历史地成为中国人民最迫切的要求。"而在摆脱了前期动荡不安的国际和国内发展进程,进入改革开放以来,中国虽然底子薄弱,但不断韬光养晦,厚积薄发,经济上的快速增长和物质上的极大丰富让中国社会和人民不再满足于"求生存"这一层面的需求,而更多地希望能够在"谋发展"这一层面上大做文章,使得人民能够过上更加幸福的生活,完成"中国梦",实现中华民族的伟大复兴。政治上,随着中国的国家实力的不断增强和国际地位的不断提高,中国已经有底气和能力在国际社会上不断主张权利和伸张正义,为我国以及众多发展中国家谋求更多的话语权,改变原有的国际政治旧秩序,促进全球的整体进步与发展。发展权的实现正是发展中国家对抗发达国家在当今社会继续进行经济和政治剥削

---

① 中华人民共和国国务院新闻办公室:《中国的人权状况》(1991 年),《中华人民共和国国务院公报》1991 年第 39 期。

和打压的有力武器,因而中国一直都把发展权放在首要地位。

三是理论依据。一方面,作为社会主义核心价值观的自由代表着人的意志自由、存在和发展的自由,不仅是人类的永恒的崇高的理想,也是中国追求的社会价值目标。将发展权作为首要的基本人权,不仅可以减少不平等的国际政治、经济旧秩序给中国带来的负面作用,让中国坚定地走中国特色社会主义道路,独立自主地进行发展、探索和创新,还可以为中国人民的全面自由发展提供有力保障。另一方面,公平正义也是社会的核心价值,让全体国民平等地享有发展权,符合中国国情和全体人民的根本利益。正因为如此,将发展权摆在首要的基本人权地位,加快实现全国人民的共同发展和共同富裕,逐渐缩小贫富差距、地区差距、城乡差距,实现全面可持续发展,不仅可以在当代促进社会整体的机会公平、规则公平、权利公平,实现正义的最大化,也可以帮助实现代际公平,为子孙后代的繁衍生息创造有利的条件。

四是现实依据。改革开放以来,"中国政府一直将解决人民的生存权、发展权问题放在首位",大力发展经济,成就了国民经济年均增长位列全球第一的世界奇迹性创举,人民生活水平得到了极大的提高。经过多年来的发展,中国的综合国力得到了显著的增强,实现了从贫困到总体小康的历史性跨越,中国人民在经济、政治、社会、文化、环境等多方面的发展权得到了长足的保障和实现。"中国以不足世界10%的耕地,养活了世界20%以上的人口;中国在改革开放30多年的时间里,使7亿多人口摆脱贫困,占全球减贫人口的70%以上;中国建立了世界上最大的社会保障体系,人均预期寿命从1949年前的35岁提高到2015年的76.34岁,居于发展中国家前列;中国人民受教育水平大幅提高,1949年全国人口中80%以上是文盲,学龄儿童入学率仅20%左右,而到2015年,小学学龄儿童净入学率为99.88%,九年制义务教育巩固率为93%,高中阶段毛入学率为87%,高等教育已接近中等发达国家水平。联合国《2016中国人类发展报告》显示,2014年中国的人类发展指数在188个国家中列第90位,已进入高人类发展水平国家组。"①中国人民用实践证明,"将人

---

① 中华人民共和国国务院新闻办公室:《发展权:中国的理念、实践与贡献》,人民出版社2016年版,第4页。

民的生存权、发展权摆在首位,在改革、发展、稳定的条件下全面改进人权状况,……所取得的成就也是举世公认的。"①

"就发展权本质而言,提高人类的生活质量是实现发展权的首要目标,发展权旨在提高人在经济、政治、社会和文化诸领域的发展,契合宪法以保护人的尊严为核心的价值目标。发展权以提高公民权利享有程度及标准为核心内容,发展权的享有程度直接关系到公民其他权利的享有程度,如果公民的发展权得不到有效保障,公民的自由权、社会权、平等权、参与权等都要受到影响。"②综上,发展权在人权体系的中国定位中具备首要的基本人权的价值高度。

(二)发展权中国定位的实然层面表现

中国一直以来都将发展权作为首要的基本人权来对待,这并不是停留在口号之中的,而是在中国的发展权国家法律与政策的实践中被高度重视和特别规定的。当前,发展权已经在国际法方面得到了具体的体现,众多人权国际性文件均已对此做出了规定和说明,中国作为发展权的主动倡导者在发展权的国际人权法律化进程中做出了很多积极的努力和贡献。不过,发展权不能仅仅停留在国际法层面来进行保护与实现,还应在实然层面通过建构相关的国内法律制度和制定有效的国家发展政策来实现。发展权的实现应该以发展权的法定化和政策化为基础,因此,发展权最终要通过在中国制定国内法或国家政策,确定发展权保护依据以及相应的司法及行政救济制度得以充分落实。为此,中国积极根据《发展权利宣言》第十条"拟订、通过和实施国家一级和国际一级的政策、立法、行政及其他措施"以实现发展权。

在法律层面,中国宪法以根本大法形式全方位确立和保障发展权。《宪法》在40处使用了"发展"一词,规定"国家尊重和保障人权",而发展权作为首要的基本人权,成为宪法所保障的最重要人权形式之一。这一原则也在各部门法的制定和修改中得到了充分的贯彻和体现,如《未成年人保护法》第三条规定:"未成年人享有生存权、发展权、受保护权、参与权等权利。"《老年人

---

① 中华人民共和国国务院新闻办公室:《中国人权事业的进展》(1995年),《中华人民共和国国务院公报》1995年第32期。

② 梁洪霞:《发展权权利属性的宪法解读——以宪法文本为视角》,《人权》2015年第4期。

权益保障法》第三条规定:"老年人有……参与社会发展和共享发展成果的权利。"《妇女权益保障法》第二十八条规定:"国家发展……保障妇女享有社会保险、社会救助、社会福利和卫生保健等权益。"我国已经建立了法律援助和司法救助制度保障弱势群体的发展权,妇女、儿童、老年人、残疾人、进城务工人员等群体获得了优质便捷的法律援助服务。仅 2015 年,国家司法救助资金就达到了 30 亿元。①

在国家政策层面,从邓小平的"发展是硬道理"到江泽民提出"发展是执政兴国第一要务"、胡锦涛提出"科学发展观",再到习近平强调"发展是第一要务"并提出"创新、协调、绿色、开放、共享"的新发展理念,在实践发展权进程中既一脉相承又不断推陈出新,并将科学的发展权理念贯穿到政策和法律规范之中,通过全面推进依法治国,确保发展成果公平惠及全体人民。②

(三)两大"首要的"基本人权——发展权与生存权之间的紧密关系

邓小平同志早就旗帜鲜明地指出:"什么是人权? 首先一条,是多少人的人权? 是少数人的人权,还是多数人的人权,全国人民的人权?"③解决人民的衣食住行问题就是最大的人权。"在中国生存权和发展权是最基本、最重要的人权"。④"维护和促进人民的生存权、发展权始终是中国在人权方面的首要课题。"⑤生存权是人类最基本的权利需求,任何其他权利的实现都不可能脱离生存权的实现。正如 1991 年国务院发布的《中国的人权状况白皮书》中所讲的那样,"对于一个国家和民族来说,人权首先是人民的生存权,没有生存权,其他一切人权均无从谈起。""在中国,维护人民的生存权利,改善人民的生存条件,至今仍然是一个首要问题。""生存权是中国人民长期争取的首要人权。"⑥在 20 世纪 90 年代初,江泽民同志也指出:"中国党和政府是十分

---

① 参见汪习根:《中国特色发展权的实现之道》,《光明日报》2016 年 12 月 7 日。
② 参见汪习根:《中国特色发展权的实现之道》,《光明日报》2016 年 12 月 7 日。
③ 《邓小平文选》第三卷,人民出版社 1993 年版,第 125 页。
④ 《江泽民文选》第二卷,人民出版社 2006 年版,第 52 页。
⑤ 中华人民共和国国务院新闻办公室:《中国的人权状况》(1991 年),《中华人民共和国国务院公报》1991 年第 39 期。
⑥ 中华人民共和国国务院新闻办公室:《中国的人权状况》(1991 年),《中华人民共和国国务院公报》1991 年第 39 期。

关心人权的,对于中国来说,最重要的人权就是生存权。"①李鹏同志也说道:"什么叫人权,是人生下来后挨冻挨饿,受不到良好的教育甚至死亡,没有能力负担叫人权,还是能接受良好教育、有吃有穿、健康茁壮成长叫人权? 所以说,人最根本的权利还是生存的权利,有了生存的权利后,才谈得上其他的权利。"可以看出,中国早就将生存权置于人权系统的最重要的位置。为什么中国认为生存权和其他权利相比较是处于主导地位的权利呢? 这是由于生存权是实现其他权利的前提和基础。这其实也是历史唯物主义的基本观点的体现,物质生活的生产方式制约着整个社会生活和政治生活,人必须首先解决好吃、喝、住、穿等最基本的物质生活保障问题,然后才能从事政治、科技、艺术、哲学、宗教等活动,正如马克思所说:"我们首先应当确立一切人类生存的第一个前提,也就是一切历史的第一个前提,这个前提就是:人们为了能够'创造历史',必须能够生活,但是为了生活,首先就需要吃喝、住穿以及其他一些东西。因此第一个历史活动就是生产满足这些需要的资料,即生产物质生活本身。"②生存的问题比自由、选举等问题更加基本,因此生存权优先于其他人权。但是生存只是人最初级的需求,满足了这个需求之后,人只是获得了一个最基础的生活条件和环境,但人不可能仅仅停留在生存的这个层面上原地踏步,否则人类也无法进步。人是有更高物质和精神追求的生物,人的需求是会随着时代的进步不断丰富和深化的,人和社会也是在不断的发展过程之中的。如此一来,发展也和生存一样,成了人类最本原的需求冲动和需求愿望。其实归结起来,人类的许多活动都是围绕着如何提高人生存和发展水平来进行的,生存和发展都是人类进程中不可或缺的两大主题。那么,发展权也应当和生存权一样被作为首要的基本人权来看待。亚非法律协商委员会秘书长法朗克·恩赞加在 1993 年维也纳世界人权会议上的发言中指出:"……发展不仅仅是促成经济增长的手段,而且是扩大人民选择的进程。一个持续长时期的基础广泛的发展本身,有助于满足人们基本的经济社会需要,并在这一进程中的增强民主制度。我们确实认为,发展权是一项不可剥夺的人权,经济和社会

---

① 江泽民在会见美国前总统吉米·卡特一行时的谈话,《人民日报》1991 年 4 月 15 日。
② 《马克思恩格斯全集》第 1 卷,人民出版社 2012 年版,第 158 页。

发展对于充分享受人权的极端重要性应当进一步得到承认和强调。为了人权的普遍实现,所有国家必须在消灭贫困这个重要任务方面进行合作……既然发展不充分是实现和享有人权的主要障碍,是贫穷的主要根源,那么发展和人权之间的关系就需要放在首要的位置。"[1]

从发展权与生存权的紧密联系中,我们可以看出,发展权和生存权均是首要的基本人权。一方面,生存权是发展权的前提和基础,没有生存就没有所谓的发展;另一方面,发展权是生存权的要求和保障,在现代社会的进程中,生存所需求的支撑不断加大,发展权的实现会提供更多的生存资料,保障生存权的良好实现,也进一步提高生存权实现的质量。换言之,发展权与生存权是互为工具、相互影响的,两者之间的关系密不可分。任何国家在倡导人权理念和价值时,都不能将生存权和发展权割裂开来,两者都是极为重要的人权类型。长期以来,中国都将发展权与生存权放在了同等重要的地位,将它们并称为中国首要的基本人权。

二、独具特色——中国发展权的本土面貌

发展权历经各种波折和阻碍,现已走过三十来个年头,在这些年中,中国坚持走出了一条具有中国特色的人权道路,始终坚持以人为本、以人民为中心的发展思想,把增进人民福祉、保障人民当家作主、促进人的全面发展作为发展的出发点和落脚点,从而不断深化了发展权的理论、促进了发展权的实践、保障了人民的发展权利益。发展权经过在中国的多年本土实践,已经逐渐完善并形成了具有与时俱进色彩的别具一格的中国话语体系和面貌。而且,中国正在大力实现"两个一百年"的奋斗目标和中华民族伟大复兴的中国梦,在保障人民各项权利方面做出了艰苦卓绝但又锲而不舍的具体行动和努力,发展权这一首要的基本人权在新时代被中国赋予了更丰富深入的内涵,其本土面貌也将随着时间的推移和改革的深入而不断大放异彩。

(一)发展权的权利主体在于人民

在西方的人权传统观念中,人权仅仅是个人所享有的,因而人权的主体应

---

[1]　刘楠来:《发展中国家与人权》,四川人民出版社 1994 年版,第 26 页。

该是个体的人,而不是集体的人。这一思想深刻影响了众多西方国家的人权选择,因而也造成了长久以来部分国家对发展权纳入人权体系的排斥和阻挠的局面。然而,中国古代就强调和发扬"民本"思想,现如今,中国也一直坚持以人民为中心的发展观念,不断调动人民的积极性、主动性、创造性,坚持发展为了人民、发展依靠人民、发展成果由人民共享的理念,把增进人民福祉、保障人民当家作主、促进人的全面发展作为发展的出发点和落脚点。这一切都宣示着,中国对于发展权主体为人民的坚决态度和坚定立场,将人民看作是发展权的根本推动者和受益者。而在中国的人权话语体系中,人民这一概念并不单一地指向个人,他涵盖了个人和集体两个层面。因此,发展权的权利主体在中国是人民这个集合性的概念,其覆盖的广度十分大,而且也具有很强的灵活性和开放性。这样安排的原因在于:个人的发展离不开集体的助力推进,集体的发展为个人的发展提供了强有力的保障;而个人的全面发展又会直接作用于集体的进步与发展,并且在完成集体乃至国家的前进之后再反过来带动个人的进一步发展,个人发展权和集体发展权的同步落实和推进才能让发展权达到功能的最大化。这样一个良性的互动循环系统的最终带来的强大的人权积极效应是发展权区别于其他人权的重要体现,也体现了社会主义制度的优越性。可以说,发展权即使每个中国人的人权,也是中国、中华民族和中国全体人民的人权。

(二)发展权的义务主体在于国家与国际社会两个方面

中国一直以来都坚持认为发展权不仅是各国内部应该加以保障和实现的,也需要国际社会发挥一定的能动性,和各国共同完成相关的事务。可以说,发展权既是各国的责任,也是国际社会的共同义务。发展权的实现既需要各国政府根据各自国情制定符合本国实际的发展战略和发展政策,也需要国际社会的共同努力。

发展权的实现首先需要每个国家切实履行本国的发展责任。不管是发达国家还是发展中国家,国家和政府都不能以任何理由来免除或减少自己在本国国民的发展权利获取和实现方面应尽的责任,这是由国家的职责所决定的。在任何时代和任何地方,实现和保障本国人权一直都是国家的不可推卸的责任,而且需要在可能的范围内尽量实现人权效果的最大化。当然,由于各国的政治体制形态、经济发展水平、历史文化状态等各种社情和国情方面的差异巨大，所以各个国家在保障人权特别是发展权的时候需要从自身实际出发，制定出一套适合本国的发展战略和方案。中国作为世界上最大的发展中国家，在全面考察了本国国情的基础上，坚信发展才是硬道理，是解决中国所有问题的关键所在。中国共产党把发展作为其执政兴国的第一要务，一直坚持走中国特色社会主义的发展道路，努力实现发展与人权的良性互动——既大力发展各项社会事业，切实保证人民平等参与、平等发展的权利，通过各种途径实现跨越式和可持续式发展来满足人民的各类需求，保障和改善民生，增进人民福祉，以促进发展权在中国的良好实现；又努力通过加强发展权及其他各项人权的保障和实现，调动人民和社会各界的积极性与创造性，实现更高水平的发展，并努力朝着实现全体人民共享发展和共同富裕的目标稳步前进。

发展权的实现光靠国家本身的努力是远远不够的，还需要各国之间的协调合作，需要整个国际社会的共同扶持和努力。当然，这并不意味着发达国家在这当中必须无端加重自身的国际义务，竭尽所能给发展中国家予以各项发展援助，但是，由于目前全球政治经济秩序的失调和不公以及发达国家早年工业发展遗留的历史问题和环境问题等，发达国家在实现发展权的过程中势必需要付出更多的努力和承担相应的责任。此外，国际政府组织和非政府组织（尤其是涉及人权保障、经济合作发展、环境保护等相关组织）在其中也应积极发挥引导和带动作用，这样才能让国家和国际社会之间形成合力，共同促进发展权事业的快速完成。

（三）发展权的内涵的多样化和全面化

《发展权利宣言》指出：“发展权利是一项不可剥夺的人权，由于这种权利，每个人和所有各国人民均有权参与、促进并享受经济、社会、文化和政治发展，在这种发展中，所有人权和基本自由都能获得充分实现。”而中国在此基础上对发展权的内涵进行了更贴合时代趋势和国际发展动向的深化和丰富，使之更加符合新形势、新面貌下中国人民对发展权的进一步需求，也为发展权内涵的延伸和创新做出了应有的贡献。党的十八大提出“全面落实经济建设、政治建设、文化建设、社会建设、生态文明建设‘五位一体’总体布局”的要求给发展权理论带来了一个全新的视角。

　　发展权的实现离不开物质基础的保障，所以，经济增长是发展权实现的前提之一，若解决不了饥饿、贫困等问题，那么其他层面的发展将是无源之水、无本之木。《发展权利宣言》将经济发展放在首位，凸显了经济发展对于发展权实现的重要作用。中国也始终把经济建设放在中心的地位，这给发展权的实现奠定了坚实的基础，而反过来发展权的稳定实现和有效保障也可以加快中国的社会主义市场经济的发展。这些年来，中国一直不断实现经济又好又快发展，"经济保持中高速增长，在世界主要国家中名列前茅，国内生产总值从五十四万亿元增长到八十万亿元，稳居世界第二，对世界经济增长贡献率超过百分之三十"。① 人民生活水平得到了明显的提高，生活质量也得到了极大的改善。值得一提的是，中国的减贫工作成效十分显著，实现了迄今人类历史上最快速度的大规模减贫，共减少 7 亿以上贫困人口，率先完成联合国千年发展目标。自党的十八大以来，以习近平同志为核心的党中央，把脱贫攻坚摆到治国理政的重要位置，动员全党全社会力量，打响了反贫困斗争的攻坚战。在这砥砺奋进的五年中，脱贫攻坚形成了良好态势，取得了明显成效。拿农村贫困人口为例，2013 年至 2016 年，我国现行标准下的农村贫困人口由 9899 万人减少至 4335 万人，年均减少 1391 万人。农村贫困发生率由 10.2% 下降至 4.5%，年均下降 1.4 个百分点。2017 年预计再减贫 1000 万人以上，5 年年均减贫 1300 万人，这是从未有过的。此外，贫困地区经济社会全面发展，截至 2016 年，贫困地区农村居民人均收入连续保持两位数增长，年均实际增长 10.7%；居住在钢筋混凝土房或砖混材料房的农户占到 57.1%，使用管道供水的农户达 67.4%；自然村通电接近全覆盖、通电话比重达到 98.2%、道路硬化达到 77.9%；在自然村上幼儿园和上小学便利的农户分别达到 79.7%、84.9%；91.4% 的户所在自然村有卫生站。② 习近平总书记在十九大报告中指出："脱贫攻坚战取得决定性进展，六千多万贫困人口稳定脱贫，贫困发生率

---

① 习近平：《决胜全面建成小康社会　夺取新时代中国特色社会主义伟大胜利——在中国共产党第十九次全国代表大会上的报告》，人民出版社 2017 年版，第 3 页。
② 参见中共国务院扶贫办党组：《脱贫攻坚砥砺奋进的五年》，《人民日报》2017 年 10 月 17 日。

从百分之十点二下降到百分之四以下。"①中国的"精准扶贫、精准脱贫"基本方针和脱贫攻坚的总体战略部署为世界各国所称道和赞扬。可以说,中国的减贫工作不仅促进了贫困人口这一群体的发展权的有效实现,也为整个中国人民乃至世界人民的发展权的实现鼓舞了士气、增强了信心,打了一场漂亮的胜仗。

发展权的中国实践首次将生态文明的建设发展融入发展权的内涵当中,这是中国发展权内涵的亮点所在。这样的设置是因为中国奉行绿色发展的理念,坚持认为在促进经济发展的同时不能以牺牲良好的生态环境为代价,"金山银山不如绿水青山",良好的生态环境和快速的经济发展是两条并行不悖的轨道,生态环境的破坏和恶化只可能带来短期的经济效益,但必定会影响长期有效的经济可持续发展。中国不断加强生态环境保护方面的立法,在世界上率先制定和实施可持续发展战略,将生态环境的保护也同时纳入国家的经济与社会发展规划之中。中国大力发展绿色生态经济,加强生态环保技术的研发和创新,不仅大大提高了经济效益,还促进了经济的长效和可持续增长。另外,在国内层面,中国不断加强政策扶持的力度和深度,完善综合决策机制和区域协调机制,建立健全政府、企业和公众共治的生态环境治理体系;在国际层面,中国积极履行国际公约,积极参与应对气候和环境变化的国际讨论与谈判,引导应对气候变化国际合作,率先制定和实施多项应对气候变化的方案政策,大力发展低碳产业和低碳经济,极大地减少了污染物的排放,推进了全球绿色发展和可持续发展,成为全球生态文明建设的重要参与者、贡献者、引领者。

当然,在促进和完善政治发展、文化发展、社会发展等方面,中国也同样做出了巨大的努力。比如,政治发展方面,国家治理体系和治理能力现代化水平明显提高,中国特色社会主义民主建设和法治建设的协同全面推进,人民越来越多地参与到政治建设中来并共享政治发展成果,公民权利和政治权利的保障不断得到体现;在文化发展方面,中国不断加速公共文化服务体系的建设,

_____

① 习近平:《决胜全面建成小康社会 夺取新时代中国特色社会主义伟大胜利——在中国共产党第十九次全国代表大会上的报告》,人民出版社2017年版,第5页。

深化文化体制改革,关注和着眼于少数民族地区以及特殊群体的文化建设,积极推动文化发展的硕果惠及人民,实现文化发展的机会公平,"公共文化服务水平不断提高,文艺创作持续繁荣,文化事业和文化产业蓬勃发展,互联网建设管理运用不断完善,全民健身和竞技体育全面发展,文化自信得到彰显,国家文化软实力和中华文化影响力大幅提升"①;在社会发展方面,中国大力发展各项社会事业,建立健全社会保障体系,缩小教育差距,促进教育公平,不断开发和提供更加优质良好的社会资源,让全体人民共享发展成果,实现共同富裕。总的来说,中国已经形成了经济、政治、文化、社会、生态文明"五位一体"的发展权保障体系,这样的新型发展权内涵不仅具有中国特色,适合中国本土发展权实践,还提升了发展权的整体质量,让发展权的内部运行机理更加协调,不同的发展权内涵之间也得以互相促进,从而给发展权整体发展带来积极影响,这是中国值得向世界推行的发展权内涵理念。

(四)发展权应该具有基础性、历史性和可持续性等属性

《发展权:中国的理念、实践与贡献》白皮书的第一段指出:"发展是人类社会永恒的主题,寄托着生存和希望。发展权是一项不可剥夺的人权,象征着人类尊严和荣耀。唯有发展,才能消除全球性挑战的根源;唯有发展,才能保障人民的基本权利;唯有发展,才能推动人类社会进步。"②这段话深刻地揭示了发展权之于人权体系的基础性和母体性的重要地位,发展权的推行与实现不仅仅对于每个个体的存在与进取具有重要意义,而且它还彰显了人类与世界的美好期许和希冀,帮助全球共同应对面临的多方挑战,实现人类的终极价值追求。

诚然,发展权的实现是一个漫长的过程,不可能一蹴而就。发展本身就是一种状态,而不是一个结果,因而发展是永恒的,是没有尽头的,只要人类存在更高的期望和追求,那么发展就存在更进一步的空间。发展权的实现就是一个具有强烈历史延伸性的过程,从中国上下五千年的历史脉络中可以看出,中

---

① 习近平:《决胜全面建成小康社会 夺取新时代中国特色社会主义伟大胜利——在中国共产党第十九次全国代表大会上的报告》,人民出版社2017年版,第4—5页。

② 中华人民共和国国务院新闻办公室:《发展权:中国的理念、实践与贡献》,人民出版社2016年版,第1页。

国经历了极为艰难的波浪式和螺旋式前进发展过程，才达到今天这样的发展水平。而从中国的现实情况来看，中国目前的各方面发展水平并不尽如人意，面临着众多棘手的发展问题，党的十九大报告中也指出了不少问题："发展不平衡不充分的一些突出问题尚未解决，发展质量和效益还不高，创新能力不够强，实体经济水平有待提高，生态环境保护任重道远；民生领域还有不少短板，脱贫攻坚任务艰巨，城乡区域发展和收入分配差距依然较大，群众在就业、教育、医疗、居住、养老等方面面临不少难题；社会文明水平尚需提高；社会矛盾和问题交织叠加，全面依法治国任务依然繁重，国家治理体系和治理能力有待加强；意识形态领域斗争依然复杂，国家安全面临新情况；一些改革部署和重大政策措施需要进一步落实；党的建设方面还存在不少薄弱环节。"①中国仍需为发展做出不懈的努力，这是一项需要全体中国人民奋斗千秋万代都不能停歇的长期事业，如此才能充分有效地实现全体人民的发展权。

发展权的保障需要呈现一个可持续的状态。人与自然是生命共同体，短暂的、粗放的、非良性循环的发展并不是发展权追求的目标，发展权应该以可持续的方式完成对于发展协调与平衡，合理使用有限的资源，提高各项技术以减少浪费和污染，走可持续的、有复原力的经济社会发展道路。这样的发展模式才可以在满足当代人民需要的同时，为后代人民保留旺盛的发展活力，促进代际公平的实现。"中国遵循平衡性、可持续性的发展思路，将人与自然和谐发展、经济与社会和谐发展视为实现和保障发展权的新样态。"②党的十九大报告中也指出："建设生态文明是中华民族永续发展的千年大计……坚定走生产发展、生活富裕、生态良好的文明发展道路。"

（五）发展权的方向是追求共同发展、共享发展和建立人类命运共同体

中国一直以来都呼吁世界各国秉持开放、平等、公平、创新等发展理念，坚持走全面发展和共同发展的道路，促进和推动发展成果的共享，坚持合作共赢的精神，为建立全人类的命运共同体而不懈奋斗。为此，中国在努力实现和保

---

① 习近平：《决胜全面建成小康社会 夺取新时代中国特色社会主义伟大胜利——在中国共产党第十九次全国代表大会上的报告》，人民出版社 2017 年版，第 9 页。

② 中华人民共和国国务院新闻办公室：《发展权：中国的理念、实践与贡献》，人民出版社 2016 年版，第 8 页。

障本国发展权的同时，也十分关心着世界各国发展权的实施效果，将自身发展权利与全球发展权利的共同实现作为国家重要的战略计划和责任要求。"中国坚持相互尊重、平等发展、合作共赢、共同发展的原则，把中国人民的利益和世界各国人民的共同利益结合起来，支持和帮助发展中国家特别是最不发达国家减少贫困、改善民生、改善发展环境，推动建立人类命运共同体。"①中国提出的这样高屋建瓴的发展权理念，不是因为目前中国的综合国力日益增强，希望通过帮助其他国家共同发展来拉帮结派，赢取更多的国际拥护和支持，对抗某些国家的压制和反对，从而达到主导世界发展走向和掌握世界霸权地位的目的，而是因为真正考虑到在经济全球化、政治局势瞬息万变、文化多元和融合、生态环境持续恶化的整体背景下，中国的发展不可能脱离世界而一枝独秀，如果世界发展情势的动荡或下滑，那么都将直接影响到中国自身的发展，可以说，中国的发展和世界的发展已经成为一对"连体婴"，"同呼吸、共命运"是中国与世界各国人民在争取实现发展权道路上的真实写照。

中国在推进共同发展、共享发展的过程中做出了巨大的努力。中国在发展权利的确立之处和完善之中都积极配合联合国和世界各国，完成了对发展权利的规范化和制度化，此后，中国不仅完成了《联合国千年宣言》的多项发展目标指标，还积极参与相关国际议程的讨论，主动促进了《2030 年可持续发展议程》的达成与实施。中国在尊重世界各国的国家发展路径选择的基础上，坚持求同存异，努力完善和创新发展思路，拓宽发展渠道，帮助其他国家特别是发展中国家争取更多的公平发展权益，提升发展中国家的国际发展话语权，倡导不同国家"共同但有区别的发展责任"。中国的改革开放成效显著，所以一直以来都以开放的心态对待发展，和各国一起建立健全全球或区域经济贸易体系并参与全球经济治理，此外，中国不断推进开放合作发展的纵向深入，积极利用和维护各种区域合作平台或双多边合作机制，不断引领和深化"一带一路"倡议的建设，"坚持南北合作主渠道地位，深化南南合作和三方合作，加强区域经济合作及与新兴经济体的合作，探索更多更有效的合作

---

① 中华人民共和国国务院新闻办公室：《发展权：中国的理念、实践与贡献》，人民出版社 2016 年版，第 45 页。

共赢方式。"①此外,中国"发起创办亚洲基础设施投资银行,设立丝路基金,举办首届'一带一路'国际合作高峰论坛、亚太经合组织领导人非正式会议、二十国集团领导人杭州峰会、金砖国家领导人厦门会晤、亚信峰会,倡导构建人类命运共同体,促进全球治理体系变革。我国国际影响力、感召力、塑造力进一步提高,为世界和平与发展作出新的重大贡献。"②中国的开放合作发展就是要让发展惠及到各国人民,提升各国的共同发展实力,改善目前国际政治和经济方面不利于发展的因素,营造和平安全的发展环境,确保各国在共同发展中权利平等、机会平等、规则平等,必要时还会向其他国家提供更多的发展援助,承担一定的"特殊和差别待遇"义务,以开放的怀抱包容和接纳更多国家来与中国携手推进世界人民发展权的普遍实现。

中国在坚持公平、开放的发展基础上,还强调发展的全面和创新,全面发展就需要国家不只着眼于经济的无限增长,而忽视了经济与社会、环境、自然、资源、人文等方面的良好互动,全面发展要求不能以牺牲其他层面的发展为代价;创新发展需要国家具有全球视野和问题意识,积极在发展过程中找出问题并以发展的思维和创新的方式解决发展中所面临的问题,大力发展高新技术、培养新型人才,集中发挥全社会的活力与创造力。世界命运握在各国人民手中,人类前途系于各国人民的抉择。中国愿与世界各国一道,走公平、开放、全面、创新的发展之路,不断加强合作发展,促进资源共享、优势互补,在共同发展和共享发展中,充分实现世界人民发展权,共同完成人类命运共同体建设的宏图伟业,共同创造人类的美好未来!

---

① 中华人民共和国国务院新闻办公室:《发展权:中国的理念、实践与贡献》,人民出版社2016年版,第47页。

② 习近平:《决胜全面建成小康社会 夺取新时代中国特色社会主义伟大胜利——在中国共产党第十九次全国代表大会上的报告》,人民出版社2017年版,第7页。

第二章　概念:提出保证人民平等参与平等发展权利

话语体系是由一系列新思想、新概念、新范畴、新命题构成的整体,而概念可以说是话语体系的基石。中国不仅在国际上积极倡导发展权,在国内深刻践行发展权的同时,也在深入研究、理性思考改革开放四十年的发展实践基础上,对原有的发展权概念进行大胆创新,逐步构建起有中国特色的发展权概念体系。

第一节　中国与发展权——从外交话语到执政理念

一、外交话语:发展权的倡导者

自加入联合国之后,中国一直站在发展中国家立场上支持发展中国家争取民族解放和国家独立。毛泽东主席在中国代表团首次前往联合国时就为中国的联合国工作奠定了基调,即用"维护国际和平,促进人类进步"的口号团结占世界多数的热爱和平与发展的国家。① 中国首任联合国代表团团长乔冠华在第二十六届联合国大会全体会议上的演讲中指出,"我们将同一切爱好和平、主持正义的国家和人民站在一起,为维护各国的民族独立和国家主权,

---

① 参见熊向晖:《毛泽东没有想到的"两个"胜利》,载《我的外交和情报生涯》,中央党史出版社 1999 年版,第 355—380 页。

为维护国际和平、促进人类进步事业而共同努力"①,充分显示出中国以联合国为舞台推动和平与发展事业的立场和决心。

在后来的历史中,中国始终主张并支持发展中国家反对霸权主义和殖民主义,多次参与联合国有关发展问题的各类会议。中国旗帜鲜明地支持第三世界国家争取民族独立和民族解放的正义要求,并在联合国相关会议上明确表示将与广大追求民族解放的国家一起"为反对帝国主义和新老殖民主义,维护民族独立和争取民族解放的事业而共同奋斗"②。中国派遣代表参加1974年举办的以研究"原料和发展问题"为主题的联合国大会第六届特别会议。会上,中国代表邓小平做了精彩的发言,全面阐述了"三个世界"理论和中国政府对外关系的基本原则,为《关于建立新的国际经济秩序的宣言》和《行动纲领》的顺利通过作出了重要贡献,也推动了此次特别会议成为国际经济新秩序之构建的重要开端。尽管如此,这一阶段,中国在人权领域的外交活动参与是相对有限的。同时人权理论方面研究的不足,也使得中国面对某些国家对其人权保护状况的诘难和攻击时经常处于被动的地位。

20世纪80年代,人权问题日益成为中国学术研究和外交工作的热点和重点内容。随着实践经验的积累,中国逐步形成了自身关于人权问题的独特观点和立场,而其中的重要内容就是坚持将生存权和发展权作为首要的基本人权。发展权是中国参与人权外交活动的重要话题,或者说,发展权正是在中国的支持和倡导下才得以确立其在国际法中的地位。在1977年和1979年联合国大会关于人权问题的讨论上,中国投票支持通过《关于人权新概念的决议案》和《关于发展权的决议》,并自此一直担当人权委员会关于发展权问题

---

① 《乔冠华在联合国大会第二十六届会议全体会议上的发言》,《人民日报》1971年11月17日。

② 中国代表黄华曾在联合国安理会特别会议上发言,主张"联合国应当支持非洲人民反对帝国主义和新老殖民主义,争取和维护民族独立的正义事业","中国政府和人民将始终不渝地同非洲国家和全体非洲人民站在一起,为反对帝国主义和新老殖民主义,维护民族独立和争取民族解放的事业而共同奋斗"。(《黄华代表在安理会特别会议上就非洲问题作总发言坚决支持非洲人民反帝反殖斗争》,载《我国代表团出席联合国有关会议文件集》,人民出版社1972年版,第33—35页。)虽然该主张是针对非洲问题所提出,但也从一个侧面反映了我国对各国人民争取民族解放的斗争的支持态度。

决议的共同提案国。中国从 1983 年开始以观察员的身份参与起草《发展权利宣言》的有关会议，为 1986 年《发展权利宣言》通过作出了不容置疑的贡献。①1990 年，中国积极支持并参与人权委员会举办的"发展权即人权全球磋商"，为如何进一步实现发展权提出了卓有成效的建议。在之后的历次相关会议上，中国代表不断同与会国分享中国对发展权的观点，探讨国际社会在发展权保障上应该采取的基本立场，为提高国际社会对发展权方面的认识和发展权理念的完善作出了巨大的贡献。

必须承认的是，由于中国的人权研究起步较晚，中国在国际舞台上提出的有关发展权的理念体系还不够系统完整，不少国家对中国所宣传的发展权主张和发展权保障成提出了质疑，认为中国对于发展权的热情不过是出于将其变成一种用于争夺外交话语权的武器的缘故。但猜忌和质疑无法抹杀中国在推进联合国发展权工作方面所作出的巨大贡献，在本国国内，中国也通过正式而明确地将保障发展权确立为治国理政的基本理念和不断推进保障人民发展权的实践行动，证明了中国在推进发展权事业上的诚意和决心。与此同时，中国不断加深对发展权理论的研究和解读，逐步构建起具有中国特色的发展权话语体系，以更好地向世界展示中国人民对于发展和发展权的基本立场和观念，分享中国在保障发展权方面的理论成果和实践经验。

二、执政理念：发展权的践行者

中国不仅在外交事务上大力倡导发展权，也在国家治理过程中采取各项举措全力践行发展权。发展一直是中国共产党治国理政的重要目标，是否能够促进经济社会发展早已成为中国共产党人评价治理效果的重要标准。在发展权的概念尚未诞生的时代，中国共产党就十分关注社会发展问题并将其作

---

① 在 1982 年 2 月 23 日联合国人权委员会第 38 届会议上，中国代表顾以佶作了《关于发展权问题》的专题发言，支持联合国关于发展权的系列决议，指出发展权是人权的不可分割的一部分；1983 年 2 月 14 日，马隆德代表在联大作了关于发展权问题的发言，比较系统地阐述了中国对发展权的重要性、概念、实现障碍和实现方式上的观点；1984 年，顾以佶副代表在联合国人权委员会第 40 届会议上着重阐述了发展权问题，指出，应进一步努力消除在发展权方面的种种分歧，加强国际合作，使发展权利宣言草案尽早通过。（参见韩德培主编：《人权的理论与实践》，武汉大学出版社 1995 年版，第 431—434 页。）

为工作的重中之重。1956年,毛泽东主席在《论十大关系》中指出,我们建设的最终目的是要把"我国建设成为一个强大的社会主义国家",在进行国防建设时"一定要首先加强经济建设"①。在马克思主义政党眼中,经济发展是社会发展的基础,党中央对经济发展的重视也就是对社会发展的重视。同年举办的中国共产党第八次全国代表大会上通过的《政治报告》在判断国内外形势的基础上,明确指出"我们国内的主要矛盾,已经是人民对于建立先进的工业国的要求同落后的农业国的现实之间的矛盾,已经是人民对于经济文化迅速发展的需要同当前经济文化不能满足人民需要的状况之间的矛盾",并将解决这个矛盾作为党和全国人民的主要任务②,而这一矛盾的解决显然必须依靠社会各方面的发展。1987年,中国共产党第十三次全国代表大会通过的报告再次明确国内主要矛盾是"人民日益增长的物质文化需要和落后的社会生产之间的矛盾",同时还首次以全国代表大会决议的形式确立社会主义社会的根本任务是"发展生产力",旗帜鲜明地将"发展"作为党治国理政的中心议题。会议指出,"是否有利于发展生产力,应当成为我们考虑一切问题的出发点和检验一切工作的根本标准。"③1982年修订后的宪法,也强调国家的根本任务是"集中力量进行社会主义现代化建设",并指出要"在发展生产的基础上,逐步改善人民的物质生活和文化生活",以国家根本大法的形式确立了发展问题的重要地位。"推动生产力发展、提高人民生活水平"这两大目标被载入党的全国代表大会决议和作为国家最高法的宪法之中,表明发展已经成为党和国家工作的重要目标而非仅仅是国际舞台上用以合纵连横的外交话语。但必须认识到的是,由于对人权问题的认识不足以及相关研究的欠缺,在这一历史阶段,我国还未明确将发展和人权保障问题结合起来,发展权一词也未出现在涉及发展的官方文件之中。

　　自20世纪90年代以来,随着我国对人权问题认识的进一步深入,"尊重和保障人权"逐渐成为党治国理政的首要原则,而作为首要、基本的人权——

_____

① 《毛泽东文集》第七卷,人民出版社1993年版,第23—50页。

② 参见《中国共产党第八次全国代表大会关于政治报告的决议》,载《建国以来重要文献选编(第九册)》,人民出版社1994年版,第353页。

③ 《中国共产党第十三次全国代表大会文件汇编》,人民出版社1987年版,第13页。

发展权也被写入国家宪法等法律文件以及各类战略规划之中。2004 年,宪法修正案中增加了"国家尊重和保障人权"条款,"人权"被明确地确立为一项宪法原则,同时各项具体的人权也在"公民基本权利和义务"章节中得到进一步明确和保障。2006 年,《中华人民共和国国民经济和社会发展第十一个五年规划纲要》确立"促进人权事业全面发展"的任务,将推动人权建设作为社会发展规划的重要目标。党的十六届三中全会上提出的科学发展观以发展为第一要义,将"以人为本"作为其理论核心,将人权和发展统一到一个理论系统之中,为我国发展权保障事业提供了理论指导和前进方向,被认为"具有里程碑式的意义"①。2007 年,党的十七大首次将"平等发展权"这一概念正式载入执政党最高层次的会议文件。② 2012 年,党的十八大报告中"保证人民平等参与、平等发展权利"的表达,重申了实现和保障发展权是党和国家工作的重要目标。2016 年,《十三五规划纲要》将保障平等发展权利确立为"十三五"期间工作的基本原则。2017 年,党的十九大报告明确将"人民平等参与、平等发展权利得到充分保障"③作为未来工作的阶段性目标,同时指出"必须坚持以人民为中心的发展思想,不断促进人的全面发展、全体人民共同富裕"④。发展权在党中央纲领性文件中的地位逐步提升,充分展示党和国家切实保障人民发展权的坚定决心。除此之外,中国自 2009 年开始制定实施的三个国家人权行动计划中无不把保障发展权放在首要位置⑤,凸显了发展权在国家人权事业中的重要地位。

---

① 陈焱光:《论科学发展观与人权的和谐发展》,载《科学社会主义》2008 年第 4 期。

② 《中国共产党第十七届中央委员会第六次全体会议公报》中明确指出,"尊重和保障人权,依法保证全体社会成员平等参与、平等发展的权利。"(《中国共产党第十七次全国代表大会文件汇编》,人民出版社 2007 年版,第 40 页。)

③ 习近平:《决胜全面建成小康社会 夺取新时代中国特色社会主义伟大胜利——在中国共产党第十九次全国代表大会上的报告》,人民出版社 2017 年版,第 28 页。

④ 习近平:《决胜全面建成小康社会 夺取新时代中国特色社会主义伟大胜利——在中国共产党第十九次全国代表大会上的报告》,人民出版社 2017 年版,第 31 页。

⑤ 中国政府坚持以人为本,落实"国家尊重和保障人权"的宪法原则,既尊重人权普遍性原则,又从基本国情出发,切实把保障人民的生存权、发展权放在保障人权的首要位置,在推动经济社会又好又快发展的基础上,依法保证全体社会成员平等参与、平等发展的权利。(参见国务院新闻办公室:《国家人权行动计划(2009—2010 年)》,中央人民政府网站,http://www.gov.cn/jrzg/2009-04/13/content_1283983.htm,访问日期:2017 年 7 月 22 日。)

事实证明,发展历来是中国共产党执政的重心,对发展权的保障融入了中国自建国以来 70 多年的发展进程之中,中国也在践行发展权理念方面取得了举世瞩目的成就,2016 年国务院新闻办公室发表的《发展权白皮书》用大量的数据和事实证明了中国在保障发展权方面取得的卓越成果。"中国在改革开放 30 多年的时间里,使 7 亿多人口摆脱贫困,占全球减贫人口的 70% 以上";"中国建立了世界上最大的社会保障体系,人均预期寿命从 1949 年前的 35 岁提高到 2015 年的 76.34 岁,居于发展中国家前列";"到 2015 年,小学学龄儿童净入学率为 99.88%,九年制义务教育巩固率为 93%,高中阶段毛入学率为 87%,高等教育已接近中等发达国家水平"[1],这些数据比任何言论都更有力地证实了中国在发展权保障方面的巨大努力和辉煌成就。同时,中国发展权保障事业的进展还得到了国际社会的广泛认可。在联合国开发计划署公布的《人类发展报告》中,中国的评价结果和排名逐步走高,在 2014 年更是被列入高人类发展水平国家组。[2] 中国共产党已经用行动和结果显示出"使人民的发展权得到更加充分的保障"作为其治国理政的首要原则的决心和诚心。

三、理性解读:发展权的构建者

如果将现代人权体系比喻为一棵参天大树,那么发展权无疑是较为晚近才向人们展现其魅力的一枝。自诞生于 20 世纪 80 年代起,发展权在获得了越来越多的支持和认可的同时,其自身也处在不断完善和革新之中。作为发展权理念的主要的倡导者和忠实的践行者,中国在自身的发展实践中不断探索发展权的概念和理念,为发展权概念体系的构建作出了巨大的贡献。

新中国学术界对于人权问题的研究兴起于 20 世纪 80、90 年代。1989 年,党中央明确发出指示,呼吁学术界"理直气壮地宣传我国关于人权、民主、自由的观点和维护人权、实行民主的真实情况,把人权、民主、自由的旗帜掌握

---

① 国务院新闻办公室:《发展权:中国的理念、实践与贡献》,人民出版社 2016 年版,第 4—5 页。

② 在 2014 年《人类发展报告》,中国的发展水平居世界第 90 位,首次进入高发展水平国家行列。(联合国开发计划署:《2014 年人类发展报告》,联合国开发计划署 2014 年版,第 159 页。)

在我们手中。"①据此,中国学术界召开了数次人权研讨会,用马克思主义理论研究人权问题,对人权的概念、本质、发展历程、社会主义人权保障方式等人权领域的基本问题以及人权与主权、人权与法治的关系等人权热点问题展开了初步的探讨和分析。1992年,北京大学、人民大学等单位发起以"如何理解生存权与发展权是基本和首要人权"为主要议题之一的全国人权理论研讨会。会议上,来自全国各地的近百名专家学者们围绕"生存权和发展权的含义""生存权和发展权的时代意义与首要地位"等问题展开了激烈的讨论。② 从某种意义上讲,这次会议可以说是国内学术界早期探讨发展权最重要的会议之一。会议上,专家学者们从马克思主义视角研究发展权,通过对《发展权利宣言》等有关国际人权文件进行解读,针对发展权的含义作出了中国式的分析和表达。有学者指出发展权本质上是一项人权而非如同某些西方大国所称的"社会规划或目标",并在此基础上将发展权可以定义为"个人在发展的基本条件和机会上所应具有的权利"和"各个民族各个国家在发展的基本条件和机会上所应具有的权利"③。有的学者认为生存权致力于满足人生存下去的需要,而发展权则应该从满足"人要求在智力和体力上得以发展"的需要的角度进行理解,从而由这两个最基本人权之中推导出政治、经济、文化等方面的具体人权。在发展权的实现方式上,学者们普遍认为,发展权的实现需要国家内部的建设和改革,也需要国家之间的交流与合作。所以我们应当走出将人权看作帝国主义国家进行和平演变武器的误区,摆脱将人权斗争视作敌我斗争的错误观点,充分认识到国际交流对人权的保障的积极意义,充分利用国际上资源来保障我国人民发展权的实现。因此,我们一方面要加强对国际人权法的研究,借鉴相关的理论经验来进行反帝国主义和霸权主义的斗争;另一方面要加强发展权方面的国际合作,在发达国家在尊重发展中国家前提下,充分利用发达国家给予的发展援助来谋求自身的发展。总而言之,虽然学者们对发展权含义的表述在细节上各不相同,但都以联合国《发展权利宣言》第一条

---

① 董云虎:《中国人权发展史上的一个重要里程碑》,《人权》2002年第1期。

② 朱穆之、周觉等主编:《中国人权年鉴》,当代世界出版社2000年版,第1100页。

③ 李凯林:《全国人权理论研讨会关于生存权和发展权的讨论侧记》,《南京社会科学》1993年第1期。

中关于发展权的表述①为核心。学术界普遍认为,发展权在本质上是一项人权,而且是首要的基本人权;发展权的主体既可以是个人,也可以是国家和民族等集体,就国家而言,主要是发展中国家;发展权的内容是满足权利主体得以发展应该具有的基本条件和机会以及谋求发展过程中的行动自由,具体包括政治、经济、文化和社会四个方面的内容②;发展权的义务主体主要是国家,实现发展权需要作为义务主体的国家在国家内部创造有利于发展的环境以及各国之间合作共同构建一套公正合理的国际政治经济新秩序。因此,我们可以将80年代末90年代初中国学术界对发展权的定义归纳为:发展权是个人、民族或国家享有的充分满足其发展所需条件和机会的基本人权,为了实现这个权利,需要各国创造有利于实现发展权的环境和构建公正合理的国际政治经济新秩序。

改革开放以来,中国社会呈现高速发展的态势。经济飞速增长,中国从世界落后贫困的国家一跃而成为世界第二大经济体,被海内外媒体称之为"中国经济奇迹"③。在经济高速增长的同时,中国社会也得到了快速而全面的发展,截至2014年已被联合国《人类发展报告》列入高发展水平国家行列。社会快速发展的现实在呼吁更加深入的发展权研究的同时,也为学术研究提供了丰富的养料,使得中国学者得以进一步深挖对发展权的理解,主要体现在以下几个方面:在发展权的主体方面,关于个人和集体都是发展权主体的理论得到进一步丰富,形成个人主体和集体主体双向互动的发展权主体观;关于发展权的内容的理论也由最开始抽象化、简单化的"发展条件和机会"得到进一步提炼和升华,形成了以《发展权利宣言》中的规定为基础的"参与发展""促进

---

①　《发展权利宣言》第一条第一款规定:"发展权利是一项不可剥夺的人权,由于这种权利,每个人和所有各国人民均有权参与、促进并享受经济、社会、文化和政治发展,在这种发展中,所有人权和基本自由都能获得充分实现。"

②　由于当时存在帝国主义国家借人权为由干涉他国人权内政的现象,我国部分学者特别强调,发展权还包括发展中国家制定本国发展政策不受其他国家干涉的内容。而在发展权的具体内容方面,还有的学者提出发展权应该包括独立的生存(生命)发展权形式。(参见杨庚:《论核心人权》,《南京社会科学》1996年第7期;连保君,孟鸣歧:《论人权中的发展权问题》,《北京师范大学学报》1992年第3期。)

③　新华社:《美媒称"四大支柱"支撑中国经济奇迹进入第二阶段》,新华网,http://news.xinhuanet.com/world/2017-04-01/c_129523358.htm,访问日期:2017年7月12日。

发展""享受发展成果"三方面的内容观,即发展权的内容是自由、平等地参与和促进发展的行为权以及平等享受发展带来利益的获益权的统一①,并由此尝试构建政治发展权、经济发展权、文化发展权、社会发展权以及生态发展权"五位一体"的子权利体系。由此,学术界对于发展权的含义的表述更加完善。21世纪初,中国学术界在对发展权进行全面而深入的研究之后提出了发展权的经典定义,其表述为:"发展权是人的个体和人的集体参与,促进并享受其相互之间在不同时空限度内得以协调、均衡、持续地发展的一项基本人权"②。这一定义将发展和人权巧妙地融合起来,实现了发展手段和发展目的的统一,为中国乃至世界的发展权研究和实践奠定了坚实的概念基础。

第二节　发展权概念构建的中国贡献

《发展权利宣言》通过以来,中国在实践中践行发展权理念,也在实践中不断深化对发展权观念的理解,逐步构建起独特的发展权概念体系,为世界发展权事业的推进作出巨大的贡献。中国认为:发展权的实现只有进行时而没有完成时,发展权理论的完善也是一个在实践中不断深入过程。结合近几年来中外发展权保障的实践经验和研究成果,我们认为中国学术界还能在以下几个方面对发展权概念体系的完善进行进一步探索,做出更大的贡献。

一、发展权概念的细化

发展是人类社会的永恒追求,但在不同的时代,发展有着截然不同的具体内涵。古希腊先哲柏拉图描绘了社会成员各司其职、分工协作,不断推动社会进步的朴素构想;其学生亚里士多德指出实体的生成过程就是潜能不断外化为现实的过程,每个人都在追求善德的过程中实现自身和共同体的发展;启蒙思想家们认为发展是脱离对神性的依附从而追寻自由的重要工具,呼吁通过

---

① 参见汪习根:《发展权含义的法哲学分析》,《现代法学》2004年第6期。

② 汪习根:《法治社会的基本人权——发展权法律制度研究》,中国人民公安大学出版社2002年版,第60页。

教育来实现个人的自由发展;马克思主义经典作家探讨了人类社会发展的基本规律,同时还对人的社会本质和人的发展进行深入分析,揭示了人的自由全面发展的必然性。二战之后,随着人们观念的变化,发展一词的意涵也在发生着改变。二战后诞生的一系列国际文件中所提及的发展,一方面超越了古典自然法思想中的个人发展观念,将发展上升到全体人类的高度①;另一方面也突破了社会发展对物质财富增长的过分关注,将发展视作政治、经济、文化、社会全方位的进步。《发展权利宣言》第一条明确宣告,发展权的保障最终要使得"每个人和所有各国人民"均得以充分"参与、促进并享受经济、社会、文化和政治发展"②。通过对《发展权利宣言》的研究分析,中国学术界提出发展权是一项母体性人权,从中可以解析出包括政治、经济、文化、社会以及可持续发展等多方面的具体人权。发展权的这些不同侧面之间存在着复杂而紧密的联系,它们在一定情况下能够相互促进、相互推动,而在另外一些条件下也可能会互相牵制、互相损害。只有正确认识这些不同侧面的具体内涵和相互作用的机理,才能使其最大限度地保持协调一致,从而推动发展权切实而全面地实现。因此,中国学术界不仅从整体角度进行分析发展权,更以微观的视角对发展权的概念进行细化,对发展权的每一个侧面进行梳理和分析,以经济发展权、政治发展权、文化发展权、社会发展权以及生态发展权等发展权子权利形式为枝干培植起发展权的"权利之树",并进一步探索构建各个子权利独特的权利保护机制以及互动机制。

　　中国学界对发展权的细化是从定义开始的。早在 20 年前,中国学者就对发展权的各个子权利形式进行了初步的定义。随着时代的发展和学术研究的深入,发展权子权利的概念体系逐渐完善并结合时代趋势发展

---

　　① 《联合国宪章》序言中就指出其目的是"运用国际机构,以促成全球人民经济及社会之进展",《宪章》第 55 条也指出,"为造成国际间以尊重人民平等权利及自决原则为根据之和平友好关系所必要之安定及福利条件起见,联合国应促进:(子)较高之生活程度,全民就业,及经济与社会进展。"

　　② 《发展权利宣言》第一条规定:"发展权利是一项不可剥夺的人权,由于这种权利,每个人和所有各国人民均有权参与、促进并享受经济、社会、文化和政治发展,在这种发展中,所有人权和基本自由都能获得充分实现。"(《发展权利宣言》,1986 年 12 月 4 日,见 A/RES/41/128。)

出新的内容。① 从当前研究成果来看,中国学术界主要从自主决定发展方向、充分参与发展进程以及平等享有发展成果三个方面对各个发展权子权利形式的内涵进行具体的规定。以经济发展权为例,中国学术界普遍认为,经济发展权较为完善的定义应表述为"主体自主决定其发展方向和发展道路,获得发展所必需的物质技术手段,以及运用所获物质技术手段去创造并享受满足发展需要的物质资料的权利的总和"②。对于一般个体而言,经济发展权可以大致划分为劳动权和劳动报酬权③;对于特殊个体而言还包括在劳动方面获得特殊帮助和资源倾斜配置的权利;而对于民族、国家等集体主体而言,经济发展权意味着对本国内自然资源的所有权、自主决定经济发展道路的权利以及平等参与国际经济活动、享受人类发展成果的权利。中国学术界在依据子权利各自的特点构筑独特而适宜的保障机制方面的研究也取得了不小的进展。同样以经济发展权为例,从经济发展权的内涵和外延出发,个体的经济发展权的保障意味着个体能够充分获得通过劳动参与、促进经济发展的机会,并能够获得相应的劳动成果。在市场经济条件下,劳动资源主要由市场配置,一般个体参与劳动以及获取劳动报酬的活动主要在市场法则的调节下进行。由于市场调节机制本身具有自发性、盲目性和滞后性的固有弊端,侵犯经济发展权的行为难免发生,如使劳动者处于危害身体健康乃至劳动能力的劳动环境、故意拖欠劳动报酬等。市场经济下,经济发展权保障措施主要是指公权力机关通过相关的法律法规、宏观调控政策等工具惩罚违法行为,通过规范市场秩序来弥补市场弊端,以使一般个体得以充分地参与市场经济活动并公平地获取经济发展带来的成果。因此,一般个体的经济发展权的法律保障主要着眼于保障市场正常运作,以资源的公平公正分配为辅助手段。对于在社会中处于相对弱势地位的特殊主体,经济发展权的保障有所不同。这些特殊主体在

---

① 2003 年,汪习根教授的《法治社会基本人权——发展权法律制度研究》一书中就按照内容将发展权分解为经济发展、政治发展、文化发展、社会发展和生存发展等部分并对其分别作了定义。时至今日,这个子权利体系已经逐渐完善,形成了经济发展权、政治发展权、文化发展权、社会发展以及生态发展权(可持续发展)为主要内容的新体系。

② 汪习根、王雄文:《论科学的法律发展观》,《当代法学》2005 年第 2 期。

③ 一般主体的经济发展权还有另一种划分方法,即分为择业权、劳动保障权、劳动报酬权、休息权以及民主管理权。

市场经济活动中处于天然的不利地位,仅凭自己的能力难以获取劳动机会,更别说争取公平合理的劳动报酬。因此,需要国家、政府、社会组织等相关义务主体积极采取行动,通过特殊立法构建倾向性保护机制,适度将资源对其进行倾斜,为这些特殊主体创造劳动机会,对其进行劳动培训,增进其参与劳动和获取劳动报酬的能力。

《发展权利宣言》中将发展划分为经济、社会、文化和政治四个方面,但并不意味着发展权只能分解为这四种子权利形式。随着发展实践的不断推进和人类发展观念的变化,从发展权之中还可能解析出新型子权利。进入新世纪,多年的发展实践引发了较为严重的环境污染、生态破坏的问题,引起人们对发展与环境保护之间关系的关注与思考。2003 年,中国提出以"可持续发展"为核心内容的科学发展观。2009 年 9 月,中国共产党十七届四中全会将生态文明建设纳入中国特色社会主义事业总体布局之中,生态文明建设在党和国家的发展战略中被提升到与经济发展、政治发展、文化发展和社会发展并列的高度。① 在中国的发展战略和发展观念中,生态发展已经被独立出来并成为具有重要意义的方面。中国研究发展权的学者将生态发展列为独立的子权利——生态发展权进行研究,分析其内涵及外延,并从不同角度全面分析保障生态发展权的障碍,在构建生态发展权保障机制上已取得巨大进展。

对发展权概念进行细化已经成为中国学术界研究发展权的理论自觉。从当前中国有关发展权研究的学术文章来看,在有关发展权客体的论述中都基本遵循了将客体分解为经济发展权、政治发展权、文化发展权、社会发展权、生态发展权等若干部分并根据其特殊性构建权利保障机制的理论范式。这种分析方法也许并非中国首创,但却在中国学者的研究中焕发出勃勃生机,不得不说是中国学术界为世界发展权研究作出的又一个伟大贡献。

二、发展权概念的创新

从客体视角对发展权概念进行深入挖掘,可以将其细化为经济发展权、政

---

① 参见中共中央文献研究室编:《十七大以来重要文献选编(中)》,中央文献出版社 2009年版,第 140 页。

治发展权、文化发展权、社会发展权以及生态发展权等子权利形式;如果以其他视角对发展权概念进行考察,是否能够得到其他发展权概念方面的创新成果? 在长期的实践探索之后,学术界以新的视角考察发展权,提炼出区域发展权、可持续发展权以及特殊主体发展权等发展权新概念。

(一)空间视角:区域发展权

随着区域视角被纳入发展评估标准,区域发展失衡的问题开始进入人们的视野。由于地理环境、历史积累和政策导向等因素,不同区域之间存在发展水平上的差异是不可避免的,但若坐视这种差异,任凭其不断扩大,则可能会导致极为严重的后果。现代研究表明,20 世纪资本主义国家发生的数次严重结构性危机以及困扰当代发展中国家的"中等收入陷阱"都或多或少地与严重的区域发展失衡存在联系。[1] 区域发展差异过大不仅会加剧区域之间的利益冲突和经济摩擦,妨碍区域间资源的有效配置,拉低整体经济效率,还会产生社会心理鸿沟,造成不同区域之间的人心对立,削弱社会的凝聚力和向心力,进而威胁社会和谐稳定。历史表明,区域发展失衡严重状况往往与民族矛盾、宗教冲突等问题相结合,成为社会动荡、国家分裂的诱发因素,这一点在某些发展中国家表现得尤为突出。问题的严重性和紧迫性引发了社会的广泛关注,区域发展平衡的问题被经济学学者们广泛讨论。在理论上,西方学者提出了市场型区域协调模式和政府干预型区域协调模式等方案;在实践中,各国政府也针对其内部的区域发展不协调状况推出各种解决措施。虽然这些方法取得了一定的实践效果,但世界范围内的区域发展不协调问题仍然不容忽视。

1978 年以来,我国采取非均衡发展的区域战略思想[2],实现了国民经济的飞速增长,但也导致了严重的区域发展失衡问题。面对新问题,中国开创发展新思路,以区域协调发展作为国家区域发展战略的主导思想[3],制定了西部大

---

[1] 参见王友明:《拉美陷入"中等收入陷阱"的教训、经验及启示》,《当代世界》2012 年第 7 期。

[2] 参见孙斌栋、郑燕:《我国区域发展战略的回顾、评价与启示》,《人文地理》2014 年第 5 期。

[3] 中共中央十六届三中全会通过的《中共中央关于完善社会主义市场经济体制若干问题的决定》中,明确将区域协调作为"五个统筹"的重要方面,并将"形成促进区域经济协调发展的机制"确立为完善社会主义市场经济的主要任务。

开发、振兴东北老工业基地、中部崛起等国家级发展战略。国家通过支援基建、转移支付、财政税收优惠等政策在一定程度上改善了区域发展失衡状况，但目前各区域之间的发展水平以及发展状态差距仍较大，失衡状态亟待改善。中国学者认为，区域协调发展是一个长期、复杂而艰巨的系统性工程，其推进离不开法治机制的参与。在探索利用法治方法解决区域发展失衡问题、实现区域协调发展的过程中，中国学者从权利视角切入，提出区域发展权的新概念。从表面上看，区域发展权的提出似乎只是利用权力话语解释区域发展现象，是将区域发展问题纳入法律体系的逻辑前提。但以人权视角看待区域发展问题，是对区域发展问题在本质上的升华，将有助于突破传统观念中单纯的应用性对策分析的困境，深挖区域发展问题的本质以寻求发展失衡问题的根本解决途径，从而实现对"纷繁复杂的政策变动、制度重构及利益整合行为的超越"①。

自区域发展权概念提出以来，中国学术界专注于对其基本概念和原理进行分析论证，已经逐步构建起区域发展权的概念体系。作为发展权与区域视角相结合而诞生的特殊的发展权利，区域发展权在权利客体、权利内容以及义务主体等方面与一般发展权具有一致性，其特殊性更多地体现在主体之上。虽然发展的复杂性决定了某一区域的发展往往是复杂的多方因素作用的结果，理论研究和发展实践中对于"特定区域""需要援助的区域"等概念②的界定存在不同的标准和方法。但是无论如何划分区域，区域发展权的主体都是指该"特殊区域"内生活和居住的人的个体和集合体。因此，区域发展权被定义为特定区域内个人及其集合体有资格向国内和国际社会主张的参与、促进和享受经济、社会、政治、文化和生态等各方面发展所获利益的人权。当然，区域发展权概念体系的建立仅仅是将区域协调发展纳入法治轨道的第一步。为了切实保障区域发展权，从根本上解决区域发展失衡问题，学术界对特定区域

---

① 汪习根、彭建军：《论区域发展权的本质属性及法律实践》，《中南民族大学学报（人文社会科学版）》2009年第6期。

② 从理论上讲，区域发展权涉及的应该是一切区域的发展，但根据发展权理念的一贯思路，这里的区域发展权所主要关注的是那些由于各方面主客观原因而发展滞后，在发展中处于劣势地位的区域。

的划分标准、区域发展水平的法律评价标准、区域发展法治基本原则以及法律救济机制等一系列问题进行了更为深入的研究,其研究成果已经初步构筑起中国区域发展权法律制度的框架。而区域发展权法律制度在指导实践过程中是否会出现新的疑惑,区域发展权法律制度自身该如何完善,这些问题还有待学术界在理论和实践中进一步探索完善。

(二)时间视角:可持续发展权

区域发展权的新概念诞生于学术界用人权法范式思考不同地理区域发展失衡问题的解决之道的过程中,而若以时间视角考察发展权的保障状况,则不同代际之间的公平发展问题又映入人们眼帘。20 世纪以来,片面追求经济利益和物质财富增长的发展模式所带来的弊端逐渐凸显,整个世界陷入日益严重的生态和环境危机之中。严重的危机引发了广泛的关注和讨论,可持续发展的概念应运而生。在社会各界的奔走努力下,可持续发展的理念逐步确立并成为国际社会的共识,全球生态环境恶化的趋势也在各国人民的共同努力下得到了一定程度的遏制。然而,当下全球范围内推动实现可持续发展的行动和努力,多建立在道德自觉之上,而基于硬法规范的全球可持续发展法治机制的构建仍然面临诸多困难。如在联合国的主导下,旨在建立应对气候变化全球合作机制的全球气候谈判,即便历经 25 年的艰苦努力也未能得出决定性的结果,更不要提将谈判桌上的成果转化为具体的政策和行动。① 硬法效力的合作机制的缺乏,使得人类无法持续有效地应对越发严重的危机,人们开始寻求将可持续发展理念法治化的新思路。

在法学界,法学家们为可持续发展理念的法治化进行了不懈的努力,提出了一系列有关构建可持续发展的法律框架的理论方案。在过去,虽然可持续发展理念和发展权同样关注发展这一人类社会的永恒主题,尤其是都主要着眼于发展过程中的公平问题,但关于发展权的学术研究和规范文本之中很少涉及可持续发展的内容,关于构建可持续发展法治机制的学术探讨也很少以

① 从 2016 年马拉喀什气候变化大会所达成的结果来看,世界各国已经在落实《巴黎协定》的问题上大致达成一致,只在技术细节上存在分歧。从 2016 年气候大会的成果来看,一个具有法律约束力的气候变化全球合作机制的正式建立可谓充满希望。然而,2017 年 6 月美国宣布退出《巴黎协定》的消息又给当前大好的局势带来一丝阴霾。

人权的视角进行。在可持续发展概念提出之后，它很少作为人所应当享有的权利来看待，而是被看作对人类活动所必须施加的限制。人生来就具有生态破坏、物种灭绝和环境破坏等"原罪"，而可持续发展则要求束缚人类行为，是防止其恣意妄为的枷锁。这种将人类只视为可持续发展责任的承担者而非受益者的观点，使得构建可持续发展追责机制困难重重。由于人已经被放置于责任承担者的地位，那么作为其相对方的权利主张者就难以确定，从而导致追责的困难。有学者认为可以引入自然作为权利的主张者，但会导致与传统法观念的冲突，也会引发实践上的困难。于是，有学者大胆创新，另辟蹊径，提出以人权视角看待可持续发展，以代际平等的视角看待发展权，创设"可持续发展权"新概念，并从此出发提出构筑可持续发展法治机制的新思路。可持续发展理念的重要支撑是代际公平理论，公平也始终是发展权理念追求的价值目标，且以时间视角看待发展权理念所追求的公平，可以顺理成章地推导出代与代之间的公平，因而可以说可持续发展和发展权有天然的切合性。事实上，近几年以来人们越来越重视将可持续发展理念和发展权理念相结合，不仅学术界出现越来越多相关的讨论，联合国也在推进实现《2030 可持续发展议程》中可持续发展目标的过程中，不断尝试将其与发展权保障进程相结合。对于这种历史性的转变，中国学术界可谓功不可没。中国学者早已提出从人权视角看待可持续发展的观点，中国官方也多次在有关发展权的国际会议上为"可持续发展权"的新概念纳入国际发展权话语体系而奔走。当然，可持续发展权作为研究发展权的新视角，中国学术界还只是描绘出其雏形。若要用可持续发展权这一新概念指导中国的发展实践还需要更加深入的理论研究，需要对可持续发展权的主体、客体、内容与权利义务关系模式进行进一步科学界定和阐述。假以时日，中国学者构筑的可持续发展权法律制度必将会成为构建全球可持续发展机制、推动可持续发展事业更进一步的关键步骤。

（三）主体视角：特殊主体发展权

第二次世界大战以后的国际人权文件普遍强调人权的主体应该具有普遍性，人权保障应该惠及"全体人类"。然而，人权实践中却有相当一部分主体长期处于被忽视、被边缘化的境地，其基本的生存权和发展权都得不到有效保障。自由主义人权观将人权主体设定为"抽象的、无差别的人"，其回避了现实生活中人与人之间的性别、年龄、健康状况、社会地位等方面的差异,并且任由这些差异在经济和政治活动中不断放大,严重危害边缘群体权利的有效保障。由此,人们开始反思和批判自由主义人权观指导下的人权实践。随着时代的发展,当代人权文化已经孕育出能够包容不同个体和不同群体的多元特质,而随着人权实践的进一步推进,对权利更容易受到侵害的弱势主体给予特别关注并采取特别保护措施的观念,已经逐渐成为国际社会的共识并得到一系列国际人权文件的承认。中国的发展权研究直接继承马克思主义人权观的理论路径①,自一开始就将人权主体理解为"在一定的物质条件下进行的"发展过程中的人②,坚持发展权最终要落实到现实社会中的每一个具体的人,强调对因各种主客观因素而陷入不利地位的人进行特殊的保护,以实现发展权的平等保障。从目前中国人权保障的实际情况来看,中国一般从两个方面来进一步确认需要特别保护的特殊主体。一方面是国内外人权保护的新动态。过去的几十年间,诸如妇女、儿童、残疾人等主体的特殊地位已经在国际人权保护活动中得以确立,也得到了一系列国际人权文件和国内法律法规的确认,这些主体当然也是发展权的特殊主体;另一方面,学者们通过实证调查方法,以主体的不同指标(身份、健康、性别、年龄、民族等)为依据划分范围,考察相关人群的发展权保障状况,分析其在参与、促进发展以及分享发展成果进程中所遭遇的困难,据以确定该主体是否需要特别保护。③ 综合以上两个方面的因素,结合当下中国发展权研究成果,本书认为现阶段的中国发展权理论中的特殊主体主要包括妇女、儿童、残疾人、农民工、贫困人口、流动人口以及少数民族。中国对这些特殊主体给予特殊关注,进行卓有成效的研究并提出了相应的发展权新概念和法律保障机制。

---

① 马克思在《论犹太人问题》在三个层面上论述人权,即"权利的最一般形式""与公民权相区别的自然权"以及"公民权",这三个层面的人权分别对应三个主体,即"抽象的最一般的人""具体的人""政治层面上的公民"。(马克思:《卡尔·马克思论犹太人问题》,《马克思恩格斯文集》第 1 卷,人民出版社 2009 年版,第 21—55 页。)

② 参见《马克思恩格斯文集》第 7 卷,人民出版社 2009 年版,第 927 页。

③ 如后文所提到的农民工、留守儿童、流动儿童等特殊主体。这些主体在国际人权实践中得到了一定程度的关注,但尚未有国际或者国内的特别法律文件确认其特殊保护地位。由于在中国的发展实践中,这些主体的发展权保障已经产生了相当严重的影响,相当一部分学者主张通过立法将其确认为发展权特殊主体加以特殊保护。

1. 妇女发展权

在生理结构、经济分工和社会观念等因素的综合作用下,女性在人类历史上长期处于弱势地位,对发展的参与程度和发展权实现程度均低于男性。20世纪以来,妇女的社会地位有所提高,其发展权得到越来越好的保障,但很多方面仍面临着严峻挑战。① "妇女是物质文明和精神文明的创造者,是推动社会发展和进步的重要力量"②,妇女发展权利的保障状况已经日益成为人类社会发展的重要指标。为了实现对妇女权益长远而全面的保护,中国学者从发展权的高度看待妇女权益保障问题,运用发展权思维来评价和改进当前我国妇女权益保障机制。针对我国目前以宪法为统领,以《妇女权益保障法》等法律为主干的妇女发展权益保障制度,学界研究在肯定其积极作用的同时,揭示出有关法律法规中存在的规定较为分散、缺少可操作性、法律位阶较低等缺陷。学术界普遍认为应该制定一部更加完备具体的的《妇女平等发展权保障法》对妇女发展权进行全方位的规定。此外,中国学者认为,从整体上讲,妇

---

① 在联合国对千年发展目标(MDG8)中八项关键指标的保障状况的跟踪调查报告中指出,妇女权益在有关方面的保障虽然取得了一定成就,但当今社会仍然存在严重的男女不平等现象。目标1"消除极贫和饥饿"方面,报告指出在多数国家,"妇女比男性更可能生活在最贫困的家庭中"且"更容易受到弱势就业(vulnerable employment)的冲击"。在对目标2"普及初等教育"方面,在普及初等教育取得重大进展的同时,根据历史趋势预测得出的能在2015年掌握读写能力的女性的比例依然低于男性(女性比例为90%,而男性为93%)。在目标3"消除性别不平等和向妇女赋能"方面,全球范围内,女性的收入要比男性少24%,在因性别带来的工资差距依然在世界所有区域存在;虽然妇女在国家代议机构中的代表权大幅增长,但妇女在代议机构中依然只占有五分之一的席位。对目标4"减少儿童死亡率"而言,"儿童存活率和性别平等与妇女赋能有着千丝万缕的联系"。在"改善母婴健康"方面,自1990以来,产妇死亡率下降了近44%,但依然远远低于于2015年减少3/4的目标,而且大多数产妇死亡仍然是基于可以预防的原因。对于目标6"消除艾滋病、疟疾和其他严重疾病"方面,在15到24岁年轻人中新感染艾滋病毒的人数有所下降,但青年女性依然比男性更容易感染艾滋病。对目标7"确保环境的可持续性"而言,即便有所改善,饮用水和卫生设施的缺乏依然严重威胁着妇女和女孩的安全、健康和尊严。在对目标8"全球合作伙伴关系"方面,报告指出近年来发展援助中的性别平等有所改善,专门致力于促进两性平等的援助仍然严重不足,而且近期关于计划生育和生殖健康的援助甚至呈现下降趋势。(Cf. United Nations Statistics Division, UN Women, *Millenium Development Goals*: *Gender Chart 2015*, *2016*, New York, http://www. unwomen. org/en/digital-library/publications/2016/2/gender-chart-2015.)

② 习近平:《促进妇女全面发展　共建共享美好世界——在全球妇女峰会上的讲话》,人民出版社2015年版,第7—8页。

女包括社会中除了男性以外的一切女性,妇女发展权既是整个妇女群体的发展权,最终也要惠及每一个妇女个体,当然包括特定条件下的特殊群体和个人。妇女发展权保障也应该特别关注妇女中的弱势群体,如农村留守妇女、少数民族妇女、残疾妇女等,针对其特殊处境采取特殊的保障措施。

在有关妇女发展权保护的学术研究不断深入的同时,以发展权方式保障妇女权益的司法实践也在稳步推进。《中华人民共和国妇女权益保障法》(以下简称《妇女权益保障法》)明确规定:"国家采取必要的措施,逐步完善保障妇女权益的各项制度,消除对妇女一切形式的歧视。"①《妇女权益保障法》对妇女发展权给予了总括性的保护,而在各项涉及妇女权益的法律法规中也都规定了对妇女进行特殊保护的条款,如 2016 年正式实施的《中华人民共和国反家庭暴力法》便直指侵犯妇女权益的家庭暴力行为。为了落实我国男女平等的基本国策,践行各项法律法规中保障妇女发展权益的精神,中国制定了《中国妇女发展纲要》,从经济、教育、健康、环境、公共参与和法律保障等方面全面规定了保障妇女发展权益的目标和战略。其中 2011 年制定的《中国妇女发展纲要(2011—2020)》明确提出要"依法保障妇女参与经济社会发展的权利",这也标志着中国正式以发展权方法推进妇女权益保障事业。从实践效果上看,中国妇女发展权保障在近几年时间取得了显著成绩。在妇女经济发展权的保障上,妇女就业和社会保障水平年年提高。2016 年全国女性就业人员占全社会就业人员的比重达 43.1%,超额完成《纲要》规定的目标;女性基本医疗保险、养老保险等各项社会保险的覆盖范围进一步扩大,基本同步享有社会保障。在脱贫减贫方面,妇女贫困状况得到显著改善,截至 2010 年,在592 个国家扶贫开发工作重点县的女性人口的贫困发生率已经下降到9.8%②,妇女贫困人口数量还在不断下降。在教育方面,中国坚持贯彻性别平等原则,截至 2016 年,小学学龄女童净入学率达 99.9%,与男童基本持平;高中阶段在校生中的女生比例为 47.8%,性别差距由 2010 年的 5.7 缩小到

---

① 《中华人民共和国妇女权益保障法》第二条规定:"实行男女平等是国家的基本国策。国家采取必要措施,逐步完善保障妇女权益的各项制度,消除对妇女一切形式的歧视。"
② 参见国家统计局住户调查办公室编:《中国农村贫困监测报告》,中国统计出版社 2011年版。

4.3 个百分点;普通高等学校本专科和硕士研究生在校生中的女生比例分别为 52.5% 和 50.6%。在妇女健康权保障尤其是在孕产妇保健方面,我国也取得了巨大的成就,国家通过法律法规对妇女在怀孕期间的各项权益给予特殊保护,女性参加生育保险的比率逐年提高,全国范围内孕产妇住院分娩率由 2000 年的 72.9% 提高到 2016 年的 99.8%,妇女病率和孕产妇死亡率持续降低。在妇女参与政治生活方面,第十二届全国人大共有女代表 699 名,占代表总数的 23.4%;第十二届全国政协有女委员 399 人,占委员总数的 17.8%,妇女参与国家公共事务管理的人数不断增加。为了切实保障妇女平等发展权利的法治保障,中国不仅严厉打击针对妇女的违法犯罪行为,还积极为妇女维权提供法律帮助,截至 2016 年,全国共建立省、市、县三级政府法律援助机构 3758 个,仅在 2016 年就有 46 万人次的妇女获得了法律援助。①

2. 儿童发展权

儿童权利理念诞生于启蒙思想对人的独立地位和自由发展的追求之中,以儿童自由权为核心。20 世纪以来,国家和社会应该向处于弱势地位的儿童提供帮助以促进其健康成长的观念开始流行起来,这标志着儿童权利理论由以自由权为核心向以社会权为核心转移。然而,实践证明无论哪一种理论都存在不可避免的局限性。由于人们对传统儿童权利理论反思的不断深入,一种以发展与人权结合的视角来看待儿童权利问题、将发展权作为儿童权利核心的新观点开始出现并逐渐取得国际社会的认可。1989 年《儿童权利公约》明确指出应该保障儿童的发展权,2002 年联合国儿童问题特别会议的最终结果文件《适合儿童生长的世界》中也特别强调发展权在儿童权利保障中的重要地位。② 作为发展权理念的探索者和践行者,我国在实践上积极采取措施

---

① 以上妇女权利保障的数据均来自于《2016 年〈中国妇女发展纲要(2011—2020 年)〉统计监测报告》。[参见国家统计局:《2016 年〈中国妇女发展纲要(2011—2020 年)〉统计监测报告》,中华人民共和国中央人民政府网站,http://www.gov.cn/xinwen/2017 - 10/27/content_5234785.htm,访问日期:2017 年 11 月 10 日。]

② 《儿童权利公约》第 6 条第 2 款规定:"缔约国应最大限度地确保儿童的生存与发展。"《适合儿童生长的世界》特别指出,"我们强调致力于创造一个适合儿童生长的世界……在民主、平等、不歧视、和平与社会正义等原则以及包括发展权在内的所有人权的普遍性、不可分割性、相互依存性和相互有关性的基础上实现可持续的人类发展",同时还借助妇女享有发展权证成女童的发展权。

保障儿童的发展权的同时,也在相关理论构建方面进行了卓有成效的探索。在儿童发展权的概念方面,学者们从不同角度对儿童发展权的概念进行分析,初步揭示了儿童发展权的内涵和外延。① 在儿童发展权的保障机制构建方面,中国学者普遍认为应当构建以法律保障为主轴,涵盖立法、执法、司法以及社会公共参与的全方位的儿童发展权保障机制。这个保障机制主要包括以下四个方面的内容:在立法上,创制综合性的《儿童发展权保障法》;在司法上,为权利遭受侵害的儿童提供更加强有力的司法救济措施,在诉讼程序中对涉嫌违法犯罪的儿童主体采取程序性保护措施;在执法上,从明确执法主体、改进执法方式、健全执法保障和落实执法责任四个方面强化执法保障力度;在社会参与方面,构建以政府为主导,以企业、社区、非政府组织等多元力量的多元互动为公共支持的新模式,实现儿童发展权保障的多方参与和多元保障。此外,鉴于近年来中国流动儿童、留守儿童等弱势儿童群体的问题越来越严重,对这些特殊儿童主体发展权保障困境的成因和现状进行分析研究并提出符合中国实际的解决思路,成为近期中国儿童发展权研究的又一个热点。

在开创性理论的指导下,我国已经基本构筑起儿童发展权的保障体系并取得了卓著的成效。在立法方面,我国通过了《未成年人保护法》和《预防未成年人犯罪法》两部明确以少年儿童为保护对象的法律。《收养法》《义务教育法》和《反家庭暴力法》等法律所规定的事项与少年儿童的全面健康发展息息相关,其条文中也渗透着保障儿童发展权的精神。此外,我国《民法》《刑法》《刑事诉讼法》等各项法律法规中也存在不少保障儿童发展权益的条款。

---

① 陆士桢等编著的《中国儿童政策概论》如此定义儿童发展权:"发展是儿童的本质,儿童拥有充分发展其全部体能和智能的权利,包括有权接受一切形式的教育(正规的和非正规的教育),有权享有促进其身体、心理、精神、道德和社会发展的生活条件"(陆士桢、魏兆鹏、胡伟编:《中国儿童政策概论》,社会科学文献出版社 2005 年版,第 175 页)。而卜卫将儿童的发展权(Development Rights)定义为"儿童拥有受教育的权利(包括正规和非正规教育),充分发展其全部体能、智力、精神、道德、个性和社会性的权利"(卜卫:《媒介与儿童教育》,新世界出版社 2002 年版,第 67 页)。而南京大学编写的《人权法学》教科书中将儿童发展权定义为"儿童拥有充分发展其全部体能和智能,保障其健康成长的各种权利"(南京大学法学院人权法学教材编写组:《人权法学》,科学出版社 2005 年版,第 297 页)。这些观点是从儿童自身发展条件的角度对儿童发展权所做的定义。如果从发展权角度全面阐释儿童发展权,可以定义为,儿童有资格平等参与、促进社会发展进程并公平分享发展成果的权利。

在制定法律的同时,国家严厉打击针对儿童的违法犯罪行为,充分利用信息网络等新技术平台打击拐卖儿童的犯罪行为。同时,国家为儿童维权提供法律援助力度不断加大,截至 2016 年全国未成年人得到法律机构援助共计 13.6 万人次,比 2010 年增长 55.5%。为了切实保障广大儿童的发展权益,中国于 2001 年开始制定和实施《中国儿童发展纲要》,从健康、教育、社会保障和法律保障等方面提出了推进儿童全面发展的主要目标和方针策略,这也推动了我国儿童发展的方略和实践取得卓著的成效。在反映儿童健康的各项主要指标上中国均有显著进步,早在 2010 年,中国婴儿死亡率就已经下降到 13.1‰,提前实现联合国千年发展目标要求;时至 2016 年,中国婴儿死亡率下降到 7.5‰,五岁以下儿童死亡率为 10.2‰,低出生体重发生率为 2.73%,5 岁以下儿童中重度营养不良患病率为 1.44%,这几项指标表明我们离联合国《2030 可持续发展议程》中列明的完全消除婴儿死亡率和 5 岁以下儿童可预防死亡等目标日趋接近。我国各年龄段儿童的教育权利保障状况均得到极大的改善。中国在教育普及方面投入大量财政经费,2016 年学前教育经费占全国财政性教育经费的 4.2%,是 2010 年的 2.5 倍;2016 九年义务教育人口覆盖率已达 100%,九年义务教育巩固率达到 93.4%,我国九年义务教育已经实现全面普及。国家投入大量资金发展特殊教育,2016 年全国共有特殊教育学校 2080 所,在校学生达 49.2 万人。近年来中国的扶助救孤事业和残疾儿童康复事业也得到极大发展,截至 2016 年,全国共有儿童收养救助服务机构 705 个,残疾儿童康复服务设施 7858 个。①

3. 残疾人发展权

在联合国的努力下,近年来残疾人权益保护问题日渐主流化。2006 年通过的《残疾人权利公约》将残疾人权利保护和发展联系起来,虽然该公约曾经被评价为"与发展文书和活动相脱节",但不能否认的是《残疾人权利公约》

---

① 以上数据来自于《2016 年〈中国儿童发展纲要(2011—2020 年)〉统计监测报告》以及《〈国家中长期教育改革和发展规划纲要(2010—2020 年)〉中期评估报告(义务教育报告)》。(参见国家统计局:《2016 年〈中国妇女发展纲要(2011—2020 年)〉统计监测报告》,中华人民共和国中央人民政府网站,http://www.gov.cn/xinwen/2017-10/27/content_5234787.htm,访问日期:2017 年 11 月 12 日。)

"作为一项具备明显社会发展观点的人权文书，既是一项人权条约也是一种发展文书"①。中国自古就有关爱残疾人和对残疾人提供扶助和救济的传统，西汉时期的《礼记》中就表述出"鳏、寡、孤、独、废疾者皆有所养"的理想社会样貌。中国学者坚持将残疾人问题置于发展与人权的关系模式内进行分析，提炼出残疾人发展权并尝试构建残疾人发展权保障的法治理论与实践框架。学者们在充分肯定我国残疾人权益保障所取得的成就的基础上，对我国目前残疾人权益保障体系所存在的问题进行了反思，并从发展权的角度出发寻求解决思路。如针对制度层面上部分法律规定缺乏强制性调整内容和操作性不强的缺陷，主张在修订完善《残疾人权益保障法》的基础上，以各个地方立法机关为主导，吸收残疾人联合会等社会组织参与，依照地方实际情况制定本地区具有可操作性的地方性法规，以突显残疾人发展权利保障制度的实效性。面对实践层面存在的社会资源、政府资金未能得到有效的整合和利用，资源短缺和资源浪费的现象并存的窘境，学者们指出应当构建国家、社会、个人之间良性互动、共同治理的多元治理体制，以提高资源利用效率和资源分配的公平性。这种多元治理模式已经被《"十三五"加快残疾人小康进程规划纲要》确立为中国残疾人权益保障事业的基本原则之一。② 中国学者还特别注重残疾人发展权的司法救济机制的构建，强调司法保障对于残疾人发展权的切实保障的重要意义，为此提出了两方面的举措：一是加强残疾人能力建设，保障其主体资格，提升其维权能力；二是建立并完善涉及残疾人发展权的专门司法程序，通过简易程序、司法救助机制、诉讼费用减免等措施为残疾人维权提供便利。③

经过多年的实践探索，中国已经初步构建起以宪法法律为核心，各级行政

① 联合国社会发展委员会：《新出现的问题："将残疾问题纳入发展议程的主流"》，联合国网站，http://www.un.org/chinese/disabilities/default.asp? id=1190，访问日期：2017 年 11 月 20 日。

② 《"十三五"加快残疾人小康进程规划纲要》中指出："坚持政府主导与社会参与、市场推动相结合。既要突出政府责任，确保残疾人公平享有基本民生保障和基本公共服务，依法维护好残疾人平等权益，又要充分发挥社会力量、残疾人组织和市场机制作用，满足残疾人多层次、多样化的需求，为残疾人就业增收和融合发展创造便利化条件和友好型环境。"

③ 这一建议已经部分成为现实，如中央政法委等发布《关于建立完善国家司法救助制度的意见（试行）》中就明确将"刑事案件被害人受到犯罪侵害，致使重伤或严重残疾，因案件无法侦破造成生活困难的"列为司法救助的对象。

法规和地方性法规为支撑的残疾人权益保障法律体系,并辅之以各类专项行动计划,为残疾人事业的推进提供了全方位的支持;形成了党委领导,政府负责,社会参与,残疾人组织充分发挥作用的残疾人事业领导机制和工作机制,建立起一套国家、社会组织、家庭多元主体的残疾人保障体系和服务体系。近年来,在党和国家的重视以及社会各界的努力下,学术界所提出的残疾人发展权利保障的倡议得到有效落实,中国残疾人事业得以快速发展。残疾人的发展权利保障状况的改善首先体现在就业方面,我国残疾人就业服务机构和设施建设基本完善,截至 2016 年全国残疾人就业服务机构约为 2800 个,服务人员达 12000 人,残疾人就业状况得到改善,自主就业人数迅猛增长。在保障残疾人参与政治生活的权利方面,中国残疾人联合会作为中国特色的残疾人组织,充分发挥自身优势履行"代表、服务和管理"职能,代表广大残疾人群体参与国家政治生活,推动和参与关于残疾人的各项政策的制定和实施,并对政府履行义务的行为进行监督。在全国残联的推动下,各级残疾人组织通过向人大、政协报告争取残疾人代表名额,在实践中取得了良好的反响,使残疾人群体参与公共生活的权利得到更加充分的保障。在残疾人社会保障工作上也取得了显著成效,残疾人托养服务机构达到 6740 个,共为 20.4 万残疾人提供了托养服务;全国共有 445.7 万重度残疾人和 269.4 万非重度残疾人享受到全额或部分代缴养老保险费的优惠政策。在残疾人康复服务方面,截至 2016 年底,我国已建立残疾人康复机构 7858 个,其中残联办康复机构 3049 个,总共 279.9 万残疾儿童及持证残疾人得到基本康复服务,有 132.2 万人次得到各类残疾辅助器具服务。在残疾人教育保障方面,国家通过加大财政投入,广泛吸收社会资金的方式为全国家庭经济困难的残疾儿童提供普惠性教育资助,支持建立特殊教育中心,基本实现 30 万人口以上且残疾儿童较多的县都有 1 所独立设置的特殊教育学校。截至 2016 年底,视力听力智力三类残疾儿童少年义务教育入学率达 90%以上[①],全国普通高中特殊教育在校生达 7686 人,中等职业学校残疾人在校生 11209 人,全国有 9592 名残疾人被普通高等院校

---

① 参见《残疾儿童入学率要再提高》,新华网,http://news.xinhuanet.com/health/2017 - 08/08/c_1121446236.htm,访问日期:2017 年 11 月 15 日。

录取,1941名残疾人进入高等特殊教育学院学习。残疾人文化服务得到较大发展,国家加快政府网站信息无障碍建设,各门户网站已经设立"残疾人服务"专栏;国家级盲文图书馆、盲人数字图书馆上线;截至2016年底,全国大多数公共图书馆设立盲人阅览室,其中盲文及盲文有声读物阅览室达850个;2016年全国共开展残疾人文化周活动6142场次,残疾人文化艺术类的比赛及展览719次,各类残疾人艺术团达241个。此外,我国残疾人体育事业取得举世瞩目的成就,在里约残奥会上,中国体育代表团夺得107枚金牌、81枚银牌、51枚铜牌,创造了51项世界纪录,连续四届残奥会位列金牌、奖牌榜双第一。[1] 在国内残疾人事业不断进步的同时,中国还积极参与国际残疾人事务,为世界残疾人发展权保障事业作出自己的贡献。中国残联代表国家参与"残疾人国际""康复国际""世界盲人联盟""世界聋人联合会"等国际组织,承办或参加了一系列国际残疾人活动,在世界舞台上介绍分享我国保障残疾人发展权利的经验、成就和方案。中国的贡献得到了国际社会的普遍赞誉,中国残联等组织获得"联合国和平使者奖""联合国残疾人十年特别奖"等十余个奖项。

4. 农民发展权和农民工发展权

在当代中国,"农民"一般是指持有农业户口而与持有非农业户口的城市居民相对应的群体。作为一个农业大国,"三农"问题一直是党和国家工作的重中之重,农民权益的法律保障也一直是学术界研究的重点。发展权理念进入我国学术视野之后,学者们开始从发展权的新视角探索农民权益保障之路。有学者指出,中国农民贫困问题的实质在于对其发展权的剥夺。[2] 从当下的研究状况来看,学术界吸收了过往有关农民权益保护和推动农村发展方面丰富的学术成果和实践经验,直接从农民发展权的各项具体内容入手构建权利

---

[1] 以上数据主要来源于《2016年中国残疾人事业发展统计公报》以及《中国残疾人事业发展报告(2017)》中的相关统计结果。(参见郑功成主编:《中国残疾人事业发展报告(2017)》,人民出版社2017年版;中国残疾人联合会:《2016年中国残疾人事业发展统计公报》,中国残疾人联合会官方网站,http://www.cdpf.org.cn/zcwj/zxwj/201703/t20170331_587445.shtml,访问日期:2017年11月17日。)

[2] 杨家宁、钟传优:《发展权视角下的农民贫困》,《新疆大学学报(哲学社会科学版)》2006年第2期。

保障机制。在农民经济发展权方面,学者们主要关注如何完善法律制度以确保农民切实地享有土地发展权和自主经营权;在政治发展权方面则主要思考如何完善农村基层群众自治制度,增加农民参与公共生活的能力;文化发展权方面的研究主要涉及农村公共文化服务体系的构建、农村传统文化的保护以及农村地区文化产业发展等问题;社会发展权方面学者们探索完善农村社会保障制度的路径,使农民能够与其他社会成员平等地享有教育、劳动、社会保障和医疗卫生等方面的权利;在最新提出的可持续发展权方面,学术研究呈现两方向的面貌:一是关注农村地区自然环境保护和资源养护问题,将研究的焦点放在农村环境治理和改善方面;二是将视角放在农民的后代身上,关注代际公平问题,尤其是强化失地农民的可持续发展能力的议题。在进一步保障农民发展权的对策方面,学术界的普遍共识是通过赋能来解放农民的发展潜力,具体举措包括制定《农民发展权保障法》、强化政府扶助作用、培育新型农民和农民组织等等。

发展和发展权理念已经成为我国破解"三农"问题的重要理论武器。2016 年,中共中央"一号文件"《中共中央国务院关于落实发展新理念加快农业现代化 实现全面小康目标的若干意见》就指出,"要牢固树立和深入贯彻落实创新、协调、绿色、开放、共享的发展理念,大力推进农业现代化,确保亿万农民与全国人民一道迈入全面小康社会。"[①]文件中强调的保障农民土地权利,加快农村基础设施建设,推进社会保障制度向农村延伸等让农民有更多"获得感"的内容,这都深刻体现了发展权保障的精神。[②] 从现实情况来看,中国农村发展和农民发展权所取得的成就是举世瞩目的。在经济发展权保障方面,2016 年农村居民人均可支配收入达 12363 元,农民人均消费支出 10130

---

① 参见《中共中央、国务院关于落实发展新理念加快农业现代化实现全面小康目标的若干意见》。

② 如习近平总书记反复强调"建立土地承包经营权登记制度,是实现土地承包关系稳定的保证,要把这项工作抓紧抓实,真正让农民吃上'定心丸'",即是党中央采取措施切实保障农民土地发展权的表现。同时,培育新型职业农民,加强农民本身的发展能力建设也是"十三五"规划中的重要内容,现在已经进入落实阶段。(参见习近平:《在中央农村工作会议上的讲话》,载《十八大以来重要文件选编》上,中央文献出版社 2014 年版,第 669 页;农业部:《"十三五"全国新型职业农民培育发展规划》,《农民日报》2017 年 1 月 23 日。)

元,较上年增长均超过 6%。农村地区恩格尔系数持续下降,2016 年农村居民人均食品烟酒支出占比为 32.2%,比上年下降 0.8 个百分点。① 国家大力支持农民返乡创业就业,据统计,2016 年全国各类返乡下乡人员已达 700 万,其中农民工 480 万。在返乡下乡人员创办的企业中,"有 80% 以上都是新产业新业态新模式和产业融合项目,54% 都运用了网络等现代手段"②。国家加大财政投入保障农村居民的住房权,农民群体的住房面积和住房质量都得到较大提高。2016 年农村居民人均住房建筑面积达 45.8 平方米,较 2012 年增长近四分之一,钢筋混凝土或砖混材料结构住房的户比重为 64.4%,比 2013 年提高了 8.8 个百分点。③ 农村减贫取得极大成就,截至 2016 年年底,中国农村贫困人口减少 4335 万人,比上年减少 1240 万人,超额完成 1000 万人的减贫目标。④ 农民参与政治生活的权利也得到了充分保障,十二届人大代表首次按照城乡相同人口比例选举产生,而根据十二届人大五次会议通过的《关于第十三届全国人民代表大会代表名额和选举问题的决定(草案)》,农民和农民工代表人数还要进一步增加。我国基层民主自治制度进一步完善,在农村地区,58.1 万个村委会 98% 以上实行直接选举并制订村规民约和村民自治章程,村民平均参选率超过 95%,6 亿农民参加选举。⑤ 国家加大资金投入和政策支持,通过实施包括农村广播电视村村通工程在内的农村文化惠民服务工程提高农村地区的公共文化服务水平。社会保险进一步向农村地区延伸,2016 年年我国城乡居民基本养老保险参保人数达 50847 万人,其中实际领取待遇人数 15270 万人,全国基本医疗保险参保人数超过 13 亿人,参保覆盖率稳固在 95% 以上,门诊和住院费用的报销比例分别稳定在 50% 和 70% 左右。2016 年我国农村居民最低生活保障标准达到了每人每年 3744 元,比上年同

---

① 参见《中国农村经济形势分析与预测(2016—2017)》,中国社会科学网,http://www.cssn.cn/zk/zk_zkbg/201704/t20170425_3499028_1.shtml,访问日期:2017 年 11 月 20 日。

② 《全国 480 万农民工返乡创业》,《人民日报》2017 年 8 月 23 日。

③ 参见《我家的房子更敞亮了(一图说五年)——居民人均住房建筑面积达 40.8 平方米》,《人民日报》2017 年 10 月 7 日。

④ 参见《一千二百四十万人去年脱贫(打赢脱贫攻坚战)》,《人民日报》2017 年 3 月 1 日。

⑤ 参见国务院新闻办公室:《发展权:中国的理念、实践与贡献》,人民出版社 2016 年版,第 28 页。

比增长 17.8%,保障人数达 4586.5 万人,全国农村特困人员救助供养 496.9 万人,临时救助累计救助 850.7 万人次,农村地区社会救助制度进一步完善。

5.农民工发展权

随着城镇化进程的推进,越来越多的农民离开农村前往城市"打工"而成为所谓的"农民工"。农民工因外出务工实现了区域的转移和职业转换,但却因户籍管理方面的原因未能实现从农民向市民的身份转变。农民工在工资、住房、医疗、教育和社会保障等诸方面无法享受与城市居民的平等待遇,同时又因远离农村无法充分享受因农民身份而带来的各种利益,其发展权受到身份错位的严重影响,如何保障农民工的发展权已经成为中国发展权研究的新焦点。学界研究表明,农民工发展权保障遭遇困境的症结之一在于农民工边缘化和碎片化的社会地位,因而农民工发展权保障不仅要政府及社会给予特殊的关注和支持,还必须从经济、政治、文化、社会、可持续发展五个方面构建"五位一体"的整体权利保障体系。农民工经济发展权是指农民工摆脱户籍身份的限制,平等参与经济活动、促进经济发展并平等地享受经济发展成果的权利,包括经济机会均等、经济行为自主、经济环境改善和经济利益公平分享四个方面内容。保障农民工经济发展权的核心是在维持农民工最低生活水准的条件下,全方位赋予其各项经济权利以及经济发展自由。农民工政治发展权目标在于增进农民工政治发展能力尤其是享受政治文明成果的能力,主要包括保障农民工政治活动平等参与权和政策创建过程的制度创建权、监督和掌控公权力运行的行为控制权和赋予农民工政治价值的价值主导权。农民工社会发展权旨在使农民工群体能够和所生活地区的城市居民平等地享受城市发展的成果,侧重于农民工有关的社会保障制度的完善。农民工文化发展权是指农民工平等地参与所工作和生活的城市区域的文化发展继承,并平等享有文化发展成果的权利,其保障措施主要包括提升农民工教育水平,加强农民工技能培训,农民工公共文化服务建设等主题。农民工可持续发展权则包括指农民工自身的可持续发展以及其后代的可持续发展两个方面,前者主要是通过加强农民工群体本身的能力建设而强化其可持续发展能力,后者主要涉及农民工子女的发展权利保障问题,其系统地包含了农民工子女的受教育权、适足生活水准权等多方面的内容。而就如何全方位地推进这个五个方面权利的保障问题,当前的研究成果普遍认为应当在整合现行有关农民工权利保障的法律法规的基础上,创制一部综合性的《农民工发展权保障法》来详细规定农民工发展权的主体、保障原则、具体权利形式和各个社会主体的义务等事项,以该部法律为依据进行战略部署,构筑强而有力的全方位的农民工发展权利保障机制。①

国家统计局报告显示,我国农民工权利保障状况逐年改善。据统计,2016年全国农民工月均收入3275元,比上年增加203元,增长6.6%。拖欠农民工工资的状况得到改善,2016年我国被拖欠工资的农民工人数为236.9万人,比重为0.84%,比上年下降0.15个百分点。从近几年的综合数据来看,2013年以来,被拖欠工资的农民工比重均在1%以下,拖欠农民工工资的状况已经得到基本解决。农民工劳动质量也得到保障,超时劳动情况明显减少,2016年外出农民工日工作超过8小时和周工作超过44小时的比重比上年分别下降1.8和0.6个百分点。2016年进城农民工中存在居住困难问题的比例仅为6%,下降2.3个百分点,人均住房面积为19.4平方米,过半数农民工住所配备有冰箱和洗衣机等大型家电,85.5%的农民工可以通过手机或电脑接通互联网,农民工居住条件总体有所改善。在维权能力培养方面,2016年调查显示在已就业农民工中,有11.2%加入公会组织,比上年提高1.3个百分点;在权益受到侵害时有27.2%的农民工选择通过法律途径解决,33.6%的农民工选择向政府相关部门反映解决,两项数据均比上一年有所提升,显示农民工通过法律途径维护自己合法权益的能力得到进一步提升。②

6. 困境儿童发展权

在父辈发展权无法得到充分实现的状况下,往往会波及其子女的发展权,若农民工群体自身的发展权得不到周全的保障,其子女也往往因为权利得不到保障而沦为"困境儿童"。在我国,"困境儿童"包括因为家庭贫困难以享受到同龄人应该享有教育、医疗资源的贫困家庭儿童、因家庭监护缺失而致使其

---

① 要进一步了解中国当下农民工发展权保障的学术研究成果,可以参见汪习根:《民生法治的一个焦点——农民工平等发展权的法律保障》,《法学论坛》2012年第6期。

② 以上统计数据来自国家统计局:《2016年农民工监测调查报告》,国家统计局网站,http://www.stats.gov.cn/tjsj/zxfb/201704/t20170428_1489334.html,2017年11月16日访问。

人身安全受到威胁或侵害的留守儿童、因跟随父母外出务工而同时被城市乡村教育体系排斥导致受教育权难以得到保障的流动儿童以及因自身残疾导致康复、照料、护理或融入社会困难的残疾儿童。其中"留守儿童"和"流动儿童"由于群体数量庞大,权利受损状况严重尤其引起社会各界高度关注。①

留守儿童是指"父母双方外出务工或一方外出务工而另一方无监护能力,无法与父母正常共同生活的不满十六周岁农村户籍未成年人"②。留守儿童长期和父母分离,缺乏有效的监护和平等的教育,甚至可能处于没有成年人监管的高危状态。此外,若留守儿童父母处于发展权受损的状态,其相较于普通儿童而言,在人生的开端便处于发展弱势地位,而社会的忽视和排斥又会进一步加剧这种劣势,以上多方面因素将致使留守儿童成为城市化进程中的边缘群体。调查研究表明,我国留守儿童普遍面临生存权和发展权等权利保障缺失的不利状况。③ 为了解决日益严重的留守儿童问题,使社会发展的成果惠及数量庞大的留守儿童群体,中国学者从发展权的角度出发提出一系列保障留守儿童发展权的新构想。这些措施包括:根据留守儿童家庭监护力量较弱的现状,改革儿童监护制度,针对留守儿童建立以亲权监护为主导、以委托监护、公权监护为辅助的多元监护制度;对留守儿童发展资源享有不平等的情况,建立以政府义务为主的留守儿童多中心福利制度;针对留守儿童发展的实际需求,建立以受教育权为核心的留守儿童发展权保障体系。同时,为了确保留守儿童发展权得以切实实现,尝试赋予留守儿童发展权以可诉性,使其得以通过司法途径和准司法途径维护其合法权益。在赋予留守儿童发展权以可诉性的问题上,学者们提出了多种思路,如扩大行政诉讼、行政复议的受案范围;增加对部分抽象行政行为的审查以及尝试建立留守儿童发展权公益诉讼制度等。④

---

①　关于残疾儿童发展权利保障所取得的成就参加前文残疾人发展权部分,此处不再赘述。

②　这是 2016 年 11 月民政部对全国农村留守儿童进行摸底排查时所采用的标准。根据这个标准我国当下共有农村留守儿童 902 万人。具体报告请参见民政部发布的《关于农村留守儿童摸底排查工作基本情况的通报和"合力监护、相伴成长"关爱保护专项行动的说明》。

③　关于我国留守儿童权利保障状况的调查报告详见项焱、郑耿扬、李沉所:《留守儿童权利状况考察报告———以湖北农村地区为例》,《法学评论》2009 年第 6 期。

④　想要进一步了解从发展权角度研究留守儿童问题的学术成果,可以参见彭清燕的相关文章,如《留守儿童平等发展权法治建构新思路》(参见彭清燕、汪习根:《留守儿童平等发展权法治建构新思路》,《东疆学刊》2013 年第 1 期)。

学术界关于留守儿童发展权保障机制的构想得到了党和国家的大力支持。十八届三中、五中全会以及党的十九大均对建立健全农村留守儿童关爱服务体系做出决策部署,国务院连续 3 年在《政府工作报告》中对农村留守儿童工作提出明确要求,《中共中央 国务院关于打赢脱贫攻坚战的决定》将农村留守儿童关爱保护工作列为重点工作任务。2016 年 2 月,国务院发布《关于加强农村留守儿童关爱保护工作的意见》,明确了留守儿童权利保障的总体目标、责任主体、实施战略和具体保障措施,从强制报告、应急处置、评估帮扶、监护干预构筑起全方位的农村留守儿童救助保护机制。目前,全面构建农村留守儿童关爱保护体系的工作正加速推进。2016 年 11 月,民政部等 8 部门联手在全国开展农村留守儿童"合力监护、相伴成长"关爱保护专项行动,该行动以健全留守儿童情况监测机制为重点,其目标在于建立全国范围内农村留守儿童的信息监测系统,并确定监护责任人,实现确实有效的监护。2017 年 10 月 10 日,民政部主持的"全国农村留守儿童信息管理系统"正式启用,预计将在 11 月底前建立全国农村留守儿童的信息档案和完善动态管理、定期通报机制。各省、自治区、直辖市也已经制定出构建完善本区域内农村留守儿童关爱服务体系的时间表,表示将在三到五年内全面建成留守儿童关爱服务体系。

学术界一般认为流动儿童是指"6—14 周岁随父母或其他监护人在流入地暂时居住半年以上的儿童少年"①,而在当前环境下,流动儿童和留守儿童在范围、成因、权利受损状况等方面有着较高的相似性,其角色时常处于变动之中。从成因上看,流动儿童问题源于大量农民进城务工的风潮以及二元分化的户籍制度。因此,在学界研究中流动儿童发展权保障对策往往被纳入农民工发展权保障机制之中,作为保障农民工后代发展权利的举措而提及,形式上采取与留守儿童权利保障相互关联的措施,如构建流动儿童权利保障责任机制、构建流动儿童专门监护制度等。专门针对流动儿童的学术研究和政策主要体现在保障流动儿童平等接受教育的权利方面。据教育部统计数据,2010 年全国 0—17 岁流动儿童达 3581 万人,但其中接受义务教育的仅为 1167 万人。面对日益暴露的流动儿童教育问题,国家从 2003 年开始,围绕

---

① 周皓、荣珊:《我国流动儿童研究综述》,《人口与经济》2011 年第 3 期。

"以流入地区政府管理为主,以全日制公办中小学为主"的"两为主"政策,明确各级地方政府责任和财政经费负担,逐步构建流动儿童教育保障体系。2013年起,各省市开放随迁子女①异地高考,2015年随迁子女异地高考人数达7万人。2014年,中共中央、国务院印发《国家新型城镇化规划(2014—2020)》,提出保障随迁子女平等享有受教育权的政策目标,将解决流动儿童义务教育的基本框架由"两为主"转变为"两纳入"即"常住人口纳入区域教育发展规划,随迁子女教育纳入财政保障范围",进一步明确流动儿童义务教育问题的责任主体。同年,我国开始推进户籍制度改革,取消了户口性质区分,力图从源头上解决流动儿童权利保障的问题,这一系列努力取得了显而易见的成果。截至2014年底,全国范围内随迁子女就读于公办学校的比例维持在80%,部分省市达到87%②,流动儿童受教育权保障状况得到逐步改善。

7. 贫困人口发展权。

作为世界上最大的发展中国家,中国一向致力于解决贫困问题,运用法律、政策等多种手段改善贫困人口的人权状况。在过去40年的发展进程中,中国在反贫困问题上取得的成就举世瞩目。中国在改革开放40年的时间里,使7亿多人口摆脱贫困,占全球减贫人口的70%以上,实现了"迄今人类历史上最快速度的大规模减贫"③,联合国秘书长潘基文也在"减贫与发展高层论坛"的致辞中指出,"中国改革开放三十年以来,为国际社会共同改善人类福利和减少由于收入差距带来的贫困和饥饿做出了极大贡献"④。根据国家统

---

① 教育部门一般将涉及教育事务的流动儿童统计为"随迁子女",即随务工父母到输入地城区、镇区同住的少年儿童。(参见杨东平:《中国流动儿童教育发展报告(2016)》,社会科学文献出版社2016年版,第2页。)

② 参见杨东平:《中国流动儿童教育发展报告(2016)》,社会科学文献出版社2016年版,第10—11页。

③ 2005年,世界银行在《全球范围内的减贫:针对发展的学习和创新》将中国评价为"在过去的25年中以人类历史上最快的速度成功地实现了大规模减贫的国家"并全方位介绍了中国在促进经济增长和消除贫困方面的成就和经验,具体内容参见 Morenododson B, *Reducing Poverty on a Global Scale:Learning and Innovating for Development—Findings from the Shanghai Global Learning Initative*, World Bank Publications, 2005, 68(2)。

④ 转引自李红梅:《中国减贫成就在人类历史上前所未有》,《国际商报》2008年10月18日。

计局、国务院扶贫办数据显示,截至 2016 年底,我国在贫困标准逐年提高的情况下贫困发生率下降至 4.5%,全国贫困人口数量减少至 4335 万人。

在肯定中国减贫成就的同时,我们也必须意识到中国减贫已经进入攻坚阶段,中国的减贫实践正面临着一系列新的挑战。为了推动中国减贫事业的进一步发展,中国学者们在总结过去减贫经验、对各类减贫方法进行综合评估的基础上,提炼出贫困人口发展权的新范畴,尝试构建完善贫困人口发展权法律保障机制[①]。学术界对国际社会现存的六种减贫方法进行全面分析,指出这些方法虽然均有可取之处,但都存在各种各样的缺陷,而只有克服现有的人权与贫困关系理论的局限,将免于贫困本身视作一项人权进行研究,才能指导实践、彻底解决贫困问题。综合当前有关的研究成果,中国的贫困人口发展权被定义为贫困人口的个体或集合体所享有的免于制度性或非制度性贫困,并通过获得减贫机会,参与、促进减贫并分享减贫成果等积极行为来获得维持体面生活所必需的物质资料和文化资料的一项人权。在进行定义的基础上,学界对如何识别贫困人口,贫困人口发展权权利的具体内容以及评价标准进行了更为深入的研究,初步构建起贫困人口发展权的概念体系,并进一步结合中国实际情况提出完善贫困人口发展权法律保障机制的新思路。这个法律保障机制具体包括:改变以行为为导向的减贫模式,以发展权为中心来完善和优化减贫有关法律规范,时机成熟的情况下制定一部统一的"减贫法";构建清晰的减贫义务体系,以国家义务为基础设计减贫义务;加强贫困人口能力建设,以赋予贫困人口权能的法治机制和法治方式推动减贫进程。

2016 年底发布的《"十三五"脱贫攻坚规划》就指出,"坚持群众主体地位,保障贫困人口平等参与、平等发展权利","强化政府在脱贫攻坚中的主体责任"[②],中国在攻坚阶段的减贫战略部署中已经深深蕴含着发展权理念和思路。在 2017 年,中国扶贫将继续坚持"六个精准"的扶贫要求,深入实施"五

① 关于中国关于贫困人口发展权的研究成果,可以参见汪习根:《免于贫困的权利及其法律保障机制》,《法学研究》2012 年第 1 期;唐勇:《论贫困人口发展权的法律完善》,《北京工业大学学报》2014 年第 5 期。

② 国务院:《国务院关于印发"十三五"脱贫攻坚规划的通知》,国发〔2016〕64 号,2016 年 11 月 23 日。

个一批"扶贫工程,继续增加扶贫投入,增强扶贫政策落实力度,延续过去扶贫工作的优良态势,努力完成再减贫 1000 万人的目标,为我国全面建成小康社会打下坚实的基础。

8. 少数民族发展权

作为一个统一的多民族国家,中国的发展离不开各个少数民族的发展。由于历史和地理的原因,我国少数民族群体往往在参与发展、促进发展和享受发展方面处于相对弱势地位。虽然我国在宪法、法律中规定了少数民族的平等发展的地位和权利,也通过一系列政策致力于将这些权利落到实处。但是由于欠缺从人权角度对少数民族和少数民族地区的发展的解读,因而相关政策实践往往缺少可供操作的工作标准和评价指标。基于此种情况,中国学界从发展权视角解读中国过去保护少数民族群体平等权利和推动少数民族地区发展的实践,并进一步提出完善中国少数民族发展权保障机制的构想。中国学界特别关注少数民族发展权在权利内容方面的特殊性,尤其包括使用和发展本民族语言的权利、宗教信仰自由和保持和发展本民族风俗习惯的权利等在内少数民族群体的文化发展权。而近年来,将焦点放在少数民族地区生态环境保护的少数民族可持续发展权也开始得到中国学者的重视。在完善少数民族发展权法律保障机制方面,中国的研究兼顾宏观和微观视角。在少数民族发展权的宏观制度的设计上,学者们分别从立法、执法、司法、公共参与四个方面提出改进少数民族发展权保障措施。如在立法上,完善关于少数民族和少数民族地区发展的立法,推动民族政策的法制化;在执法上,更新执法理念,完善执法机制,规范执法行为;在司法上,拓宽少数民族发展权保障的司法之道,妥善解决民族地区发展中的利益纠纷;在公共参与上,倡导非政府组织参与,构建少数民族发展权多元保障机制。而具体的少数面发展实践方面,一些学者运用历史考察、社会调查等研究方法,立足于特定少数民族自治区域的发展实践,结合其发展优势探索推动少数民族发展,保障其发展权利的可行路径,产生了一批优秀的学术成果。

自新中国成立以来,党和国家一向高度重视民族工作,关注少数民族地区的稳定和发展问题。2016 年 3 月,习近平总书记在参加青海代表团审议时指出:"增强民族地区自我发展能力和可持续发展能力,尊重民族差异、包容文化多样,让各民族在中华民族大家庭中手足相亲、守望相助、团结和睦、共同发展"①。事实上,我国已经初步构筑起保障少数民族发展权利的法律和政策体系。在法律方面,我国构建起以宪法为统领,以《民族区域自治法》为主干,以各部门法规定为分支的民族权利保障法制体系。我国《宪法》规定了平等、团结、互助的社会主义民族关系,确立了民族区域自治制度和国家帮助各少数民族地区加速经济和文化的发展的责任。《民族区域自治法》规定了民族区域自治制度的具体内容,确定了保障少数民族合法权益和推动少数民族发展的基本模式。此外,由全国人大会及其常委会制定和颁布的法律法规及有关法律问题的决定中的规定进一步补全了少数民族权利保障的法律之网。如《选举法》明确了各级人大中少数民族代表的比例,《刑法》中将侮辱少数民族、破坏民族团结和侵犯少数民族宗教、风俗等行为评价为犯罪行为,《民事诉讼法》和《民事诉讼法》中则规定了少数民族运用本民族语言文字参与诉讼活动的权利等等。在全国性法律法规的指导下,各少数民族地区也根据当地实际和民族情况制定《自治条例》以及经济、行政、财政、资源管理和教科文卫方面的《单行条例》,为本地区少数民族发展权利的保障提供制度支持。2014 年 9 月,党中央和国务院召开中央民族工作会议,对我国当下民族工作面临的国内外形势进行了全面地分析并深刻阐述了此后一段时期我国进行民族工作应该坚持的主要方向和主要方针。会议强调推动少数民族地区经济发展,保障少数民族群体发展权利在民族工作中的重要地位,"关键是帮助自治地方发展经济、改善民生"②。为贯彻中央民族会议的精神,2014 年 12 月中共中央、国务院印发《关于加强和改进新形势下民族工作的意见》,从六大方面提出改进新形势下民族工作的 25 条意见。2015 年颁布的《中国共产党统一战线工作条例》进一步为维持民族团结,促进民族地区稳定发展指明了工作重点。在系列会议文件精神的指引下,中央和国家有关部门出台了一系列加快民族地

---

① 《增强可持续发展能力实现各民族共同发展(声音 2016)》,《人民日报》2016 年 3 月 14 日。

② 《中央民族工作会议暨国务院第六次全国民族团结进步表彰大会在京举行》,新华网,http://news.xinhuanet.com/politics/2014 - 09/29/c_1112683008.htm,访问日期:2017 年 11 月 23 日。

区经济社会发展的政策。其中比较重要的有致力于为少数民族培养双语人才，加大各民族之间交流合作的《国家民委双语人才培训基地管理办法（试行）》，推进公民民族成分管理工作规范化的《中国公民民族成份登记管理办法》以及将确保少数民族平等享有受教育权为出发点的《国务院关于加快发展民族教育的决定》等，这些政策从各个具体的事项上为民族发展提供指导和支持。同时国家还为新形势下各少数民族和民族地区的发展制定了科学而贴合实际的发展规划。2017年1月发布的《"十三五"促进民族地区和人口较少民族发展规划》立足于新的发展态势，阐明了国家支持少数民族和民族地区发展、加强民族工作的总体目标、主要任务和重大举措，为"十三五"期间促进少数民族和民族地区全面建成小康社会提供了行动纲领和工作指导。

在党和国家的支持下，民族地区全面小康社会建设步伐明显加快，少数民族地区经济、政治、文化、社会、生态"五位一体"的发展权保障取得极大的成就。在经济方面，近几年我国民族地区经济发展呈现强劲态势。2016年，内蒙古、广西、西藏、宁夏、新疆5个自治区和贵州、云南、青海3个少数民族较多的省份的经济增长速度均超过全国平均水平，其中西藏自治区的增速更居全国第一地位。在政治方面，少数民族能够切实有效地享有参与管理国家事务的平等权利以及管理本民族内部事务的自治权利。在国家民主管理方面，全国55个少数民族均有本民族的人大代表，人口超过100万的少数民族都有本民族的全国人大常委会委员。在管理本民族内部事务方面，155个民族自治地方的人民代表大会常委会中，均有实行区域自治民族的公民担任主任或者副主任；各自治区主席、自治州州长、自治县县长均由实行区域自治民族的公民担任；各民族地区城乡都依据相关法规建立基层群众自治组织，绝大多数委员会成员都由少数民族自己民主选举产生。同时，国家采取政策措施加强少数民族参与政治活动的能力建设，完善相关制度体系着力培养、选派少数民族地区的干部，提升其参与民族事务管理的能力水准。在社会发展权方面，国家加大力度扶持少数民族地区教育、医疗、社会保障事业的发展，为少数民族社会发展权保障提供坚实的物质基础。教育方面，我国在全面普及九年义务教育的基础上，在少数民族地区推进普及15年教育以及学前教育和义务教育阶段双语教学全覆盖；加强民族地区中等学校建设，共计安排中央预算内投资达

70 亿元;大力支持少数民族地区高水平教育发展,2012 年以来通过实施特殊招生政策,累计培养少数民族人才 60 多万人。① 医疗方面国家投入大量资金支援少数民族地区卫生事业发展,2011—2014 年民族八省区卫生机构数、卫生技术人员数和卫生机构床位总数年增长率均高于全国平均水平。社会保障财政投入和覆盖范围持续扩大,2011—2014 年民族地区社会保障事业财政投入年均增长率均高于东部地区和全国水平,城乡最低生活保障制度基本实现了"应保尽保",城乡社会救助人数居于稳定。文化发展方面,少数民族文化保护和少数民族地区文化事业发展取得性进展。据统计,截至 2016 年底,包括布达拉宫、神农架在内的 11 处位于民族地区的自然、文化遗产列入《世界文化遗产名录》,18 项少数民族项目被列入《人类非物质文化遗产代表作名录》和《急需保护的非物质文化遗产名录》;截至 2015 年底,全国组织实施了1000 个少数民族特色村寨试点项目,直接受益人口达数十万人,地域上覆盖了大多数少数民族地区。2015 年文化部确定了一系列以民族特色文化资源的保护传承和合理开发利用为核心的文化产业重点项目,通过财政支持和政策扶持推动民族地区文化产业快速发展。在可持续发展权保障方面,民族地区用于生态保护和污染治理的资金投入不断加大,治理成效逐步显现。从2015 年所统计的数据来看,民族地区投入治理污染和生态保护方面的资本的全国占比明显超过其生产总值的全国占比,承担了全国超过 1/3 的造林任务,拥有全国面积近 80% 的国家级自然保护区。而 2014 年民族八省区中除宁夏和新疆外,其生态文明发展指数和绿色生态文明指数均高于全国平均水平,部分反映出我国在推进少数民族地区可持续发展方面所取得的成就。②

综上所述,中国的发展权研究实现了一般主体和特殊主体的双向互动。在一般主体层面,发展权是全体中国人民乃至世界人民所共同享有的一项人权,强调主体的普遍性和广泛性;而在特殊主体层面,中国学者务实地将研究

---

① 参见《介绍从数据看党的十八大以来我国教育改革发展有关情况(文字实录)》,教育部网站,http://www.moe.gov.cn/jyb_xwfb/xw_fbh/moe_2069/xwfbh_2017n/xwfb_20170928/201709/t20170928_315538.html,访问日期:2017 年 11 月 25 日。

② 以上介绍少数民族发展权保障成就的数据来自于王延中主编:《中国民族发展报告(2016)》,社会科学文献出版社 2016 年版。

重心放在处于发展弱势地位的特殊主体之上,对中国社会中问题较为明显的妇女、儿童、残疾人、农民和农民工、贫困人口少数民族等发展水平较低、发展机会较少和发展能力薄弱的特殊主体给予特别关切,突出了发展权保障的针对性,致力于将发展权真正地落实到每一个个体身上。而在实践中,中国也在保障这些特殊群体平等发展权利方面做出了巨大的努力,也取得了不小的成就。中国的发展权保障理论和实践必然能为世界发展权保障事业提供有益的借鉴。

第三章　内容：经济、政治、文化、社会和生态文明"五位一体"的发展权利

第一节　"五位一体"发展权观的演进

一、发展权"一元论"

发展一元论是西方发展观理论的最初形态，其集中表现为经济增长论。二战以后，人们开始认识到战争的毁坏性以及带给人类的灾难，和平与发展成为世界两大主题，发展经济和重建家园的是这一时期人类面临的首要任务和挑战。在此背景下，西方世界提出经济增长论的发展观，认为满足人们的基本生活需求，特别是满足人的生存所需要的物质财富，是社会发展的主要目的，将经济增长等同于发展，将经济总量的增长作为社会发展的内在尺度和主要目标。经济发展观认为工业化和经济增长是一个国家通向现代化的必经之路，是一个国家或地区经济发展的中心内容和任务，是衡量国家是否发展的首要标志，而 GDP 则是衡量国家发展水平高低的唯一标准。威廉·刘易斯和罗斯托等人认为"经济的增长必然带来人的发展"，他们将经济增长等同于发展，把社会发展价值诉求归结为片面追求经济总量和物质财富。

的确，经济发展观对经济增长和提高人类基本物质生活水平起到了一定的积极作用。在经济发展观的指导下，西方发达国家进入了经济高速增长的黄金时期，广大亚、非、拉等国家也纷纷摆脱殖民统治，先后实现民族独立，步入工业化的发展道路，全球经济掀起一股"增长热"，创造了历史上前所未有的经济发展奇迹。改革开放初期，邓小平也提出了将经济建设作为发展中心

的发展观,其指出"离开了经济建设这个中心,就有丧失物质基础的危险。其他一切任务都要服从这个中心,围绕这个中心,决不能干扰它,冲击它"①。经济发展中心论是改革开放取得巨大成就的重要原因之一。但经济发展观不是万能的,伴随其追求高指标、高速度、高产量的经济增长而来的是一系列的社会问题:经济得到发展的同时,居民的失业率也急剧上升;人均收入增加的同时,居民收入差距和地区收入差距不断拉大;以农业发展为代价的集工业化发展,使得农业发展缓慢滞后;教育、人才、技术与工业投资比例严重失调,人才与技术无法满足不断增长的工业化需求;以高消耗和环境污染为代价的经济发展,资源短缺和生态破坏日益严重。

经济发展观受到的挑战日益严峻,人类开始反思以国内生产总值(GDP)增长为中心的经济增长论是否能真实反映一个国家或地区的发展水平。以统计学的角度来看,GDP 值是在假定所有货币交易都"增加"社会福利的前提下,对一个国家或地区经济交易中所获得的产品与服务之总和的表达。以社会学角度看,GDP 增长体系只能笼统地统计财富的累积,将无视造成社会秩序混乱与发展滞后的"支出"(如犯罪、家庭解体等),使得有损害发展的负面财富积累也纳入了发展指标之中。GDP 增长体系只能反映增长的"数量",对于增长的"质量"置之不理,它既不考虑社会贫富悬殊所产生的分配不公平等发展"瓶颈",也不考虑自然资源有限性和稀缺性,反而将产生环境污染的经济活动的收益计入 GDP 之中。从经济角度看,它只计算有形的、价格化的劳务,忽略家务劳动、志愿者的贡献等对社会有贡献的劳务,无法真实地反映社会发展的全貌。经济发展观指导下,许多国家普遍陷入"有增长无发展""恶意增长"的困境。

二、发展权"三元论"

人类发展实践证明,仅仅拥有物质增长的经济发展并不能满足人的内在需求,也无法真正实现社会的发展,因而,"物本位"的经济发展观慢慢演变为"经济—社会—自然"协同发展的"三元论"发展观。20 世纪 60 年代末到 70

---

① 《邓小平文选》第二卷,人民出版社 1994 年版,第 250 页。

年代末,著名经济学者杜德利·西尔斯、保罗·P.斯特里登、古莱特和塞缪尔·亨廷顿等人在发展的价值体系中引入了文化价值,将价值客体体系从经济因素扩展到社会、文化以及人的因素。而美国经济学家肯尼思·鲍尔丁则在《宇宙飞船经济观》一书中提出了"飞船经济"的概念,即"循环经济","经济—社会—自然"协同发展观初具模型。美国科学家卡森的著作《寂静的春天》和罗马俱乐部的报告《增长的极限》都对人类敲响了警钟,唤起了人类的环保意识,对"经济—社会—自然"协同发展这一发展理念的形成与发展起到了承前启后的作用。《增长的极限》是首个关于经济增长受到环境和资源承受力影响的研究报告,报告指出:"人口增长、粮食生产、投资增加、环境污染、资源消耗具有指数增长的性质。地球、空间、资源以及地球吸纳污染的能力是有限的,因而,其承受能力也是有限的,经济增长在未来某一时间将会达到极限。到那时,资源和能源会枯竭,生物物种加速消失,生态环境急剧恶化,直至不适宜人类继续生存与发展"[1]。报告警示人类,应当从现在起,走一条自我限制增长的发展道路,即逐渐放慢增长的速度,提高增长的质量,做到发展与自然环境的再生能力相适应。20 世纪 80 年代,国际学术领域中生态经济学与人类生态学的崛起,推动了"自然—经济—社会"协同发展理念的发展,中国学者马世骏等人提出的"自然界—经济—社会"协同演化的生态系统理论,对"经济—社会—自然"协同发展为中心的"三元"发展观的形成与发展起到了开拓性的作用。[2]

"经济—社会—自然"协同发展观包含三个资本要素,即自然资本、经济资本以及社会资本,协同发展观不仅要求三者的总量实现持续性增长,还要求三者之间实现和谐的同步增长,这成为衡量一个国家或地区是否实现发展的标准。"三元"协同发展观认为,单纯的经济增长并不具有解决贫困、失业、分配不公、贫富分化等问题的功能,在一定情况下甚至会加剧这些问题,使得国家或地区陷入恶性循环的发展。因此,保障和实现经济稳健持续发展不仅需要考虑一个国家或地区的人口数量、人口质量、社会运行机制、社会分配制度

---

① 刘培哲等:《可持续发展理论——中国 21 世纪议程》,气象出版社 2001 年版。
② 参见刘培哲等:《可持续发展理论——中国 21 世纪议程》,气象出版社 2001 年版。

等社会因素,还应考虑为人类生存生产提供的自然因素。在《1995 世界发展报告》中,世界银行打破了传统"财富"的概念,以"扩展的财富"作为衡量全球或区域发展的新指标。① 报告将"自然资本、人造资本、社会资本和人力资本作为扩展的财富的四大要素",其共同构成判断国家或地区真实"财富"及其发展随时间动态变化的标尺。② 专家们研究的数据表明,事实上,被经济发展观视为"财富"首要因素的生产资本,其在"扩展的财富"中所占的比例不到20%,这也表明,自然、人力和社会资本在国家财富增长和发展中占有重要地位,却长期处于被忽视的状态。"扩展的财富"提出了"储蓄率"的概念,即"储蓄"是国家的生产量减去其消费、生产资本折旧以及自然资本消耗后的总结果。如果过分消耗自身的自然资本去增加收入,并把其收入用于消费而不是投资,则会降低当代人民的生活水平甚至损害子孙后代的发展机会,其可发展能力也会被不断地削弱,出现"负储蓄"的现象;反之则会产生增加财富净值,产生"正储蓄"的效果。③ 专家们认为"储蓄率"为国家和区域的管理者与决策者提供了监测、预警财富动态消长有力手段,"扩展的财富"能够比较客观、公正、科学地评估一个国家或地区真实财富的存量和发展水平现状。

就价值论而言,世界普遍采用了发展客体论,强调发展的价值客体,专注于实现价值客体的性能、结构或者数量等,将社会发展中的价值客体要素视为社会发展的终极目标。经济发展观将单一的财富增长作为衡量发展的价值表吹,从而导致了发展的价值物化、功利化、技术化等严重后果。"经济—社会—自然"协同发展观主张追求经济、政治、文化发展,从结构和总量上引入社会、人文、自然因素,主张发展应当是整体的和内生的,实现了发展观的一大突破。但究其本质而言,其与经济发展观一样,仍属于物本位的发展观,隶属于发展客体论,其并没有将目光从"物"转移到"人"的身上,忽视了人类科技在降低资源消耗、寻找清洁型替代资源以及转变经济增长方式和人类生活方式上的作用。"人"在很大程度上被当作发展的客体手段,仍未认识到"人"在发展过程中的主体地位。

---

① 参见世界银行:《1995 世界发展报告》,中国财政经济出版社 1996 年版。
② 参见世界银行:《1995 世界发展报告》,中国财政经济出版社 1996 年版。
③ 参见世界银行:《1995 世界发展报告》,中国财政经济出版社 1996 年版。

三、发展权"多元论"

发展权多元论是在"人本位"发展观指导下,以经济、政治、文化、社会甚至生态等多种要素的全面、协调和可持续的发展为发展权实现路径的理论体系。与传统发展权相比,发展权多元论是发展和人权深度融合的产物,发展权的价值、内涵与现实化要求在人权价值指导下,产生了历史性的变化。

(一)发展权"多元论"带来的价值升华

发展权的价值指导由"物本位"向"人本位"升华。"人本位"发展观是相对于"物本位"发展观而言的,其将人视为社会发展的主体,并充分发挥人的价值作用,实质上是一种发展主体论。基于对世界各国发展经验教训的总结和反思,我们发现:单纯追求经济总量的增长,忽视全面协调可持续发展的传统的"物本位"发展观不仅无法实现社会的公平正义,更难以实现人在发展中的主体地位与根本归宿。从而导致社会面临经济结构失调、收入分配不均、资源消耗过度、环境污染严重、生态系统恶化等困境,社会矛盾不断被激化。因此,新时代中国提出了以人为中心和动力的"人本位"新发展观。1983年的法国经济学家佩鲁在《新发展观》一书中提出:"发展的目的是促进该共同体每个个别成员的个性全面发展"[1],因而,"必须牢牢记住,个人的发展、个人的自由,是所有发展形式的主要动力之一"[2]。1998年,阿马蒂亚·森把发展定义为"发展可以看做是扩展人们享有的真实自由的一个过程聚焦于人类自由的发展与更狭隘的发展观形成了鲜明的对照","按照这种发展观,人的发展应包括三个层次:一是人的基本需要的满足;二是人的素质的提高;三是人的潜力的发挥"[3]。中国学者杨信礼认为,"发展主体论所实现的观念转变主要表现在两个方面:其一,是把人的现代化作为发展的核心。人不仅是发展的终极目的,而且是发展的必要前提和内在动力……其二,发展主体论把人的发展、人的生活质量的提高作为发展的最高价值追求,纠正了目的与手段的偏

---

[1] [法]弗朗索瓦佩鲁:《新发展观》,张宁、丰子义译,华夏出版社1987年版,第2页。

[2] [法]弗朗索瓦佩鲁:《新发展观》,张宁、丰子义译,华夏出版社1987年版,第2页。

[3] [印]阿马蒂亚·森:《以自由看待发展》,于真等译,中国人民大学出版社2002年版,第30页。

误"①。"人本位"发展观以人的全面发展为动力和目的,以人的发展程度作为发展权最终检验标准。

（二）发展权"多元论"的内涵

伴随发展观的演变,发展权利内涵也在不断丰富和深化。从片面追求经济增长的经济发展观到"经济—社会—自然"协同发展观再到"以人为本"的多元发展观,发展权利由单一的经济发展权拓展为经济发展权、政治发展权、文化发展权,进而丰富为经济发展权、政治发展权、文化发展权、社会发展权、生态发展权,这不仅是权利的丰富,更是一种对权利体系的深化。1966 年联合国通过的《公民权利和政治权力国际公约》规定强调了公民的政治权利和自由;同年通过的《经济、社会和文化权利国际公约》则规定了经济、社会和文化权利;1986 年,《发展权利宣言》第一条正式规定"每个人和所有各国人民均有权参与、促进并享受经济、社会、文化和政治发展",从而形成了政治发展权、经济发展权、社会发展权和文化发展权的"四位一体"发展权。回顾我国发展历史,十一届三中全会提出了"以经济建设为中心"的经济发展权;1992 年邓小平在视察南方的谈话中明确地提出:"坚持两手抓,两个文明都搞好,才是有中国特色社会主义";中共十六大上,"两个文明"进一步拓展为"三个文明",社会主义的政治文明与物质文明和精神文明一道被正式确定为中国共产党及中国政府的基本目标;党的十六届四中全会第一次明确提出"构建社会主义和谐社会"的战略任务,我国社会主义建设任务进而拓展为"四位一体"建设,即社会主义经济、政治、文化和社会建设;中共十八大则将生态文明建设摆在首要位置,将其与经济、政治、文化与社会建设并列,共同构成中国特色社会主义"五位一体"建设,促进现代化建设全面协调,促进生产关系与生产力、上层建筑与经济基础相适应,不断开拓生产发展、生活富裕、生态良好的文明发展道路。

（三）发展权"多元论"是发展权现实化的要求

发展权多元论使得发展权的现实化要求由"片面化"转向"全面化",由"失衡化"转向"协调化",由"不可持续"向"可持续化"发展。发展权多元论

---

①　杨信礼:《科学发展观研究》,人民出版社 2007 年版,第 15—16 页。

不仅丰富了发展权的内涵,并注重发展权内在的有机统一,承认所有权利都是相互关联、相互依赖和相互促进的,其结束了公民政治、经济社会文化生态等权利的意识形态分离,将其统一到发展的进程之中。发展权多元论将各项权利协调发展的程度作为衡量发展权的标准,破除了政治经济文化社会生态等权利发展的优先性之争,为走出当前世界普遍面临不均衡、不协调的发展困境奠定了理论基础。从发展的可持续性来说,发展权多元论强调人与自然的和谐以及人与人之间的和谐,是一种既要满足当代人需要而又不损害后代人利益的永续发展,是避免发展方式粗放、发展不可持续、发展突破增长极限的有效方法。

第二节 "五位一体"发展权观的内容

党的十九届二中全会公报特别强调,实施经济建设、政治建设、文化建设、社会建设、生态文明建设"五位一体"总体布局,创新、协调、绿色、开放、共享的新发展理念,到 2020 年全面建成小康社会、到 2035 年基本实现社会主义现代化、到本世纪中叶建成社会主义现代化强国的奋斗目标,实现中华民族伟大复兴。"五位一体"发展观与时俱进,是针对当前社会面临的各大难题而提出的系统全面的发展观,是中国发展实践的探索与创新,也是世界发展权理论的重大突破,为世界人权事业的发展奠定了理论基础。

一、政治发展权

政治发展权是法律与社会发展的客观要求和必然要求。汪习根教授将政治发展权定义为:"主体享有充分行使独立主权、决定政治发展的道路、方向和政治发展模式以及获得一般政治权利的充分实现的权利的总和,分为集体政治发展权和个人政治发展权。集体的政治发展权是指一个国家、民族或地区依照自身具体实际情况选择符合国情和民族特征的政治制度和政治体制,决定自己未来的社会政治运动进程及发展前景的权利。就个人而论,它是指公民个人在法定范围内关于政治方面的发展权利,是公民政治自由平等权利的展开和进化,在实质上意味着公民一般的政治权利的充分完整的实现。只有国家主权、民族自决权和个人政治权利三方面的充分实现才能融合为政治发展权"①。本章主要讨论中国公民个人的政治发展权。

政治发展权是中国五大发展权体系的重要组成部分,政治发展是一切发展的前提,构成发展权的基本出发点和立足点,只有人民享有了当家做主的政治地位和法律资格,才能有序有效地参与发展决策和发展进程,主宰自己的发展命运和发展利益。党的十九大报告总结了我国过去五年在政治领域的巨大成就:我国推进全面依法治国,党的领导、人民当家作主、依法治国的有机统一的制度建设全面加强,党的领导体制机制不断完善,社会主义民主不断发展,党内民主更加广泛,社会主义协商民主全面展开,爱国统一战线巩固发展,民族宗教工作创新推进。科学立法、严格执法、公正司法、全面守法深入推进,法治国家、法治政府、法治社会建设相互促进。国家监察体制改革试点取得实效,行政体制改革、司法体制改革、权力运行制约和监督体系建设有效实施。②具体表现如下:(1)制定法律法规推动发展,截至 2016 年 9 月,全国人大及其常委会共制定宪法和现行有效法律 252 部,截至 2016 年 7 月,有立法权的地方人大及其常委会制定现行有效的地方性法规 9915 件。(2)建立权力清单、负面清单和责任清单等制度,取消和下放 618 项行政审批事项,坚决消除权力设租寻租空间,完善权力运行程序。(3)全面实现民主选举,修改选举法,实现城乡选举平等,在 2011 年到 2012 年全国县乡两级人大换届选举中,参加县级人大代表换届选举登记的选民达 9.18 亿多人,参加投票选民占登记选民的90.24%,参加乡级人大代表换届选举登记的选民达 7.23 亿多人,参加投票选民占登记选民的 90.55%。(4)充分发挥政治协商作用。2015 年全国政协十二届三次会议上,有 1948 名政协委员提交提案,占委员总数的 87.5%;提案总计 5857 件,立案 4984 件,占总数的 85.1%。(5)贯彻民族区域自治制度。进一步奠定实现少数民族发展权的法律基础,全国 5 个自治区、30 个自治州、120 个自治县的行政首长全部由实行区域自治的少数民族公民担任。截至

---

① 汪习根:《法治社会的基本人权——发展权法律制度研究》,中国人民公安大学出版社 2002 年版,第 89—90 页。

② 参见《党的十九大报告学习辅导百问》,党建读物出版社 2017 年版。

2015 年年底,少数民族公务员已达 76.5 万人,比 1978 年增长了近三倍。在全国公务员队伍中,少数民族占 10.7%,其中县处级以上的少数民族公务员占同级公务员总数的 8.3%。(6)扩大公民公共参与的渠道。目前,全国人民陪审员总数已达 22 万人。截至 2016 年 4 月,共选任人民监督员 4.8 万余人次,监督各类职务犯罪案件 4.9 万余件。截至 2015 年年底,全国共有人民调解委员会近 80 万个,人民调解员 390 余万人,近 8 年来排查化解矛盾纠纷 6700 多万件。2015 年全国网上信访 141 万件次,其中建议意见 14 万件次。

习近平总书记在讲话中指出:"中国是一个发展中大国,坚持正确的政治发展道路更是关系根本、关系全局的重大问题。"①经济基础决定上层建筑,上层建筑反作用于经济基础,由于政治发展处于国家制度体系的关键环节和核心部位,具有全局性和根本性,且政治制度是国家的顶层设计,一经确立,便是长期而稳定的。因此,其反作用在一定程度上表现为决定性作用。建设民主化、法治化的社会主义法治国家是中国政治发展的目标,由于我国目前仍处于具有复杂性、工具性和过渡性的依法治国阶段,为了不偏不倚地朝着法治国家道路运行,全面深化政治体制改革,实现社会主义制度的自我修正和完善,是实现政治发展目标的必然途径、改革成为中华民族的时代使命和历史选择。中国政治建设是多元化、多层次、全方位的,具体要求如下:

(一)坚持党的领导、人民当家作主和依法治国的有机统一

我国民主政治建设的根本原则就是坚持党的领导、人民当家作主和依法治国的有机统一,这也是马克思主义中国化的重大成果和实践经验。中国共产党是中国的执政党,党的执政地位是历史、人民和现实的共同选择,党的领导不能通过带有强制性的国家权力来实现,而需要以人民群众的利益为出发地和落脚点,制定和执行正确的路线、方针、政策,保持党同群众的密切联系,通过人民群众的信任和拥护来实现。新形势下,党面临的内外环境的考验是长期的、复杂的、严峻的,包括改革开放考验、市场经济考验、执政考验以及外来敌对势力的挑战。党要时刻保持危险意识,如精神懈怠危险、能力不足危险、脱离群众危险、消极腐败危险。十八大以来,党中央提出了"全面从严治

---

① 《习近平谈治国理政》第二卷,外文出版社 2017 年版,第 285 页。

党"重大战略,对党内法规进行全面整理与修订,开启全面的党风廉政建设和反腐败斗争,完善党内外监督体系,将党治提升到一个新的高度,确保党的廉洁性、先进性和代表性。社会主义的本质要求是人民当家作主,要实现好、发展好、维护好最广大人民的根本利益,形成以选举民主、协商民主为主,以自治民主、谈判民主为辅的多层次民主政治格局。现代化的法治国家在本质是人民之治、人权之治、控权之治和正义之治①,因此,依法治国是人民当家作主、适合我国现实和国情的治国方略。

(二)坚定不移地走中国特色社会主义道路

在党的领导下,我国已经建立起以人民代表大会制度、中国共产党领导的多党合作和政治协商制度、民族区域自治制度和基层群众自治制度为框架的中国特色社会主义政治制度体系。随着新时代的来临,站在新的历史起点,我们更应该认识我国的根本政治制度、政党制度和政治协商制度的优越性,充分展现我国道路自信、理论自信、制度自信、文化自信,坚定不移地走中国特色社会主义道路,实现中华民族伟大复兴的中国梦。人民代表大会制度深深植根于人民群众,民主集中制既充分反映了民意,又发挥了社会主义制度集中力量办大事、提高效率办成事的政治优势,实现了民主与效率的有机统一。中国的政党制度,即"党领导下的多党合作和政治协商制度"是一项伟大的政治创造,有效避免了旧式政党制度的一系列弊端,包括旧式政党制度只能代表少数人、少数利益集团;单一政党缺乏监督或者多党轮流坐庄、恶性竞争;旧式政党制度囿于党派利益、阶级利益、区域和集团利益决策施政导致社会撕裂等弊端。民族区域自治制度有利于促进各民族和睦相处、和衷共济、和谐发展,共同构筑中华民族命运共同体。基层群众自治制度充分调动了人民群众参与的积极性,增强了我国人民民主的广泛性和真实性。党中央高瞻远瞩、审时度势作出的重大战略决策,领导全体人民进行全面深化改革,并将完善和发展中国特色社会主义制度、推进国家治理体系和治理能力现代化确定为全面深化改革的总目标,既保证了我国国家治理有效性,也进一步彰显了我国社会主义民

① 参见李龙、郑华:《习近平同志治国之道的法哲学解读》,载江习根主编:《发展、人权与法治研究——新发展理念与中国发展权保障》,武汉大学出版社 2017 年版。

主制度的优越性。

《发展权利宣言》通过 30 周年之际,中国发布了《发展权:中国的理念、实践与贡献》,总结了中国在人民代表大会制度、中国共产党领导的多党合作和政治协商制度、民族区域自治制度与基层群众自治制度等方面的经验和成果,并为中国未来政治发展权指明了发展方向。要不断丰富和完善适应自身的民主政治制度,为人民参与、促进政治发展进程以及共享政治发展成果畅通道路,推进公民政治发展权的现实化。

(三)促进民主政治的法治化

实现中国的政治发展还需要实现民主政治的法治化,这也是贯彻全面依法方略,建设中国特色社会主义法治体系的内在要求。2014 年,党的十八届四中全会提出全面推进依法治国并作出全面的战略部署;2017 年,党的十九大报告再次强调要深化依法治国实践。全面推进依法治国贯穿了国家运行发展的全过程,构建了中国特色社会主义法治体系,包括民主、科学的立法制度体系,行之有效的权力约束和监督制度体系,独立公正的司法制度体系,强有力的权利保障制度体系以及完善的党建制度体系,使我国政治文明的发展建立在制度文明的基础之上。社会主义政治法律制度又是由一系列政治行为规范和规范化程序所构成的。政治行为规范是人们在实施政治行为以及处理政治关系过程中形成的具有普遍约束力的行为规则,是政治社会协调发展、良性运作、生活秩序化的基本要求,也是评价民主政治发展程度的首要因素。社会主义民主政治的程序化,是实现公民自由、平等、权利和利益的前提,是政治权力制衡的机制,是政治制度的设计基石,是建设社会主义民主法治的形式要件。

二、经济发展权

经济发展权是发展权体系的核心,是有效实现其他发展权的基础。经济发展是一切发展的关键,是发展权的坚实基础。马克思曾说过:"权利永远不能超出经济结构以及由此所制约的社会的文化发展",加快经济建设、提升经济发展水平和质量,满足人民不断增长的物质需求是发展权的第一要义。早在 17 世纪,洛克就首次提出将人权划分为生命、健康、自由、财产权利的思想,但经济发展权不限于财产权，具有丰富多元的内涵，是对古典人权观的财产权理论和现代人权观的经济权理论的超越与创新，能够更大程度上保护发展权。

（一）经济发展权的内涵

经济发展权在现代法律与社会发展动力系统中是最为活跃的因素。经济发展权是主体自主决定其发展方向和发展道路，获得发展所必需的物质技术手段，以及运用所获物质技术手段去创造并享受满足发展需要的物质资料的权利的总和，包括国家经济发展权和国民经济发展权。国家经济发展权的侧重点为国家、地区或民族有权要求建立公正合理的国际经济秩序，决定并调整自身经济结构和发展政策的权利。国民经济发展权则是指每一个社会成员通过自己的劳动享有的、积极参与本国、本民族及世界范围的经济发展活动并获取经济发展所带来的物质利益的权利，是劳动权利和享受劳动成果的统一①。本章重点讨论国民的经济发展权。

（二）经济发展权的类型

基于发展权实现方式，经济发展权可分为经济发展参与权、经济发展促进权、经济发展享受权。从权利行使方式来看，只有主体获得广泛而深入地投入发展事业实践的机会，并真正占有实践活动的成果，才能算实现实质上的发展权。因此，"参与度"是衡量主体是否享有发展权以及享有发展权程度高低的重要标准。对于国民来说，实现发展权的方式是参与经济发展、促进经济发展与享受经济发展成果的有机统一。

基于发展权利益主体，可以分类为整体经济发展权（涉及整体利益、集体利益以及公共利益）和个体经济发展权（涉及个体利益）。市场经济的良性运营与发展要求政府协调好、保护好各类市场主体个体性利益以及市场主体群体性或整体性利益。我国改革开放以来的经济发展实践证明，只有兼顾个体发展权和整体发展权，不断解决个体营利性和社会公益性的矛盾，实现效率与公平的统一，在整体上推进经济与社会的良性运行和协调发展。

基于政府与市场的二元结构，可以分为促进发展权和自我发展权。政府

①　汪习根：《法治社会的基本人权——发展权法律制度研究》，中国人民公安大学出版社2002年版，第88—89页。

是促进发展权的主体,政府通过促进其他主体发展来实现国家整体发展的权利,包括通过国家宏观调控、市场规制等手段来激发市场主体的活力,缓解市场矛盾,从而推动整个宏观经济的发展。自我发展权是市场主体以其市场行为来实现个体的自我完善和发展的权利。以我国中小企业为例,政府是通过《中小企业促进法》的实施来促进发展权;而中小企业则通过行使该法规定的相关权利,来实现自我发展权。

(三)中国经济发展权的现实化

我国 2016 年发展权白皮书指出:"改革开放以来,中国经济快速增长,在世界名列前茅,国内生产总值从 54 万亿元增长到 80 万亿元,稳居世界第二,对世界经济增长贡献率超过 30%。供给侧结构性改革深入推进,经济结构不断优化,数字经济等新兴产业蓬勃发展,高铁、公路、桥梁、港口、机场等基础设施建设快速推进。农业现代化稳步推进,粮食生产能力达到 12000 亿斤。城镇化率年均提高 1.2 个百分点,8000 多万农业转移人口成为城镇居民。创新驱动发展战略大力实施,创新型国家建设成果丰硕,天宫、蛟龙、天眼、悟空、墨子、大飞机等重大科技成果相继问世。南海岛礁建设积极推进,开放型经济新体制逐步健全,对外贸易、对外投资、外汇储备稳居世界前列"①。人民的生活总体上实现了从贫困到温饱,再从温饱到小康的两次历史性飞跃。在经济发展新常态下,中国提出了一系列与时俱进的经济发展权现实化目标。如,坚持和完善基本经济制度,构建经济发展新体制,包括创新和完善宏观调控,深化行政管理体制改革、财税体制改革、金融体制改革,建立健全现代产权制度和市场体系;实现经济结构转型升级,优化现代产业体系,实施创新驱动发展战略;加快发展互联网产业,拓展网络经济空间。②

习近平总书记指出:"促进现代化建设各个环节、各个方面协调发展,不能长的很长、短的很短"③。中国经济发展权的现实化不仅强调确认和保障国

---

① 中华人民共和国国务院新闻办公室:《发展权:中国的理念、实践与贡献》,人民出版社 2016 年版。

② 参见《中共中央关于制定国民经济和社会发展第十三个五年规划的建议》,《人民日报》2015 年 11 月 4 日。

③ 《习近平谈治国理政》第二卷,外文出版社 2017 年版,第 79 页。

民的各项经济发展权,还着重分析发展不平等、不协调、不公正等现象背后的根源性和结构性原因,力求改变不平等、不公正的社会权力结构,避免出现短板效应。发展权事实上对弱势群体具有天然的倾向,更关注弱势群体的发展能力与利益。经济发展权赋能于弱势群体,注重弱势主体权能的扩展,为弱势群体提供平等参与发展的机会和环境,充分调动市场各大主体的主动性、积极性、创新性,在参与发展的进程中,不但主体内在的潜能被激发,而且能为市场经济增添活力,促进经济增长与发展,实现主体与市场的良性互动。如,推进新型城镇化,建设现代化农业,推进城乡一体化建设,打破城乡二元结构;实施西部大开发,振兴东北工业区,中部崛起以及"一带一路"倡议,减小区域发展差距;实施精准扶贫、精准减贫措施,减少甚至消除贫困人口,缩小贫富差距。

三、文化发展权

文化发展权是人的个体及其集合体拥有的文化得到保护与发展并由此获益的权利。文化发展权以实现人的全面发展为目的,通过与政治发展权、经济发展权、社会发展权、可持续发展权的相互影响和作用,进而实现人与人、人与自然的和谐共生、均衡发展,共同促进稳定而有序的社会环境的形成。

（一）文化权和文化发展权

文化权由来已久,在联合国多项国际公约中都能找到"文化"一词。从1948 年联合国通过的《世界人权宣言》第 27 条以及 1966 年通过的《经济、社会、文化权利国际公约》中,文化权的内容可以总结为:参与文化生活的权利、保护文化认同的权利、享受科技进步及应用所带来的好处的权利、保护民族与国际文化财富和遗产的权利、保护文化作品的精神及物质利益的权利、公开和私下应用自己语言的权利、受教育权利等。① 与静态性的文化权不同,文化发展权具有动态性,其强调不同发展阶段的不同文化的共存性与平等资格,防止强势文化取代侵害或歧视弱势文化;强调主体发展自身文化参与权与促进权的统一,文化资源的公正配置与占有,参与、促进、发展文化的机会和权利平

---

① ［新］阿努拉·古纳锡克拉:《全球化背景下的文化权利》,张旎强译,中国传媒大学出版社 2006 年版,第 154 页。

等;强调文化发展成果的公平分享,防止独占与垄断文化发展利益。

文化发展权是五大发展权体系中的一项子权利,其内容包括思想文化发展权、教育发展权、科技发展权、文化事业发展权、文化生活发展权五方面的内容。思想文化发展权是指国家、民族及所有个人在以政治、法律、道德、宗教、哲学、艺术等具有社会意识形态性的各领域里的发展权,以及弘扬和发展民族文化遗产的权利。教育发展权是指国家、民族和所有个人有权采取各种措施获得良好的教育环境,从而全面提高文化教育水平。科技发展权是指在分享人类共有科技成果的基础上,各个国家、民族和所有个人有参与、推动科技进步和享受科技发展成果的权利。文化事业发展权主要是指各个国家和民族有建立、维护和发展博物馆、展览馆、影剧院以及电台、电视台、报刊杂志等弘扬文化的载体和工具的权利。文化生活发展权则是指所有个人享有参与并不断丰富文化、体育、娱乐生活的权利,以及享有因从事文学艺术创作活动而在社会价值和经济利益上的更充分有效的保护权等。[1]

(二)文化发展权的价值形式

文化是发展权的价值基础,发展权根系于特定的文化。民族的、先进的、开放的文化既是凝聚发展力量的必需,也是发展权本身的构成要素。从价值上来看,权利可以被界定为"正当的事物"或"正当的东西"[2]。各民族、各国家在漫长的历史实践和发展中,由于地理位置、气候环境等多重因素的不同,都在不同程度上形成了自身独具特色的文化传统和风格,这是全球文化多样性和文明多元化的重要原因,也是世界文明散发蓬勃生命力的突出表现。世界文明的发展需要这些独立的、各具特色的、多元的文化形态持续发展,而基于文化发展的动态权利为文化发展权提供了"正当性"基础。文化发展权的价值形式是由自由发展、公平发展、个性独立、多元互动、和谐共生等价值形式组成的系统。文化发展权在拥有认识和理解多元文化的自由的前提下,给予人们促进、发展、享受自身文化的自由,以实现各种文化平等、宽容、和谐共处的权利,这也是文化繁荣发展的基础。

---

① 汪习根、王信川:《论文化发展权》,《太平洋学报》2007年第12期
② 范进学:《权利政治论》,山东人民出版社2003年版,第20页。

（三）文化发展权面临的困境

在全球化浪潮的冲击下,文化多元与分层的趋势不断加剧。学者关世杰说过,"那些能表明当地或国家特征和连接当地或国家的文化价值观,似乎处在被全球市场的冷酷力量打垮的危险之中"①,文化交流、发展的不平等,弱小国家和弱小文化群体文化危机感和不安全感不断被强化。与经济政治发展对比,人们对文化的关注显然是不够的,一些国家或地区甚至为了追求经济增长而大肆开发自然资源、旅游资源以及文化资源,枉顾文化资源的保护与发展,弱小的、非主流的、处于边缘地位的文化传统、文化现象逐步走向消亡。在政治经济文化社会文明这个系统中,失去了文化的价值支撑,秩序与自由、公平与效率的矛盾和冲突会激化,在某种程度上会阻碍社会的发展和人类文明的进程。此外,还有一些民族和区域因地理位置、人口繁衍、自然灾害、经济发展水平等因素,其文化的传承与影响力正在减弱,部分文化处于逐渐消亡中。

（四）中国文化发展权的现实化

当今世界正历经广泛而深刻的调整和变革,科学技术日新月异,东西方文化的交流、交融、交锋日益频繁,文化被摆在提升综合国力的重要位置,因而,我们急需提升中国的文化竞争力,确保中华文化在世界文化竞争中脱颖而出,不断提升中华文化国际影响力,维护国家文化安全。对于我国的文化发展建设,习近平总书记提出了"六个一"的要求,即一面中国特色社会主义伟大旗帜,一个社会主义核心价值观的价值引导,一个中华民族优秀传统文化的深厚根基,一项加强社会主义意识形态建设的战略任务,一条中国特色社会主义文化发展道路,一个建设社会主义文化强国的发展目标。旗帜—价值—根基—重点—保证—目标,其相互联系、相互促进,共同构成了习近平总书记治国理政文化大思路的"总布局"。我国"十三五"规划对文化建设提出了一系列目标,如加强思想道德建设和社会诚信建设,弘扬中华传统美德和时代新风,倡导科学精神和人文精神,全面提高国民素质和社会文明程度;推进文化事业和文化产业双轮驱动,实施重大文化工程和文化名家工程,为全体人民提供昂扬

①　关世杰:《把握世界文化发展趋势寻求中国文化发展对策》,《国际新闻界》2002 年第2 期。

向上、多姿多彩、怡养情怀的精神食粮；加大中外人文交流力度，创新对外传播、文化交流、文化贸易方式，在交流互鉴中展示中华文化独特魅力，推动中华文化走向世界。

我国不断致力于创建精神文明建设，促进文化发展成果普惠化和文化发展机会均等化，在实现公民文化发展权上取得了如下的成就：(1)加速推进了公共文化服务体系建设。截至 2015 年年底，文化信息资源共享工程已建成 1个国家中心、33 个省级分中心、2843 个市县支中心、35719 个乡镇(街道)基层服务点、70 万个村(社区)基层服务点。完善公共文化设施网络，加强基层文化服务能力建设。截至 2015 年年底，全国文化系统共有艺术表演团体 2037个、公共图书馆 3139 个、文化馆 3315 个、博物馆 2981 个，数字图书馆推广工程已在 40 个省级馆、479 个地市级馆实施。① (2)文化产业和文化事业蓬勃发展。2015 年，出版各类报纸 430.09 亿份、期刊 28.78 亿册、图书 86.62 亿册(张)，人均图书拥有量 6.32 册(张)。有线电视实际用户达 2.36 亿户，其中有线数字电视实际用户 1.98 亿户。年末广播节目综合人口覆盖率为 98.2%，电视节目综合人口覆盖率为 98.8%。2015 年，生产电视剧 395 部 16560 集，电视动画片 134011 分钟，故事影片 686 部，科教、纪录、动画和特种影片 202部。对农村取得电影放映收入，免征增值税。支持小微文化企业发展，实施中西部地区县级城市影院建设资金补贴政策、金融支持政策和影院建设的差别化用地政策。开展全民阅读活动，2016"书香中国"系列活动惠及 8 亿多人次。2015 年，国家下拨补助资金 8.7 亿元，鼓励大型公共体育设施免费或低收费开放。②

四、社会发展权

社会发展权是指人类通过社会发展而享有的医疗、卫生、保健、教育、劳动保障、环境保护和环境美化、宗教信仰诸方面得以充分发展的权利，当然，社会

---

① 参见中华人民共和国国务院新闻办公室：《发展权：中国的理念、实践与贡献》，人民出版社 2016 年版。

② 参见中华人民共和国国务院新闻办公室：《发展权：中国的理念、实践与贡献》，人民出版社 2016 年版。

发展权也区分集体社会发展权和个体社会发展权,本书重点讨论个体社会发展权。

(一)社会发展权产生的背景

20世纪30年代,经济危机席卷了整个资本主义世界,使人们认识到市场经济存在固有的缺陷,亚当·斯密的自由主义理论遇到了严重挑战,国家自由放任的经济政策不再具有至高无上的地位,凯恩斯的国家干预经济理论开始引导世界经济发展动向。凯恩斯认为自由市场经济中,边际消费倾向递减的客观规律存在,在一定范围内,国民消费会随着收入的增加而增加,但超越一定范围时,消费的增加将赶不上收入的增加,收入累积到一定程度时,收入并不能完全投入社会消费,而是转入储蓄,因而,消费增加绝对量会大大低于收入增加的绝对量,这也将导致国民经济的总供给大于总需求,出现市场周期性危机。这种需求的缺口不是单纯提高人均总收入所能解决的,凯恩斯提出通过国家干预经济,建立社会保障的方式来刺激消费,增加社会总需求。社会保障制度不仅能够为富人提供风险防范,促进富人加大社会投入与消费,减少储蓄量;还通过国民收入再分配等手段将一部分财富从消费倾向低的富裕人口转移到消费倾向高的低收入群体,提高他们的收入和消费能力,扩大社会总需求,从而缩小甚至弥补社会总共给和总需求的缺口,同时缩小社会贫富差距,减少市场经济周期性运动所带来的动荡。福利国家和福利社会要求赋予社会底层人民一系列满足其基本需求的权利,在建立福利国家和福利社会的过程中,逐渐形成了以社会保障权和社会保险权为基础和核心的体系完备的社会发展权。

(二)社会发展权的内容

从个人主体而言,社会发展权要求社会集体把社会事业和福利事业作为任何社会进步所必需的职责,积极为个人和团体服务,使之可以最好地发展而有所成就。[①] 其主要包括如下几个方面:一是获得良好的医疗卫生保障权;二是老人、儿童、孤儿、复员退伍军人、移民、灾民享有特殊物质帮助权和物质保

---

① 参见汪习根:《法治社会的基本人权——发展权法律制度研究》,中国人民公安大学出版社2002年版,第90—91页。

障权;三是发展社会保险事业,使社会成员在更广泛范围和更大程度上获得保险权;四是个人家庭享有生活质量提高权;五是与劳动关系相关的权利。我国的社会发展权是以社会保障权体系为基础建立的,并随时代的发展而不断扩展和充实,其主要包括社会救助权、社会福利权、社会保险权、社会优抚权(特别社会保障)等一系列权利集合。

（三）社会发展权的价值

社会发展权不仅内含公正、安全、自由等价值,还包括了人的尊严价值,这也是社会发展权作为发展权子权利的内在要求。罗尔斯的第二条正义原则(差别原则和机会平等原则),为社会发展权提供了价值基础,其不同于以效率和自由为首要原则的社会资源首次分配,社会发展权体现了国家对社会资源的再分配,是一种以形式上的不平等实现实质上平等的分配正义。现代社会是一个风险社会,这种风险不仅体现在自然风险,还包括政治经济等体制风险。这些风险严重影响社会的秩序与安全。社会发展权有利于国家应对风险,及时为风险承担方提供帮助,由全社会来分担个人面临的风险,极大降低个人解决风险的成本。与此同时,社会发展权能够为个人生活提供较为稳定的环境,并将整个社会生活维持在相对稳定的状态,基于对社会保障的预期,人们心理的安全需求得到了满足,个人的幸福感进一步提升。社会发展权的终极目标还是实现人的最大限度的自由,但这种自由的实现不是体现在个人自由上,而是社会全体成员的整体自由,社会发展权侧重于社会弱势群体自由的实现,通过对社会强势群体的自由予以不同程度的限制来保障弱势群体在社会关系中的尊严,进而实现社会整体的自由。"社会保障权来自人的尊严,体现着人的尊严"①。社会发展权力求解决贫困问题,使人类远离贫困,满足人类的物质和精神需求,最终实现自我发展,这正是"人的尊严"价值的内在要求。

（四）社会发展权的现实化

改革开放以来,我国经济持续快速发展,社会财富急剧积累,但社会矛盾与问题也层出不穷,收入差距在城乡之间、区域之间、群体之间均呈拉大趋势,

---

① 薛小建:《论社会保障权》,中国法制出版社 2007 年版,第 122—138 页。

社会矛盾激化。若无法及时有效地对利益关系进行公平性的调整，缓解社会矛盾，则可能引起更激烈的社会动荡，从而破坏社会经济的长期稳定发展。我国目前的发展现状，应当更加注重社会的公平性，把加快完善社会保障体系放在经济社会发展全局中更加突出的位置，为国家的可持续发展和长治久安保驾护航。多年改革和发展，我国已经初步建成以社会保险、社会救助、社会福利为基础，以基本养老、基本医疗、最低生活保障制度为重点，以慈善事业、商业保险为补充的社会保障制度体系框架。十八大以来，中国提出积极应对人口老龄化、保障妇女、残疾人未成年人等弱势群体权益，完善社会保障制度，提升国民教育和健康水平等一系列重大战略任务，提高民生保障水平，在社会发展进程中不断丰富和深化社会发展权。党的十九大报告强调：要保障群众基本生活，不断满足人民日益增长的美好生活需要，不断促进社会公平正义，形成有效的社会治理、良好的社会秩序，使人们获得感、幸福感、安全感更加充实、更有保障、更可持续。[①]

五、生态发展权

生态发展权是新时期发展权的一项子权利，是在遵循人与自然与社会三者和谐发展规律的基础上，获得物质与精神成果的权利，生态发展权以保障人类生态文明权益为核心，建设生态文明成为我国生态发展权现实化的有效路径。

（一）生态发展权产生的背景

20世纪70年代，在全球性问题的加剧以及"能源危机"的冲击下，人们的环境意识如大梦觉醒，各种环保组织和人士将环境问题的严峻性揭示给公众和国际社会有关"增长的极限"开始在世界范围内展开，并掀起了环保运动的浪潮。与此同时，国际组织也高度重视环保问题，联合国1972年6月在斯德哥尔摩召开了首次"人类与环境会议"，会议通过了著名《人类环境宣言》，这也标志着环保运动由群众性活动上升到了政府行为，揭开了全人类共同保护环境的序幕。随着人类对生态环境的深入认识，开始将社会发展的目标延伸

---

① 参见《党的十九大报告学习辅导百问》，党建读物出版社2017年版。

到代际公平与代内公平,对很多全球性的环境问题达成了共识,可持续发展观逐渐形成。1983年,世界环境与发展委员会正式成立;1987年,该委员会在《我们共同的未来》报告中,提出了可持续发展模式;1992年,联合国环境与发展大会通过了《21世纪议程》,对可持续发展理论进行了高度凝结,把国际环保事业推向新的阶段。综上,生态发展权是人类对可持续发展问题认识深化的必然结果。

(二)生态文明的优越性

生态文明是与原始文明、农业文明、工业文明相对应的一个概念,生态文明既不是一种局部的社会发展现象,也不是一般意义上的生态环境或生态产业,而是一种更进步、更高级的文明形态。近代以来的全球生态危机表明,传统的工业文明已经开始衰落,人类未来文明的发展方向是生态文明。人与自然都是身体系统中不可分割的组成部分,它们之间不存在单纯的统治与被统治、征服与被征服的关系,而应该是和谐统一,相辅相成的关系,是一种人与自然与社会以及当代人与后代人的协调发展。人类发展的公平不仅要追求代内公平,还要保障代际公平,绝不能以后代人的利益为代价来满足当代人的利益。生态文明应该以人与人、人与自然、人与社会和谐共生为宗旨,以转变传统的生产方式和消费方式为路径,以走协调可持续发展道路为着眼点。生态文明是对人类对传统文明形态特别是工业文明的深刻反思,是人类文明形态和文明发展理念、道路和模式的重大进步。

(三)生态发展权的现实化

生态文明不仅直接制约发展,还构成发展的基本要素,并成为推动发展可持续进行的关键。党的十八大报告指出:"建设生态文明是关系人民福祉、关乎民族未来的长远大计。面对资源约束趋紧、环境污染严重、生态系统退化的严峻形势,树立尊重自然、顺应自然、保护自然的生态文明理念,把生态文明建设放在突出地位,融入经济建设、政治建设、文化建设、社会建设各方面和全过程,努力建设美丽中国,实现中华民族永续发展"。生态发展权的现实化要求消除传统经济活动中影响大自然稳定与和谐的因素,将生态治理、生态保护、生态发展相结合,坚决摒弃"经济逆生态化、生态非经济化"的传统做法,大力发展生态化产业、绿色化消费以及生态化经济等战略,使经济发展能够在"人不敌天——天人合一——人定胜天——天人和谐"的螺旋式上升的进程中实现新的飞跃。我国目前的成就如下:(1)基本建成资源节约和环境保护法律体系:32部法律、48部行政法规、85件部门规章。(2)生态整治。截至2015年底,全国森林面积达2.08亿公顷,森林覆盖率达21.66%,草原综合植被覆盖率达54%,城市建成区绿化覆盖率为40.1%,全国自然保护区总数达到2740个,总面积约14703万公顷。全国建成由2个国家站、33个省级站、300多个地市级站和1700多个县级站组成的农业环境保护工作体系。先后在太湖、巢湖、洱海和三峡库区等污染防治重点流域,建设了农业面源污染综合防治示范区,设立106个国家级绿色防控示范区,带动绿色防控面积达5亿亩以上。建设了两批国家级生态农业示范县共计100余个,带动省级生态农业示范县500多个,建成生态农业示范点2000多处。农业高新技术产业长效发展,农业灌溉水利用系数提高到0.536。(3)发展生态经济。"十一五"以来,万元国内生产总值能耗累计下降34%,累计节能15.7亿吨标准煤,累计形成的节能量占全球同期节能量一半以上。2015年,城市污水处理率达到91.9%,城市生活垃圾无害化处理率达到94.1%,人均公园绿地面积达到13.35平方米。(4)积极建设性参加气候变化国际谈判,认真履行《联合国气候变化框架公约》,贯彻实施《巴黎协定》。①

第三节　"五位一体"发展权观的意义

中国顺应时代发展的潮流,立足于中国发展的实践,总结中国发展历史的经验教训,将发展权理念深入贯彻的中国发展的全过程,开创了一条独具特色的社会主义发展权道路。与传统发展权理论相比,中国"五位一体"发展权观实现了发展主体、发展客体、发展动力的三大超越。

---

① 参见中华人民共和国国务院新闻办公室:《发展权:中国的理念、实践与贡献》(2016年12月),人民出版社2016年版。

一、发展主体：物本位到人本位的超越

"五位一体"发展权观的核心是"以人为本"，其在本质上是一种人本位法律观，实现了对物本法律观、权（官）本法律观的超越，使法律之"本"从对"人"的异化而复归给了"人"本身。中国的"以人为本"发展理念强调"人是发展的主体、目的和关键所在，发展应源于人、用于人、评于人、行于人、服务于人"①。发展权的主体是人，是"人"而不是"物"，是全体人类这一普遍主体而非某类人、某一特殊群体。"人"是发展观的逻辑起点，"人"是具有多重属性，是自然人、社会人、经济人、政治人、生态人五重属性的高度融合，中国的发展权观注重从主体—客体，即人与生态、人与政治、经济、社会、文化的关系比对与重塑中来实现人的发展利益。发展权的"本"在于发展利益的追求、获取、占有与分配上的公平、公正与最优化。法律在确认"人"是一个自然存在物的基础上，更要赋予人在社会和政治上的资格与地位，还要实现人的生态化；不仅要保障人作为一个个体的尊严与权利，还要维护人作为一个社会政治动物的集体权利；不仅要发展人的自由个性，更要实现人的平等与公正；不仅要坚持法律平等的原则，而且要以非对等的特别措施保障社会弱势人群的权利。为此，不能将人的个体价值与社会价值对立起来、把公民权利与公共权力隔离开来、让经济人与生态人发生割裂。②"以人为本"发展权的主体是兼具手段与目的的统一体的"人"，是兼具工具性价值与目的性价值统一体的"人"，是不被异化的、合乎人性的人。当代中国发展及发展权实践的根本指导思想——"以人为本"发展观，对和谐社会的法治建设的意义重大，其虽然带有强烈的地方化色彩，但它的全球意义也不容忽视，对构造和谐世界的法治提供了新范式。

二、发展客体："四位"到"五位"的超越

马克思主义的发展观认为："人、社会和自然界是统一的，发展的目标不仅在于经济增长和消除贫困，而且还应该包括社会平等、政治民主、环境保护

---

① 李龙：《人本法律观简论》，《社会科学战线》2004 年第 6 期。
② 参见汪习根：《论人本法律观的科学含义——发展权层面的反思》，《政治与法律》2007年第 3 期。

和使每一个人都得到自由发展"。独立专家阿尔琼·桑古塔(Arjun Sengupta)
先生也认为"发展权是一个由食物权、保健权、受教育权、住房权以及经济、社
会和文化权利,还有公民权利和政治权利等诸多要素所组成的权利矢量。只
要至少一种要素提高而其他要素并不降低的情况下,矢量值就会提高,也就是
实现发展权的发展"。中国发展权理论体系实现了将生态权利并入经济、政
治、文化、社会权利之中,并将五种权利统一到中国的发展进程之中,实现"四
位"到"五位",由"分散"到"一体"的飞跃发展。生态发展权作为新兴发展权
的子权利,其要求将人置于与自然生态的可持续发展的大背景之中,实现人的
"生态化""绿化"。人类的生产方式、生产过程以及发展结果都不能损害自然
生态系统的平衡与完整。生态可持续发展并不是要求人回到原始的自然状
态,而是主张在人类改造自然时应克服过度攫取自然资源、不计生态成本、导
致生态危机最终惩罚人自身的恶性循环现象,做到法律发展与可持续发展的
同步性。生态可持续发展也不能将自然生态作为发展的主体,倒向宇宙自然
生态中心主义,不能颠倒了主客二元之关系。生态发展权的提出,既可以克服
人类危害自然导致生态危机的缺陷,又符合作为主体的人与作为客体的自然
的不可逆转的法律关系,从而在人与自然的主客和谐之中实现以人为本的
发展。①

三、发展动力:外部扶持到能力建设

　　中国虽然在经济发展上取得了巨大的成就,但贫富差距,城乡差距不断拉
大,区域发展不平衡日益严重。基于这一发展现状,"五位一体"发展权要求
在政治、经济、文化、社会、生态等领域向弱势群体进行倾斜保护。要保证起点
公平和过程公正,实现各项稀缺资源要向所有人开放,通过倾向性地扶持弱势
群体以达到结果的相对公平,从而实现"利利相生"的和谐局面。传统发展权
对弱势群体的倾斜发展和保护是通过外部扶持来实现的,但如果弱势群体始
终不能依靠自身来实现发展的话,这种发展将是暂时且短暂的。因而,"五位

---

　　①　参见汪习根:《论人本法律观的科学含义——发展权层面的反思》,《政治与法律》2007
年第3期。

一体"发展权观注重培养弱势群体自身的发展能力。在学者阿马蒂亚·森看来"能力的平等是平等主义的核心,如果说社会正义的目的在于为每个人过上'善'的生活提供保障,能力则决定了一个人是否有条件过这样的生活。贫困并不那么在于低收入,更在于对基本能力的剥夺。也就是说,在资源得到保证的前提下,平等的核心关注将是能力。此外,能力不仅具有工具性,还具有价值性,仅仅拥有摆脱贫困能力的发展是不充分的,以积极的方式在可供选择的有价值的生活方式间享受和行使自由才是人类发展的最终目的"[①]。中国发展权理论认为,发展权的动力在于为这一代以及后代创造适合所有人施展自身能力的政治、经济、文化、社会、生态环境,促进人自身权能的苏醒,提升实现自身权利的能力,不再简单地寄望于公权力的直接介入,促进其自下而上的实现权益。

---

① [印]阿马蒂亚·森:《以自由看待发展》,任赜、于真译,中国人民大学出版社 2002 年版,第 62 页。

第四章　性质:发展权是社会主义的本质要求[①]

第一节　发展权与社会主义的本质关联

中国从社会主义本质要求的高度来把握发展权的性质。一方面,从正面提出通过共同富裕实现全体人民平等发展权利是社会主义的本质特征这一基本结论,揭示了共同发展与社会主义的相互关系,将共同富裕、平等发展作为中国根本政治制度的精髓和内核。社会主义的本质,是解放生产力,发展生产力,消灭剥削,消除两极分化,最终达到共同富裕。共同富裕就是公平分配发展成果,人人都享有社会主义的发展成果,享有改革开放和经济发展所带来的利益。这就从社会制度的层面,确认和体现了人民的发展权。另一方面,从反向揭示了发展权与贫困的关系,认清了贫困是发展权的最大障碍,并开创性地上升到社会制度本质的高度来反思贫困与发展、人权之间的内在关联性。社会主义不是少数人富起来、大多数人穷,社会主义最大的优越性就是共同富裕。社会主义要消灭贫穷,提高人民的生活水平。"用发展为减贫奠定基础","消除贫困"是"人民追求幸福生活的基本权利"。中国改革开放的发展历程表明,发展权是社会主义的应有之义,是最大限度地释放社会制度价值功能以最终实现所有人平等发展权利的必然要求。

---

① 本章部分内容已经由本课题主持人汪习根和本章作者陈佑武公开发表,参见汪习根:《免于贫困的权利及其法律保障机制》,《法学研究》2012 年第 1 期;陈佑武:《以切实尊重和保障人权为依归的中国扶贫》,《人民日报》2016 年 10 月 24 日;陈佑武:《中国发展权话语体系的基本内涵》,《人权》2017 年第 1 期。

一、发展权与社会制度的正义

（一）人权与正义、制度正义

1. 人权与利益、正义

人权是一种权利，因此正如人们对权利本质理解的莫衷一是，[1]人权本质也是人权理论界充满争议的主题。在纷繁复杂的人权现象背后，人权究竟隐含着怎样的本质？这是一个需要不断探究、反复思考与认真求证的问题。在此问题上，不同学者往往具有不同的认识。例如，有学者认为"人权的本质就是人权的存在，每个人对此都可以有自己的理解"、"人权并没有什么高深莫测的本质，人权仅仅是历史观念和历史实践的具体展开"[2]。的确，在某种意义上，对人权本质的认识是一个因人而异的问题。但是，不能借此将人权本质虚无化，这样会导致人们对人权问题的认识、理解与处理无所适从。我们认为，从人权观念与人权现象的历史演进与内涵发展来看，人权本质应当可以归结为两个方面：利益与正义。

人权的本质之一是利益。正如马克思所言，"人们为之奋斗的一切，都同他们的利益有关。"[3]纷繁复杂的人权现象呈现的是人的利益的多元化与复杂性，人权纷争反映的是人的利益纷争，因此人权问题归根结底就是利益问题。如有学者指出："人权的本质属性首先表现为利益，无论利益的表现形态是物质的还是精神的。"[4]从利益的视角来看，人们之间的人权的权利与义务关系，本质上是一种利益关系。作为人权本质的利益，其内涵是广泛的，既包括物质利益和精神利益，也包括人身人格利益。既包括个人利益，也包括集体利益。无论是国内人权还是国际人权，总是意味着在个人与个人之间、群体与群体之间以及个人、群体和社会之间存在的相互矛盾与冲突中一定权利主体在利益上的追求、享有与分配。

人权与利益的关系。把握住了利益，也就掌握了理解人权问题的钥匙。

---

① 权利本质存在多种解说，主要包括：资格论、自由论、意志论、可能论、利益论、法力论以及多要素说等。参见郭道晖：《法理学精义》，湖南人民出版社 2005 年版，第 86—90 页。

② 杨春福主编：《人权法学（第二版）》，科学出版社 2010 年版，第 21 页。

③ 《马克思恩格斯全集》第 1 卷，人民出版社 1995 年版，第 187 页。

④ 徐显明主编：《人权法原理》，中国政法大学出版社 2008 年版，第 82 页。

首先,人权是利益的表,而利益是人权的里。人权外表体现的是其内在利益,没有利益充实,人权将虚有其表。其次,人权是利益的保障,而利益是人权的方向。人权,尤其是法定人权是利益的坚实保障,利益则是这种保障的价值取向。再次,人权是利益的升华,而利益是人权的动力。人权将利益提升为具有普适性的价值观念,而利益则是推进这一进程的动力。人权与利益表里如一、内外结合、层次分明、不可分割。没有利益,也就无所谓人权;讲人权,也就必谈利益。一定的人权主体往往就是一定的利益主体,而一定的人权内容则是体现一定的利益内容。

人权的本质之一是正义。人权是个人或某些特殊群体受正义认可和支持的各种利益诉求。什么样的个人或群体应当或可以享有什么样的人权,法律或其他社会规范应当或能够对哪些人权予以规定和保障,总是受人类普遍认同的某些道德伦理所支持和认可,包括正义理念、人本主义、平等思想与自由观念,其核心是正义理念。这些伦理道德是人权本原、人权主体、人权内容等人权范畴证成与发展的思想基础。尤其是正义理念,不仅影响人本主义、平等思想、自由观念等思想观念,还是支撑人权观念、处理人权问题的重要伦理依据。从正义的视角来看,人权主体的承认、人权内容的确定、人权的享有与人权的实现只有符合正义的原则才能获得普遍的认同与支持。

人权与正义的关系。正义与人权之间存在天然的联系,没有正义也就无所谓人权。一方面,人权是正义的精华,而正义是人权的道德基础。从历史来看,正义观念产生于人权观念之前,正义有着更为久远的历史。正义结出人权之果,是社会发展到一定历史阶段的产物,是人类社会进步的体现。人权的出现并没有终结正义的发展,人权只不过浓缩了正义的精华,但正义仍然是人权的基础。另一方面,人权是正义的诉求,而正义是人权的品质。正义在不同历史阶段有不同诉求,将正义诉诸于人权是近代社会的产物,正义则内化为人权诉求的固有道德品质。人权与正义同源同宗、一脉相承、与时俱进、水乳交融。因此,主张人权者必然倡导正义,追求正义者必然伸张人权。社会没有正义,也就不可能保障人权;尊重和保障人权,也就必然要维护社会正义。

人权本质上是利益与正义的统一。利益与正义是构成人权的两种基本成分,是决定人权本质的两个重要因素,也是推动人权进步的两个重要轮子。离开"利益"就不可能理解人权问题上经常存在的种种矛盾与斗争的实质,而离开"正义"则可能使得人权问题上矛盾与斗争偏离正确的方向。利益与正义的结合成就了人权特有的品质与内涵,这是人类自我认识的深化与发展。就作为人权本质的利益与正义的关系而言,利益是人权的客观本质,正义是人权的主观品质,二者辩证统一、相互作用、共同发展。

2. 人权与制度正义

制度正义是正义的内涵之一或形式的一种。也有人把正义划分为社会正义和个人正义,社会正义是指社会制度的正义。① 制度正义,亦称制度的正义或正义的制度,主要是社会制度的正义,是指社会制度在分配社会财富、自然资源、权利和义务、权力和职责等方面要符合正义的要求。社会制度只有具备正义的品质,一方面才能要求人们服从和遵守,另一方面人们也只会真正服从和遵守具备正义品质的社会制度。制度正义是人类社会为解决社会的矛盾和冲突,使得社会和谐与协调,保证社会存在和发展的必然要求。因为人类社会始终存在三方面的主要矛盾:一是社会秩序与人的思想和行为自由的矛盾。如果没有一种共同规则,要么社会处于无序状态,要么人的自由得不到保障。二是权威与服从的矛盾。如果没有一种共同的规则,要么国家组织不能运行,要么个人权利得不到保障。三是个人与个人或个人与群体之间在利益与道德上的矛盾。如果没有一种共同的规则来调整,要么个人利益受他人侵犯,要么个人侵犯他人利益。② 正义的制度总是从保障个人的自由或权利出发保证社会的存在与发展,而不正义的制度是以损害个人的自由或权利方式解决社会的矛盾和冲突。

(二)发展权与制度正义

发展权的本质在于捍卫发展利益,促进发展正义。人权的本质既是利益又是正义,是二者的统一体,发展权的本质也是如此,与发展中的利益与正义密切相关。正如《发展权:中国的理念、实践与贡献》白皮书指出:"国家人权行动计划把保障发展权放在保障人权的首要位置,着力解决好人民最关心、最

---

① 参见李步云主编:《法理学》,经济科学出版社 2000 年版,第 66 页。
② 参见李步云主编:《法理学》,经济科学出版社 2000 年版,第 25 页。

直接、最现实的利益问题"。① 无论是广义的发展权,还是狭义的发展权,其本质上都是利益问题。发展中国家作为发展权的主体,其发展诉求均关涉到本国发展的各种具体利益,并要求这种利益得到实现。当发展中国家在国际社会主张这种利益诉求时,不可避免与其他国家尤其是发达国家之间产生利益纷争,就此而言当代国际社会当中的许多政治冲突与斗争在一定程度上是因发展中的利益冲突所导致。在一国国内,不同群体、不同地区之间的发展也涉及到利益平衡与利益协调的问题,特别是在发展过程当中要保护好弱势群体、不发达或欠发达地区的利益。因此,发展权的保障与实现就是保障和实现发展主体的利益,离开利益谈发展权是没有意义的,只有发展主体的利益得到充分的保障,发展权才有可能得到充分的实现。中国主张把中国人民的利益同世界各国人民的共同利益结合起来,支持和帮助发展中国家特别是最不发达国家的发展。当然,不能脱离正义孤立地强调利益,否则发展权简单化为物质或经济的发展权,这是对发展权的庸俗化理解。发展权重视利益,但同时也强调正义。发展权与正义直接相关,发展事业是正义的事业,发展权的实现是对正义的促进与保障。因此,发展权进一步充实和丰富了正义的内涵,没有发展就没有正义,正义随着经济、政治、文化、社会、生态文明的发展而发展。正是因为发展是正义的事业,中国人民为了争取发展,实现发展权,付出了艰辛努力并取得了巨大成就,创造了人类发展史上新的奇迹。为了实现正义,中国永远是人类发展权利的捍卫者,永远是世界进步的推动力量。利益与正义作为发展权的内核,既是推动中国发展事业不断向前驱动的两轮,也是推动中国人权事业健康发展的双翼。只有在发展过程中坚定不移捍卫全体人民利益、维护社会正义,发展权才能获得真正与彻底的实现。

从正义的不同表现形式而言,发展权与制度正义是正义的两种不同的存在方式,前者以具体的权利存在,后者以制度形式存在,通过发展正义而有效勾连。这就说明,发展权与制度正义都具有鲜明的正义属性,二者本质上都处于正义的范畴,二者天然亲和互不排斥。

---

① 中华人民共和国国务院新闻办公室:《发展权:中国的理念、实践与贡献》,人民出版社2016年版,第14页。

从目的和手段的角度来看,作为人权的发展权只能作为目的而存在,在任何条件下都不能手段而存在,否则就是对人权的侵犯或损害。而制度正义既可以作为目的,也可以作为手段。在发展权与制度正义的逻辑关系之中,显然发展权是作为目的而存在,正义的制度因为对发展权的促进和保障才具有存在的积极价值和意义。

从制度正义对发展权的促进和保障来看,制度正义在分配社会财富、自然资源、权利和义务以及权力和职责等方面存在的差异将对发展权的促进和保障产生明显不同的效果。因此,制度正义自身的调适与配置对于发展权保障产生直接的关联。

(三)发展权与社会主义制度

社会主义制度是迄今最为正义的制度,全面发展、自由发展、平等发展、共享发展是社会主义制度的重要内涵。因此,从人类社会的历史发展来看,社会主义制度是最强调发展的制度,这一价值追求在发展权的保障上得到最充分的体现。我国将发展权置于社会主义事业发展战略选择的优先地位。这一战略考虑最初形成于 1991 年 11 月国务院新闻办公室发布的《中国的人权状况》白皮书。白皮书在"生存权是中国人民长期争取的首要人权"部分指出:"虽然中国已经基本解决了温饱问题,但是,经济发展水平还比较低,人民的生活水平与发达国家相比还有较大的差距,人口的压力和人均资源的相对贫乏还将制约着社会经济的发展和人民生活的改善。一旦发生动乱或其他灾难,人民的生存权还会受到威胁。"换言之,发展权与生存权关系密切,互为基础、相互影响,发展权兴则生存权有保障、生存权兴则发展权有保障。因此,长期以来,发展权被赋予了生存权同等重要的战略地位,被并称为中国人民的首要人权。正如《发展权:中国的理念、实践与贡献》白皮书指出:"发展既是消除贫困的手段,也为实现其他人权提供了条件,还是人实现自身潜能的过程。发展权贯穿于其他各项人权之中,其他人权为人的发展和发展权的实现创造条件。"[1]对发展权的这一战略定位是中国人权理论的一个重大创新。按西方

---

[1] 中华人民共和国国务院新闻办公室:《发展权:中国的理念、实践与贡献》,人民出版社2016 年版,第 5 页。

传统人权观念,首要人权往往是指言论自由等政治人权,无法或者很难理解将发展权或生存权视为首要人权的观点。正是受西方人权理论传统的羁绊,国内有些学者对首要人权的认识也存在一些误区,对发展权与生存权的战略定位表示不理解。但是,随着中国人权事业健康快速发展,我国人权发展战略定位的优势已经逐步显现。这也充分说明,在人权发展的战略选择上,并不存在一成不变的观念或固定的模式,必须根据各个历史时期、各个国家的具体国情、具体制度来提出问题、解决问题。发达国家生产力水平高了,生活与教育水平相应得到提升,自然会更加有兴趣与能力关注政治参与问题;而中国作为发展中的社会主义国家,生产力发展的整体水平还有很大空间,自然会致力于发展经济、提高人民的生活水平。

二、发展权是社会主义的本质要求

(一)中国特色社会主义本质解读

中国特色社会主义最本质特征是中国共产党的领导。我国宪法第一条规定:"社会主义制度是中华人民共和国的根本制度。中国共产党领导是中国特色社会主义最本质的特征。"党的十八大报告指出:"中国特色社会主义道路,就是在中国共产党领导下,立足基本国情,以经济建设为中心,坚持四项基本原则,坚持改革开放,解放和发展社会生产力,建设社会主义市场经济、社会主义民主政治、社会主义先进文化、社会主义和谐社会、社会主义生态文明,促进人的全面发展,逐步实现全体人民共同富裕,建设富强民主文明和谐的社会主义现代化国家。"习近平总书记指出:"中国特色社会主义,是科学社会主义理论逻辑和中国社会发展历史逻辑的辩证统一,是根植于中国大地、反映中国人民意愿、适应中国和时代发展进步要求的科学社会主义,是全面建成小康社会、加快推进社会主义现代化、实现中华民族伟大复兴的必由之路。"[①]邓小平同志也指出,只有中国共产党领导,才能"解放生产力,发展生产力,消灭剥削,消除两极分化,最终达到共同富裕"[②]。

---

① 《习近平谈治国理政》,外文出版社 2014 年版,第 21 页。
② 《邓小平文选》第三卷,人民出版社 1993 年版,第 373 页。

中国特色社会主义是中国共产党领导人民长期探索、接力奋斗开辟出来的伟大道路。新中国成立后，以毛泽东同志为核心的党的第一代中央领导集体带领全党全国各族人民对适合中国特点的社会主义建设道路进行了艰辛探索，为新的历史时期开创中国特色社会主义提供了宝贵经验、理论准备和物质基础。以邓小平同志为核心的党的第二代中央领导集体，提出了走自己的路，建设中国特色社会主义，科学回答了当代社会主义一系列基本问题，开创了中国特色社会主义道路。以江泽民同志为核心的党的第三代中央领导集体在国内外形势十分复杂、世界社会主义运动遭受严重挫折的考验面前坚持了中国特色社会主义道路，并把这条道路推进到 21 世纪。以胡锦涛同志为总书记的党中央坚持和发展了中国特色社会主义道路。以习近平同志为核心的党中央正在创新和发展着中国特色社会主义道路。习近平总书记指出："中国特色社会主义不是从天上掉下来的，是党和人民历尽千辛万苦、付出巨大代价取得的根本成就。"①中国特色社会主义道路之所以能显示出强大生命力和巨大优越性，取得举世瞩目的历史性成就，靠的是党的正确领导，靠的是全党全国各族人民的团结奋斗。中国道路的成功深刻说明，只有中国共产党才能领导全国各族人民，开辟适合中国国情的正确道路。

（二）发展权是社会主义本质特征的深刻反映

中国特色社会主义是在中国共产党领导下，促进人的全面发展，逐步实现全体人民共同富裕，建设富强民主文明和谐美丽的社会主义现代化强国，实现中华民族伟大复兴。实现这一目的，必须依赖发展，只有人民的发展权得到最充分的保障，社会主义事业才能充满生机与活力。中国共产党领导的社会主义现代化强国人人自由、人人平等、人人富裕，人人共享发展成果。因此，中国特色社会主义表明，中国共产党的第一要务是发展，没有发展就没有社会主义，没有发展就不可能建设社会主义现代化强国，没有发展就不可能实现中华民族伟大复兴。改革开放四十年的历史充分说明，中国坚持以生存权和发展权为首要人权的中国特色社会主义发展道路无比正确，已经得到历史证明。

---

① 《习近平谈治国理政》第二卷，外文出版社 2017 年版，第 36 页。

第二节　发展权与解放和发展生产力

一、发展是发展权的基本实现路径

(一)人权的实现路径

人权实现是一项复杂的社会系统工程,涉及国家、社会生活的方方面面。其中,独立的国家主权、完善的市场经济、文明的民主政治、丰富多彩的人权教育以及卓有成效的法治建设在人权实现中具有重要作用。首先,独立的国家主权是现代国家人权实现的主权基础。中国近现代发展历史表明,没有国家主权,人民就会流离失所,不仅没有健康与发展,甚至连生命也毫无保障。其次,发达的市场经济是现代国家人权实现的经济基础。要保障人权,必须积累财富。"无财产便无人权",个人拥有一定的财富是人权实现的基本条件。复次,文明的民主政治是现代国家人权实现的政治基础。公共权力的运作模式对人权实现作了质的规定。什么样的公共权力运作模式,就会有什么样的人权实现。在公共权力存在的社会里,人权实现主要是对民主政治的要求。再次,丰富多彩的人权教育是现代国家人权实现的教育基础。只有当一个社会的人权意识兴起,人们才会知悉人之为人应当享有的权利,并为了实现这些权利而斗争。最后,卓有成效的法治建设是现代国家人权实现的法治基础。法治是人权实现的最理想模式,哪里没有法治,哪里的人权就不会有充分的实现;哪里的法治遭践踏,哪里的人权就会有严重的危机。上述五个方面在人权实现中具有各自不同功能与价值,一个国家的人权实现状况在很大程度上受制于这五个方面完善程度与配置水平。这五个方面是推动人权实现的重要条件,它们之间形成合力则推动人权进步,它们之间互不匹配则无益于人权发展。就其各自作用而言,它们任何一个方面的长足发展都能对人权实现起到促进作用,同样任何一个方面的严重不足都不利于人权实现。其中,法治在这五个方面具有"兜底"的功能,即法治在人权保障中是不可或缺的重要环节。如果其他四方面成就,而法治缺失,则人权保障必受损;如果法治完备,而其他四方面稍有欠缺,则人权也会有基本保障。

（二）发展是解决发展中问题的关键

发展是实现发展权的最根本方式。从发展的内容来看,中国注重经济、政治、文化、社会、生态文明的全方位发展,发展了发展权的内涵。[1] 发展权在中国实践的重要经验是经济上必须得到发展,发展要能够解决人民的温饱问题,否则其他发展无从谈起。正如《发展权:中国的理念、实践与贡献》白皮书指出:"中国坚持以经济建设为中心,奠定保障发展权的坚实基础,同时又通过保障人民的发展权更好地促进经济发展。"[2]可以说,得益于改革开放以来经济的迅猛发展,发展权的经济内涵在中国已经得到有效解决。当然,不能仅从经济的视角理解发展权内涵,这也不符合《发展权利宣言》的规定。《发展权利宣言》第 1 条指出:"发展权利是一项不可剥夺的人权,由于这种权利,每个人和所有各国人民均有权参与、促进并享受经济、社会、文化和政治发展,在这种发展中,所有人权和基本自由都能获得充分实现。"据此条文,发展权的内涵不仅包括经济的发展,也包括社会、文化和政治的发展,这些方面的发展实际上也是发展权中国实践的应有之义,中国社会经济政治文化的发展也充分说明了这一点。相比较《发展权利宣言》,发展权的中国实践则进一步丰富和发展了规定的要求,将生态文明的发展融入到发展权的内涵之中,党的十八大提出的"全面落实经济建设、政治建设、文化建设、社会建设、生态文明建设'五位一体'总体布局"的要求则为发展权新内涵的发展指明方向。因此,从发展权的内涵发展来看,发展权保障的中国经验首先是保障经济发展权的充分实现,其次才是政治、文化、社会的发展权,然后发展到生态文明的发展权,形成了经济、政治、文化、社会、生态文明"五位一体"的发展权保障格局,这显然具有典型的中国标记,也是《发展权利宣言》所没有规定的。新的发展权内涵格局形成后,全面提升了发展权的质量,经济、政治、文化、社会、生态文明的发展权相互影响、相互促进,对各自的发展提出了新的要求,从而实现发展权在更高水平的发展。当然,不能因为发展权涉及面广,将发展权视为无所不包

---

[1] 参见中华人民共和国国务院新闻办公室:《发展权:中国的理念、实践与贡献》,人民出版社 2016 年版,第 19—44 页。

[2] 中华人民共和国国务院新闻办公室:《发展权:中国的理念、实践与贡献》,人民出版社 2016 年版,第 19 页。

的权利,这会导致发展权概念模糊不清,从而失去自身存在价值。发展权实质上是一种平等权,主要是指在经济、政治、文化、社会、生态发展中的成果的平等参与权与享有权等权利,不能泛化理解。

二、生产力与发展权

（一）解放和发展生产力对实现发展权的核心价值

解放和发展生产力是实现发展权的动力,其中创新解放和发展生产力是实现发展权的关键。要发展,就需要动力推动,没有动力就没有发展。解放和发展生产力就是要从根本上解决实现发展权的动力问题。习近平总书记指出,抓住了创新,就抓住了牵动经济社会发展全局的"牛鼻子"。[①] 树立创新发展理念,就必须把创新摆在国家发展全局的核心位置,不断推进理论创新、制度创新、科技创新、文化创新等各方面创新,让创新贯穿党和国家一切工作,让创新在全社会蔚然成风。创新是引领发展的第一动力,创新也是实现发展权的第一动力。只有通过创新,中国特色社会主义才能保持旺盛的生命力与持续发展的动力。

（二）通过解放和发展生产力实现发展权的主渠道

解放和发展生产力就是排除、克服、革除生产力得以发挥发展的阻力、束缚、桎梏,为生产力的发挥发展创造良好的社会条件。当前,解放和发展生产力一是要全面深化改革,二是全面依法治国,三是要全面从严治党。只有全面深化改革,才能排除阻碍发展权实现的各种因素,为发展权的实现创造条件。只有全面依法治国,才能加快社会主义法治国家建设,为发展权的实现提供强有力的法治保障。只有从严治党,才能确保中国共产党始终有能力带领人民发展并走在正确的发展道路上。到 2020 年,全面建成小康社会,这是发展权实现的一个重要里程碑。在全面建成小康社会的基础上,再过 15 年,到 2035年发展权的实现将会取得新的历史性飞跃,基本实现社会主义现代化。在社会主义现代化基础上,再过 15 年,到 2050 年,发展权的实现将再次获得巨大

---

① 参见《习近平总书记系列重要讲话读本》(2016 年版),学习出版社、人民出版社 2016 年版,第 133 页。

飞跃,我国将建成富强民主文明和谐美丽的社会主义现代化强国。

第三节　发展权与消除贫困

一、消除贫困是社会主义与发展权的首要交汇点

（一）消除贫困是社会主义的本质要求

正如习近平总书记指出:"消除贫困、改善民生、逐步实现共同富裕,是社会主义的本质要求。"①邓小平也曾指出:"贫穷不是社会主义,发展太慢也不是社会主义。"②"搞社会主义,一定要使生产力发达,贫穷不是社会主义。"③"首先必须摆脱贫穷。"④"中国要解决十亿人的贫困问题,十亿人的发展问题。"⑤胡锦涛也曾指出:"社会主义要消灭贫穷,提高人民的生活水平。"⑥社会主义的本质,是解放生产力,发展生产力,消灭剥削,消除两极分化,最终达到共同富裕。贫困从本质上而言与社会主义是不相容的,消除贫困是社会主义的本质要求。

（二）消除贫困是发展权的内在要求

正如习近平总书记指出的,要"用发展为减贫奠定基础","消除贫困"是"人民追求幸福生活的基本权利"。⑦ 贫困加剧了社会的不平等,消除贫苦是实现平等的社会基础。而发展权本质上是平等权,消除贫困及其导致的差异是发展权的内在要求。在某种意义上,发展权存在的合理性与合法性所在本身就是针对贫困而言的。贫困催生了人们的人权意识,贫困也使得符合时代需求人权类型产生,发展权就是人权意识与时代需求形成共鸣的产物,彰显了

---

① 《习近平谈治国理政》第二卷,外文出版社 2017 年版,第 83 页。
② 《邓小平文选》第三卷,人民出版社 1993 年版,第 255 页。
③ 《邓小平文选》第三卷,人民出版社 1993 年版,第 225 页。
④ 《邓小平文选》第三卷,人民出版社 1993 年版,第 225 页。
⑤ 《邓小平文选》第三卷,人民出版社 1993 年版,第 229 页。
⑥ 《胡锦涛文选》第二卷,人民出版社 2016 年版,第 283 页。
⑦ 习近平:《携手消除贫困　促进共同发展——在 2015 减贫与发展高层论坛的主旨演讲》,《人民日报》2015 年 10 月 16 日。

人类社会自我蕴含的无限潜能与人性光芒。所以,发展权应运时代需求而生,当与社会主义制度相结合时,它消除贫困的功能就会发挥得淋漓尽致,这既是发展权自身的价值追求所在,更是社会主义的优越性的体现。

(三)在反贫困中彰显社会主义的发展权价值

社会主义追求人人自由、人人平等和人人富裕,这一点与发展权所追求的发展的平等机会高度吻合。从制度正义层面而言,社会主义是制度正义的高级形态,只有在社会主义制度下才存在最真实、最广泛的制度正义。社会主义为发展权实现创造了人类社会有史以来最好的制度环境,克服、革除了阻碍发展权实现的制度因素,给发展权的实现提供了最好的条件与机会。尤其是党的十八大以来,随着精准扶贫政策的实施,我国贫困人口数量大幅度减少,创造了人类反贫困历史上奇迹,这充分彰显社会主义在保障和实现发展权方面的制度优势。而且,这样的奇迹也只有在社会主义的中国才有可能实现,因为中国共产党领导是实现中国特色社会主义的根本保证。没有中国共产党领导,中国特色社会主义就不存在,更谈不上社会主义的发展权保障价值。

二、免于贫困的发展权利是发展权的一个基本形态

(一)概念创新:免于贫困的发展权利

从发展的角度而言,人类社会的发展历史是一个不断创造物质财富、精神财富与制度财富发展过程。人类文明的历史演进本身也是一个不断发展的过程,是基于物质、精神、制度等因素的长期发展而不断累计的结果。可以说,没有发展,就没有人类社会的延续,发展是人类社会永恒的主题。从人权的实现而言,人权的实现必须基于一定的物质财富的积累,没有财产就没有人权。因此,近代意义上的人权与财产存在天然的联系,财产权在人权体系中地位与作用被反复强调或重申。在物质财富上,发展与人权存在必然的联系,其表现问题意识就是消除贫困、免于贫困,不断增强物质财富的积累。循此逻辑,从权利视角提升或创新发展与人权内在关联或发展前景,免于贫困的发展权利是顺应时代历史发展的概念创新。免于贫困的发展权利不仅清楚阐释发展与人权内在逻辑,也为新时代发展权的实现提供了新的逻辑起点。

（二）意义阐释：免于贫困的发展权利之基本构造

人权是主体自由平等地获取自己的正当利益的资格，任何人权至少包括自由、平等、利益、资格、正当五大要素。免于贫困的发展权利符合人权的基本构成要素。

1. 自由

在法哲学中，自由是权利的应有之义，意指主体意志不受干预或胁迫的能动性，自由与人的能力的实现和发挥是内在契合的。而贫困不仅是一种资源匮乏的状态，更是对参与社会活动自由的限制或剥夺。正如伯林所言，"如果一个人太穷，而不能利用他的法律权利，那么这些权利赋予他的自由对他来说什么都不是"。① 因此，通过减贫实现人的内在要素的外在化并扩展人的潜能，才能增进自由的价值。免于贫困的发展权利既能赋予主体免于侵害的消极自由，又能赋予主体主动参与、促进社会发展进程并分享其成果的积极自由，还能使主体通过减贫措施开扩展其他的实质自由。

2. 平等

贫困所导致的不只是个体间的不平等，更是人的集合体在全球意义上的不平等，其结果是类进性而非简单叠加性的。无论是国际关系旧秩序还是非洲、拉美新自由主义的改革，最终均是以减损平等为代价而换取所谓自由的。其结果是在为全球经济总体增长注入活力的同时，造成了全球市场参与者之间的不平等和更大规模的贫困，生活在底层的人口正在遭受贫困带来的各种伤害，免于贫困的发展权利就是针对这种持续性的实质不平等而主张的人权，旨在以机会平等为起点、以规则公平为中介，实现贫富之间的均衡发展。

3. 利益

利益和权利是内容和形式的关系。免于贫困的权利直接指向贫困者的利益，以经济利益为依托，全面涵摄生命、健康、政治、社会、文化等所有利益。此外，免于贫困的发展权利在国际层面也间接地促进了富裕国家的利益。这项权利在贫困国家的实现将提升穷人生活水平和消费能力，从而为富裕国家培育更大的消费市场和人力资本市场。贫困的副作用不仅在于对贫困者经济利

---

① Isaiah Berlin, *Liberty*, London：Oxford University Press, 2002, p.44.

益的损害,还会因为对资源的掠夺式开发和环境的非友好型利用而导致人类与自然关系的全面恶化。反言之,免于贫困所带来的不仅是贫困者的个人利益,还波及社会整体利益。不仅是经济利益,还包括社会、政治、精神以及自然利益,其利益的维度远远大于其他权利形式。具有明显的区域聚集性、阶层附着性。

4. 资格

资格意味着能力或权能。贫困不只是指生存上的困境、收入低下,从最根本的意义上讲,更是指自我发展的能力缺乏和主体性的缺失。经济合作和发展组织将贫困理解为多维度的人类能力缺失:"经济能力"(收入、生活状况、体面的工作)、"人类能力"(健康、教育)、"政治能力"(赋权、权利、话语权)、"社会文化能力"(地位、尊严)和"保护能力"(不安全、风险、脆弱性)。而"发展能力总是被认为是最具决定性的事项。在多数极贫国家,如果没有足够的国家能力,即使持续增加资金注入,其发展的努力也是不可能取得成功的"。能力的法律表达即是权能与资格,包括权利能力与行为能力。贫困不仅意味着在实质和规范上主体没有权利能力——因为减贫只是一种恩赐而非权利义务上的安排,而且还表明行为能力无法被激活和释放——即使是一个拥有健全身心的法律主体也无法凭借自身行为超越贫困陷阱。可见,无论是经济贫困还是能力贫困抑或其他,它最终是对人的资格这一重要的权利要素的剥夺。传统的减贫理论模型一直没有把免于贫困当作贫困者的资格来看待,其结果是极端贫困的人口对统治他们的政客和官僚既无公害处又无好处,统治者鲜有动机去关心他们的利益。因此,减贫只有以赋权为基础,构建基于发展资格共享和机会均等的减贫新思路,才有可能切实有效缓解全球贫困问题。

5. 正当

人权是一种尊重人的价值尊严的正当性要求,体现了对正当利益的保护。人的尊严构成国际社会的底线性道德共识,得到诸如《联合国宪章》《世界人权宣言》等最重要的国际法律文件的确认。对人的尊严与物质需要和分配正义之间关系的思考,能够深化对尊严的认识。无可否认,一个被剥夺相应的生存方式或工作机会的赤贫者,正遭受着人格尊严和内在价值的侮辱。免于贫困的发展权利通过激活贫困者的发展潜能、提升其发展能力,使每个人都可以有效参与、促进并享受物质和文化的发展,来获得维系体面生活所需资料,实现全球分配正义,从而捍卫人的尊严与正当利益。贫困正是以严重破坏全球分配正义为手段而对人的最起码的价值尊严的否定,而要还原贫困者的人之本性,就必须对制约贫困的关系格局进行利益配置上的否定之否定,认定反贫困的权利定向的合法性。可见,应然法与实定法对待贫困者权利的立场在正当性上正在迈向原则重叠与精神同构境界,改变造成全球贫困的国际秩序,实现全人类共享体面生活的免于贫困的发展权利由此成为一种具有规范与德性之双重合法性的基本人权。

三、中国免于贫困的发展权利实践成就

党的十八大以来,随着精准扶贫、精准脱贫政策的实施,我国的扶贫开发工作迎来了新的历史发展阶段,中国免于贫困的发展权利实践成就卓著。党的十八大报告所提出"人权得到切实尊重和保障"的原则和精神也深入贯彻落实到精准扶贫、精准脱贫工作的方方面面。贫困地区人民的生活水平与幸福指数得到极大的改善与提高,人民的各项权利越来越得到切实的尊重和保障。可以说,人权保障已经成为这一时期我国扶贫开发工作的思想主旨,而扶贫开发工作也已经成为我国人权事业发展的重要组成部分。

第一,生存权和发展权保障基本解决。正如1991年《中国的人权状况》所指出,对于一个国家和民族来说,人权首先是人民的生存权。没有生存权,其他一切人权均无从谈起。对于贫困地区的人民而言,更是如此,不解决生存权与发展权问题,其他一切都没有意义。因此,党和政府始终以人民的生存权和发展权的保障为扶贫开发工作的基本立足点,致力于人民温饱问题的解决,保障人民的基本住房、用水、食品安全、医疗健康和出行便利等方面。目前,贫困人口大幅减少,预计到2020年现行标准下的农村贫困人口全部脱贫,人民的温饱问题将全面实现,这将不仅是我国人权事业发展的巨大进步,更是对世界人权事业的发展做出的巨大贡献。随着贫困地区住房、饮食、交通、通信等条件的逐步改善与健全,贫困地区的人民越来越享受到共建共享发展所带来的更多获得感,同时也将充分实现个人的发展。

第二,工作权保障成效显著。工作权不仅是贫困地区的人民谋生的权利

基础,也是贫困地区的人民免于贫困的发展权利实现的重要依托。任何人都有获得体面工作的权利,贫困地区的人民也不例外。为了实现充分和高质量就业,党和政府采取了一系列措施,促进农村富余劳动力转移就业和外出务工人员返乡创业,对就业困难人员实行实名制动态管理和分类帮扶,支持贫困地区建设县乡基层劳动就业和社会保障服务平台,推行劳动者终身职业技能培训制度等政策措施。预计到2020年,基本消除劳动者无技能从业现象。贫困地区的人民工作权的有效保障,不仅使得贫困地区增加了物质财富的积累,促进贫困地区经济社会的发展,同时也提高了贫困地区的人民自身的社会地位。

第三,受教育权保障措施充分。"再苦不能苦孩子,再穷不能穷教育。"受教育权是贫困地区的人民免于贫困、增长才干、武装自己的利器。通过受教育权的行使,贫困地区人民不仅可以改善自己的知识储备、人生态度,而且也可以不断提高自身参与社会、改造社会的能力,实现自身的社会价值。党和政府高度重视贫困地区的教育,通过改善贫困地区的办学条件、普通高校家庭经济困难学生资助政策体系等措施,不断推进对贫困地区的人民的受教育权的保障。根据《国家教育事业发展第十三个五年规划》,中西部贫困地区的义务教育、普及教育、职业教育将得到进一步的加强与发展,预计到2020年,劳动年龄人口平均受教育年限达到10.8年。贫困地区的人民的受教育权保障,是一项功在当代、利在长远的伟大事业,在扶贫开发工作中具有极其重要的价值。

第四,社会保障权稳步推进。贫困地区的人民可以有尊严地要求国家和社会保障其基本生活,这既是免于贫困的发展权利的应有内涵,也是我们社会主义制度优越性的一大特点,我国宪法第十四条第四款明确规定:"国家建立健全同经济发展水平相适应的社会保障制度。"目前,我国基本医疗保险制度覆盖全民,参保率95%以上,失业保险、工伤保险和生育保险的覆盖面不断扩大,社会救助水平逐步提高,这在基本面上有利于促进贫困地区的人民的社会保障权的实现。同时,党和政府采取统筹推进城乡社会救助体系建设、健全特困人员救助供养制度等措施,将所有符合低保条件的贫困家庭纳入低保范围,提升特困人员救助供养水平。社会保障权对于贫困地区人民具有重要意义,对于陷入经济窘境的贫困地区的人民而言,如果不及时解决目前的燃眉之急,不可能实现诸如工作权、受教育权等权利。

此外,党和政府对贫困地区人民的文化权利、政治参与权等权利也加大了保护力度,对促进贫困地区人民的免于贫困的发展权利的实现以及贫困地区人民参与政治生活的热情发挥了积极作用。

第四节 发展权与共同富裕

一、共同富裕是社会主义的本质要求

"社会主义不是少数人富起来、大多数人穷,不是那个样子。社会主义最大的优越性就是共同富裕,这是体现社会主义本质的一个东西。"①要充分体现社会主义的优势,就必须实现共同富裕,否则就不是社会主义。社会主义所追求的共同富裕内涵丰富。从根本上讲,社会主义的共同富裕是以物质的共同富裕为经济基础,这是共同富裕的最重要的内容。离开物质的共同富裕这个基础,谈论共同富裕是片面的,也是不切实际的,是对社会主义的背离。当然,仅有或只关注物质生活的共同富裕,这种富裕也是与社会主义相背离的。高度的物质文明和高度的精神文明,既是科学社会主义关于共同富裕的应有内涵,也是中国特色社会主义共同富裕的主要内容。共同富裕涉及"五位一体"的方方面面,涉及社会生活的各个领域,绝不只是一个物质上的富裕问题,而是一个包含物质生活在内的、体现社会成员各方面生活富裕在内的高度统摄的概念。也只有具有这种内涵的共同富裕才称得上是社会主义的本质要求。同时,也要清醒地意识到,共同富裕的实现是一个客观的物质与精神不断积累与演进的历史过程,要允许一部分人、一部分地区通过诚实劳动和合法经营先富起来,然后帮助、带动和引领更多乃至全国各族人民共同富裕起来。一部分人先富与共同富裕是手段与目的的关系。允许和鼓励一部分人先富起来,是实现全国各族人民共同富裕的手段。共同富裕的实现是一个动态的、不断调整的过程,是一个从贫穷到富裕再到高层次富裕的过程富裕。共同富裕表明,我们既不能离开共同富裕讲发展生产力,离开了就会导致两极分化;也不

---

① 《邓小平文选》第三卷,人民出版社 1993 年版,第 364 页。

能离开发展生产力讲共同富裕，离开了就会导致共同贫困。共同富裕的实现前提是解放和发展生产力，为实现共同富裕创造雄厚的物质基础；坚持社会主义，防止两极分化，为实现共同富裕提供牢固的政治保障。

共同富裕实际上是现代社会公平正义的必然要求，没有社会的共同富裕，就没有全社会的公平正义。因此，党的十八大报告强调："公平正义是中国特色社会主义的内在要求；要在全体人民共同奋斗、经济社会发展的基础上，加紧建设对保障社会公平正义具有重大作用的制度，逐步建立以权利公平、机会公平、规则公平为主要内容的社会公平保障体系，努力营造公平的社会环境，保证人民平等参与、平等发展权利。"①只有全体人民共同奋斗、平等发展，才能真正彻底实现共同富裕。

二、发展机会均等是发展权的核心要义

从人权的实质来看，在发展权问题上中国强调享有平等的发展机会，全球经济治理应该以平等为基础，确保各国在国际经济合作中权利平等、机会平等、规则平等以及全体社会成员平等参与、平等发展的权利，实现发展权共享、共赢。正如《发展权：中国的理念、实践与贡献》白皮书指出："拥有平等的发展机会，共享发展成果，使每个人都得到全面的发展，实现充分的发展权，是人类社会的理想追求。"②发展权作为发展机会均等的权利，这一原则与精神在《发展权利宣言》有十分明确的规定，即其序言所规定的"确认发展权利是一项不可剥夺的人权，发展机会均等是国家和组成国家的个人一项特有权利"。从发展权在国际社会产生来看，它主要是发展中国家应当享有的"发展机会均等"的一种特有权利；同时，它也是一国内某些弱势群体应当享有的"发展机会均等"的特有权利。从发展机会的视角而言，发展权实质上是一种平等权，其内容是"发展"，是发展上的平等权。所以，发展权在整个人权体系中属于"平等权"范畴，平等性彰显了发展权各个主体之间在发展问题上的内在联系与价值追求，即各个人权主体具有同等发展的权利，在发展问题上一律平

---

① 《十八大以来重要文献选编》，中央文献出版社 2014 年版，第 552 页。
② 中华人民共和国国务院新闻办公室：《发展权：中国的理念、实践与贡献》，人民出版社2016 年版，第 3 页。

等。就此而言,发展权与民族平等权、性别平等权具有相同的性质,其区别在于它的内容是在经济、政治、文化、社会、生态文明发展中的成果的平等享有权和参与权以及一些重要权利形式,如区别对待权和发展援助权。无论是广义的发展权还是狭义的发展权,均以发展主体的平等发展为依归。狭义的发展权同民族自决权、和平与安全权、环境权、自由处置天然资源和财富权等一起,属于国际集体人权的范畴,是发展中国家平等发展权。从广义上讲,发展权是指个体的平等发展权尤其指某些弱势群体或不发达地区人民的平等发展权。例如,中国的精准扶贫政策、西部开发战略等政策措施解决大量人口的生存权与发展权问题,是对发展权平等发展内涵的深刻阐释。发展权的平等性在中国的人权保障实践中得到有效的贯彻落实,即 1991 年《中国的人权状况》白皮书所指出中国人权所具有的"广泛性""公平性"与"真实性",在此意义上中国发展权实践与保障上所取得历史成就集中体现了中国人权事业发展所取得的历史成就,是中国人权事业进步的典型标志。

三、发展过程公平是发展权的必要保障

要确保发展过程公平,必须通过法治方式促进和实现发展权。中国已经确立了以法治为主导的发展权保障体系,建立并完善保障发展权的立法、战略、规划、计划、司法救济一体化体系架构,以富有建设性、务实性、高效性和强制性的体制制度、战略构建与政策措施,保障人民发展权的实现。① 发展权的实现是一个历史过程,面临的问题也十分突出,更加平等的参与与更加平等的发展任重道远,只有紧紧依靠法治与政策才能有效克服发展中的问题。这其中,法治在发展权的实现中发挥主导作用。正如《发展权:中国的理念、实践与贡献》白皮书指出,法治在发展权保障中的主导地位主要体现在宪法与法律制度对发展权的确立和保障以及发展权的司法救济上。② 在宪法与法律层面,中国建立了以宪法为核心,以宪法相关法、民法商法等多个法律部门的法

---

① 参见中华人民共和国国务院新闻办公室:《发展权:中国的理念、实践与贡献》,人民出版社 2016 年版,第 9 页。

② 参见中华人民共和国国务院新闻办公室:《发展权:中国的理念、实践与贡献》,人民出版社 2016 年版,第 9、17 页。

律为主干,由法律、行政法规和地方性法规等多个层次的法律规范构成的中国特色社会主义法律体系,为发展权提供了法律保障。宪法序言确立了保障平等发展的根本指导原则,明确了国家的根本任务是推动物质文明、政治文明和精神文明协调发展,把我国建设成为富强、民主、文明的社会主义国家。此外,还制定了一系列专门性的权利保障法律法规,平等保障全体公民,特别是少数民族、妇女、儿童、老年人、残疾人等的发展权利。党的十八大尤其是十八届四中全会以来,不仅我国的法治建设进入全面推进阶段,而且我国的人权事业也进入法治的全面保障阶段。党的十八届四中全会通过的《中共中央关于全面推进依法治国若干重大问题的决定》对全面推进依法治国的人权战略作了全面的部署,在发展问题上明确提出"运用法律手段维护我国主权、安全、发展利益",这也是今后一个较长时期我国发展权法治保障一个总的指导方针。此外,中国通过国家发展战略、总体发展规划以及专项行动保障发展权的实现。党在20世纪80年代初提出了现代化建设"三步走"发展战略目标。从1953年到2001年,每5年制定一个国家发展计划,从2006年起改为规划,对国家经济、文化、社会等各方面作出安排。从2009年至2016年,国家先后实施三个国家人权行动计划。此外,中国通过制定经济、文化、社会和环境等方面的专项行动计划,落实人民的发展权。总体来看,以法治为主导的发展权保障体系已经初步形成。

四、发展结果公平是发展权的根本价值

发展结果公平有赖于实现共享发展和共同富裕的发展目标,推动世界各国共同发展、全人类共同富裕,建设人类命运共同体。中国把自身的发展与世界的发展紧密联系在一起,不仅仅是为了实现中国人民的发展权,也是为了实现世界人民的发展权。为了充分实现共享发展与共同富裕的发展目标,中国积极推动实现共同发展,坚持相互尊重、平等相待、合作共赢、共同发展的原则,把中国的发展同各国的发展结合起来,支持和帮助发展中国家特别是最不发达国家减少贫困、改善民生、改善发展环境,推动建设人类命运共同体。这是因为,在经济全球化的历史背景下,尤其是高科技取得迅猛发展的今天,没有一个国家可以将自身隔离于世界之外而实现其人民的发展权。各个国家之

间、各个地区之间以及各个群体之间在发展之中的相互作用、相互影响以及相互促进超过人类社会的任何时候。而且,废除旧的国际经济秩序,建立新的国际经济秩序也绝非一国或一地区之力可以成就,皆需各国人民共同努力。有鉴于此,中国发展权理论的一个基本理念是只有世界人民得到了发展,中国才能真正实现自身的发展,发展权的实现需要各国人民共同推进。正如《发展权:中国的理念、实践与贡献》白皮书指出,为了推动各国人民共同发展,中国积极捍卫发展权利、参与发展议程、拓宽发展之路、深化发展合作、加大发展援助、提供特别待遇与改善发展环境,为发展权主流化贡献了中国智慧和力量。① 2015 年 9 月,中国国家主席习近平在联合国发展峰会上倡议各国以2030 年可持续发展议程通过为新起点,共同走出一条公平、开放、全面、创新的发展之路,努力实现各国共同发展。2017 年 1 月,习近平主席在联合国日内瓦总部发表题为《共同构建人类命运共同体》的主旨演讲,系统阐述了人类命运共同体理念,提出坚持对话协商,建设一个持久和平的世界;坚持共建共享,建设一个普遍安宁的世界;坚持合作共赢,建设一个共同繁荣的世界;坚持交流互鉴,建设一个开放包容的世界;坚持绿色低碳,建设一个清洁美丽的世界。为了彻底实现发展权的目的,中国将继续与国际社会一道,加强发展合作,促进发展经验互鉴,为进一步提高各国人民发展水平,建设人类命运共同体,作出自己应有的贡献。②

为确保张发展结果公平,应创新发展理念。中国形成了以新发展理念为引领的发展权发展新思路,这为新时代发展权保障指明了新的思路。党的十八届五中全会所提出的新发展理念不仅为新时期发展权的发展提出新的思路,而且也必将对发展权的保障作出新的贡献。正如《发展权:中国的理念、实践与贡献》白皮书指出:"多年来,中国从实际出发,把握时代大势……遵循创新、协调、绿色、开发、共享的发展理念,走出了一条中国特色发展道路,为丰

---

① 参见中华人民共和国国务院新闻办公室:《发展权:中国的理念、实践与贡献》,人民出版社 2016 年版,第 45—50 页。

② 参见《习近平主席在出席世界经济论坛 2017 年年会和访问联合国日内瓦总部时的演讲》,人民出版社 2017 年版。

富和完善发展权理念作出了自己的贡献"①。主要体现在五个方面：（1）发展权创新发展，创新是发展权发展的内在动力，发展权在新的时期要获得发展必须立足于创新，要结合国情对发展权的概念内涵、发展思路、发展主体、发展内容、发展方法、发展道路不断创新，注重实效，推进发展。（2）发展权协调发展，协调是发展权发展的社会内涵：其一，发展权保障水平与基本国情相协调，要注重运用协调的思维、协调的方法处理发展权保障水平与基本国情的关系，使得发展权保障水平与基本国情达到协调的状态；其二，发展权与其他人权保障水平相协调，发展权与其他人权之间保障水平与战略地位的选择要与国家基本国情的发展变化相适应；其三，协调发展权自身的不同内涵、不同方面的发展与不同群体、不同地域人民发展权的发展。（3）发展权绿色发展，绿色是发展权发展的生态内涵，良好的自然环境对于发展权保障具有重要意义，因此发展要注重生态保护，金山银山不如绿水青山，生态遭到破坏将动摇发展权保障的根基。（4）发展权开放发展，开放是发展权发展的国际视野，要将中国人民发展权的实现融入到世界人民的发展权实现当中、参与到世界人民的发展权实现当中，只有在世界的交流与合作当中，才能在发展权问题上形成广泛的共识与追求，才能实现共同发展，推动建设人类命运共同体。（5）发展权共享发展，共享发展与共同富裕是发展权发展的最终目的，只有发展的成果由全体人民逐步渐进的共享，发展才能落到实处，发展权的实现才有价值与意义。

---

① 中华人民共和国国务院新闻办公室：《发展权：中国的理念、实践与贡献》，人民出版社2016年版，第5页。

第五章　理念：以创新、协调、绿色、开放、共享发展权理念引领发展权

　　理念是实践和行动的先导，任何一种人权都是建立在一定的理论基础之上的。从《发展权利宣言》"承认发展是经济、社会、文化和政治的全面进程"到《变革我们的世界：2030 年可持续发展议程》（以下简称《2030 年议程》）强调兼顾可持续发展的三个方面：经济、社会和环境，发展权作为一项重要的基本人权，自产生之日起，其基本理论就经历了不断完善、巩固和深化的过程。我国作为世界上最大的发展中国家，在发展权理念方面也不断推陈出新、与时俱进，逐渐走出了一条中国特色社会主义的现代化发展之路，先后提出了"四个全面"战略布局、"科学发展观"、新发展理念等促进发展权充分实现的发展理念，对保持中国经济平稳较快发展和社会和谐稳定提供了更加科学的指导理念和实践指南。新发展理念又称发展权新理念，在党的十八届五中全会上首次提出，主要内容是："破解发展难题，厚植发展优势，必须牢固树立创新、协调、绿色、开放、共享的发展理念。"①在中国共产党第十九次全国代表大会上，习近平总书记在大会报告中多次强调新发展理念的重要性："坚持新发展理念。发展是解决我国一切问题的基础和关键，发展必须是科学发展，必须坚定不移贯彻创新、协调、绿色、开放、共享的发展理念。"②指出"坚持新发展理念"是新时代坚持和发展中国特色社会主义的基本方略之一。新发展理念有其独特的内涵，与发展权存在紧密的联系，分别聚焦发展动力问题、发展不平

---

① 《十八大以来重要文献选编》（中），中央文献出版社 2016 年版，第 792 页。
② 习近平：《决胜全面建成小康社会　夺取新时代中国特色社会主义伟大胜利——在中国共产党第十九次全国代表大会上的报告》，人民出版社 2017 年版，第 21 页。

衡问题、人与自然关系和谐问题、发展内外联动问题、社会公平正义问题。这是中国共产党有史以来第一次将新发展理念作为一个整体写入全会文件，是立足于中国从高速发展时期逐渐过渡到进入经济发展"新常态"的基本国情，明确回答了中国如何在经济发展"新常态"下实现发展权问题，也在全世界范围内对充实人权的内涵，促进人的全面发展作出了重要的理论和实践贡献，也为广大发展中国家更好地实现发展权提供了可供借鉴的模式。

第一节　新发展理念与发展权的内在联系

发展与发展权分属不同的概念范畴，但具有密不可分的联系。作为哲学概念的发展着眼于包括人的发展在内的世界万物的进化与提升；而作为人权概念的发展权着眼于全人类及其集体的国家和民族的全面提升与发展，二者在人的发展层面具有一致性。发展理念是实现全面发展的指导思想和行动先导，作为发展权基本内容的发展，由于不同社会时期发展方式和侧重点的差异，其理念也处于不断发展变化的过程中。党的十八届四中全会提出的新发展理念强调统筹推进我国经济、政治、文化、社会、生态文明建设和党的建设，涉及经济社会发展的各个方面，是关系我国发展全局的一场深刻变革，对丰富人权的基本内涵、保障人权的充分实现发挥着重要的理论指导作用。发展权作为一项不可剥夺的重要人权，聚焦作为发展主体的人的全面发展，强调人作为发展权的主体，应是发展权的参与者和受益者目的在于所有人权和基本自由都能获得充分实现。发展权的内容是发展，其内涵是包括政治、经济、文化、社会、生态等在内的全方位、多层次的发展，《发展权利宣言》也明确承认，"发展是经济、社会、文化和政治的全面进程，其目的是在全体人民和所有个人积极、自由和有意义地参与发展及其带来的利益的公平分配的基础上，不断改善全体人民和所有个人的福利。"因此，新发展理念的基本内涵属于发展权的应有之义，与发展权具有紧密、不可分割的内在联系，对于丰富发展权的内涵，完善发展权的实践具有重要的理论和实践价值。

一、创新是实现发展权的首要动力

创新是一个国家和民族历史进步的灵魂,是时代发展的动力和源泉。[①]经济发展长久以来是实现发展权的重要方面。世界各国在不同历史时期采取的经济发展方式有所不同,处于发展"新常态"环境下的我国将创新作为推动经济发展,实现发展权的首要方式。十八届五中全会将创新作为新发展理念之首,强调"创新是引领发展的第一动力""把创新摆在国家发展全局的核心位置",这是我们党历史上第一次将创新作为执政理念的重要方面,体现了党对人类历史发展规律的认识和把握。创新发展理念是在深刻总结我国经济社会发展的现状和规律,认识当今世界历史发展趋势的基础上提出的,指明了我国经济社会发展的方向和目标,抓住了提高我国国际竞争力、增强人民福祉的核心和关键。对于推动社会变革,促进可持续发展,充分实现发展权具有重要的意义。

从经济发展的规律来看,创新是提升一个国家和民族竞争力的关键,是当今社会发展的趋势和潮流。"纵观人类发展历史,创新始终是一个国家、一个民族发展的重要力量,也始终是推动人类社会进步的重要力量。"[②]首先,从人类历史发展的进程看,人类社会每一次重要的进步与变革都与创新发展紧密相关。中国的四大发明、英国的工业革命等,直接改变了人们的生产和生活方式,推动了世界文明的进步。可以说,人类认识和改造世界的过程,也是一个不断探索、不断创新的过程。"整个人类的历史其实就是一部创新史。"[③]其次,从世界范围内来看,现今走在世界前列的发达国家和地区大都依靠科技创新、文化创新等推动经济社会发展,日益呈现发达国家主导全球创新进程的局面。尤其在进入 21 世纪以来,在经济全球化的背景下,创新发展也趋于全球化和多极化,全球经济增长对创新的依赖程度也大幅提高。创新日益成为引

[①]　参见中共中央文献研究室编:《习近平关于科技创新论述摘编》,中央文献出版社 2016 年版,第 38 页。

[②]　《习近平谈治国理政》第二卷,外文出版社 2017 年版,第 267 页,http://news.sina.com.cn/c/nd/2016-05-30/doc-ifxsqxxs7936804.shtml,访问日期:2017 年 8 月 2 日。

[③]　冯庆:《人类历史其实就是一部创新史》,《深圳特区报》,http://sztqb.sznews.com/html/2008-10/13/content_368102.htm,访问日期:2017 年 8 月 1 日。

领全球经济社会发展的第一动力。① 目前，新一轮科技革命和产业变革蓄势待发，信息科技、生物科技、新材料技术、新能源技术广泛渗透。世界大国都在积极强化创新部署，如美国先后提出并着手实施"再工业化战略"和"先进制造伙伴战略"，德国提出率先提出了"工业4.0战略"，即"智能化+网络化"，该战略是迄今为止继机械化（"工业1.0"）、电气化（"工业2.0"）、和信息技术（"工业3.0"）等三次工业革命之后，以智能制造为主导的第四次工业革命。② 作为德国的国家战略，"工业4.0战略"也引起了世界各国的广泛关注。创新不仅是我国，也成为其他国家和地区推动经济发展，提升核心竞争力，实现发展权的首要动力。

从我国经济发展的阶段性特征来看，目前我国经济正面临从高速发展期逐渐向中高速发展期转变，经济发展逐渐步入"新常态"，既充满重要机遇又面临严峻挑战。其主要特点是：在经济增长速度上，从高速增长转为中高速增长；在经济结构上，从破坏性的粗放型发展不断向以提高生产率、创新驱动为内容的可持续、包容性发展，第三产业、消费需求成为主体，城乡差距逐渐缩小，发展成果惠及更广民众；在发展动力上，从要素、投资驱动转向创新驱动。这是由我国历史和现实状况决定的，作为世界上最大的发展中国家，我国的GDP总量仅次于美国，但人均GDP却远远落后于发达国家。究其原因，我国的经济发展长期以来主要依靠物质要素推动，通过消耗物质资源、环境资源和廉价劳动力吸引外资，依靠外生力量推动经济发展。在产业结构上仍然主要从事低端农业以及高投入、低产出的制造业，第三产业比例仍然不足，导致目前出现资源消耗大、环境污染严重等一系列问题。面对日益激烈的国际竞争和相对严峻的国内形势，面对我国"两个一百年"的奋斗目标，要改变这一现状，就必须将创新发展作为实现发展的关键和核心。历史上我国创新发展方面硕果累累，对世界作出了重要贡献，但由于历史和自身的原因，近代以来，我国创新发展进程缓慢，逐渐落后于发达国家，如今我国正处于发展的重要战略

---

① 参见任理轩：《坚持创新发展——"新发展理念"解读之一》，《人民日报》2015年12月18日。

② 参见洪银兴主编：《创新发展》，江苏人民出版社2016年版，第7页。

机遇期,推动我国的创新发展,建设创新型国家不能仅仅停留在追赶其他国家的阶段,而应与世界创新发展同步甚至领先世界。

创新是实现发展权的首要动力,是建设创新型国家的关键。党的十八届五中全会提出:"创新是引领发展的第一动力,必须把创新摆在国家发展全局的核心位置,不断推进理论创新、制度创新、科技创新、文化创新等各方面创新,让创新贯穿党和国家一切工作,让创新在全社会蔚然成风。"①全会指出了创新发展的主要内容,即包括理论创新、制度创新、科技创新和文化创新等在内的全方位的发展,这四个方面的创新相互统一,相辅相成,既是一个有机整体,同时又各自发挥着独特的作用。第一,理论创新是发展的先导。理论是实践的指导,创新发展不是凭空产生的,需要理论的牵引和指导。我国不同的历史发展时期呈现不同的特点,只有不断地对理论进行创新,才能适应不同阶段经济社会发展的特点,改变因循守旧的状态,适应发展变化的新形势。邓小平提出解放思想,实事求是。解放思想的过程实质上就是理论创新的过程。没有理论创新和思想解放,就不可能实现创新发展。② 实践证明,中国特色社会主义理论体系的创新为我国的创新发展提供正确的指导,注入新的活力。第二,制度创新是发展的基础。创新发展以制度为基础,以制度为依托。我国的创新发展建立在社会主义制度的基础之上,习近平总书记指出,我国社会主义制度的优越性在于能够集中力量办大事,得益于我国社会主义基本的政治制度、经济制度和不断健全、完善的中国特色社会主义法律体系,我国的政治、经济、社会等各方面才得以平稳运行。第三,科技创新是发展的核心。创新发展是新发展理念的核心,而科技创新是创新理念的核心。早在 1988 年,邓小平同志就提出了"科学技术是第一生产力"的重要论断,不仅是对马克思主义理论的完善和发展,也是应对我国当前进行社会主义现代化建设的科学指导思想。纵观人类发展和世界文明发展的历史,从农业革命到三次工业革命,再到当前的信息技术革命,每一次的科技创新都给人类发展带来深刻变革,对人类社会的生产和生活产生重大影响。③ 在国际竞争日益激烈的今天,科学技术

---

① 《十八大以来重要文献选编》(中),中央文献出版社 2016 年版,第 792 页。
② 参见辛向阳:《创新发展的四大维度》,载《当代世界与社会主义》2016 年第 2 期。
③ 参见洪银兴主编:《创新发展》,江苏人民出版社 2016 年版,第 79 页。

越来越成为各国和地区推动经济发展和增强国际竞争力的决定性因素。第四,文化创新是发展的保障。文化创新为理论创新、制度创新和科技创新营造良好的氛围,创造一个鼓励、支持和保护创新的文化环境,为创新行为提供肥沃的土壤。文化的创新是对人类思想的解放,在更大程度上发扬人的个性,肯定人的主观能动性和创造性。人类历史上具有重要创新的时代同时也是文化创新繁荣昌盛的时代,欧洲的文艺复兴对自然科学产生了极为重要的影响,推动了以哥白尼、伽利略、开普勒等科学家为代表的一大批科学家的产生。实践证明,越是思想解放、文化创新的时代,人的创新潜能越是能得到更大程度的发挥,创新发展也就越具有活力和持续性。

二、协调是实现发展权的内在要求

发展是一个多维度的过程,是"整体的""综合的"和"内生的"①,包括"经济增长、政治民主、社会转型、文化变迁、生态平衡"等多个方面。②《发展权利宣言》开宗明义地指出:"发展是经济、社会、文化和政治的全面进程。"正是由于发展是一个涵盖多领域、多层次复杂内容的整体,因而在发展过程中容易顾此失彼,导致发展过程失衡,发展过程的失衡会导致发展结果的不平衡,最终导致结果的不公正。因此,确定一个科学的发展理念,确保发展的均衡性至关重要。协调发展理念,是在总结国内外有关发展权理论和实践的基础上,结合我国发展实践确立的科学的发展理念提出的,指"增强发展协调性,必须坚持区域协同、城乡一体、物质文明精神文明并重、经济建设国防建设融合,在协调发展中拓宽发展空间,在加强薄弱领域中增强发展后劲。"③

协调发展理念不仅是对科学发展观的继承和发展,也是对西方平等理论、依附理论等发展理论的创新和突破,还是对《发展权利宣言》的补充和细化,《发展权利宣言》第6条第2、3款规定:"所有人权和基本自由都是不可分割和相互依存的;对实施、增进和保护公民、政治、经济、社会和文化权利应予以同等重视和紧急考虑。各国应采取步骤以扫除由于不遵守公民和政治权利以

---

① [法]佛朗索瓦·佩鲁:《新发展观》,张宁、丰子义译,华夏出版社1987年版,第2页。
② 参见蒋伏心主编:《协调发展》,江苏人民出版社2016年版,第2页。
③ 《十八大以来重要文献选编》(中),中央文献出版社2016年版,第800页。

及经济、社会和文化权利而产生的阻碍发展的障碍。"该条仅对发展权利的保护进行了原则性的规定,我国的协调发展理念在此基础上明确提出了实现均衡发展权的任务和要求。此外,协调发展理念也是对《2030年可持续发展议程》的完善和发展,《2030年可持续发展议程》在序言中提出,"这些目标寻求巩固发展千年发展目标,完成千年发展目标尚未完成的事业。它们要让所有人享有人权,实现性别平等,增强所有妇女和女童的权能。它们是整体的,不可分割的,并兼顾了可持续发展的三个方面:经济、社会和环境。"《议程》强调发展权的整体性,但仅涉及可持续发展的经济、社会和环境三方面,协调发展理念则强调兼顾政治、经济、文化、社会、生态等全方位的发展,更具有前瞻性和全面性,可以称之为一种"全面协调论"①。协调发展理念作为发展权实现的内在要求,主要体现在以下几个方面:

(一)协调发展理念在世界范围内具有深厚的思想根源

首先,协调发展理念在我国源远流长,其思想根源可以追溯到我国古代儒家和道家的思想。儒家的中庸思想不仅是对个人修养和自我完善的要求,同时也是对治国之道、治理之术的见解。中庸之道讲求"致中和,天地位焉,万物育焉",提倡将万物调节到和谐统一、协调平衡的状态。② 老子《道德经》提出"知和曰常",强调和谐的重要性。此外,董仲舒"天人合一"的主张、古代有关阴阳的学说中都蕴含着协调平衡以达到和谐的状态的理念。中国共产党在进行党的建设过程中,也形成了有关协调发展理念的思想,且不断与时俱进,开拓创新。毛泽东同志在其代表作《论十大关系》中强调"调动一切积极因素,为社会主义事业服务。"③邓小平同志认为,社会主义建设要以经济建设为中心,经济、政治、文化协调发展。江泽民同志在《正确处理社会主义现代化

---

① 汪习根:《中国发展权话语体系构建——纪念联合国〈发展权利宣言〉通过30周年》,载《发展、人权与法治研究——新发展理念与中国发展权保障暨联合国〈发展权利宣言〉通过三十周年纪念》,武汉大学出版社2017年版,第24页。

② 参见胡鞍钢、鄢一龙等:《中国新理念:五大发展》,浙江人民出版社2016年版,第41—42页。

③ 十大关系包括:重工业与轻工业和农业、沿海工业和内地工业、经济建设和国防建设、国家与生产单位和生产者个人、中央和地方、汉族和少数民族、党和非党、革命和反革命、是非、中国和外国的关系等。(参见《毛泽东文集》第七卷,人民出版社1999年版,第23—44页。)

建设中的若干重大关系》中提出 12 项重大关系的处理问题。① 胡锦涛同志在党的十六大后提出了以人为本、全面协调可持续的科学发展观思想，明确提出了"统筹城乡发展、统筹区域发展、统筹经济社会发展、统筹人与自然和谐发展、统筹国内发展和对外开放"，科学发展观深刻认识了我国社会经济发展的客观规律，对协调发展理念的形成具有重要意义。党的十八大后，党中央提出了"五位一体"总体布局、"四个全面"战略布局，不断完善和发展了协调发展理念的内涵和要求。

其次，协调发展理念也吸收了西方政治经济学理论的精华。法国学者佩鲁在其《新发展观》一书中提出发展的整体性综合性和内生性的"多维发展观"、阿尔弗·马歇尔提出均衡价值论、瓦尔拉斯提出一般均衡理论等，形成了协调发展理念的理论基础。② 在西方的政治经济学理论中，我国的协调发展理念主要来源于马克思主义唯物辩证法思想和系统论思想。唯物辩证法的核心观点包括：万物普遍联系，即事物是普遍联系的，事物以及构成事物的各要素之间相互影响、相互制约，构成相互联系、相互统一的整体。矛盾是普遍存在的，要用对立统一的观点看问题，坚持"两点论"和"重点论"的统一。马克思主义系统论认为任何系统都是一个有机的整体，系统论的基本方法是把所研究和处理的对象当作一个系统，用优化系统观点看问题。上述马克思主义关于唯物辩证法的思想和系统论的观点是我国协调发展理念的重要思想来源。

（二）协调发展理念是应对当前发展权实现困境的必要手段

矛盾是普遍存在的，发展是一个整体，发展过程中往往伴随着矛盾和问题的产生。"在发展格局经常会出现失衡现象，使地区间、产业间、部门间形成

---

① 十二大关系包括：改革、发展、稳定的关系，速度、效益的关系，经济建设和人口、资源、环境的关系，第一、二、三产业的关系，东部地区和中西部地区的关系，市场机制和宏观调控的关系，公有制经济和其他经济成分的关系，收入分配中国家、企业和个人的关系，扩大对外开放和自力更生的关系，中央和地方的关系，国防建设和经济建设的关系，物质文明和精神文明建设的关系等。（参见江泽民：《正确处理社会主义现代化建设中的若干重大关系》，《江泽民文选》第一卷，人民出版社 2006 年版，第 460—475 页。）

② 参见蒋伏心主编：《协调发展》，江苏人民出版社 2016 年版，第 20 页。

巨大的发展差距,导致发展权实际享有的不均衡。"①发展不平衡、不协调、不可持续是成为世界各国在发展权实现过程中的瓶颈和面临的共同问题。《2030 年可持续发展议程》鲜明地指出:"贫困、性别不平等、失业、全球性疾病威胁、自然灾害、不断升级的冲突、暴力极端主义、恐怖主义和有关的人道主义危机以及被迫流离失所等"是我们所处的当今世界所面临的主要问题,从本质上讲,这些问题的出现是发展不平衡、不协调的结果。我国作为世界上人口最多和土地面积第三大国家,同时作为全球第二大经济体,在发展权实现的过程中与其他国家一样面临贫富差距悬殊、城乡发展不协调、区域发展失衡、城镇化水平不高、环境污染严重、产业结构不合理、违法犯罪数量增加、中等收入陷阱等问题,某些问题和矛盾在当前表现得尤为尖锐,人民生活幸福感低,个人的全面发展难以真正实现,发展权的实现面临困境。在此情况下,联合国提出了统筹经济、社会和环境的可持续发展目标,即千年发展目标,对指引发展权的实现具有重要的意义。我国作为最大的发展中国家,在应对全球面临的发展权困境以及我国现阶段出现的发展问题,审时度势地提出协调发展理念,不仅明确提出了协调发展的目标,还明确了实现协调发展的具体任务,协调发展理念的目标和任务不仅对顺利实现"两个一百年"的发展目标和伟大复兴的中国梦具有重要的指引意义,而且对世界各国应对发展权实现的共同困境提供了良好的范式。

三、绿色是永续发展权的必要条件

人与自然和谐问题长期以来是经济社会发展所面临和关注的重要问题,作为发展权主体的人的发展依赖自然资源的供给,但由于资源的有限性和人认识的局限性,发展往往面临资源减少、环境破坏等问题,导致发展的不可持续。党的十八届五中全会鲜明地提出绿色发展理念,着眼于人与自然和谐共生问题,强调"坚持节约资源和保护环境的基本国策",不仅强调良好的生态

---

① 常健:《新发展理念对发展权理解的丰富和深化》,载《发展、人权与法治研究——新发展理念与中国发展权保障暨联合国〈发展权利宣言〉通过三十周年纪念》,武汉大学出版社 2017 年版,第 151 页。

环境，可持续地利用自然资源，还强调创新资源利用方式，协调发展过程中的各种关系，强调在保护环境、节约资源，实现发展的可持续方面加强国际合作，也强调绿色发展的成果由全人类共享。可以说，绿色发展是在科学发展观基础上对可持续发展理念的超越。色发展不仅是一项发展理念，也是实现发展权的一种科学的方法论。

（一）绿色发展理念具有深厚的思想脉络和理论基础

绿色发展理念在我国源远流长，具有深厚的思想脉络。我国古代先哲很早就关注人与自然和谐共生问题。具有代表性的是儒家和道家思想，儒家思想强调仁者爱人，应当善待天地万物，尊重自然规律。董仲舒提出"天人合一"的思想，认为"天人之际，合二为一"，强调人与自然和谐统一，将人与自然的关系进一步明确。道家思想的代表人物老子提出"人法地，地法天，天法道，道法自然"，即人遵循地的法则，地遵循天的法则，天遵循道的法则，道遵循自然的法则，万事万物的运行法则都要遵守自然规律。庄子推崇无为而治，希望达到"天地与我并生，万物与我为一"的状态。绿色发展理念除了来源于我国古代的思想文化传统，还继承和发展了生态马克思主义。工业革命给人类创造巨大财富，推动人类文明进程的同时也给人类社会发展带来了重大危机，马克思主义生态危机理论认为资本主义在科学技术进步的基础上，通过牺牲生态环境来保持经济的增长，导致了人类与自然之间出现了不可调和的矛盾。[1] 因此，马克思主义生态理论提出"人与自然界是共生共荣的有机整体，保持人与自然的和谐共处，是人类社会存在与发展不可缺少的重要条件。"[2] 同时，马克思主义还提出人的能动性和受动性相统一的规律论，即人具有通过劳动创造和改变世界的能动性，但这种能动性又受到自然条件、社会条件以及人自身条件的制约，[3]这是社会发展的客观规律。马克思主义的这一理论对于理解绿色发展理念的内涵和实现绿色发展的方法论具有重要的意义。一方

---

① 参见郝栋：《绿色发展道路的哲学探析》，博士学位论文，中共中央党校，2012 年，第41 页。

② 刘德海主编：《绿色发展》，江苏人民出版社 2016 年版，第41—42 页。

③ 参见方世南：《论绿色发展理念对马克思主义发展观的继承和发展》，《思想理论研究》2016 年第 5 期。

面实现绿色发展需要充分发挥人的能动性,另一方面要尊重自然规律,对环境资源的利用不超过必要的限度。

(二)绿色发展理念是发展权内涵的重要方面

绿色发展理念作为我国一项重要的国家战略,体现了发展权内涵的重要方面。首先,发展权自提出以来,其内涵不断扩大。国际社会对于发展的含义从最初主要局限于片面强调经济发展不断扩大到追求政治、经济、文化、教育、科技、环境等各个方面综合发展的全面发展观念的转变。发展权是一项综合性人权,其项下的子权利包括政治发展权、经济发展权、文化发展权、社会发展权和环境发展权等。[1] 可见,环境发展是发展权内容的重要方面。绿色发展理念主要关注人与自然和谐共生问题,其内涵十分丰富,包括绿色环境、绿色经济、绿色生活、绿色民生、绿色文化和绿色评价等多个方面,[2]营造绿色的生态环境是绿色发展理念的重要方面,同发展权内涵相一致。其次,发展权与绿色发展理念同样关注可持续发展。1987 年,联合国世界与环境发展委员会在其发布的《我们共同的未来》中首次提出了"可持续发展"的概念,将其定义为"既满足当代人的需要,又不对后代人满足其需要的能力构成危害的发展。"20 世纪 90 年代,世界各国开始接受可持续发展观,可持续发展观强调发展是经济、社会、环境的协调发展。[3] 良好的生态环境是实现可持续发展的必要条件,《2030 年可持续发展议程》也强调环境是可持续发展所关注的三大主要问题之一,其宣布的 17 个可持续发展目标中,有 4 项目标与生态环境直接相关。绿色发展理念是对《2030 年可持续发展议程》的回应和补充,绿色发展理念同样以实现可持续发展为目标,其内涵不仅包括在经济、社会和环境中,还包括在政治、文化等领域全方位实现"绿色"和可持续发展,范围更广泛,且绿色发展理念也提出了一系列具体的措施,可操作性强,对实现发展权的可持续性具有重要的理论价值和实践意义。

---

[1] 参见龚微:《发展权视角下的气候变化国际法研究》,法律出版社 2013 年版,第 27—29 页。

[2] 参见刘德海主编:《绿色发展》,江苏人民出版社 2016 年版,第 81 页。

[3] 参见张晓玲主编:《人权理论基本问题》,中共中央党校出版社 2006 年版,第 189 页。

（三）绿色发展理念是解决全球可持续发展问题的必然选择

随着社会经济的发展，生态环境问题日益成为超越国家、地区、民族、社会政治、经济制度、文化和意识形态的具有普遍意义的全球性问题。[①]《2030年可持续发展议程》指出了当今世界由于自然资源枯竭和环境退化产生的不利影响，目前各国面临的主要环境问题包括"包括荒漠化、干旱、土地退化、淡水资源缺乏和生物多样性丧失。"《2030年可持续发展议程》特别强调气候变化是当今时代的最大挑战之一，其不利影响削弱了各国实现可持续发展的能力。资源短缺、环境污染、生态破坏、气候恶化等问题引发了全球性疾病威胁、极端贫困、武装冲突等一系列不利后果。20世纪30—70年代甚至发生了震惊世界的"八大公害事件"，给人类留下了惨痛的教训。[②] 根据马克思主义唯物辩证法的观点，矛盾具有普遍性和特殊性，世界各国在面临相同环境问题的同时，每个国家在寻求可持续发展过程中还面临着具体的挑战。意识到全球生态危机后，各国开始不断反思和采取补救措施，纷纷制定各国自己的可持续发展战略。如美国、韩国等实施了"绿色新政"，欧盟提出了"绿色经济计划"，根据本国和本地区面临的主要环境问题实施相应的政策。作为世界第二大经济体，改革开放以来，我国经济增长的速度举世瞩目，但同时也为"中国速度"付出了巨大的环境代价。我国曾长期采取"先污染、后治理"的发展老路，给生态环境造成了不可挽回的损失。在此背景下，我国先后提出了以全面、协调可持续为核心要义的"科学发展观"、包括生态文明建设在内的"五位一体"总体布局以及包括"绿色发展"在内的新发展理念，为应对我国以及全球可持续发展面临的问题指明了方向。尤其是绿色发展理念，聚焦当今世界共同面临的人与自然和谐共生问题，通过完善金融体系、提供清洁能源、创新产业模式、提高建筑、农业、交通、统计、互联网等领域的能源利用效率，[③]将绿色发展理念融入经济、政治、文化、社会、生态建设的各方面和全过程，实现永续发展权的目标。

---

① 参见刘德海主编：《绿色发展》，江苏人民出版社2016年版，第48页。
② 参见刘德海主编：《绿色发展》，江苏人民出版社2016年版，第53—58页。
③ 参见朱启贵：《"绿色+"：中国可持续发展的全新战略思维》，《学术前沿》2016年第2期。

四、开放是实现发展权的必由之路

和平与发展是当今世界的两大主题。和平是实现发展权的前提条件,实现和平需要建立一个稳定、安全的国际环境。发展是发展权的应有之义和根本途径,实现发展需要进行广泛有效的国际合作,开放则是建立和平国际环境、开展国际合作、实现发展权的必然选择和必由之路。《发展权利宣言》开门见山地指出:"进行有效的国际合作是至关重要的。"《宣言》颁布至今,经济全球化和区域一体化趋势愈加明显,国际分工更加细化,无论在国际合作的广度还是深度上都逐渐得到加强,全球生产合作成为趋势。我国作为世界第二大经济体,改革开放的基本国策已实行 40 多年,通过不断更新发展理念与实践,我国越来越深入地融入到经济全球化和区域一体化的浪潮中,实现开放合作、互利共赢。在不断的探索过程中,逐渐形成了具有中国特色的开放发展理论和实践模式。从中共十二大确立以经济建设为中心,坚持改革开放的基本路线到中共十六大提出坚持"引进来"和"走出去"相结合的开放战略,再到党的十八大提出完善互利共赢、多元平衡、安全高效的开放型经济体系,我国的开放发展理论日趋成熟和完善。[①] 党的十八届五中全会在分析现阶段我国基本国情和国际形势的基础上进一步提出开放发展理念,具有更加丰富的内涵和目标,不仅是顺应我国"十三五"规划和实现"两个一百年"奋斗目标的要求,也是实现发展权,应对发展困境的有效举措和必然选择。

首先,开放发展理念是发展权内涵的应有之义。一方面,有关发展权的国际文件旗帜鲜明地指出开展国际合作的必要性,国际合作是开放发展理念的内在要求。《发展权利宣言》第 3 条规定:"实现发展权利需要充分尊重有关各国依照《联合国宪章》建立友好关系与合作的国际法原则。各国有义务在确保发展和消除发展的障碍方面相互合作。"《2030 年可持续发展议程》开宗明义地指出,"所有国家和所有利益攸关方将携手合作,共同执行这一计划。""恢复全球可持续发展伙伴关系的活力"。另一方面,开放发展理念继承和创造性地发展了马克思主义对外开放理论,在结合中国参与经济全球化的经验和具体实际的基础上形成了中国特色社会主义开放发展理论。作为马克思主

---

① 参见张二震主编:《开放发展》,江苏人民出版社 2016 年版,第 44—46 页。

义政治经济学理论的重大创新,开放发展理论提出了一系列国际经济领域内具有普遍性的原理,对理解发展权的内涵和国际经济贸易关系具有重要的理论指导意义。马克思主义对外开放理论主要体现在其关于国际分工等理论的论述中。① 随着商品经济的发展,不可避免地要开展国际合作,我国在先秦时期就已经形成与周边邻国较具规模的国际合作。社会生产力发展到一定阶段时,由于各国和各地区的气候环境、资源类型等差异,国际分工开始出现,分工越细致,联系越紧密,因此世界越来越成为紧密联系的整体。经济贸易发展到今天,开放已是必然选择和根本出路,习近平同志指出:"人类的历史就是在开放中发展的。任何一个民族的发展都不能只靠本民族的力量。只有处于开放交流之中,经常与外界保持经济文化的吐纳关系,才能得到发展,这是历史的规律。"②开放发展理念在马克思主义系统论中也有所体现。根据马克思主义系统论思想,宇宙万物之间存在着无数的关联,它们之间相互依赖、相互作用、相互制约,形成统一的整体。因此,开放是基本的规律和趋势,封闭则是违背规律的状态。此外,从开放发展理念对发展权实现的意义上来讲,"开放发展理念有助于实现发展的交互受益权。"③交互受益权,顾名思义,即互相受益,共同获得发展的成果。开放发展是一个相互促进、共同发展的过程,在这一过程中,通过合作进行优势互补,收益共享,从而实现发展的共赢,这也是发展权实现的目标和任务。

其次,开放发展理念是应对经济全球化、区域一体化发展新问题新要求,解决我国实现发展权所面临现实困境的必然要求。经济全球化和区域一体化发展使世界各国、各地区联系日益紧密,在经济发展方面不同程度地获益。但在发展过程中也出现诸如国际政治局势不稳定、国家间发展不平衡、生态环境破坏、国际合作不深入、国际责任不明确等问题。就我国而言,自改革开放以来,尤其是加入世界贸易组织后,我国在经济全球化和区域一体化的进程中获益良多,经济发展速度大幅提升,对外开放水平逐渐提高,成为世界上第二大

---

① 参见张二震主编:《开放发展》,江苏人民出版社 2016 年版,第 25—26 页。

② 习近平:《摆脱贫困》,福建人民出版社 1992 年版,第 81 页。

③ 汪习根:《新发展理念与中国人权保障——纪念联合国〈发展权利宣言〉通过三十周年理论研讨会综述》,《人权》2016 年第 4 期。

经济体,GDP 居世界第二位,国际地位也得到极大提高,取得了举世瞩目的成就。但发展过程中也暴露出很多问题,如对外开放质量有待提高,开放的领域不够广泛,开放层次不够深入,经济发展模式不够多元、国内市场和国际市场发展不协调等经济问题,对外开放的同时还产生了环境污染、城乡差距悬殊、地域发展不平衡等社会和环境问题。党的十八届五中全会提出的开放发展理念为解决这些难题提供了有效的解决路径和方法。开放发展理念的基本思想是"坚持对外开放基本国策,要善于统筹国内国际两个大局,利用好国际国内两个市场、两种资源。要顺应我国经济深度融入世界经济的趋势,发展更高层次的开放型经济,积极参与全球经济治理,促进国际经济秩序朝着平等公正、合作共赢的方向发展。同时,我们要坚决维护我国发展利益,积极防范各种风险,确保国家经济安全。"[①]开放发展理念主张坚持双向开放,统筹国际和国内两个大局不可偏废,对于解决我国城乡发展不平衡问题具有重要的指导作用。同时,积极承担国际责任和义务,参与全球治理是应对国际责任不明确、生态环境破坏等问题的有效方法。此外,"一带一路"建设作为开放发展理念的实践,对于促进我国和沿线国家经济发展,实现合作共赢局面,解决国家间发展不平衡问题,推动区域经济一体化发展具有开创性意义。因此,开放发展理念是应对发展权所面临困境的必由之路。

五、共享是实现发展权的根本目标

"共享"是人类社会发展的理想状态和愿望,是实现发展权的终极目标和根本目的,也是对发展权是否充分实现的评价与检视。十八届五中全会提出的共享发展理念,在理论渊源上扎根于我国历史悠久的传统文化底蕴和马克思主义唯物史观,在价值内涵上与发展权所蕴含的平等、公平、正义等价值理念融会贯通,在实践基础上是我国进行社会主义建设、实现共同富裕的价值选择,是解决发展权实现困境的价值指引,也是我国社会主义制度优越性的重要体现,与其他四项发展权新理念相互统一,相互促进,形成紧密联系的整体。

首先,共享发展理念具有深厚的思想渊源和科学的理论基础。我国古代

---

① 《习近平关于全面建成小康社会论述摘编》,中央文献出版社 2016 年版,第 47 页。

传统文化中蕴含着丰富的共享思想,共享发展理念也是在汲取我国传统文化精髓的基础上形成的。首先,共享发展理念批判继承了我国古代"大同社会"的理想追求,并将之转化为对共同富裕的理想追求。党的十八届五中全会提出:"使全体人民在共建共享发展中有更多获得感,增强发展动力,增进人民团结,朝着共同富裕方向稳步前进"①共享发展的本质是通过全面建设小康社会,实现人物质和精神层面的全面发展,与"各美其美,美人之美,美美与共,天下大同"的"大同社会"的基本思想遥相呼应。对于社会分配而言,我国古代就有"大道之行也,天下为公""均贫富""鳏寡孤独废疾者皆有所养"和"不患寡而患不均"等思想,即在分配问题上讲求公平分配,对弱势群体予以帮助和支持。共享发展理念强调"发展为了人民、发展依靠人民、发展成果由人民共享",通过人民参与发展的全过程,共同分享发展的成果,实现共同富裕的价值追求,体现了我国古代优秀传统文化的根本特征和基本价值取向。此外,共享发展理念还是对马克思主义唯物史观的继承和发展,马克思主义唯物史观强调"人民群众是历史的创造者",人是社会发展的主要力量,其着眼于全人类的解放和每个人的自由发展,而不是少部分人或极少数人,②"每个人的自由发展是一切人的自由发展的条件",③马克思主义主张通过消灭阶级消灭剥削,扩大生产力,增加社会财富,实现共产主义,使全体社会成员共享发展成果。尽管马克思主义没有明确提及共享发展理念,但其基本思想中深刻蕴含了共享发展的基本精神和要义。中国共产党在吸收马克思主义唯物史观精神的基础上,结合我国的实际情况提出了共享发展理念,将共享发展理念细化为包含全民共享、全面共享、共建共享和渐进共享的发展理念,其基本内涵更为丰富,与时俱进。全民共享即让所有人共享发展成果,而不是大部分或少部分人;全面共享即在经济、政治、文化、社会、生态等全方面共享发展成果;共建共享即激发人民的创造力和积极性,引导人民主动参与到经济社会的发展中,实现"人人参与、人人尽力、人人享有"④;渐进共享即通过不断完善基本服务体

---

① 《十八大以来重要文献选编》(中),中央文献出版社 2016 年版,第 793 页。
② 参见王庆五主编:《共享发展》,江苏人民出版社 2016 年版,第 14 页。
③ 《马克思恩格斯全集》第 1 卷,人民出版社 2012 年版,第 422 页。
④ 《十八大以来重要文献选编》(中),中央文献出版社 2016 年版,第 811 页。

系、社会保障等各项制度循序渐进地实现共享发展。共享发展理念是对马克思主义关于共享思想的继承和升华，是新时期引领发展权实现的科学发展理念。

其次，共享发展理念与发展权蕴含的自由、平等、公平、正义价值相互贯通。《发展权利宣言》强调，发展权主体是所有人，人人均有权参与发展的全过程，发展成果应当公平分配、全面享有，这与我国共享发展理念所强调的权利公平、机会公平和规则公平的内在要求相一致。《发展权利宣言》第1条就明确指出："每个人和所有各国人民均有权参与、促进并享受经济、社会、文化和政治发展，在这种发展中，所有人权和基本自由都能获得充分实现。"这是权利公平的体现，蕴含自由、平等的价值理念；第8条规定，"各国应在国家一级采取一切必要措施实现发展权利，并确保除其他事项外所有人在获得基本资源、教育、保健服务、粮食、住房、就业、收入公平分配等方面机会均等。"这是机会公平的要求，蕴含公平、正义的价值理念；第2条规定："国家有权利和义务制定适当的国家发展政策，其目的是在全体人民和所有个人积极、自由和有意义地参与发展及其带来的利益的公平分配的基础上，不断改善全体人民和所有个人的福利。"这是规则公平的体现，蕴含了自由、平等、公平正义等价值理念。"权利公平、机会公平、规则公平"在党的十八大上被首次提出："逐步建立以权利公平、机会公平、规则公平为主要内容的社会公平保障体系"①，党的十八届四中全会再次强调要"加快完善体现权利公平、机会公平、规则公平的法律制度"，两次会议分别强调在建立社会公平保障体系和完善法律制度层面要以"权利公平、机会公平、规则公平"为内容，尽管党的十八届五中全会未明确提及"权利公平、机会公平、规则公平"，但建立社会公平保障体系和完善法律制度均蕴含于共享发展理念的内在要求中，因此权利公平、机会公平、规则公平也是共享发展理念内涵的体现。无论是权利公平、机会公平还是规则公平，其根本目的是为了实现结果公平，最终实现正义。按照罗尔斯《正义论》的观点，即指"社会利益和经济利益的不平等分配应该对处于社会最不利地位的人最有利"。十八届五中全会提出实现共享发展的一系列目标和任

---

① 《十八大以来重要文献选编》(中)，中央文献出版社2016年版，第12页。

务如建立更加公平更可持续的社会保障制度是对发展权所蕴含自由、平等、公平、正义价值理念的遵循，二者相互贯通，一脉相承。

最后，共享发展理念是应对发展权实现困境的价值指引，是社会主义制度优越性的重要体现。当今世界，无论是发达国家还是发展中国家、资本主义国家还是社会主义国家，在发展权的实现过程中都在不同程度上面临一些困境。例如一些发达国家面临经济增长缓慢、失业率升高等发展瓶颈；我国作为世界上第二大经济体，改革开放以来，经济发展的"蛋糕"不断做大，但在"分蛋糕"上出现了社会分配不均、收入差距悬殊、城乡和区域发展不平衡等社会和经济问题，一些发展中国家还存在极端贫困、教育水平落后、性别歧视等社会问题。面对各国和各地区出现的发展困境，确立科学的发展理念引领发展权实现的方向至关重要。党的十八届五中全会提出以人民为中心的共享发展理念，立足于发展成果的公平分配，通过完善社会主义政治、经济等各项制度、保障民生等举措实现共同富裕，践行"发展为了人民、发展依靠人民、发展成果由人民共享"①的原则，体现了社会主义制度的优越性和本质要求。不仅如此，共享发展理念对其他国家应对发展权实现困境具有重要的引导作用。共享发展理念要求转变经济发展方式，实施脱贫攻坚工程，实施精准扶贫、精准脱贫、推进义务教育和高等教育发展，建立完善的社会保障制度等，为其他国家实现发展权提供了一个可供借鉴的实践模式。

第二节　发展权新理念的世界意义

发展越来越被看作是社会灵魂的一种觉醒。② 发展权作为一项不可剥夺的基本人权，自其产生以来越来越受到国际社会的认可。如果说作为基本人权的生命权是有关人"活着"的权利，那么发展权则是关于人"体面地活着"的权利。随着经济社会的不断发展，国际社会在使人"体面地活着"层面不断努

①　《十七大以来重要文献选编》（中），中央文献出版社 2011 年版，第 956 页。
②　联合国教科文组织：《1977—1982 年中期规划》，第 64 页，第 3106 节。

力,国际上有关发展权的理念和内涵也随之不断丰富与完善。自发展权诞生以来,我国不断更新发展理念,与国际社会发展权理念接轨,在根据本国国情对其进行创新完善的基础上与国际社会发展权理念相辅相成甚至引领国际发展权理念的发展。尤其是目前"在深刻总结国内外发展经验教训、分析国内外发展大势的基础上形成的"[①]发展权新理念,是对我国改革开放以来发展经验的深刻总结,也是对我国发展理论的又一次重大创新。[②] 深刻揭示了我国"十三五"时期全面建成小康社会、实现伟大复兴中国梦的目标和要求,对推动实现可持续发展具有重要的意义。

一、发展权新理念的理论贡献

生存权和发展权是重要的基本人权,我国始终把解决人民的生存权和发展权问题放在首位。[③] 作为法治社会基本人权的发展权,对其自身理论的创新和完善是发展权利实现的必要前提。习近平总书记一针见血地指出:我们党之所以能够历经考验磨难无往而不胜,关键就在于不断进行实践创新和理论创新。他提出毛泽东思想、邓小平理论、"三个代表"重要思想、科学发展观等都是在实践基础上的理论创新。[④] 发展权新理念的提出同样是立足于适应和解决当前我国发展面临的问题和挑战,具有鲜明的问题意识,在继承和发展全面协调可持续的科学发展观的基础上进行理论创新,对实现"两个一百年"的奋斗目标,实现伟大复兴的中国梦具有重要的理论意义。新发展理念相互关联,自成体系,对世界发展权利而言,具有重要的理论贡献。首先,发展权新理念更新和延伸了发展权的基本内涵,使发展权不断与时俱进;其次,发展权新理念为世界贡献了中国实现发展权的理论体系;最后,发展权新理念以其权利内容的广泛、实现方式的创新等特点为世界贡献了中国实现发展权的制度选择,引领了世界范围内实现发展权的前景和方向,具有重要的世界意义。

---

① 《习近平关于全面建成小康社会论述摘编》,中央文献出版社 2016 年版,第 55 页。

② 参见辛鸣:《论当代中国发展战略的构建》,《中国特色社会主义研究》2016 年第 1 期。

③ 参见靳昊、夏静:《贯彻新发展理念 积极保障发展权——访中国人权研究会会长罗豪才》,《光明日报》2016 年 5 月 8 日。

④ 参见《习近平抓住牵动经济社会发展全局的"牛鼻子"》,人民网,http://politics.people.com.cn/n1/2016/0412/c1001-28270255.html,访问时间:2017 年 8 月 2 日。

（一）发展权新理念更新、延伸了发展权的基本内涵

发展是人类社会永恒的主题，寄托着生存和希望。[①] 发展权是在特定历史时期中由发展中国家率先提出并推动《发展权利宣言》制定，使之具有国际法依据的人权保障新理念。1986 年通过的《发展权利宣言》开宗明义地指出："承认发展是经济、社会、文化和政治的全面进程"。《宣言》对发展权的主体、内涵等做了原则性的规定，这在当时的历史背景下无疑是一大进步。然而随着经济社会的进步与发展，发展权的主体、内容、权利地位和实现方式等都应当与时俱进，顺应时代的变迁。目前的世界经济格局与 1986 年联合国《发展权利宣言》通过之时相比，已发生巨大变化，四十年来，发展权理论不断丰富，与现实中发展中国家努力享有发展权相辅相成。我国学术界对我国提出的新发展理念，就是新的历史条件和社会发展状况下审时度势地对发展权基本内涵进行的细化和延伸。首先，承认发展权主体的广泛性。《发展权利宣言》第 2 条规定，"人是发展的主体"，明确发展权的主体是人，紧接着第 3 条规定"各国对创造有利于实现发展权利的国家和国际条件负有主要责任"，认为发展权的义务主体是国家。尽管发展权越来越得到国际社会的认可，但在发展权具体内涵的认定上仍有所差别。对于发展权的主体范围，我国承认发展权主体的广泛性，认为发展权的主体属于人民，奉行人民至上的价值理念，主张人民是发展的参与者、推动者和受益者。同时，在发展权的性质上，我国主张发展权是个人人权和集体人权的统一，二者相互协调，相互促进。[②] 最大限度地扩大发展权的主体，即参与和受益的范围。其次，扩大发展权内容的范围，主张发展权内容的全面性。《发展权利宣言》第 1 条第 1 款规定："发展权利是一项不可剥夺的人权，由于这种权利，每个人和所有各国人民均有权参与、促进并享受经济、社会、文化和政治发展"。可见，《宣言》认为发展权的范围包括经济、社会、文化和政治。2015 年联合国通过的《变革我们的世界：2030 年可持续发展议程》（以下简称《2030 年议程》），认为可持续发展包括经济、社

[①] 中华人民共和国国务院新闻办公室：《发展权：中国的理念、实践与贡献》，《人民日报》2016 年 12 月 2 日。

[②] 参见汪习根：《新发展理念与中国人权保障——纪念联合国〈发展权利宣言〉通过三十周年理论研讨会综述》，《人权》2016 年第 4 期。

会和环境三个方面。《2030 年议程》在认识当今世界发展权实现困境基础上补充了环境这一重要方面,但较少涉及文化、政治领域,我国提出的创新、协调、绿色、开放、共享的新发展理念,则涵盖了经济、政治、文化、社会、环境等全方位的发展权。2016 年 12 月 2 日国务院新闻办公室公布的《发展权:中国的理念、实践与贡献》(以下简称"发展权白皮书")也明确指出,发展权的范围涵盖经济、政治、文化、社会、环境等各方面,涵盖范围则更为全面。因此,在发展权的范围上,新发展理念对其进行了延伸和扩大。最后,明确了发展权的权利地位。《宣言》原则性地规定了发展权的地位,序言提出,"发展权利是一项不可剥夺的人权",确认了发展权的人权性质。我国不仅将发展权视为不可剥夺的人权,还进一步主张发展权同生存权一样,在权利地位上属于基本人权,这是中国人权观的基本观点。① 在此基础上进一步提出"以人民为中心"的发展理念,新发展理念正是围绕"以人民为中心"提出的发展权新理念,无论是理念的内涵还是对理念的实践,都体现出发展权作为基本人权的性质和特点。

(二)发展权新理念为世界贡献了中国实现发展权的理论体系

发展权新理念不是凭空产生的,而是根植于几千年中华文明的哲学思想,流淌在中华民族的文化血脉之中。可以说,发展权新理念是在悠久的历史文化积淀和科学的思想理论基础上逐渐形成的,内含于创新、协调、绿色、开放、共享等发展理念之中。对创新理念而言,《礼记·大学》提出了"苟日新,日日新,又日新"的观点,从个人的角度强调了创新的必要性和持续创新的重要性,提醒人们只有不断创新并增强不断革新的意识,方能适应并推动社会的进步。②《诗经·大雅·文王》提出"周虽旧邦,其命维新"的观点,从城邦和国家的角度阐述了国家立于不败之地的根本和关键在于创新。韩非子在《五蠹》中指出"世异则事异,事异则备变",一针见血地指出了开展创新的根本原因在于社会的变化、时代的更替。《周易·系辞下传》中关于创新的论述"穷则变,变则通,通则久"则早已成为如今家喻户晓的寻常谚语。可见,创新理念源远流长,具有深厚的文化根基。同样地,协调理念也与中华文明的传统哲

---

① 参见李步云:《发展权的科学内涵和重大意义》,《人权》2015 年第 4 期。

② 参见胡鞍钢,张新:《创新发展:国家发展全局的核心》,《中共中央党校学报》2016 年第 20 卷第 2 期。

学思想一脉相承，《庄子·齐物论》提出"天地与我并生，而万物与我为一"的思想，主张人与世界万物和谐统一，这不仅是协调理念的思想来源，也是绿色发展理念的思想根基，董仲舒提出的"天人合一"思想与之也有异曲同工之妙。老子提出"人法地，地法天，天法道，道法自然"的观点，强调世界万物要遵循自然规律，不违背自然法则，是绿色发展理念的思想渊源。对开放发展理念来说，早在先秦时代，我国就已经认识到开放的重要性，并开展了对外开放的实践，发展了与日本、越南等邻国的海上通道。汉武帝时期，"丝绸之路"开通，成为中国与欧洲等西方国家和地区加强经济文化联系的重要纽带。共享发展理念同样并非凭空产生，而是产生于"天下大同""天下为公""鳏寡孤独废疾者皆有所养"和"不患寡而患不均"等中国传统哲学思想之中。

　　发展权新理念作为中国发展权理论体系的贡献还体现在，新发展理念之间相互关联、相互促进、紧密联系且自成体系，形成有机联系的统一体，对于充分实现发展权具有不可或缺的作用。创新发展理念是新发展理念之首，是实现发展权的首要动力，也是实现协调、绿色、开放和共享发展的首要选择，"变则通，通则久"，一切发展如果不依赖创新，就会成为无本之木，无源之水。协调是实现发展权的内在要求，其含义广泛，包括城乡协调发展、区域协调发展、经济建设与国防建设协调发展、人与自然协调发展、政治、经济、文化、社会、环境等各方面的协调发展、国内与国际协调发展等等，因此，实现发展的协调需要依赖绿色发展理念实现人与自然的协调发展，需要依靠开放和共享发展理念实现国内与国际协调发展、区域和城乡协调发展，需要通过创新发展理念实现经济建设与国防建设的协调发展。绿色是永续发展权的必要条件，实现绿色发展需要创新发展方式，减少和逐渐摒弃高污染、高成本的经济发展方式，从源头上实现绿色发展，此外，实现绿色发展还需要依靠开放发展理念，开展国际合作，在污染治理、环境保护等方面实行共同但有区别的责任，以实现人与自然和谐共生。实现绿色发展也同样离不开协调城乡、区域、经济与环境等各方面的关系，需要在资源、环境等方面实现共享。开放是实现发展权的必由之路，是实现共享发展的必然选择，是实现创新发展的重要路径，我国的创新水平与发达国家相比仍有较大差距，需要通过自身的革新和对国外先进技术的学习和引进逐步增强创新能力，提高创新发展的水平。开放发展理念不仅要求国内与国际的开放,也要求国内各区域之间互通有无,协调发展,因此,开放发展是实现协调发展的应有之义。此外,在绿色发展方面实现对外开放,进行国际合作是开放发展的重要内容和关键举措。共享是实现发展权的根本目标和必然结果,如果说前四项发展理念是实现发展权的手段,开放发展则是实现发展权的目的和结果,实现共享发展需要以实现其他新发展理念为前提,没有创新、协调、绿色、开放等发展理念的支撑,共享发展就无从实现。

我国发展权理念的重要理论贡献还包括发展权相关法律制度的不断完善。十三五规划强调了党的十八届四中全会提出的全面推进依法治国、建设中国特色社会主义法治体系的原则和总目标。法治是国际社会公认的治理模式,尊重和保障人权是法治的核心价值,①发展权作为一项重要的基本人权,通过法治的方式实现发展权是各国的必然选择,国际社会也普遍认同通过法治谋求并实现发展。尽管我国现行宪法并未明确规定发展权,但有关发展权的内容体现在宪法正文中有关公民各项权利的规定,并在国际公约、国内法律、法规、部门规章、规范性文件以及国家政策、党内法规中进行具体规定,形成了中国特色社会主义发展权法律体系。截至目前,我国加入的有关人权的国际公约和议定书已超 20 项。包括《国际人权公约》《公民及政治权利国际公约》《经济、社会、文化权利国际公约》《消除一切形式种族歧视国际公约》《儿童权利公约》等;在国内法方面,我国《宪法》第二章专章规定了公民的权利和义务。第 23 条第 3 款规定"国家尊重和保障人权",发展权作为重要的基本人权,也属于宪法的保障范围。宪法第二章第 34—56 条具体规定了公民选举权和被选举权等政治权利、劳动权等经济权利、教育权等文化权利以及获得物质保障、社会保险等社会权利。经过对我国法律、法规、规范性文件、党内法规的多次清理,逐渐形成了包括宪法及其相关法、民商法、刑法、行政法、经济法、诉讼法、社会保障、环境保护等多个法律部门在内的中国特色社会主义法律体系,并进行了详细具体的规定。

(三)发展权新理念为世界贡献了中国实现发展权的制度选择

发展问题是一个全球性难题。"第二次世界大战以来,不合理、不公正的

---

① 参见汪习根:《新发展理念与中国人权保障——纪念联合国〈发展权利宣言〉通过三十周年理论研讨会综述》,《人权》2016 年第 4 期。

国际政治经济秩序严重束缚了第三世界国家的发展。他们迫切要求改变旧秩序，独立选择自己的发展道路。"①可以说，发展权是二战后新旧国际政治经济秩序斗争与妥协的产物。无论是发展中国家还是发达国家，都在发展权的实现过程中遭遇困境。一些拉美国家由于受到体制机制的束缚，创新动力不足，在经济发展层面出现"中等收入陷阱"；一些发展中国家则由于采取粗放式的发展方式，经济发展过多地依赖低价劳动力和环境资源等，在发展过程中出现环境污染、资源短缺等问题，经济发展陷入不协调、不平衡、不可持续的境地。我国在发展过程中同样遭遇困境，一方面我国逐渐进入经济发展新常态，存在陷入"中等收入陷阱"的风险；另一方面，我国作为世界上最大的发展中国家，长期以来，经济发展依靠人口红利，与大多数发展中国家一样采用粗放式的、资源消耗型的经济发展模式，导致资源和环境问题日益严重，致使发展失衡、失调。因此，我国发展权问题更为复杂。随着经济全球化和区域一体化的发展，发展权的问题也逐渐趋同。如何寻找实现发展权的出路，建立更为完善的适合自身发展的制度成为解决发展权实现困境的关键。我国在对当今经济社会发展现状的准确把握基础上提出了"创新、协调、绿色、开放、共享"等新发展理念，新发展理念对发展权利的保障是相对全面和彻底的，一方面发展和完善了我国全面、协调可持续的科学发展观思想，逐渐形成了中国特色的发展权话语体系；另一方面也为世界其他国家和地区尤其是广大的发展中国家贡献了我国的制度选择，引领了世界范围内实现发展权的前景和方向。

"我国国家治理体系和治理能力的现代化，是尊重和实现发展权的根本制度保障。"②这是实践新发展理念的内在要求和必然选择。"国家治理体系，是党领导人民管理国家的制度体系，包括经济、政治、文化、社会、生态和党的建设等各领域的体制、机制和法律法规安排，是一整套紧密相连、相互协调的国家制度。"③具体包括行政制度、司法制度、预算制度、监督制度等。党的十

①　汪习根：《发展权法理探析》，《法学研究》1999 年第 4 期。

②　汪习根：《新发展理念与中国人权保障——纪念联合国〈发展权利宣言〉通过三十周年理论研讨会综述》，《人权》2016 年第 4 期。

③　李树林：《推进国家治理体系与治理能力的现代化》，中国共产党新闻网，http://theory. people.com.cn/n/2013/1220/c40531-23902227.html，访问时间：2017 年 9 月 2 日。

八届五中全会公报和《国民经济和社会发展第十三个五年规划》详细阐述了实现新发展理念的制度保障和制度选择,提出了一系列制度改革的任务和目标,以及我国实行制度改革的成就和贡献。如十八届五中全会公报在坚持创新发展方面提出"深化行政管理体制改革,进一步转变政府职能,持续推进简政放权、放管结合、优化服务,提高政府效能,激发市场活力和社会创造力,建立健全现代财政制度、税收制度。"在协调发展方面提出"健全城乡发展一体化体制机制,加快文化改革发展"。在绿色发展方面提出"坚持节约资源和保护环境的基本国策";在开放发展方面提出推进"一带一路"建设;在共享发展方面提出"建立更加公平更可持续的社会保障制度",深化医药卫生体制改革、实施精准脱贫、精准扶贫等战略。[①]

完善我国的法律制度、坚持依法治国,形成中国特色社会主义法治体系是新发展理念的应有之义。我国环境法律制度、社会保障法律制度、市场经济法律制度、国际法律制度、社会分配等相关的法律制度不断完善。中国梦也是发展的梦,新发展理念贡献了我国在经济、政治、社会、文化、生态等领域的治理制度,是实现我国治理体系和治理能力现代化的必然选择,不仅解决我国发展权困境、实现"两个一百年"的奋斗目标,最终实现伟大复兴的中国梦具有重要的理论贡献,同时也对其他国家实现发展权提供了制度选择和制度参考。

二、发展权新理念的实践意义

自 1986 年联合国《发展权利宣言》通过以来,我国作为世界上最大的发展中国家和世界第二大经济体,无论在发展权的理论创新还是实践保护上,都进行了卓有成效的探索。尤其是党的十八届五中全会提出的新发展理念,聚焦发展动力问题、发展不平衡问题、可持续发展问题、发展内外联动问题、社会公平正义问题等具有世界意义的问题,为发展权在世界人权中的主流化、实效化注入了不竭的理论活力。[②] 发展权新理念不仅对顺利开展十三五规划、实现"两个一百年"的宏伟目标,适应"新常态"下中国经济社会发展形势具有开

———————

① 参见《中国共产党第十八届中央委员会第五次全体会议公报》,新华网,http://news.xin-huanet.com/politics/2015-10/29/c_1116983078.htm,访问时间:2017 年 9 月 2 日。

② 参见汪习根:《新发展理念是实现发展权的根本指引》,《人民日报》2016 年 6 月 8 日。

创性的意义，还在世界范围内对发展权的实践开展了有益的探索，为其他国家和地区实现发展权提供了可供借鉴的实践模式。

（一）提高国家创新能力，完善国家创新体系建设

"创新"一词的概念最早是由美籍奥地利政治经济学家约瑟夫·熊彼特在 1912 年发表的《经济发展理论》一书中提出的，强调"创新"在经济发展中的作用，在当时轰动了整个西方经济学界。其创新理论从提出至今已超过一个世纪，当前的世界经济格局与一个世纪以前相比，已发生巨大变化，以熊彼特为代表的西方创新理论观点强调经济价值的实现、科学技术的功能、企业家的作用和市场资源配置功能，但忽视了社会整体价值的创造、体制机制的功能、人民大众的贡献和国家宏观调控的作用。[1] 创新发展理念的提出，弥补了上述不足，完善了创新发展的实践模式，其实践意义主要体现在以下几个方面：

坚持以人民为中心的创新发展理念。创新是一个主体自我学习、自主创造的动态过程，这个过程除了获得物质利益，更重要的是获得精神利益——提升自身能力的机会。[2]《发展权利宣言》第 2 条指出："人是发展的主体，因此，人应成为发展权利的积极参与者和受益者。"我国十三五规划进一步提出"必须坚持以人民为中心的发展思想，把增进人民福祉、促进人的全面发展作为发展的出发点和落脚点"[3]，强调人民作为创新发展主体的重要力量和最终目的。首先，从出发点上说，创新发展的根本动力来自人民的创新，创新发展需要依靠每一个创新个体的推动。从落脚点上说，创新发展的根本目的在于激发人民的活力，充分调动人民积极性、主动性、创造性，不断创造发展机会、提高人的发展能力，实现万众创新、全民创新的局面。[4] 从过程上来说，发展权强调以人为本的发展，核心在于尊重和保障人权，尊重和保障人权必须以法治

---

[1] 参见胡鞍钢、张新：《创新发展：国家发展全局的核心》，《中共中央党校学报》2016 年第 20 卷第 2 期。

[2] 参见汪习根、朱林：《新常态下发展权实现的新思路》，《理论探索》2016 年第 1 期。

[3] 参见《中共中央关于制定国民经济和社会发展第十三个五年规划的建议》，《人民日报》2015 年 11 月 4 日。

[4] 参见胡鞍钢、张新：《创新发展：国家发展全局的核心》，《中共中央党校学报》2016 年第 20 卷第 2 期。

为依托,保障人民在参与创新活动时实现平等参与、平等行使发展权利。

形成促进创新的体制架构,破除阻碍创新的体制机制障碍。习近平总书记在多个国际场合强调创新发展的重要性,指出"实施创新发展战略,最根本的是要增强自主创新能力,最紧迫的是要破除体制机制障碍,最大限度解放和激发科技作为第一生产力所蕴藏的巨大潜能。"①实现创新发展,首先要破除阻碍创新的体制机制障碍,促进形成创新的体制架构。一是要深化行政管理体制改革,推行简政放权。近年来,我国逐渐转变政府职能,推行简政放权,持续推进"放管服"改革,激发市场活力和创造力,推动政府从管理型向服务型政府转变。到目前为止,我国政府简政放权已经连续推行 5 年,逐步厘清了政府和市场的边界,激发了市场活力。例如,据商务部统计,自 2013 年国务院取消机电产品国际招标机构资格审批后,截至 2016 年 12 月底,在中国国际招标网注册的国际招标机构数量增长了 2.5 倍。② 二是要改革财税、金融制度。三是要创新和完善宏观调控方式。创新的发展不能仅仅依靠市场调节,还需要政府的宏观调控。一方面政府要加大对创新发展的投入,增加创新要素的供给。建立科研机构、创新产业园区、孵化器等创新空间对创新发展进行引导性投入,降低风险投资的压力。培养和引进创新人才,实施创新人才战略。另一方面政府要增强创新创业要素的流动性,引导社会资源向创新领域聚集,包括改革财税和金融制度,加大对创新发展的支持力度,此外还要对创新过程进行监管和保障,建立严格的知识产权保护制度,严厉打击侵犯知识产权的行为等。

增强科技创新实力,推动科学技术进步。科学技术是第一生产力。我国作为第二大经济体,长期以来,先进的技术主要依靠引进,先进的产品主要依靠模仿,创新产业大多只负责加工,成熟的核心技术不在我国,尽管在经济总量上占据优势,但在科技创新上远远落后于发达国家。因此,实现创新发展理念以增强我国的科技创新实力为关键。一是要实施知识产权战略,发展具有

① 洪银兴主编:《创新发展》,江苏人民出版社 2016 年版,第 10 页。
② 参见《商务部:行政审批取消后新注册国际招标机构数量增长 2.5 倍》,中华人民共和国中央人民政府网,http://www.gov.cn/xinwen/2017-01/26/content_5163598.htm,访问日期:2017 年 8 月 4 日。

自主知识产权的技术和产业，驱动发展的科技由外生转向内生，经济发展方式从外源性发展向内源性发展转变，从主要依靠要素投入、投资驱动到主要依靠知识、技术革新推动，从中国制造到中国创造；①实施"互联网+"计划，将创新发展的全过程纳入信息化轨道；推行大数据政策，目前世界纷纷将大数据政策上升为国家战略，我国也通过一些政策文件对大数据的发展进行系统部署，促进大数据在多领域的广泛应用；推进农业现代化，我国作为农业大国，在农业领域进行科技创新对转变我国农业发展方式，是实现创新发展的重要举措。二是要建设一支"规模宏大、结构合理、素质优良的创新人才队伍"。② 人才是创新发展的第一资源，人力资本在创新发展中的作用日益重要。③ 要推进人才发展体制改革和政策创新，聚天下英才而用之。④ 数据显示，2011 年至2015 年，R&D（科技人力资源与科技活动人员）全时当量从 288.3 万人增加到375.9 万人，专利申请受理数逐年增加，高技术产品出口额提升了 19%。《统筹推进世界一流大学和一流学科建设总体方案》，为创新发展提供人才支撑。三是要营造宽松、健康的创新创业氛围，激发创新活力，增强创新能动性。一方面放宽创新创业环境，促进大众创新积极性和能动性，另一方面严格创新法治环境，坚持依法治国，完善我国法治体系，推进产权保护法治化，为创新发展提供一个稳定、公正、规范的法治环境。

（二）促进发展的整体性，增强发展的平衡性

习近平总书记指出："协调既是发展手段又是发展目标，同时还是评价发展的标准和尺度。"⑤实现发展的协调目标是改革开放后党治理国家的基本方针，在党的多个重要文件中都有直接体现。将协调作为发展的手段，则是强调国家的宏观调控作用，指导、调节作为一个系统和整体的发展，通过"看得见的手"和"看不见的手"不断协调和调节，促进发展的平衡。而作为发展评价

---

① 《中共中央关于制定国民经济和社会发展第十三个五年规划的建议》，《人民日报》2015年 11 月 4 日。

② 《十七大以来重要文献选编》（下），中央文献出版社 2013 年版，第 1055 页。

③ 洪银兴主编：《创新发展》，江苏人民出版社 2016 年版，第 255 页。

④ 参见《中国统计年鉴 2016》，中华人民共和国国家统计局：http://www.stats.gov.cn/tjsj/ndsj/2016/indexch.htm，访问日期：2017 年 11 月 19 日。

⑤ 《习近平谈治国理政》第二卷，外文出版社 2017 年版，第 205 页。

标准和尺度的协调,则是通过细化任务和指标、明确义务和责任的方式促进发展。因此,协调内生于发展的全过程,协调既是一个发展理念,也是一个方法论,在协调的过程中坚持"两点论"和"重点论","在加强薄弱领域中增强发展后劲"。十三五规划明确指出了当前我国实现协调发展的主要目标和任务,即"推动区域协调发展","推动城乡协调发展","推动物质文明和精神文明协调发展","推动经济建设和国防建设融合发展",这是对增强发展的整体性、平衡性和协调性的具体阐释,具有重要的指导意义。

坚持区域协同发展。十三五规划明确了推动区域协调发展的任务和方向。新协调发展理念强调"公平、协调、共享",坚持区域协同发展,一方面,要继续发展特色优势产业,培育经济发展新优势。继续实施西部大开发、振兴东北、中部崛起、东部辐射带动等战略,根据区域特点发展特色产业,拓展发展新空间。另一方面弥补区域协调发展的差距,帮助和扶持落后地区的发展,提升基础设施、增强公共服务,促进协调发展的公平性。党的十八大以来,区域协调发展理念不断深化,推动施行了跨区域联动发展政策,包括城市群建设、长江经济带、"一带一路"倡议、京津冀协同战略等,"两横三纵"城市群建设通过要素的自由流动和重新配置实现城市、区域之间优势互补、良性互动;①长江经济带以长江流域为纽带,协同东中西区域的经济发展,尤其强调走绿色协同发展之路;"一带一路"倡议作为一项国家战略,突破原有的发展理念,强调内外联动,不仅促进了国内区域的协同发展,在与周边沿线国家的协同发展方面也卓有成效,取得了举世瞩目的成就;京津冀的协同发展战略与我国长三角、珠三角区域协同发展均强调跨区域协同发展,积极促成要素、资源在区域间有序自由地流动,通过对资源的整合,促进发展的协调性。资料显示,2015 年,京津冀地区第一、二、三产业占全国的比重分别为 6.2%、8.3%和11.4%,长江经济带第一、二、三产业占全国的比重分别为 41.6%、42.2%、42.4%,对国内的经济发展起到重要的支柱性作用。②

推动城乡协调发展。城乡发展不协调是我国社会主义现代化建设的瓶

---

① 参见蒋伏心主编:《协调发展》,江苏人民出版社 2016 年版,第 91 页。

② 参见中国国家统计局:《中国统计年鉴》,中国国家统计局:http://www.stats.gov.cn/tjsj/ndsj/2016/indexch.htm 访问日期:2017 年 11 月 3 日。

颈,成为制约我国发展的短板。自党的十六大提出"统筹城乡发展"战略以来,城乡协调、一体发展逐渐被提到更高的战略地位,十三五规划提出了城乡问题解决的新思路,即通过户籍制度改革、实行居住证制度等全方位措施推进以人为中心的新型城镇化,破除和改革制约农村发展和城镇化的因素和制度,"以体制机制创新为保障,加快新型城镇化步伐,提高社会主义新农村建设水平,推动城乡一体化"①城乡的重要问题之一在于城乡差距问题,"城乡区域收入分配差距持续缩小,中等收入群体持续扩大,基尼系数下降,每年新增城镇就业已连续 4 年保持 1300 万人以上。"②发展特色县域经济也是推动城乡协调发展的亮点,通过建设中小城市和特色小城,促进农村服务业发展,拓展农民增收渠道,③县域作为连接农村与城市的桥梁,起着枢纽的作用,县域经济的发展能够带动农村的发展。数据显示,2016 年以来,"农村新增农产品生产加工场所 25.6 万处,农副业及旅游业年均增收 513.8 亿元,吸引农民工返乡创业、就业 439.3 万人。"④

推动物质文明和精神文明协调发展。物质文明和精神文明建设协调发展是全面建设小康社会的基本内容,党的十八大以来,我国更加重视物质文明和精神文明并重建设。习近平总书记指出：物质文明与精神文明要协调发展。物质文明的发展会对精神文明的发展提出更高要求,尤其是经济的多元化会带来文化生活的多样化,只有把精神文明建设好,才能满足人民群众多样化的精神文化生活需求。对于物质文明与精神文明,要坚持"两手抓,两手都要硬",坚持"两点论"和"重点论"的统一,在新时期,更加重视精神文明建设。我国十三五规划详细指出了精神文明建设的要求,首先在思想上要以正确的思想引导人,弘扬社会主义核心价值观;在制度上要建立健全公共文化保障体系,推进文化体制改革,繁荣文化市场;在政策上扶持文化产业发展,培育文化

① 参见《中华人民共和国国民经济和社会发展第十三个五年规划纲要》第八篇"推进新型城镇化"。

② 参见习近平：《抓住世界经济转型机遇 谋求亚太更大发展——在亚太经合组织工商领导人峰会上的主旨演讲》,《人民日报》2017 年 11 月 10 日。

③ 参见《中共中央关于制定国民经济和社会发展第十三个五年规划的建议》,《人民日报》2015 年 11 月 4 日。

④ 《1.56 亿人受益新一轮农网改造》,《经济日报》2017 年 11 月 24 日。

新形态,营造创新创业文化氛围,优化公共文化服务,重视基层文化建设,引导文化资源向农村倾斜,鼓励和促进民间艺术发展繁荣。此外,还要拓展文化全球市场,推动中国优秀传统文化艺术和文化产业"走出去"。只有物质文明精神文明并重,发展才是全面、协调、可持续的,协调发展理念也才能得以真正实现。

推动经济建设和国防建设融合发展。《发展权利宣言》强调国际和平与安全是实现发展权利的必不可少的因素,经济建设和国防建设关系涉及发展与安全问题,是我国当前需要协调的重点内容。习近平总书记强调:"既重视发展问题,又重视安全问题,发展是安全的基础,安全是发展的条件,富国才能强兵,强兵才能卫国。"①可见,经济建设和国防建设相互联系,相互促进,是矛盾的两个方面。我国作为世界第二大经济体,安全、稳定的发展是维护发展成果的重要保障,目前我国安全态势总体稳定,但面临着国际和周边安全环境日趋复杂,危险和挑战明显增多的局面,②面对错综复杂的国际安全形势,必须增强我国的军事实力,加强我国的国防建设,《中共中央关于制定国民经济和社会发展第十三个五年规划的建议》提出促进"军民融合发展",将"军民融合"上升为一项国家战略,建立和创新军民融合式发展的制度体系,包括"组织管理体系、工作运行体系、政策制度体系"等,形成全要素、多领域、高效益的军民深度融合发展格局。③ 经济建设和国防建设融合发展有利于保障我国经济发展的安全性和稳定性,我国经济建设的高效发展也有利于促进国防建设的发展完善,二者融合发展是协调发展理念的必然要求。

(三)促进生态文明发展,形成绿色发展方式

绿水青山就是金山银山。保护生态环境是当今世界各国和各地区实现发展权面临的共同挑战和一致行动。如何实现可持续发展权利,是新形势下发展权需要予以解决的最为紧迫的难题。④ 中国作为负责任的大国,在促进人

---

① 《习近平关于全面建成小康社会论述摘编》,中央文献出版社2016年版,第144页。

② 参见蒋伏心主编:《协调发展》,江苏人民出版社2016年版,第287页。

③ 参见《中共中央关于制定国民经济和社会发展第十三个五年规划的建议》,《人民日报》2015年11月4日。

④ 参见汪习根、朱林:《新常态下发展权实现的新思路》,《理论探索》2016年第1期。

与自然和谐共生，保护生态环境方面一直在积极主动地履行应当承担的责任。无论在理念还是实践层面上，都作出了巨大的努力和重要的贡献。绿色发展理念的提出，是我国在实现永续发展权方面作出的重要理论贡献，同时通过实际行动践行绿色发展理念，为其他国家和地区实现永续发展权提供有效的实践模式。

　　在经济、社会、文化、生态等方面推动"绿色发展"。我国十三五规划提出了7项实现绿色发展的具体目标和举措。包括加快建设主体功能区、推进资源节约集约利用、加大环境综合治理力度、加强生态保护修复、积极应对全球气候变化、健全生态安全保障机制、发展绿色环保产业等。[①] 我国环境污染治理投资从2011年7114亿元增加到2014年9575.5亿元，投资增加34.6%。[②] 通过经济、社会、文化、生态等各个方面发展的相互协调，实现发展的永续性。首先，在经济建设方面实现绿色发展是永续发展权不可或缺的层面，也是最有效、最有做为、最能实现可持续发展的重要方面。要通过调整产业结构、转变经济发展模式实现经济与环境的协调发展，要推动科技创新，发展绿色产业，提高能源的利用率，形成更多降低能耗和减少对环境产生污染的绿色技术，大力发展无污染的清洁能源，如太阳能、风能、可再生能源等，实现低碳经济、循环发展，以可持续的方式进行生产。其次，在生态建设方面，加强生态治理是实现绿色发展最直接的任务，我国十三五规划专章对加大环境综合治理力度进行战略部署，包括"创新环境治理理念和方式，实行最严格的环境保护制度，强化排污者主体责任，形成政府、企业、公众共治的环境治理体系"[③]。创新环境治理理念和方式就是要根据各地区生态的特点和环境污染的程度和类型，因地制宜地采取治理措施，加强区域合作、联合治理等，优化生态空间格局和主体功能区，将污染降到最低。实行严格的环境保护制度就是要加强环境立法体系建设，我国在环境法领域起步较晚，尚未形成完整的法律体系，因此，

---

　　① 参见《中华人民共和国国民经济和社会发展第十三个五年规划纲要》，《人民日报》2016年3月18日。

　　② 参见中华人民共和国国家统计局：《中国统计年鉴2016》，中华人民共和国国家统计局，http://www.stats.gov.cn/tjsj/ndsj/2016/indexch.htm，访问日期：2017年10月30日。

　　③ 《中华人民共和国国民经济和社会发展第十三个五年规划纲要》，《人民日报》2016年3月18日。

我们应健全环境法律体系,制定并实行严格的环境保护制度,强化排污主体的责任,从源头上减少污染的产生,同时应明确政府、企业和公民的责任,多管齐下,共同打造绿色生态环境。

在实现绿色发展层面促进国际合作,践行共同但有区别的责任世界上所有国家和人民都住在同一个地球上,对保护生态环境都具有共同的责任。但由于发达国家和发展中国家在发展的先后、发展方式、发展水平等方面存在差异,因此在生态治理方面的责任存在区别。发达国家理应向发展中国家提供先进的技术,与世界各国共同应对能源、资源、环境、气候变化、空气安全等全球性的挑战。减少由城市活动和危害人类健康和环境的化学品所产生的不利影响,包括以对环境无害的方式管理和安全使用化学品,减少废物,回收废物和提高水和能源的使用效率。我们将努力把城市对全球气候系统的影响降到最低限度。中国作为国际社会的重要成员之一,在生态治理层面也不断推动和参与国际和区域合作,如2011年我国倡导并促成了首届亚太经合组织林业部长级会议,并通过了《北京林业宣言》,对促进全球林业发展,保护生态环境,实现绿色发展作出了重要的贡献。[①] 联合国大会于1992年6月4日通过了《联合国气候变化框架公约》,我国作为该公约的缔约国之一,通过自身实践践行公约的要求。

(四)实现发展全球化,推动实现发展内外联动

"各国经济,相通则共进,相闭则各退。"[②]习近平主席在多个重要国际场合强调开放发展理念的重要性,提出实现开放发展理念的中国方案。"我们全面深化改革,就要推进高水平对外开放。"[③]在亚太经合组织工商领导人峰会上的主旨演讲中,习近平主席指出,当前经济全球化进程遭遇困境的一个重要原因在于发展的包容性不足,让不同国家、不同阶层都能享受发展红利层面上仍需作出努力。我国在对外开放的发展实践方面作出了巨大的努力,通过

---

① 参见刘德海主编:《绿色发展》,江苏人民出版社2016年版,第97—98页。

② 习近平:《共同维护和发展开放型世界经济——在二十国集团领导人峰会第一阶段会议上关于世界经济形势的发言》,《人民日报》2013年9月6日。

③ 习近平:《谋求持久发展,共筑亚太梦想——在2014年APEC工商领导人峰会上的主旨演讲》,人民网,http://gs.people.com.cn/n/2014/1110/c183343-22858907.html,访问时间:2017年7月30日。

实行主动开放、全面开放、双向开放、公平开放等举措,实施开放发展战略、建立开放型经济新体制、积极参与全球经济治理、主动承担国际责任和义务,走出一条中国特色的开放发展之路,在实现国家利益的同时也获得了国际社会的肯定和好评,对世界各国尤其是发展中国家实现发展权具有重要的实践意义。

坚持"引进来"和"走出去"相结合,加强国际合作,促进双向开放、全面开放,构建开放型经济新体制。改革开放以来,尤其在十八届五中全会召开以后,我国在加强国际合作、构建开放型经济新体制方面开展了一系列具有创造性、有益性的发展实践,取得了丰硕的实践成果。完成了构建开放型经济新体制的顶层设计,发布了《关于构建开放型经济新体制的若干意见》,对构建开放型经济新体制的总体要求、目标和具体任务进行了部署。同时还实际探索和开展了开放型经济新体制建设,如在国内方面,建立了上海、广东、天津、福建等自由贸易区试验区。① 深化内地和港澳台地区的合作发展,加强联系,优势互补,互通有无。在国外方面,签订了一批自由贸易协定,深入开展国际合作,扩大国际合作的范围、领域和层次,不仅加强同发达国家的经济联系,也积极推进与其他发展中国家和相对落后国家或地区的合作;不仅积极投入到经济全球化的浪潮中,也注重与周边国家的协调发展;既要促进在经济贸易领域的双向开放,也要在教育、文化、卫生、医疗、通信、网络、技术等更宽领域加强合作和开放,即统筹国内发展和对外开放,利用国内和国外两个市场,两种资源,提高对外开放的水平和质量,实现"更大范围、更宽领域、更深层次上提高开放性经济水平"②。

深入实施开放发展战略,加强"一带一路"建设,共同打造"人类命运共同体"。2013 年 10 月,习近平总书记提出谋划建设"丝绸之路经济带"和共建"21 世纪海上丝绸之路"的倡议,即"一带一路"倡议,以建构面向未来的人类命运共同体。"一带一路"倡议首倡 64 个沿线国家,涉及国内 18 个省市自治区,将"带"与"路"连接起来,通过加强同沿线国家的合作,将"走出去"和"引

---

① 参见王水平:《以开放发展新理念引领开放发展新时代》,《理论视野》2016 年第 6 期。
② 《习近平谈治国理政》,外文出版社 2014 年版,第 114 页。

进来"相结合,实现海上与陆地、东方与西方、经济与文化等方面协调并行发展,信息资源互联互通。该战略实施至今,得到了沿线国家的积极响应,纷纷签署战略合作协议,同时也得到了国际社会的广泛接受和认同。2017 年 5 月,"一带一路"国际合作高峰论坛在北京成功举办。其核心内涵是促进基础设施建设和互联互通,促进协同联动发展,实现共同繁荣。① 以巴西、俄罗斯、印度、南非和中国为代表的"金砖国家"的建立也是人类命运共同体的重要体现,作为经济发展形势处于上升期的新兴市场国家,金砖五国在经济贸易、人文、教育、体育等领域不断深化合作,形成"你中有我,我中有你"的命运共同体。我国作为"金砖国家"的轮值主席国,于 2017 年 9 月 3 日至 9 月 5 日主持召开了金砖国家领导人第九次会晤,会议重点是"深化金砖国家合作,促进共同发展。加强全球治理,共同应对挑战。"对于深化开放发展战略,打造人类命运共同体具有建设性的作用。

积极参与全球经济治理,承担国际责任和义务,提升国际话语权,营造更加公平公正的国际环境。《发展权利宣言》规定,"各国有义务在确保发展和消除发展的障碍方面相互合作。各国在实现其权利和履行其义务时应着眼于促进基于主权平等、相互依赖、各国互利与合作的新的国际经济秩序,并激励遵守和实现人权。"当代经济全球化和区域一体化不仅给发达国家和发展中国家带来了机遇,同时也面临着更多挑战和风险,不仅赋予了各国和各地区发展权利,同时也需要各国承担相应的责任。我国作为世界上第二大经济体,在积极推进全球治理、承担国际责任和义务方面也树立起了一个负责任大国的形象,采取了积极的应对措施。十三五规划明确强调实现开放发展要积极参与全球经济治理、承担国际责任和义务,并提出了具体的任务和措施。现今的世界格局发生了巨大的变化,随着以"金砖国家"为代表的新兴经济体的崛起及其在世界范围内影响力的不断增强,国际分工发生变化,世界多极化趋势明显,需要重新建立和完善国际经济新秩序。② 我国通过联合广大发展中国家和新兴市场国家,加强在各类国际经济组织中的协调配合,推动国际经济治理

---

① 参见《加强互联互通,实现亚太联动发展》,人民网,http://world.people.com.cn/n1/2017/1121/c1002-29657652.html,访问时间:2017 年 11 月 22 日。

② 参见张二震主编:《开放发展》,江苏人民出版社 2016 年版,第 299 页。

体系改革完善，①"形成公正、合理、透明的国际经贸规则体系"。在国际责任的承担方面，我国坚持共同但有区别的责任原则，在应对环境污染、恐怖主义、网络安全等国际社会共同面临的问题上，以更加积极主动的姿态承担国际责任。如积极参与全球气候变化谈判，落实减排承诺；建立稳定的国内政治制度，支持和协助联合国维和行动，反对恐怖主义；为其他发展中国家和较为落后的国家提供支持和援助；加大网络安全保护力度，积极参与国际网络维护等。通过承担国际责任和义务，展现出我国作为全面开放的负责任大国应有的担当。

（五）公平落实发展成果，促进社会公平正义

共享，既是理念，也是实践。② 共享发展是新发展理念的终极目标，是实现发展权的必然结果。无论是创新发展、协调发展、绿色发展还是开放发展，其根本目的都是要落到发展成果的共享上，让所有人公平地享有经济、政治、文化、社会、生态等各方面的发展成果，实现共同富裕。因此，共享发展是发展权新理念的出发点和落脚点，在发展权新理念中具有举足轻重的地位。改革开放以来，我国在经济发展方面取得了举世瞩目的成就，创造了令人骄傲的"中国速度"，但在完善社会分配制度、公平落实发展成果方面仍存在不足。共享发展理念针对我国现阶段出现的实际问题，提出了一系列旨在增进人民福祉、促进社会公平正义的重要举措，我国通过行动具体落实共享发展理念，在世界范围内对发展权的实现具有重要的实践意义。

建立和完善包括政治、经济、分配等制度在内的社会公平制度体系。共享发展理念不仅关注经济领域，还包括在政治、文化、生态等基本领域充分保障全体社会成员的合法权益。我国在实现共享发展方面的重要举措之一是建立和完善以权利公平、机会公平、规则公平为内容的社会公平制度体系，这不仅是共享发展理念的目标，也是联合国《2030 年可持续发展议程》的愿景。有关"权利公平、机会公平、规则公平"的理论前文已详细论述，在此不再赘述。建立公平的社会制度体系，实现公平分享并不意味着平均分享，而是通过建立完

---

① 参见谭吉华、龙转：《开放发展新理念及其实现途径初探》，《党政研究》2016 年第 5 期。

② 参见王庆五主编：《共享发展》，江苏人民出版社 2016 年版，第 13 页。

善的制度,使对处于社会最不利地位的人最有利,让全体社会成员全面共享经济、政治、社会、文化、生态等方面的发展成果,从而实现"全面共享""全民共享"。在经济领域,坚持和完善社会主义经济制度和分配制度,初次分配和再分配都更加注重公平,深化薪酬工资制度改革,"健全科学的工资水平决定机制、正常增长机制、支付保障机制,完善最低工资增长机制"①。从经济总量上看,近年来我国经济对世界经济增长的贡献率很高,超过了四分之一,国民收入在上中等国家中位次逐渐提升。② 从产业结构上看,我国的第三产业发展迅速,产业结构不断升级,甚至超过第二产业,出现了"共享经济"的新形态。李克强总理在多个场合特别强调,要支持分享经济发展,发展新经济、共享经济。我国信息化和产业发展部发布的《2018 中国共享经济发展年度报告》显示,2017 年我国共享经济市场交易额约为 49205 亿元,比上年增长 47.2%。共享经济平台企业员工数约 716 万人,比上年增加 131 万人,占当年城镇新增就业人数的 9.7%。③ 共享经济的出现,增加了就业机会,提高了资源的利用效率,集中体现了创新、协调、绿色、开放和共享发展理念的内在要求,成为我国经济发展的新动能和新活力。在政治领域,完善政治制度,促进人民参与,实现政治共享。我国是人民当家做主的社会主义国家,国家权力属于人民,推行政治体制改革不仅是我国全面深化改革的重要组成部分,也是实现共享发展的重要一环。近年来我国不断完善选举制度、监督制度等民主制度,促进社会成员有序地进行政治参与。建立了严格的党内法规制度,全面落实从严治党,制定了《中国共产党党内监督条例》《中国共产党纪律处分条例》《中国共产党廉洁自律准则》等重要的党内法规和规范性文件,改革干部选拔任用制度,坚决反对和惩治腐败行为等滥用权力的行为。建立了"权力清单、负面清单、责任清单"制度,规范权力的行使。在文化领域不断深化文化体制改革,释放文化市场活力,大力发展公益文化事业,同时通过法律法规等完善知识产权保护制度,在文化市场上实现"走出去"和"引进来"相结合,提升中国文化产业在国际文化市场中的比重和地位。在生态领域,完善了环境影响评价标

---

① 《十八大以来重要文献选编》(中),中央文献出版社 2016 年版,第 814 页。
② 参见王庆五主编:《共享发展》,江苏人民出版社 2016 年版,第 153 页。
③ 参见《2018 中国共享经济发展年度报告》,《经济日报》2018 年 3 月 9 日。

准和制度，修订了《中华人民共和国环境保护法》，对环境保护的主体、义务和责任等进行明确规定。此外，实行依法治国，完善中国特色社会主义法律制度和法律体系也是共享发展的应有之义，是我国共享发展理念的实践贡献。社会运行规则的公平是实现公平正义的内在要求，"落实与体现社会公平正义的历史过程，必然也就是全面推进依法治国的进程。"①近年来，我国根据经济社会的发展变化对各项法律进行修订和增补，并进行大规模的法律清理工作，在法律的制定和修改上体现对所有公民权利的平等保护和对弱势群体的特别保护，促进实质平等。

加强社会保障、改善民生工作，健全社会基本公共服务体系。共享发展是一个循序渐进、从低级到高级的过程。完善社会保障和民生工作是共享发展的出发点和落脚点，也是《2030 年可持续发展议程》的重要方面，它有利于提升社会成员的幸福感和获得感，增进社会包容，促进全体社会成员积极参与，集中体现了以人民为中心的共享发展理念及其所内含的"全面共享""全民共享""共建共享"和"渐进共享"原则。我国十分重视在社会和民生领域落实共享发展理念，党的十八届五中全会提出，"注重机会公平，保障基本民生，实现全体人民共同迈入全面小康社会。"②在民生领域和社会领域，我国注重在扶贫工作、医疗卫生、就业创业、教育、文化体育、住房、社保等各个领域全面提升公共服务质量。例如，加大扶贫工作力度是我国推进共享发展的首要举措和重要贡献，《2030 年可持续发展议程》明确提出，"消除一切形式和表现的贫困，包括消除极端贫困，是世界的最大挑战，对实现可持续发展必不可少。"③我国坚持实施精准扶贫和脱贫攻坚方略，精确落实扶贫的主体、对象和责任，通过财政转移支付等方式因地制宜地开展扶贫、脱贫工作。"发挥制度优势，构建了政府、社会、市场协同推进的大扶贫格局，形成了跨地区、跨部门、跨单位、全社会共同参与的多元主体的社会扶贫体系，先后实施《国家八七扶贫攻

---

① 李德顺：《谈社会主义核心价值"公正"》，《中国特色社会主义研究》2015 年第 2 期。

② 《十八大以来重要文献选编》（中），中央文献出版社 2016 年版，第 811 页。

③ 《变革我们的世界：2030 年可持续发展议程》，载中华人民共和国外交部网站，http://www.fmprc.gov.cn/web/ziliao_674904/zt_674979/dnzt_674981/xzxzt/xpjdmgjxgsfw_684149/zl/t1331382.shtml，访问时间：2017 年 8 月 30 日。

坚计划(1993—2000 年)》《中国农村扶贫开发纲要(2001—2010 年)》《中国农村扶贫开发纲要(2011—2020 年)》"①,不断加大对三农事业和贫困人口特惠政策。从脱贫的数量、精准扶贫的成效上看,我国上对世界范围内扶贫减贫工作作出了重要的贡献。据我国发展权白皮书显示,"中国在改革开放 30 多年的时间里,使 7 亿多人口摆脱贫困,占全球减贫人口的 70%以上"。②成为世界上第一个完成联合国千年发展减贫目标的国家。"5 年来,又有 6000 多万贫困人口稳定脱贫,贫困发生率持续下降,贫困地区农村居民人均收入保持两位数增长。"③其次,增加公共服务供给。公共服务的供给力度和范围是共享发展水平实现程度的直接体现,目前我国"更加注重推进公共服务均等化,在医疗、卫生、教育、住房、就业、养老等方面增加公共产品供给。"④完善供给总量和供给的公平配置,"大供给的范围和数量,缩小城乡和区域公共服务供给的差距,加强基础设施建设,提高公共服务的共建能力和共享水平。"⑤再次,提高教育质量。教育是一个国家屹立于世界之林的根基,是社会进步的基石,是实现共享发展的必然要求。我国十分重视义务教育的普及和高等教育的发展,根据中国统计年鉴资料显示,自 2001 年起至 2014 年止,教育经费投入从 4600 余万元增加到 3.28 亿元;另一方面,提升高等教育质量,2017 年 9 月 21 日,教育部正式下发了《关于公布世界一流大学和一流学科建设高校及建设学科名单的通知》,公布世界一流大学和一流学科建设高校及建设学科名单。⑥对于推进建设世界一流水平的高等教育,培养具有国际视野的国家创新型人才。同时注重学前教育、高中教育、继续教育、职业教育的发展,推进全民教育、终身教育,促进学习资源开放流动,全面提升国民教育水平和质量。

---

① 习近平:《携手消除贫困 促进共同发展——在 2015 减贫与发展高层论坛的主旨演讲》,人民网,http://politics.people.com.cn/n/2015/1017/c1024-27708352.html,访问日期:2017 年 11 月 3 日。

② 《发展权:中国的理念、实践与贡献》,《人民日报》2016 年 12 月 2 日。

③ 习近平:《抓住世界经济转型机遇 谋求亚太更大发展——在亚太经合组织工商领导人峰会上的主旨演讲》,《人民日报》2017 年 11 月 10 日。

④ 李红松:《共享发展理念的哲学基础与落实路径》,《求实》2016 年第 9 期。

⑤ 王庆五主编:《共享发展》,江苏人民出版社 2016 年版,第 156 页。

⑥ 参见中华人民共和国教育部官网,http://www.moe.edu.cn/,访问时间:2017 年 9 月 21 日。

最后，促进就业创业。创业就业不仅是创新发展理念的内在要求，也是实现共享发展的应有之义。创造更加稳定的就业环境，鼓励和支持自主创业，增加就业岗位的种类和数量，让每一个人在共享发展中充分发挥主观能动性。我国在人口、医疗、食品药品等民生领域的其他方面均有较大的贡献，对世界范围内实现可持续发展具有重要的实践意义和参考价值。

第六章　原则:坚持以人民为中心的发展权导向

　　法国法学家卡雷尔·瓦萨克曾将三代人权分别与启蒙思想中"自由""平等""博爱"三个价值理想相联系。他指出:"三代人权分别适应于法国革命时期主张的三种理念——自由、平等和博爱"[①],即公民权和政治权崇尚自由,经济、社会和文化权追求平等,而第三代人权则体现了博爱的精神。虽然这种理论不一定完全正确,但仍有可供借鉴之处。联合国《发展权利宣言》中所提及的"全体人民""所有个人""人人""自由""公平""人是发展进程的主体"等表述无不彰显了对"博爱"这一人权价值的追求和以人为发展权中心这一基本理念的强调。事实上,中华传统文化宝库中蕴含着丰富的彰显"以人为本"精神的思想资源,早在2000多年以前就有所呈现,直至今日仍能为中国和世界的发展权研究和实践提供重要的思想借鉴。

第一节　以人民为中心的发展权的思想渊源

　　以民为先、善待百姓的观念,中国古已有之。据《史记》记载,夏代舜帝与臣子议论治国之道便指出,成就德业的根本在"安民"。后世整理的"伪古文尚书"中《五子之歌》一篇中也有"民惟邦本,本固邦宁"的提法。春秋战国时

---

　　① Karel Vasak,Pour une Troisième Génération des Droits de l'Homme.Cited in Studies and Essays on International Humanitarian Law and Red Cross Principles,1984,pp.837,839.

期,诸子百家著书立说、相互争鸣,就宇宙万物和国家社稷提出自己的观点和主张。这些各具特色、异彩纷呈的治国思想和治国方略普遍重视"民"在政治生活中的地位,汇聚成一股"以民为本"的思潮,在中华民族两千多年的文明史中不断得到深化发展并逐渐成为中国古代政治思想中最具特色的组成部分。

一、"以人为本":古代民本思想的滥觞

春秋时期,齐国名相管仲在辅佐齐桓公"九合诸侯,一匡天下"的过程中,较为系统地阐述和实践了其"以人为本"的民本思想。① 在《管子》一书中,管仲多次强调人民的重要地位:在《霸形》篇中,管仲以"齐国百姓,公之本也"回应齐桓公"何为霸王之业根本"的疑问②;《霸言》一篇更是明确指出"夫霸王之所始也,以人为本"③。但管仲以人为本的思想具有其历史局限性,人民只是统治者实现国家治理的工具,而非国家的主人。管仲自始至终都将辅佐君主在争霸战争中取得胜利作为治理的根本目的。管仲的"以人为本"思想的核心内容,不是要让人民成为国家政治的主体,而是要指导统治者利用人民赢得争霸战争,成就霸业。

以此为出发点,管仲从三个方面论述"民"在君主治国活动中的地位。首先,人民是影响战争胜败的重要资源。现代研究者认为,管子的学说带有朴素的唯物主义色彩,其"仓廪实则知礼节,衣食足则知荣辱"④的表述就被认为是中国古代朴素唯物主义思想的鲜活体现。春秋战国时期,各诸侯国之间彼此征伐,战火不休。面对决定国家命运的战争考验,有人认为取胜的关键在于是

---

① 管仲的"以人为本"的治国思想主要体现在《国语·齐语》以及《管子》之中。现代研究者认为,《管子》是管仲的学生和思想后继者记录管仲生前言论和思想所著的论文集,写作年代大抵始于战国中期而成于秦汉,其内容庞杂,融汇法家、道家、儒家等思想特色。《管子》一书虽然并非全部由管仲本人所著,但在很大程度上反映了管仲的学术思想和治国方略,此乃当前中国学界的共识。(刘柯、李克和:《〈管子〉译注》,黑龙江人民出版社 2003 年版,第 1—3 页。)

② 《管子·霸形》:"……管子对曰:'君若将欲霸王举大事乎? 则必从其本事矣。'桓公变躬迁席,拱手而问曰:'敢问何谓其本?'管子对曰:'齐国百姓,公之本也……'"(本书所引《管子》内容均出自《〈管子〉译注》,刘柯、李克和译注,黑龙江人民出版社 2003 年版。)

③ 《管子·霸言》。

④ 《管子·牧民》。

否得到"天"或"先祖"的支持,有人认为取胜的关键在于计略战术的革新,而管仲则从朴素的唯物主义出发,认为决定战争结果的关键在于国家物质生产的发达程度。管仲指出,君主要使国家军力强盛,首先要使物质资料丰足,而物质资料丰足最根本途径就在于发展生产。妥善运用手中的资源发展生产尤其是农业生产是君王治国理政的首要事项,即所谓"民事农,则田垦,田垦则粟多,粟多则国富,国富则兵强,兵强者战胜,战胜者地广"①。发展生产则国富兵强,然后就能够开拓疆土,夺取更多用于生产的土地,形成良性循环。在管仲看来,作为这个循环第一步的农业生产立足于两个基本要素,其一在于占据更多作为生产资料的土地,其二在于把握作为劳动者的人民。所以"辟土地"和"得民心"就成了帝王治国的第一要务,即"帝王者,审所先所后,先民与地,则得矣"②。当然,从管仲的整个民本思想来看,他所指的"民"并非仅仅是农民,还包括"士""工""商"等从事其他生产活动的人民,只要这四种人各司其职,国家的基石就能稳固。③ 其次,人民是维系统治的重要因素。在《形势解》这一篇中,管仲以商纣王为例,指出商纣王失去王位的根本因素在于其"劳民力,夺民财,危民死,冤暴之令,加于百姓;僭毒之使,施于天下",所以"大臣不亲,小民疾怨,天下叛之"。管仲进而总结说"古之圣王……非得人者,未之尝闻。暴王之所以失国家……非失人者,未之尝闻"④,也就是说能否"得民心"是决定政治得失的关键。如果统治者失去民心,哪怕国力强盛,最终也会因人民判离而无法发挥出国家的力量,最终在残酷的政治斗争中失败,即所谓"政之所兴,在顺民心。政之所废,在逆民心"⑤。最后,人民不可轻易战胜。春秋时期的思想家大多都认识到黎民百姓所拥有的巨大力量,但他们就如何掌握和运用这种力量却有着不同的看法。当时一种流行的观点认为应当通过严刑峻法和政治权术作来弱化人民、压迫人民、驱使人民,从而最大限度地压榨人民的力量。针对这种思想,管仲针锋相对地指出"胜民之道不可

① 《管子·治国》。
② 《管子·枢言》。
③ 《管子·小匡》:"士农工商四民者,国之石民也。"
④ 《管子·五辅》。
⑤ 《管子·牧民》。

久也"。他在回答齐桓公"何以胜民"的问题时指出，从表面上看实现"胜民"十分简单，只要"使有司疏狱，而渴有罪者偿，数省而严诛"就足够了。然而胜民之道"非天下之大道也"，通过严刑峻法压迫人民也许能够在短时间内达到目的，但长久以往只会使人民对君主产生畏惧而不愿意为君主竭尽全力，最终使国家和君主处于危难的境地①，而只有施行"顺民之道"才能长久地掌握人民的力量，使君主在政治斗争中居于不败之地。根据以上三点理由，管仲构建了一套"以人为本"的争霸战略体系，即利用"顺民"之道争取人民的支持，以"富民"之术增加人民的战斗潜力，最终通过"利民"之道诱使人民全心全意地为君主的霸业勇敢作战。在治理齐国的过程中，管仲详细地叙述和实践了该战略的具体措施，使齐国在对外战争中连连胜利，帮助齐桓公成就了霸业。

总而言之，管仲将人民视作一种宝贵的战略资源，而他整个"顺民之道"的治国方略都是围绕组织人民发展生产而展开的，可以说管仲是以经济发展为核心来治理国家的，正如西汉刘向《〈管子〉书序》所言："其为政也……贵轻重，慎权衡"。另一方面，管仲也通过"以人为本"的治国方略来达到辅佐主君称霸天下的目的，反映了春秋时期的人民在治国观念和政策中地位提高的普遍现象：在争权夺利、争霸攻伐的斗争中，越来越多统治者和谋臣名士开始注重争取人民的支持，离间敌国民心，巩固本国人民的方略和政策在《左传》《国语》等史料中屡见不鲜。管仲作为其中的佼佼者，不仅系统阐释了"以人为本"的理民方略，在政治实践中也通过兼顾平民百姓和君主贵族利益的政策给齐国百姓带来了相对安稳富足的生活。对当今时代而言，管仲虽然并未将人民视作主体，但他以经济发展为出发点的治国理念和重视人民财富增长的发展思想仍然不乏借鉴意义。

二、"道法自然"，道家思想的民本内涵

在先秦时代的诸子百家之中，儒家、道家和法家思想似乎更受历代封建统

①　《管子·小问》："桓公曰：'我欲胜民，为之奈何？'管仲对曰：'此非人君之言也。胜民为易。夫胜民之为道，非天下之大道也。君欲胜民，则使有司疏狱，而渴有罪者偿，数省而严诛，若此，则民胜矣。虽然，胜民之为道，非天下之大道也。使民畏公而不见亲，祸殆及于身，虽能不久，则人待莫之弑也，危哉，君之国岌乎。'"

治者的青睐。道家思想①在战国时期得到充分发展,至汉初更是成为统治集团信奉的官方哲学。纵然汉武帝的"罢黜百家,独尊儒术"政策使得儒家学说逐渐占据了思想界的主流地位,但道家学说仍然对封建统治者有着深刻的影响②,成为中国古代政治实践中"轻徭薄赋""与民休息"等治国政策的重要思想根基。道家的政治思想同样是中华传统文化中"以民为本"的民本思想的源头之一。

分析道家学说中的民本思想离不开对"道"和"无为而治"的阐释。所谓"道"是道家理论体系的最高范畴,即宇宙万物的本源和最基本的运动规律③。"道"的具体表现和功能效用被称为"德",最高"德"的状态随着"道"的变化而变化。万事万物莫不贵道尊德,以"道"和"德"作为自己的行动依据和最高追求。道家学说认为"道法自然",作为万物本源和最高准则的道往往和自然保持一致,表现出纯净、静止和自然演化的特征。因此,统治者应该按照自然的"无为之道"施政,使得天下万民就能够"自化""自正""自富""自朴"④,社会安宁和谐,最终国家也能够按照自然大道得到发展,即"道常无为而无不为。侯王若能守之,万物将自化"⑤。在道家思想发展的过程中,"无为而治"

---

① 东汉时期产生了中国本土宗教——道教,道教在发展过程中融合道家思想,逐渐成为道家思想的重要内涵。南北朝时期"道家"多用来指称道教,如东晋葛洪著作中的"道家"就指的是作为宗教的道教。事实上,经过数千年的发展,"道家"已经逐步发展为一个包含哲学思想、政治理论、宗教教义甚至养生之法的综合性思想体系。我们这里所讨论的道家思想,主要是指其中的政治理论,以战国后期形成的"黄老之学"以及唐代道家政治思想为重点。

② 道家思想对中国古代国家治理的影响应该从两方面分析。一方面,不少封建帝王奉道家为官学。如唐初唐太宗、唐玄宗"内用黄老,外示儒术",以道家学说施政。宋代初年,统治者奉行黄老之术,施行"无为而治",治国时强调"清静致治"。另一方面,在中华文化发展的过程中,儒、道、释等学说相互影响、相互渗透,呈现逐渐融合的趋势。执政者即便不以道家为官学,但其政策措施中往往渗透有道家思想内涵。

③ 《老子·第四十二章》中表明:"道生一,一生二,二生三,三生万物。"《淮南子·天文训》则说:"道始于一,一而不生,故分而为阴阳,阴阳合和而万物生,故曰:'一生二,二生三,三生万物。'"《淮南子·缪称训》中指出:"道者,物所导也。"这种表述反映道家学者普遍将"道"作为万物运动遵循规律的观念。

④ 《道德经·第五十七章》:"我无为而民自化,我好静而民自正,我无事而民自富,我无欲而民自朴"。

⑤ 《道德经·第三十七章》(本书所引用的《道德经》内容均来自《老子》,饶尚宽译注,中华书局2006年版。)

的理想虽是不变的,但"无为"的内涵在不同时期有所不同。在老子的理论中,"无为"是指统治者在面对复杂多变的客观情势时谨慎地采取活动,顺应事物发展的客观态势以实现趋利避害。庄子将"无为"推向了极端,认为在自然面前人不能也不应该有所作为,统治者只能顺应时势的发展而不应以主动的姿态对其进行干预。汉初,统治者奉行的黄老之术则从"无违"角度对"无为"进行了新的解读。"无为"被理解为在遵循客观规律的前提下进行认识和实践活动,即所谓"夫地势,水东流,人必事焉,然后水潦得谷行;禾稼春生,人必加功焉,故五谷得遂长。听其自留,待其自长,则鲧禹之功不立,而后稷之智不用。"①可见,此处的"无为"已非要求人们面对客观情况采取消极退让或过分谨慎的态度,而是鼓励人们积极采取行动,在认识客观规律的情况下发挥主观能动性,采取符合现实条件和规律的实践活动,最终实现道家"治国"、"化民"的政治追求。

无论是《道德经》还是《淮南子》,"无为而治"都要求统治者治理国家时尊重并遵守自然之"道",而"以民为本"始终被道家思想认为是"道"的重要内容之一。老子认为春秋战国时代战争频繁、人民生活困苦的状况是由于统治者施行"有为之治"而过度干涉人民生活的缘故。因而他主张的"无为"之中就蕴含着要求统治者对施行干涉人民生产生活的政策措施采取谨慎态度,应该放任人民"自化"的内涵,即统治者应该以人民福祉作为治国行为的边界。② 以此为出发点,老子总结出"慈""俭"和"不敢为天下先"③的国家治理三原则。按照三原则的要求,统治者要做到体察民情、怀德爱民;节俭持国、戒除奢侈;谦虚退让、节欲不争。黎民百姓也要培养互爱互助、勤俭持家、谦让不争的良好民风。如果统治者和民众能够按照这些原则行事,就会国家安定、社会和谐。此外,老子还在《道德经》中提出"轻徭薄赋""减省刑罚""禁绝不义

---

① 《淮南子·脩务训》[本书所引用的《淮南子》内容均来自(西汉)刘安撰,顾迁译注:《淮南子》,中华书局2009年版]。

② 《道德经·第六十六章》中指出:"是以圣人欲上民,必以言下之;欲先民,必以身后之。"《道德经·第四十九章》也强调:"圣人常无心,以百姓之心为心。"老子认为,优秀的统治者领导人民时总是将自己的利益放在人民利益之后,倾听人民的声音,充分尊重人民的意志。

③ 《道德经·第六十七章》:"天下皆谓我道大,似不肖。夫唯大,故似不肖。若肖,久矣其细也夫! 我有三宝,持而保之。一曰慈,二曰俭,三曰不敢为天下先。"

战争"等治理国家的具体建议。① 到了汉代,道家思想在统治者的政治实践中得以继续发展,黄老之术继承并发扬了老庄思想的民本传统,并结合道者们在汉初治国实践中的经验将道家的民本思想系统化。汉代道家思想的代表作《淮南子》指出,"国主之有民也,犹城之有基,木之有根。根深则本固,基美则上宁。"②这句话明确地提出人民是国家基石的观念。《淮南子》全书都对劳苦大众报以极大同情,认为统治者应该体察民间疾苦,以"安民"为施政方针治理国家。"安民之本,在于足用"。"安民"的根本在于经营民生,使人民食用充足。③ 为此,《淮南子》提出了以"利民"、"因民"为基本原则,以一系列"富民"措施为具体手段的治国主张。"利民"被《淮南子》奉为治理国家的根本原则之一,即所谓"治国有常,而利民为本"④。"利民"要求统治者执政时主观上从民众之忧乐出发,实施有利于民的政策和法令。而"因民"则是在阐发道家"无为"理论后从客观方面对统治者提出的要求,要求统治者在认识、尊重作为治理客体的民的实际情况和意愿追求的前提下制定政策。"因民"一方面要求统治者积极采取行动对万民施以教化,即"圣人制礼乐,而不制于礼乐"⑤;另一方面要求统治者在熟悉民情,体察民众需求的前提下通过因势利导和循循善诱使人民自然地服从教化。《齐俗训》一章中阐明:"故事周于世则功成,务合于时则名立。"若君主的政策反映了人民的意愿,就能得到人民的支持而顺利施行,反之则会一事无成。在通过"利民"、"因民"阐明统治

---

① 《道德经·第七十五章》指出:"民之饥,以其上食税之多,是以饥。民之难治,以其上之有为,是以难治,民之轻死,以其上求生之厚,是以轻死。"对统治者施加重税,横征暴敛的行为进行了批判,从反面阐述了其"轻徭薄赋"的主张。《道德经·第七十四章》中指出:"民不畏死,奈何以死惧之",若不按自然天道行事,单纯依靠严刑峻法是无法达到治世的。同时老子又说:"法令滋彰,盗贼多有",认为法令是治国的辅助手段,过于繁密和完备的法律体系反而会适得其反。老子对于侵略战争也持鲜明的反对态度,正如他在《道德经·第三十一章》中指出的那样:"兵者,不祥之器",凡是热衷于战事的统治者,肯定不会有好的下场,即"夫乐杀人者,则不可以得志于天下矣。"

② 《淮南子·泰族训》。

③ 《淮南子·诠言训》:"为政之本,务在于安民;安民之本,在于足用。"

④ 出自《淮南子·氾论训》。此外,此书中还有多处将"利民"作为统治者治国之要的表述,如《淮南子·主术训》中说:"先王之所以应时修备,富国利民,实旷来远者,其道备矣。""尧之有天下也,非贪万民之富,而安人主之位也。"

⑤ 《淮南子·氾论训》。

者的行为准则之后，《淮南子》又以"富民"为纲提供了较为具体的施政指向。正所谓"民以食为天"，农事在古代中国的重要性不言而喻，勉励农桑的政策也早已被很多思想家提及。《淮南子》从实践的角度对如何发展农业生产作了进一步解释，具体内容包括应该指导人民因时因地制宜种植作物，施加徭役不要扰乱农时；注意保护生物资源，禁止竭泽而渔、破坏农业环境的行为；适度征收赋税，使人民得以休养生息等等，归纳起来就是要"上因天时，下尽地财，中用人力。"①另外，《淮南子·齐俗训》中特别提出尊重各地区风俗习惯的观念。不同地区的不同风俗都是自然而平等的。统治者应该充分尊重个体和区域的差异性，使不同地区的风俗习惯得以共存，正所谓"入其国者从其俗，入其家者避其讳"，而不应该施用强制性的法令，迫使人民改易风俗。当然，某些风俗习惯确实过于落后和野蛮，需要"决其善志，防其邪心，启其善道，塞其奸路"，即通过教化和引导人们移风易俗，最终实现"民性可善，而风俗可美"②。这种主张不同文化相互理解，求同存异的民俗观念，展现出对社会少数群体的宽容和对其文化发展的认可，在同时代的思想中可谓独树一帜。

综上所述，无论是先秦时期的老庄之道还是汉代的黄老之术，道家思想在追求超然物外的逍遥意境的同时，也表现出对黎民百姓的殷切关怀。即便封建王朝的统治者们多奉儒家学说为治国政策的理论基石，道家思想仍以不同的形式渗透至封建帝王的决策的过程中，成为历朝历代休养生息政策的理论之源。道家学说中那些尊重人民自主地位，倡导人与自然和谐共处的发展理论，直至今天仍能成为发展权保障的重要文化资源。

三、"兼爱非攻"：墨家思想的民本主张

在百家争鸣的春秋战国时代，墨家思想与儒家思想分庭抗礼，并称"显学"③。秦汉之后的封建朝代虽以儒、道等学问为官学，但士人学子仍对墨家学说抱有不小兴趣，历朝历代都有相关研究著述。20 世纪，在世界潮流的推

---

① 《淮南子·主术训》。
② 《淮南子·泰族训》。
③ 韩非子说："世之显学，儒墨也"（周勋初：《韩非子校注》，凤凰出版社 2009 年版，第683 页）。

动下,中国的先进知识分子对传统的儒、道思想的僵化和无用失望透顶,一方面转向西方寻求救亡图存的思想良方,另一方面也开始挖掘中国传统文化中其他学派思想的价值,墨学研究一时成为热潮。"五四运动"的思想家们高度评价墨家思想,甚至出现了"墨学救国"、"以墨救世"的口号。① 墨家思想在塑造中国民族文化的过程中扮演着不输于儒、道等官方学说的地位,在中国人民救亡图存的思想解放运动中被重新发掘后焕发出新的色彩,同样是中国"民本"传统的重要源头。

现代学者认为,墨家思想代表着小生产者的利益,所以特别注重对平民利益的保护。墨家思想将是否符合"国家百姓人民之利"视为其立论的标准之一,其思想主张中的"兼爱""非攻""尚同""尚贤""非乐""节用""节葬"蕴含着丰富的民本内涵。② 学界一般认为"兼爱"是墨家思想的核心③,墨家所说的"兼爱"有两层含义。第一层是指人与人之间平等相待,即所谓"爱无差等",使天下万民树立"视人之国若视其国,视人之家若视其家,视人之身若视其身"的观念。第二层在于人与人之间要相互关爱,相互帮助。兼爱的政治伦理,要求打破人与人之间原有的亲疏、贫富、贵贱的地位差别而代之以彼此平等的地位,同时要求人们互爱互助进而构建和谐的人际关系进和人人互助的理想社会。由于那些因为有亲疏贵贱之分的"别爱"而受到压迫的大多数

---

① 新文化健将易白沙在其《述墨》一文中振臂高呼:"非举全国之人,尽读墨经,家有禽子之巧,人习高何之力,不足以言救国。"胡适对墨家有着高度的评价,认为墨翟的为人是"立德的不朽"。梁启超认为墨家思想中自我牺牲的精神已经"深入人心",成为"吾民族特性之一",是中华民族能"继继绳绳与天地长久"的根本。(易白沙:《述墨》,《新青年》1卷2号;《胡适文集》第二卷,北京大学出版社1998年版,第526页;《梁启超全集》第11卷,北京出版社1999年版,第3260页)

② "何谓三表? 子墨子言曰:有本之者,有原之者,有用之者。于何本之? 上本之于古者圣王之事;于何原之? 下原察百姓耳目之实;于何用之? 废以为刑政,观其中国家百姓人民之利。此所谓言有三表也。"(本书中引用《墨子》内容均引自《墨子闲诂》,孙诒让撰,孙启治点校,中华书局2001年版。)

③ 关于这一点,学界尚存在争论,一些学者在对墨家思想进行整体研究之后提出了不同的看法。如赵刀光在《墨子·天志浅涉》一文中认为"天志"是墨子思想的核心;杨俊光认为,"兼爱"相较于"尚同"处于"次要的地位","尚同"才是墨子思想的核心;蔡尚思将兼爱学说与非命学说并列,认为墨子的中心思想是以兼爱与非命为中心的大平等主义。[杨俊光:《谈关于墨学的理论体系问题》,载《墨子研究论丛》(一),山东大学出版社1991年版;蔡尚思:《墨子十大宗旨的主次问题》,载《墨子研究论丛》(四),山东大学出版社1991年版。]

是社会底层人民和弱势群体,这种反对等级秩序的思想可以说是站在社会大多数人民的立场上的。墨家"兼爱"思想在政治实践上的理论原则是"尚贤"和"尚同"。所谓"尚贤",即是在选任官吏时"不党父兄,不偏富贵,不璧颜色",仅以才干作为唯一标准,甚至连墨家思想中作为国家最高统治者的"天子"也要通过选举产生。① 这种无分贵贱、唯才任用的观念一定程度上反映了下层人民对于平等参与政治生活的渴盼。而对于"尚同"认识,学界还存在不少分歧②,但无论采取哪种看法,都不能忽视"尚同"学说的这样一个侧面:在诸侯割据、战乱频仍的战国时代,强调天下一统的"天子"统治无疑符合了历史发展的趋势,也在一定程度上反映了人民追求和平稳定的发展环境的愿望。"非攻"是"兼爱"反映到战争观上的必然结果,正所谓"视人国若其国,谁攻?"③蔡元培也在评价墨子时指出"言兼爱则必非攻"④。在分析战争性质的基础上,墨家将战争分为讨伐暴君的"诛"与侵略凌弱"攻"。墨家对给社会生产和人民生活带来巨大灾难的"攻"战坚决反对,而对于讨伐暴君的"诛"战以及反抗侵略的正义战争则采取支持态度。从这个角度看,墨家的"非攻"理论也是在充分考量平民百姓的福祉之后提出的。同时,墨子还提出了包括"节葬""节用""非乐"等内容的节用主义。此种"节用主义"并非苛求老百姓放弃一切娱乐和改善生活的尝试,而是要求上层社会的贵族群体戒除骄奢淫逸

---

① 《墨子·尚同上》:"是故选天下之贤可者,立以为天子。"墨家认为国家最高统治者及其下属都应该由人民根据个人才智来确定,但墨家并未就人民如何选举"天子"提出具体可行的政治方案。

② 学界对于"尚同"学说的认识主要分为三种观点。第一种观点认为"尚同"是宣扬君主独裁统治,如杨俊光指出墨家的"尚同"是"中央集权的专制主义封建国家理论的最早表述"。第二种观点认为"尚同"思想并非追求一人独裁,如谭风雷认为"尚同"是指同于贤者,与民主思想并不矛盾,萧公权认为墨家"尚同"观念是一种变相的"民享政治论",统治者的权力来源于以对公共利益的保护。第三种观点认为"尚同"主观上试图构建贤人统治下人人平等的政治环境,但客观上不可避免地会造成统治者权力的过度膨胀。[参见杨俊光:《墨子新论》,江苏教育出版社1992年版,第69—79页;谭风雷:《墨子"尚同"思想中的民主意识》,载《墨子研究论丛》(一),山东大学出版社1991年版;萧公权:《中国政治思想史》(上册),商务印书馆2011年版,第138页。]

③ 《墨子·兼爱》:"犹有大夫之相乱家、诸侯之相攻国者乎?视人家若其家,谁乱?视人国若其国,谁攻?故大夫之相乱家、诸侯之相攻国者亡有。若使天下兼相爱,国与国不相攻,家与家不相乱,盗贼无有,君臣父子皆能孝慈,若此,则天下治。"

④ 蔡元培:《中国伦理学史》,上海古籍出版社2005年版,第176页。

的腐败生活。墨家认为,上层社会奢侈的生活必然导致苛捐杂税,用尽手段"厚措敛乎万民""亏夺民衣食之财",使人民陷于贫困和饥寒。只有效法古代先贤圣王"爱民谨忠,利民谨厚"①,"发令行事,便民用财"②的做法才能使国家长治久安。由此看来,墨家之节用主义,也是从人民福祉出发,以人民为本位的基础上而提出的。

《墨子》一书中反复强调,能成就伟业的人必要"兴天下之利,除天下之害"③,即是在执政时,推进对天下百姓有利的事情,革除那些对天下百姓有害的事情,最终构建"刑政治,万民和,国家富,财用足,百姓皆得暖衣饱食,便宁无忧"的理想社会。为了实现这项为人民群众谋取福利的宏愿,墨者们对如何构建人人平等、人人富足的社会作出了最初的理论探索,其治国蓝图中体现出的对平等、和平和发展等价值的追求直到今天也不过时。墨家思想在一百多年以前中华民族救亡图存的伟业中已经散发过光彩,而在这个"比历史上任何时期都更接近中华民族伟大复兴的目标"④的时代,墨家思想中的"民本"内容更值得我们进一步探索和挖掘。

四、"仁者爱人":秦汉儒家的民本思想

"孔子创立的儒家学说以及在此基础上发展起来的儒家思想,对中华文明产生了深刻影响,是中国传统文化的重要组成部分。"⑤儒家学说受到中国历代统治者推崇,对中华文明的政治实践所产生的影响是不言而喻的。儒家学说在政治上主张构建一种尊卑有序、亲疏有别的等级秩序,是为统治阶级压迫人民服务的,但其中有关君民关系、民生保障、教化人民等事项的论述也彰显了鲜明的民本色彩。

---

① 《墨子·节用(中)》。

② 《墨子·节用(上)》。

③ 《墨子》一书中多次提到此句,即"仁人之事者,必务求兴天下之利,除天下之害"(《墨子·兼爱下》)以及"今且天下之王公大人士君子,中情将欲求兴天下之利,除天下之害"(《墨子·非攻下》)。

④ 习近平:《在庆祝中国共产党成立95周年大会上的讲话》,人民出版社2016年版,第27页。

⑤ 习近平:《在纪念孔子诞辰2565周年国际学术研讨会暨国际儒学联合会第五届会员大会开幕会上的讲话》,人民出版社2014年版,第4页。

　　春秋战国时期,周王朝的统治秩序开始支离破碎,礼崩乐坏、战乱频仍,社会动荡不安。鲁国贵族孔子感怀于混乱的时势,以"仁"为出发点尝试重建西周礼乐制度,提出了以"仁"为核心的儒家思想。在孔子的理论中,"仁"有着不同层次的意涵,但其逻辑的起点是"爱人"①。这份爱源自天然而质朴的血缘亲情,其起点是父母子女之间的爱,然后是兄弟家人之间的爱,最终层层推阐为"己欲立而立人,己欲达而达人"的对所有人的爱。"爱人"的道德准则推行到政治上即要求施行"德政"。"德政"的政治构想一方面要求统治者加强自身修养,践行道德规范,以高尚的言行为垂范感化人民,即所谓"其身正,不令而行;其身不正,虽令不从"②。另一方面"德政"也要求统治者本着"爱人"之心统治人民,施行"爱民"之策。孔子在其著作中阐释了一系列体现"爱民"的执政原则,如取信于民③,要使人民富裕④,要教化人民使其向善等等。不过也必须认识到,孔子虽然呼吁统治者以仁德之心行爱民之政,但另一方面又认为"民可使由之,不可使知之"⑤,轻视劳动人民。所以说,孔子的"爱民"是一种有等差的上位者对下位者的爱,并未将人民视作国家治理和发展的主体。

　　孟子是孔子的私淑弟子。孟子重新阐释君民关系,将孔子的德政爱民思想升华到新的高度。孟子理论的基础是"人性本善"论,认为天下万民包括国家统治者都有天赋的不忍人之心。维持善良本心的统治者必然施行"仁政",而"仁政"又会帮助他取得天下民心,进而"得民心者得天下"⑥。以此为出发

---

　　①　《论语·颜渊》:"攀迟问仁。子曰:'爱人'。"(本书所引用的《论语》内容均来自《论语》,张燕婴译注,中华书局 2006 年版。)

　　②　《论语·子路》。

　　③　《论语·颜渊》:"子贡问政。子曰:'足食,足兵,民信之矣。'子贡曰:'必不得已而去,于斯三者何先?'曰:'去兵。'子贡曰:'必不得已而去,于期二者何先?'曰:'去食。自古皆有死,民无信不立。'"

　　④　《孔子家语·贤君》中记载了孔子回答鲁哀公疑问的时候的言论:"政之急者,莫大乎使民富且寿也。"公曰:"为之奈何?"孔子曰:"省力役,薄赋敛,则民富矣;敦礼教,远罪疾,则民寿矣。"公曰:"寡人欲行夫子之言,恐吾国贫矣。"孔子曰:"诗云:'恺悌君子,民之父母。'未有子富而父母贫者也。"

　　⑤　《论语·泰伯》。

　　⑥　《孟子·离娄上》:"得天下有道,得其民,斯得天下矣。得其民有道,得其心,斯得民矣。得其心有道,所欲与之聚之,所恶勿施尔也。"(本书所引用的《孟子》内容均来自《孟子》,万丽华译注,中华书局 2006 年版。)

点,孟子以"民贵君轻"来阐释其君民关系,认为保有本心的君主必然在国家治理中将"民"置于高于自身的首要位置①,将"民"的利益福祉视为治理国家的头等大事②。另一方面,人民衣食富足才能保有其善良本心,即"有恒产者有恒心,无恒产者无恒心"。如果人人都保有天赋的赤子之心,社会就会安定和谐,国家就能繁荣富强。③ 因此,治国之要在于"制民之产"。孟子以周文王为例阐明如何"制民之产",具体措施包括奖励农耕、减轻税负、放宽刑罚、扶助社会弱势群体等。④ 在提出民贵君轻的君民关系论和施行"制民之产"的仁政的同时,孟子还提出"人人皆可以为尧舜"的理念,鼓励人民在善良本心的指引下积极进取、创造伟业,显示出倡导个性解放的精神。先秦时期的另一位儒家代表人物是荀子。在荀子生活的时期,秦国一统天下几乎已成定局,构建中央集权和君主专制的政治体制是社会发展的必然趋势。荀子深受当时流行的法家思想影响,将"尊君"作为其治国理论的主要内容,但同时又保留了儒家思想的特色⑤。在君民关系方面,荀子在继承孟子"民贵君轻"思想的基础上融入法家"尊君"内核,提出了"君舟民水"的论断。该理论以"民"为水,以君为"舟",以君为上,只有君主才是主体。但另一方面荀子也强调君主不可忽视人民的力量,君主如果想要使人民颠覆性的力量不至于对抗自己就要实行"宽政"来使"生民宽而安"⑥,否则就会导致"庶人骇政,则君子

① 《孟子·尽心下》"民为贵,社稷次之,君为轻。是故得乎丘民而为天子,得乎天子为诸侯,得乎诸侯为大夫。诸侯危社稷,则变置。牺牲既成,粢盛既洁,祭祀以时,然而旱干水溢,则变置社稷。"

② 《孟子·梁惠王上》:"是故明君制民之产,必使仰足以事父母,俯足以畜妻子,乐岁终身饱,凶年免于死亡。然后驱而之善,故民之从之也轻。"

③ 《孟子·滕文公上》:"民之为道也,有恒产者有恒心,无恒产者无恒心。苟无恒心,放辟邪侈,无不为己。及陷乎罪,然后从而刑之,是罔民也。"

④ 《孟子·梁惠王下》:"耕者九一,仕者世禄,关市讥而不征,泽梁无禁,罪人不孥。老而无妻曰鳏,老而无夫曰寡,老而无子曰独,幼而无父曰孤。此四者,天下之穷民而无告者。文王发政施仁,必先斯四者。"

⑤ 萧公权在《中国政治思想史》中指出,荀子的思想虽然和法家有很多点,但其"尊君"和法家思想截然不同。法家将君主视为万民之主,可以随意宰制生民。而荀子认为君主的尊贵来自于对统治人民的职责完善履行,若"不能尽其大职,则尊严丧失,可废可诛"。[参见萧公权:《中国政治思想史》(上册),商务印书馆2011年版,第115—221页。]

⑥ 《荀子·至士》(本书所引用的《荀子》内容均来自《荀子》,安小兰译注,中华书局2007年版。)

不安位"①。

　　先秦时期的儒学思想家们都认识到"民"在国家治理中的重要地位，建议统治者实施爱民利民的政策，其思想中有着丰富的民本意涵。但首次明确提出"民为国本"，将人民上升到治国政略的根本乃至全部的是汉代儒学家贾谊。他在《大政上》中开宗明义地指出，"闻之于政也，民无不为本也。国以为本，君以为本，吏以为本。"②贾谊认为黎民百姓之所以是国家的根本，一方面是因为人民拥有足以决定战争胜败、政治得失的巨大力量，即所谓"夫战之胜也，民欲胜也，攻之得也，民欲得也"③；另一方面也是因为人民是社会中最基础、最稳定的因素。贾谊指出，一个国家的君主可以改易、官吏可以更换、政策可以变更，但人民确是恒久不变的。而贾谊的"民本"思想反映到政治实践上包括三个方面的具体内容：君主以高尚的道德情操感化民心，以重农的政策改善民生，兼用刑罚和教化引导人民。基于儒家的理论传统，在这三方面策略中贾谊更加注重道德教化在引导人民中的作用。

　　汉代的另一位重要的儒学思想家是董仲舒。他继承了孟子以民为贵的观点，在结合汉代大一统王朝的统治需求的基础上加以改造，从"天"、"君"、"民"三者出发论述君民关系。"且天之生民，非为王也，而天立王以为民也。故其德足以安乐民者，天予之；其恶足以贼害民者，天夺之。"④对于"君"而言，他权力出自于"天"的授予，权力的运用受到"天"的监督。如果君主实施"害民"之政，权力就会被"天"剥夺收回。对于"民"而言，君主是天意的代表，是必须服从的对象，即所谓"唯天子受命于天，天下受命于天子"。⑤在论证人民必须服从君主的同时，董仲舒化用阴阳五行理论，将民比作木，以君为

---

①　《荀子·富国》。

②　（西汉）贾谊：《新编诸子集成·新书校注》，闫振益译注，中华书局 2000 年版，第338 页。

③　（西汉）贾谊：《新编诸子集成·新书校注》，闫振益译注，中华书局 2000 年版，第338 页。

④　（西汉）董仲舒：《董子〈春秋繁露〉译注》，阎丽译注，黑龙江人民出版社 2003 年版，第129 页。

⑤　（西汉）董仲舒：《董子〈春秋繁露〉译注》，阎丽译注，黑龙江人民出版社 2003 年版，第188 页。

土,说明人民蕴含着克制反抗君主的力量。如果君主未能按照"天"的旨意实施保民之政,就会被"天"抛弃,进而被人民所推翻。至于统治者该如何按照"天"的旨意来"保民",董仲舒很大程度上延续了先代儒家学说的基本观点,提出要施行以轻徭薄赋、减轻刑罚等为主要内容的"仁政",同时结合当时的国政时弊,提出"盐铁皆归于民""限民名田"等有针对性的方案,将政策重点放在限制土地兼并,缩小贫富差距之上。

总体而言,从先秦至汉代,儒家的民本观念在逐渐系统化的同时也逐渐官方化。孟子提出"民贵君轻",将人民的地位置于君主之上,要求君主以人民福祉为目标治理国家。而荀子、贾谊以及董仲舒在强调统治者至高无上地位的同时也重视人民的力量,要求统治者将正确处理与人民的关系视作治国的首要事项,实行一定程度上有利于人民的政策。无论这些思想家们是出于何种目的,其治国理论中蕴含的对人民生计的关注,对德育教化的重视以及那种将人民生活是否安乐作为衡量政治成败标准的观念直到今天仍然有可供借鉴之处。

五、"万民之忧乐",明清民本思想的蝶变

自汉武帝"罢黜百家、独尊儒术"以降,儒家学说在绝大多数情况下都占据着中国思想界的主流地位,其政治思想成为封建帝王治理国家的主要理据。明朝末年,中国的社会处于天翻地覆的剧烈变动之中,连年的天灾,腐败的政治以及清军入侵的压力使得阶级矛盾和民族矛盾空前激化,社会动荡不安。在这种环境下,一些学者总结明王朝陷入危局的经验教训,在反思并批判传统儒家政治思维和治国主张的同时改造、综合各家学说中的民本思想,使其发展到前所未有的高度。这些思想家中当属李贽和黄宗羲二人的思想最具突破性。

李贽是明末著名的异端思想家,以反儒反专制留名于史。顾炎武评价道:"自古以来……敢于叛圣人者,莫甚于李贽"[1]。从另一方面来看,李贽师承于

---

[1] (明)顾炎武著,黄汝成集释:《日知录集释(全校本)》,上海古籍出版社 2006 年版,第 1070 页。

泰州学派,自幼接受系统的儒学教育,虽然以反儒闻名,但其思想深受儒家学说影响,尤其是其民本理论可以说是在继承传统儒学民本思想的基本脉络的同时结合明末的社会现实予以突破的结果。李贽强烈反对明末社会流行的日益异化的理学禁欲主义,提出"穿衣吃饭,即是人伦物理"①的理论,充分肯定了人们日常需求欲望的"人欲"的合理性,并进一步提出"各遂千万人之欲"的理想社会主张。"各遂千万人之欲"②的政治理想一方面要求肯定人们追求自然欲望的本心,将满足人的需求置于社会发展和国家治理的核心位置;另一方面阐明的人民在共同的愿望和追求的驱使下和谐共处的理想图景也展现出对自由的追求。这种社会构想反映到具体的政治实践上一方面延续了传统儒学民本思想的路径,要求统治者发展民生以满足人民各方面的需求;另一方面则实现了对传统儒家的突破,要求统治者给予人民自己发展的空间,显示出追求自由和平等的精神。李贽反对"爱有等差"的理念,反对人有尊卑贵贱的等级制度,认为"庶人可言贵,侯王可言贱"③,无论地位、财富、性别,社会中的每一个人在天赋还是道德能为上都是平等的。在自由的问题上,李贽从人的特殊性出发,肯定并鼓励发展人的各种个性。他坚决反对封建王朝通过儒学钳制人民思想的做法,认为只要是以一家之言压迫人的个性,即便是广施仁政的"君子之治"也是不可取的。而值得肯定的政治不仅要在思想上实现解放,还要实施"人本自治",即人民自己治理自己,这种思想甚至带有一丝民主的色彩。④ 总体而言,李贽思想中虽存在不少局限和矛盾之处,但他对人民追求自然欲望的肯定和鼓励无疑是对古代民本思想的继承,他对自由、平等的追求则反映出他对以民为"本"的认识的深化。李贽眼中的人民不再仅仅是统治者

---

①　张建业主编:《李贽文集》第一卷,社会科学文献出版社 2000 年版,第 4 页。

②　"今之不免相害者,皆始于使之不得并育耳。若其听其并育,则大成大,小成小,天下之更有一物之不得其所者哉？是之谓'至齐',是之谓'以礼'。夫天下之民,各遂其生,各获其所愿有,有不格心归化者,未之有也。"(张建业主编:《李贽文集》第七卷,社会科学文献出版社 2000 年版,第 365 页。)

③　"致一之理,庶人非下侯王非高,在庶人可言贵,在侯王可言贱。"(张建业主编:《李贽文集》第七卷,社会科学文献出版社 2000 年版,第 17 页。)

④　"君子以人治人,更不敢以己治人者,以人本自治;人能自治,不待禁而止之也。若欲有以止之,而不能听其自治,是伐之也。……安能治之,安足为道也邪?""既说以人治人,则条教禁约皆不必用。"(张建业主编:《李贽文集》第七卷,社会科学文献出版社 2000 年版,第 373 页。)

为维系统治而必须拉拢、安抚和爱护的对象，而变成具有和统治者同等的地位和能力的国家根本和能够决定自己命运的主体了。

面对明朝灭亡、社会动荡的时局，明清交际的另一位启蒙思想家黄宗羲同样对传统儒家治国思想提出批判和质疑，探索构建理想社会的新方案。以今天的观点来看，其提出的社会改良方案已经突破了中国传统的民本思想，一定程度上显示出倡导民主和民权的色彩。黄宗羲从历史的角度阐释了其"天下为主，君为客"的君民关系。他在《原君》一文中指出，在人类社会发展的第一个阶段中，社会因为没有君主而陷于混乱，以至于"天下有公利而莫或兴之，有公害而莫或除之"；在第二个阶段中，君主心怀天下，"不以一己之利为利，而使天下受其利；不以一己之害为害，而使天下释其害"，将天下万民的福祉置于自己的私利之上，因而天下大治，人类社会进入繁荣；在第三个阶段中，君主自以为天下的主人，以万民为其奴仆，"以我之大私为天下之大公"，最终成为社会的祸害。由此可见，黄宗羲的君民关系有两层含义。其一则天下必有君主，如果没有最高的统治者，社会就会因人的自私自利而得不到妥善治理；其二则君主应该以天下公利优先作为其统治的基本准则。黄宗羲向往上古时期的"三代之治"，认为"三代之法，藏天下于天下者也"，即三代时期的法令是为天下百姓着想而设立的法度。君主只有依照这样的法度治国，才能够使国家安定和谐，即所谓"有治法而后有治人"。以其"天下为主，君为客"理论为基础，黄宗羲提出一系列调整君民关系的主张，包括扩大官吏权力和实行学校议政来限制君主权力；恢复井田制度以限制土地兼并；减轻赋税徭役，鼓励满足民生需求的工商业；等等。总而言之，黄宗羲继承了儒家民本的基本脉络的同时又对儒家的民本进行了升华。他主张通过权力制衡和外界监督来约束君主行为，而非仅仅以道德教化施加压力或是用人民力量难以战胜、上天将会降下灾祸等理由进行劝诫。这种通过权力架构和人民监督约束君主权力的看法的确显示出一定的民主和法治的色彩。

明清之际的民本思想可以说或是中国古代民本理念的最终形态。总体而言，明清的民本理论继承了前代民本思想重视人民生活，强调民生建设的思想脉络并结合时代背景实现了突破。在政治上，明清的民本思想展现出民主和法治的色彩，尝试将人民纳入政治生活的主体范畴；在对人的看法上，明清时期的民本思想开始意识到人的价值,肯定人对自由的向往和追求。可以说,明清之际的民本思想已经蕴含着中国传统社会向近代社会转化的苗头,现代学者评价其已经逐渐"迫近代民主思想"①,成为中国近代学者理解西方民主思想的桥梁。

第二节　以人民为中心的发展权的理论基础

中华文明在近三千年的灿烂文明史中孕育出了独具特色的民本思想。与此同时,西方社会也逐步发展出以人民主权思想为基础的古典人权理论。19世纪时,面对古典人权理论在实践中的困境,马克思在批判和继承的基础上突破其历史局限,创立了以人民主体思想为核心的马克思主义人权观。如今中国共产党继承了马克思主义人权思想并在中国革命、建设和改革的实践中进一步发扬光大,最终形成了具有中国特色的"人民主体"人权理论。"人民主体"人权观反映到发展权理论与实践中,便形成了以人民为中心的发展权导向和原则。

一、古典人权理论的核心——"人民主权"

西方古典人权理论诞生于17、18世纪资产阶级反对封建等级制度的革命斗争之中。作为人类历史上首次较为完整和体系化地阐述"人权"这一概念的理论体系,古典人权理论无论是在历史上还是在当代的人权实践中均有重大影响,可以说其奠定了现代人权理论的基础。

(一)"人民主权"的历史背景

关于"人何以成其为人"的讨论古已有之,古希腊罗马哲学家在讨论自由、平等以及人的尊严时就提出了带有人权萌芽的思想主张。文艺复兴时期,人文主义者挖掘并改造先贤的思想成果用作反对封建专制的思想武器。意大利文艺复兴先驱但丁在描绘"世界帝国"的人类理想蓝图时就指出"帝国的基石就是人权"②。资产阶级革命时代的启蒙思想家们将这些人权观念进行归

---

① 冯天瑜、谢贵安:《解构专制——明末清初"新民本"思想研究》,湖北人民出版社2003年版,第19—20页。

② [意]但丁:《论世界帝国》,朱虹译,商务印书馆1985年版,第76页。

纳和总结,提出"自然权利""主权在民"等突破性的观点,并在此基础上形成系统的古典人权理论。

17世纪时,随着欧洲资本主义生产方式逐渐成熟,力量日益增长的资产阶级开始寻求政治地位上的平等。与此同时,封建统治者们在封建神学的支持下强化其专制统治,剥削农民阶级和压制资产阶级。正如启蒙思想家孟德斯鸠批判的那样:国王和教士"如同两个大魔术师一般"结成联盟,共同构筑封建专制统治的牢固壁垒来压迫人民。① 高额的赋税和五花八门的特许制度极大地阻碍了资本主义的进一步发展,资产阶级和封建地主阶级的矛盾日趋尖锐。战争和动乱带来的经济困难又进一步加剧政治上原本已经十分尖锐的矛盾,此起彼伏的农民暴动动摇着封建地主的统治根基。在这种环境下,资产阶级不再继续托庇于封建王权之下,开始酝酿暴力革命以推翻封建阶级的统治。资产阶级对抗封建地主阶级的斗争不仅体现在政治和军事上,同时也体现在思想领域。为封建统治提供思想支持的神学世界观成为反封建斗士们的主要斗争对象。正如恩格斯所说:"一般针对封建制度发出的一切攻击必然首先就是对教会的攻击,而一切革命的社会政治理论大体上必然同时就是神学异端。为要触犯当时的社会制度,就必须从制度身上剥去那一层神圣外衣。"②对于当时的资产阶级进步思想家来说,密不透风的神学高墙已经随着科学技术的发展和人文主义的流行而出现了裂缝,他们的任务就是在用理性的武器彻底打破神学世界观的同时描绘符合资产阶级政治理想的新的社会蓝图并构建证明其合法性的理论体系。

(二)以"人民主权"为核心的古典人权的理论基础

正如前文所述,在那个社会大变革的年代,资产阶级思想家的历史使命是寻找一条用以对抗封建神学世界观中君权神授论的论证政治权力合法性的解

---

① 孟德斯鸠在其著作《波斯人信札》中以波斯王子的口吻描述当时法国国王和教士阶层的统治:"教士是无恶不作的伪善者,教皇是古老的偶像,人们按习惯向他'焚香',可他只是一名大魔术师。法国国王是仅次于教皇的大魔术师,用严刑峻法压制臣民,又利用一些有钱人的虚荣心卖官鬻爵,肆意挥霍和挑动战争。"([法]孟德斯鸠:《波斯人信札》,罗国林译,译林出版社2000年版,第28—29页。)

② 《马克思恩格斯全集》第7卷,人民出版社1959年版,第401页。这项表述虽然是针对德国宗教战争所作出,但从上下文来看,其同样适用于同时期法国的情况。

释路径。经过长期的理论探索,他们提出了与神学世界观针锋相对的"天赋人权"并在此基础上发展为"人民主权"学说,最终为古典人权理论奠定基础。

格劳秀斯被誉为启蒙时代古典自然法和自然权利说的奠基人,他从理性的角度出发来论证国家和法的基础,认为权利和法都根源于人的理性,并据此论证人所具有的"自然权利"。他指出,"自然法是正当理性的命令,指示着任何与合乎本性的理性相一致的行为就是道义上公正的行为。"①而权利也是人的一种特性,人只要作为人就拥有与生俱来的天赋的权利,即所谓"自然权利"。通过自然法,人人得以享有这些"自然权利",如生命权、自由权、财产权等等。格劳秀斯之后,英国思想家霍布斯和洛克分别通过"自然状态"假说发展了格劳秀斯的"自然权利"说。他们认为在所谓"自然状态"下每个人都享有天赋的自由和平等。洛克特别指出,人们的自然权利是不可剥夺的"天赋人权"。虽然人们会因为自然法无法为自然权利提供稳固保障而自愿让渡出自己执行裁决的权利来组成国家,但因为他们这种行为的最终目的是"保护自己的财产"②,所以国家必须以保护所有人的自然权利为最高行为准则。国家只能在人们授权的范围内行使权力,且其行为必须受到严格约束,任何情况下都不允许侵犯人们所保留的生命、自由和财产权。

法国思想家卢梭在吸收和借鉴前代思想家观点的同时进一步提炼出"人民主权"学说。卢梭继承了法国自然神论的思想脉络,对自然进行"人化"解释,运用自然规律来抨击封建神学世界观并尝试论证人类社会的理想制度。卢梭的论述虽然同样从自然状态出发,但他的"自然状态"并非完全如洛克和霍布斯那样是一种假想的历史事实,而是一种更接近揭示人的特殊本质的哲学观念。卢梭认为,人具有天赋的、独一无二的意志力和"自我完善的能力"和"自由主动者资格",使得人类能够在情感的驱动下不断推进自身的发展③,这种不断发展的自由和能力就是一种"天赋人权"。但卢梭又指出这种理性

---

① ［荷］格劳秀斯:《战争与和平法》,何勤华等译,上海人民出版社2013年版,第23页。

② ［英］约翰·洛克:《政府论(下编)》,丰俊功、张玉梅译,北京大学出版社2014年版,114页。值得注意的是,在洛克的理论体系中,"财产"的含义并非指我们今天所说的财产和财产权,而是包括生命、人身自由以及财产权在内的权利,按照他的说法,即生命、自由和土地。

③ "由于情感的活动,我们的理性才能够趋于完善。"(［法］卢梭:《论人类不平等的起源和基础》,李平沤译,商务印书馆1979年版,第85页。)

能力在文明发展的过程中产生了反人类的力量,导致了人与人的不平等并最终会危及人们的自由。为了保护每一个人天赋的自由权利,必须构建一种新的社会形式即基于公意的社会契约。卢梭认为,只有社会契约才是政治权力合法性的唯一基础,政治上的最高统治权仅仅属于人民因共同签署的契约而形成的主权者。社会契约的基础乃是"公意",即全体社会成员共同意志的体现和共同利益的表达。因此,人们服从于主权者就是在服从自己的意志,维护主权者就是在维护自己的利益,即人民就是主权者。正如卢梭本人所指出,社会契约的最终追求是要达成这样一种联合,即"每一个与全体相联合的个人又只不过是在服从自己本人,并且仍然像以往一样的自由。"①另一方面,人们是在互相订立契约而非与任何第三者订约,因此现实中存在的政府组织,无论被称作"国王"还是"共和政府"都不是主权者,而只是执行"公意"的机构。卢梭认为主权只在于人民,主权不可分割也不可代表,而执政者是人民的仆人,随时都可以被人们推翻。卢梭用"主权在民"、"人民主权"阐明了个人与国家的关系,奠定了资产阶级国家学说的理论基础。卢梭的主张成为法国大革命的直接纲领,而在之后的资产阶级革命中所建立的资产阶级国家也无不以"作为整体的人民""共同意志"和"共同利益"等范畴作为论述自己权力合法性的中心。

洛克、卢梭等启蒙思想家们所描绘的"自然权利"即是古典人权的初级形态。这种基于"人性"和"自然"的权利理论,"人民主权"为核心的权力关系架构在经过进一步归纳和论证之后形成了系统的古典人权理论。

(三)以"人民主权"为核心的古典人权的主要内容

以"人民主权"为核心的古典人权脱胎于资产阶级启蒙思想,充分反映了人类日益成熟的理性精神。资产阶级革命时期的社会现实和思维方式对古典人权产生了巨大的影响,为其镌刻上深深的时代印记,使得在主体、客体和实现方式上都呈现出启蒙时代特有的色彩。

古典人权的主体是抽象的、个体化的个人。古典人权以"个体的""独立的""原子化的"个人为主体。古典人权的理论基础和最初形态是自然权利说,而启蒙思想家语境中的自然权利大多数指代的是个人的权利。无论是格

---

① [法]卢梭:《社会契约论》,何兆武译,商务印书馆1980年版,第23页。

劳秀斯、霍布斯还是洛克，他们所论述的自然权利都以生命权、自由权和财产权为核心，而这些权利从性质上来说几乎都是个人的权利。从人权的历史来看，古典人权的历史使命是将人从王权和神权的统治下解放出来，保护人的个体不受政府权力的侵犯。因此，作为古典人权的主体的人都是独立的原子式的个人。同时，古典人权中的人是"一般的""抽象的"和"普遍的"的"理性人"。正如前文所述，古典人权诞生于资产阶级反对教会神权和封建专制的文化运动之中。启蒙思想家们运用经验的或者先验的方法试图通过对"一般的人"的分析来发现具有普遍和永恒意义的人性，最终使人成为屹立于神学塑造的各种偶像面前的独立"类别"。在启蒙思想家关于自然状态的论述中，人不仅是独立的，而且是虚构的、抽象的和平等的，当然也是理性的。这些"人"的姓名、样貌等等信息都模糊不清，唯一清楚的就是他们有着相同的禀赋和理性，享有相同的平等和自由。既然古典人权中的人是一般的和抽象的，那么作为古典人权主体的人也就应该是普遍的。这种建立于抽象人性基础上的人权从理论上讲应该平等地及于每一个个人，这一点已经在《人权宣言》《独立宣言》等人权文件中得到反复强调。虽然从事实上看，在启蒙思想家对普遍享有的人权进行热情讴歌的同时，广大殖民地人民的人权却在遭到残酷的践踏，甚至在人权理论的发源地，妇女、儿童、贫民和少数族群也长期受到主流社会的排斥，其人权得不到承认。但也有一种观点认为这只不过由于现实条件的局限使得理论上的普遍性人权在短时间内难以得到充分地实现，古典人权理论中的人权的普遍性是不容置疑的。① 总之，在主流古典人权理论中，

———

① 这种观点的经典论据是林肯在与道格拉斯竞选美国总统时的表述，"他们（立国先贤们）并无意制造明显的谎言，即所有的人当时都在真实地享有平等，他们也不准备马上就赋予这种平等。他们只是想昭示这种权利，以便使这种权利的实施能够尽快地跟上来。他们打算为自由社会确立一套为每个人所熟悉的准则和标准，让人们不停地去追寻，人们不停地去努力，让人们不停地去逼近，尽管不可能臻于完美。"而我国学者在总结几位近代法国学者的研究成果后发现，启蒙思想家所指称的"人"的概念和"人"的现代含义有很大差别，有可能"在人权的这个阶段，人权的主体并非是普遍的，在理论上它就是有限的。"（徐显明、曲相霏：《人权主体界说》，《中国法学》2001 年第 2 期）。但应该认识到，古典人权并非封闭和静止的历史概念，启蒙时代的古典人权也不是其最终的形态。总体上讲，在长期的历史发展过程中古典人权主体的范围确实越来越大，越来越普遍。如 1948 年《世界人权宣言》就明确宣示"人人"都能无差别地享有权利和自由，将人权的主体扩展到全世界每一个个人。

人权的主体是遍及全世界的、理性的、独立的个人。

古典人权理论中的人权,从内容上讲是指以自由权为核心的公民权利与政治权利。启蒙思想家们普遍认为自然权利的内容是生命权、自由权和财产权。如其中的代表洛克认为人们组建国家(commonwealth)并服从国家权力的主要目的就是为了捍卫他们的自然权利,即"保护他们的财产"。而在洛克的理论体系中,"财产"的含义和现代意义上的财产和财产权有所不同,是指"生命、自由和土地"。虽然后来人权的内容范围有所拓展,如《法国人权宣言》就将安全权和反抗压迫的权利纳入自然权利之中①,但总体上古典人权所强调的是我们今天所讲的公民权利与政治权利。而在这些权利之中,自由权处于核心地位,如康德所说:"天赋人权只有一项,就是与生俱来的自由。"②而在各种类型的自由之中,政治自由作为保障其他自由和权利的基础又居于优先的地位,如孟德斯鸠所推崇的理想政治体制的最大目的就是保障所有人的政治自由。

古典人权展现于个人——国家的二元对抗关系之中。从时代背景来说,古典人权的历史使命是帮助资产阶级反抗封建势力的统治和教会的精神控制,为其保护自己的财富和争取政治地位的斗争提供理论武器,因而古典人权从诞生之时起便显示出鲜明的对抗性。自洛克以降的启蒙思想家们均主张要对国家权力进行限制以保障人的自由和权利;卢梭的主权在民理论更将体现人民意志,保护人民利益作为具备统治权的根本前提;孟德斯鸠所提出的三权分立,正是通过以权力限制政治权力来保障个人的权利。古典人权理论普遍以正面态度对待个人,将个人视作保护和促进的对象;以负面态度对待政治权力,将其作为防范和限制的对象。这种"市民社会——政治国家"的二元对立的架构至今仍是资产阶级人权理论的政治信条。

二、人权理论的创新——"人民主体"

以"天赋人权""人民主权"等启蒙思想成果为旗帜,欧洲资产阶级展开了

---

① 《人权和公民权宣言》第二条规定:"任何政治结合的目的都在于保存人的自然的和不可动摇的权利。这些权利就是自由、财产、安全和反抗压迫。"

② [德]康德:《权利的科学导言》,转引自黄枬森、沈宗灵主编:《西方人权学说》(上),四川人民出版社 1994 年版,第 188 页。

轰轰烈烈的革命运动。不合时宜的封建制度被推翻,民主共和制或君主立宪制的资本主义国家纷纷建立,解开了生产力发展的束缚,使得资本主义工商业得以迅速发展。然而,在资本主义飞速发展的同时,古典人权理论中所宣扬的人人平等、自由的美好愿景却并没有得到实现。启蒙思想指导下的法国大革命引发了长期的恐慌和动乱,资产阶级国家中广大底层劳动人民以及殖民地半殖民地的人民所应该享有的"自然权利"处于长期被无视和剥夺的状态。理论和现实的巨大差距引起部分进步思想家的思考,他们在反思和批判启蒙时代的"人民主权"为核心的古典人权理论的基础上,尝试构建新的人权理论。

(一)人民主体思想的发展历程

法国大革命引导欧洲进入资产阶级革命的新时代,同时也带来的巨大破坏和动荡。启蒙时代盛行的自由主义和个人主义理想的破灭,引起了大革命后政治哲学的分化。一方面,以康德为代表的哲学家继承了自然权利、社会契约论和人民主权的思想,在反思法国大革命教训的基础上对当时盛行的关于人权和主权的激进观念进行修正;而以黑格尔为代表的哲学家则走向了另一个侧面。他们批判自由主义政治哲学,认为洛克、卢梭等人的自然权利理论和人民主权学说建立在假想性和任意性的基础之上。黑格尔认为国家是自由理念的实现者而非个人权利和自由的保护者,个人的自我意识只有在国家中才能获得实体性自由,由此构筑起具有浓厚的国家主义和集体主义特征的国家主权和人权理论。

这些思想家的理论一定程度上揭示和弥补了启蒙思想的缺陷,但未能真正认识到以启蒙思想为基地的古典人权学说的局限所在,也无法解决日益激化的社会矛盾。19世纪中后期开始,随着欧美资本主义逐渐进入垄断阶段,资产阶级和无产阶级以及资产阶级内部的矛盾日趋尖锐。欧洲工人运动此起彼伏,殖民地人民也纷纷开展反抗殖民统治的斗争。革命与斗争引发了一些思想家的思考,空想社会主义思潮出现并逐渐流传开来。在这种环境下,马克思开始对资产阶级人民主权思想进行激烈的反思和批判,并站在无产阶级的高度构筑人民主体的国家主权和人权学说的基础。在批判继承启蒙思想的前提下,马克思超越了自由主义和国家主义的争论,从历史唯物主义角度出发构筑理论框架。首先,马克思批判古典人权理论和国家主权理论。马克思指出,古典人权理论建立在抽象的人性论基础上,但人性并非抽象的而应该是具体的。人是社会关系的总和,国家也非社会契约的产物而是阶级矛盾不可调和的产物,人的权利不是天赋的而是历史产生的。从人类历史发展的过程来看,除了在氏族直接演化为国家的统治阶级这个场合以外,新的统治阶级的权利都是通过革命获得的。国家权力要真正成为人民主权的化身,就必须实行无产阶级革命,建立无产阶级政权,使国家真正代表社会大多数人的意志。其次,虽然资产阶级大力宣扬他们所谓人权的普遍性,但又在实践中对"人民"作出种种限制,使得大多数人被排除在"人民"的范围之外,人权实质上成为少数人的特权。马克思指出,人权问题的关键不在于国家权力是否来源于"社会",而在于来源于"社会"中的哪一些人。马克思从历史唯物主义的角度出发,论证作为人类社会生活最高价值主体的人民首先是现实的社会中的人而非理念上的抽象的人。由于推动社会进步和发展的真实动力和永恒主体永远是社会中的大多数人,所以应当享有权利的"人民"也应该是超越了国家和地域范畴的社会中的大多数人。同时,"人民"是一个历史的范畴,在不同的时代有着不同的内涵。随着历史的发展,"人民"的范围将拓展到全人类。在人的权利的实现问题上,马克思主张人民自身是其利益的享有者、保护者和促进者。马克思认为,无产阶级革命斗争的最终目的是将原本属于人民的管理国家的权力还给人民,让人民自己管理自己并在自我管理的过程中实现对每一个人的权利的保障。

马克思关于人民主体地位的理论是其唯物史观的本质与核心,对后来的共产主义运动以及有关理论的发展有着重要的影响。列宁将马克思的人民主体思想引入实践,运用到苏维埃俄国的社会主义民主建设之中,丰富和传播了马克思的人民主体思想。中国共产党人在马克思主义指导下进行革命、建设和改革的过程中,坚持马克思主义的人民主体思想并发展出其独特的群众路线,坚持相信群众、依靠群众、充分发挥群众的积极性。群众路线在实践中取得了良好的成果,证明了马克思人民主体理论的正确性。中国历代共产党人还在马克思的唯物史观指导下,结合中国具体实际和中华文化中的优秀成果,进一步发扬了马克思主义的人民主体思想,形成了具有中国特色的人民主体思想。

（二）中国人民主体思想的主要内容

十月革命一声炮响给中国人民带来了马克思主义，经过数代共产党人的不懈探索，将马克思人民主体理论和中国的历史和现实相结合，发展成为一套较为成熟的思想体系。提炼中国共产党人关于人民主体地位的论述，当代中国的人民主体思想可以归纳为以下三个方面：

作为主体的人民是现实的、历史的范畴。中国共产党坚持从历史唯物主义的角度出发，将人看做具体的现实的人。中国共产党坚持将"人民"视作历史的范畴，从现实存在的人出发探寻"人民"的科学内涵。1957年，在最高国务会议第十一次扩大会议上，毛泽东指出："人民这个概念在不同的国家和各个国家的不同的历史时期，有着不同的内容，""在建设社会主义的时期，一切赞成、拥护和参加社会主义建设事业的阶级、阶层和社会集团，都属于人民的范围。"①1982年第五届全国人大五次会议通过修改的《中华人民共和国宪法》明确提出社会主义建设事业必须依靠"工人、农民和知识分子"，"团结一切可以团结的力量"。而随着改革开放进程的推进，党中央结合实践对人民的范围进行了新的解读。江泽民曾指出，新的社会阶层的优秀分子也能成为工人阶级的先锋战士，应该取决于其"思想政治状况和现实表现"，取决于"他们以自己的劳动对建设有中国特色社会主义事业所作的贡献"②。中国共产党始终坚持在实践的基础上深入研究，从唯物史观出发，以对各个群体在发展中现实的角色分析为出发点和落脚点，对人民主体的内涵和外延作出科学的解读，最大限度地调动一切积极因素，最广泛地凝聚民力、集中民智，赢得民心。

人民既是社会历史的主体，也是发展的主体。人民群众既是社会物质财富的创造者，又是社会精神财富的创造者，是社会变革的决定力量，这是马克思历史唯物主义关于人民群众地位的基本观点。中国共产党一向认可并尊重人民群众的伟大力量，将充分发挥人民群众的伟大力量视为党工作的重心。早在革命战争年代，毛泽东就指出："战争的伟力之最深厚的根源，存在于民

---

① 《毛泽东文集》第七卷，人民出版社1999年版，第205页。
② 《江泽民文选》第三卷，人民出版社2006年版，第343页。

众之中。"①他一向认为中国共产党能在革命战争和社会主义建设中取得胜利的关键就在于能否维持和群众的密切联系，能否真正发挥群众的力量。今天，习近平总书记同样相信人民群众的巨大力量。他坚定地指出："人民是历史的创造者，群众是真正的英雄。人民群众是我们力量的源泉"②。党自始至终坚持紧密联系群众，将群众路线确立为党的根本政治路线和组织路线。③ 科学发展观进一步将人民主体地位思想和发展理论相联系，指出人民群众是发展的主体。人民群众是党推动发展的依靠力量，人民群众利益的维护也是党推动发展的价值目标。中国共产党将全心全意为人民服务作为其宗旨，并在历届党的全国代表大会上重点强调。党的十七大报告指出："我们提出以人为本的根本含义，就是坚持全心全意为人民服务，立党为公、执政为民，始终把最广大人民的根本利益作为党和国家工作的根本出发点和落脚点。"④党的十八大报告中重申要把以人为本作为深入贯彻落实科学发展观的核心立场，实现发展成果由人民共享、促进人的全面发展。十九大报告进一步强调要坚持人民主体地位。在人民群众是发展主题的观念的指导下，党坚持开展群众路线教育实践活动，将"一切依靠群众，一切为了群众"的工作态度和工作方法贯彻到治国理政的每一个角落，最大限度地团结人民群众，发动人民群众的积极性，才得以创造经济社会高速发展的奇迹。同时，正是坚持以人民利益为最高追求，中国共产党才得以摆脱将发展视为经济增长的错误看法，摆脱将某些特定方面的权利视作人的全部权利的狭隘观念，从人民群众对美好生活的向往出发分析人民群众的需求，"形成并积极推进经济建设、政治建设、文化建设、社会建设、生态文明建设五位一体总体布局"⑤，致力于实现人的全面发展和真正自由。

作为主体的人民是党治国理政的权力源泉，是国家权力架构的核心。我国宪法明确规定，社会主义国家的一切权力都属于人民。人民群众是整个国

---

① 《毛泽东选集》第二卷，人民出版社1991年版，第511页。
② 《习近平谈治国理政》，外文出版社2014年版，第5页。
③ 具体而言，在1945年召开的中国共产党第七次全国代表大会上群众路线才被正式确立为党的根本政治路线和组织路线。但早在七大之前，坚持群众路线的思想就已经多次体现在党的决议和实际工作之中。
④ 《十七大以来重要文献选编（上）》，中央文献出版社2009年版，第107页。
⑤ 《习近平谈治国理政》第二卷，外文出版社2017年版，第38页。

家公共权力的主体,国家的各级公务员、各级党政干部作为公职人员都只是受人民委托行使公共权力的公仆,这已经深刻地体现在我国的政治权力架构之中。一方面,人民代表大会制度是我国的根本政治制度,广大人民通过民主选举出人大代表行使管理国家社会事务的权力。人民代表大会在我国权力架构居于核心地位,政府、法院、检察院都由人民代表大会产生并受其监督,人民代表大会的崇高地位体现了我国人民在政治生活中的核心地位。另一方面,国家权力运行坚持受人民监督、对人民负责的原则。有权就有责,用权受监督的观念已经成为共产党人的理论自觉和权力运行中的铁律。目前,我国已经建立起多角度全方位的权力监督机制,且党中央还在不断推进权力运行机制向更加阳光、更加健康的方向发展。十八大以来,党中央全力打击腐败行为,健全党内法规体系,优化改革监察机制,就是要使人民群众能够更加充分了解国家在各方面的发展情况,监督国家公职人员和自己选举出来的代表在运用所赋予权力过程中的表现,确保其当家做主的主人翁地位。这种以人民作为公共权力运行的核心,让一切权力都在人民的监督之下运行的架构深刻体现了人民的主体地位。

（三）中国人民主体思想的批判与创造

当代中国人民主体思想直接发源于马克思主义人民主体观,在吸收中国古代民本思想和西方古典人权学说精华的基础上实现了突破和超越,在中国人民建设社会主义现代化国家的实践中发挥了巨大的作用。

民本思想在中国古代思想史中有着突出的地位。这种要求统治者重视国民,将黎民百姓视为国之根本的思想成为历代封建统治者治理国家的理论基础,也是古代学者用以评判治乱得失的重要标准。从其主流来看,中国古典的民本思想中的人民从来不具有主体地位,而是被治理和"关爱"的对象。无论是"仁王"还是"钜子",古代思想家的民本构想中都会预设一个有着至高权威的贤明统治者来决定社会前进的方向,从来不曾有让民众真正参与国家事务管理的制度设计。正如梁启超所言,这种民本思想只是"徒言民为邦本,政在养民,而政之所从出,其权力乃在人民以外"①。但在另一方面,中国古代民本

---

① 梁启超:《先秦政治思想史》,东方出版社 1996 年版,第 5 页。

思想中关注人民福祉,重视民生幸福的观念已经铭刻进中华民族的文化血脉之中。中国共产党在马克思主义的基础上吸纳民本思想中有关国家富强、社会和谐和民生建设三者关系的思想精华,将人民对美好生活的向往视作党的奋斗目标,构筑起中国特色的社会发展战略。同时,党和国家领导人充分利用广大人民群众对传统文化的强烈认同,在工作中多次引用古代思想家关于民生问题的表述,利用中华传统文化的优秀成果滋养人民意志、凝聚人民力量,调动全体人民积极参与社会主义现代化建设。

西方古典人权理论为资产阶级革命提供了重要的理论武器,也为资本主义社会人权事业的发展奠定了理论基础。然而,这一理论要么建立在唯心主义先验论中抽象的假定和推理的基础上,要么沿着经验主义的道路推导而出,均不能揭示人在社会生活中的真实面貌。在 19 世纪乃至之后的自由主义思想家眼中,"人"被预设为一个"自由的、平等的、理性的和合理的"①形象,是能够以最佳的方式追求自己利益的"精英"。他们只要不受干扰就能够恰当地追求自己的利益并得到满足,因而其权利的核心就是自由。然而事实上,并不是社会中的每个人都能满足自由主义思想家所设置的精英模板,古典人权实际上忽视了大量的真实的具体的人。如马克思在批判资产阶级革命时所指出的那样,"人民主权"指导下的资产阶级革命所追求的是人的政治解放,要求实现的是占人口少数的资产阶级精英的主体地位,所倡导的人权最终只会沦为少数精英的权利。而继承马克思主义人民主体观的中国人民主体思想跳出了古典人权的桎梏,以科学的历史唯物主义看待人,将视线聚焦到现实的人之上,最终要实现的是每一个具体的、活生生的、现实的人的全面解放。②

中国人民主体思想在继承马克思主义世界观和方法论的同时,也在实践中对马克思主义人民主体观进行创新。马克思主义的人民主体观是在批判19 世纪不合理的社会现实以及为这些社会现实辩护的理论和意识形态的基

---

① ［美］罗尔斯:《作为公平的正义》,姚大志译,中国社会科学出版社 2011 年版,第 15 页。
② 这种突破不仅体现在坚持马克思主义理论对人的认识上,更彰显于党在实践中对于处于弱势地位的人群的关注。早在延安时期,党就为边区女性工人提供特殊福利待遇,如对哺乳期的女工发给津贴,由工厂为女工负担生育费用等等。(参见钟毅:《陕甘宁边区的女工》,《新华日报》1940 年 10 月 4 日。)

础上提出的，所针对的是当时日趋尖锐的阶级矛盾。而现阶段中国所面对的主要矛盾仍然是人民日益增长的物质文化需要同落后的社会生产之间的矛盾，如今又转化为人民日益增长的美好生活需要和不平衡不充分的发展之间的矛盾。面对不断变化的社会环境和新的社会矛盾，中国共产党创造性地将人民主体思想融入发展理论之中，提出适应新世纪发展需要的科学发展观，提出积极回应新时代发展挑战的新发展理念，为在社会主义国家通过发展实现人民主体地位提供了切实可行的方法论指引。在党的十九大上，党中央进一步深刻阐明"新时代坚持和发展什么样的中国特色社会主义"的问题，在坚持人民主体地位，坚持为人民服务的根本宗旨，坚持践行群众路线的基础上不断改进工作方法，调整战略部署，为新时代夺取中国特色社会主义伟大胜利制定了符合国情、贴合实际的任务表和路线图。

"实践发展永无止境，认识真理永无止境，理论创新永无止境。"①以习近平同志为核心的党中央领导集体继承了坚持人民主体地位的文化基因，将人民主体确立为治国理政的根本价值目标，同时也在实践中不断深化对人民主体的认识，在人民主体思想中融入新的内涵。以习近平同志为核心的党中央提出了一系列关于坚持人民主体地位的新思想、新论述，逐步形成新时代中国特色社会主义人民主体地位思想。这些理论创新成果势必将马克思主义人民主体观推向了一个新的历史高度。

第三节　以人民为中心的发展权的主要内容

科学发展观和新发展理念在发展理论中彰显人民主体思想，以人权视角看待发展所提炼出的发展权同样坚持以人民为中心的基本导向。发展权的原点是人，发展权的主体也是人。将"人"作为发展权问题的关键，坚持以人民为中心的发展权导向始终是中国发展权理论固有的特色。

---

① 《习近平谈治国理政》第二卷，外文出版社 2017 年版，第 416 页。

一、人是发展的主体

发展权从本质上讲是一项人权,联合国《发展权利宣言》多次声明发展权的主体是人。时至今日,"以人为本的发展观"(people-centered development)这一概念已经得到联合国发展权机构和国际学术界的普遍认可。事实上,中国在理论研究和发展实践中一向坚持以人为本的发展,将以人民为中心作为发展权的基本导向,并对人的发展权主体地位和以人为中心的发展权权利体系进行了更加深入的分析和探索。

(一)人作为发展主体的哲理依据

在诸位古圣先贤的著述中,"发展"一词的含义总是围绕人而展开。柏拉图将发展定位于通过教育和学习而追求"理念"的过程中,并将人的发展和国家正义观联系起来。启蒙思想家们弘扬人的理性,将发展寓于对自由的向往和追求之中。马克思主义经典作家批判地继承了先代学者关于人的学说的优秀成果,从自然、实践、社会三种视角去认识人,提出人的自由全面发展观点。继承马克思主义的基本观点,中国关于发展和发展权的研究自始至终将人作为发展的主体,坚持以人为本的发展观。

马克思主义的唯物史观和关于人的学说是中国以人为主体的发展观念的理论基石。马克思主义将人类社会的历史演进过程解释为人的自由不断取得的过程。在人类社会早期,人开始有意识地认识自然并与自然发生关系,但仍然如同动物一样受制于自然。而随着社会分工的产生,人类逐渐掌握了按照自己的意愿改造自然使其成为符合人的生存发展的"人化自然"的力量,逐渐从自然的压迫中解放出来。但分工在推进人的发展的同时,也逐渐成为和人对立的压迫人的力量,最终导致人的异化。分工使物的原则占据主导地位,人沦为物的奴隶,无法取得真正的自由。人如果要取得真正的自由就要消灭分工,实现"全人类的解放",这也是人类社会的未来发展趋势。因此,人类社会的历史进程就是人在不断改造对象世界过程中不断促进自身的发展,使得人本身得以不断完善和进步的过程。另一方面,人也是社会发展的决定力量。马克思主义唯物史观认为,人民群众是社会历史的创造者和社会发展的推动者,人的实践活动是推动社会发展进步的决定力量。人的发展和社会发展处于辩证的二元互动关系之中。一般认为,社会发展创造经济、制度和文化基础,为人的全面可持续发展提供路径支持和保证;人的全面发展不断增进人的能力,为社会发展提供源源不断的强大动力和方向指引。历史证明,社会越往前发展,人逐渐摆脱对外在事物的依赖,在发展进程中展现出来的力量就越强大,也越来越成为社会发展关注的中心。这就充分肯定了马克思主义中关于人的自由全面发展是人类的最高目标的论断,也证成了人是发展的主体和中心的发展观念。

马克思主义关于人是发展的主体和中心的观念已经融入到中国当代发展理论与实践之中。科学发展观以发展为第一要义,将以人为本作为其核心立场,坚持发展为了人民,发展依靠人民,发展成果由人民共享,为促进人的自由全面发展而不断努力。以习近平同志为核心的党中央领导集体提出的创新、协调、绿色、开放、共享的新发展理念,同样坚持以人为本。新发展理念再次强调人民既是发展的推动者,又是发展的受益者,立足于全面提高人的发展能力,全面满足人的发展需求。十九大提出的新时代中国特色社会主义理论强调坚持以人民为中心的原则和立足于实现人的发展的新发展理念,鲜明地展示出马克思主义的理论底色。

（二）作为发展权主体的"人"的分析

人的发展权主体地位已经得到国际社会的普遍承认。然而,正如作为人权主体的"人"经历了从古典人权中的少数社会精英到《联合国宪章》中普遍而平等的"全体人类"的历程一样,作为发展权主体的"人"的具体意涵也在发展权实践和理论探索中不断演化。在当下中国发展权理论视阈中,作为发展权主体的"人"被解析为特定社会生活条件下的现实的人的个体和集合体。

作为发展主体的人是特定社会条件下的现实的人。几乎所有人权理论都承认个人是人权的主体,但对于作为人权主体的个人的"形象"的描绘却各有不同。马克思主义在批判资产阶级抽象的人的理论的过程中,从人的实践本质出发,提出了现实的人的观点。马克思主义认为,现实的人是自然存在物和社会存在物的统一。"任何人类历史的第一个前提无疑是有生命的个人的存在"①,"现实的人"形成的自然前提是人的生命有机体的存在,即自然人。而

---

① 《马克思恩格斯选集》第 1 卷,人民出版社 1995 年版,第 24 页。

在作为自然人的同时,"现实的人"存在着社会性,是"从事实际活动的人"①。"现实的人"总处于一定的社会关系中,在社会中从事物质生产活动,受到一定社会历史条件的制约。总而言之,作为发展权主体的个人是特定社会条件下现实存在的,从事实践活动的个人。这些个体即拥有自然人的共同属性,同时在具体的实践活动中产生各个方面的特殊性。因此,在推进发展权保障的过程中,不仅要充分满足全体人类普遍的共同需求,更要关注不同国家、不同社会条件下人的特殊需求,根据其特殊情况设计适合的保障机制。

作为发展主体的人不仅是指社会中个体的人,也包括人的集合体。经过长期的探讨和争论,发展权既是个人人权,也是集体人权的观点已经得到国际社会的普遍认可。《发展权利宣言》明确宣称发展权的主体是"每个人和所有各国人民"②。从个体的人的角度分析,作为一项人权的发展权,最终必须在每一个活生生的个人身上得以实现。从人的集合体的角度分析,并非所有形式的人的集合都能够成为发展权的主体,所谓发展权的集体主体是指不依附于其他主体、具有外在的独立性和能依自身意志行动的并以特有的形式表达自身特有的利益主张的社会集合体。③ 在国际层面,发展权的集体主体主要是指主权国家。这些国家既是作为国际社会成员的个体,也是所有国民的集合体。因而国家在国际上向其他国家和国际社会主张权利的同时也在国内层面确保每一个公民所享有的发展权利的实现。在国内层面,发展权的集体主体包括民族和社会特殊群体。这些集体主体因历史或现实的特殊情况,往往陷入发展机会缺失或发展能力不足的困境,其发展权利更容易受到损害。这些特殊群体以集体人权的形式向国家和社会要求对其发展权利给予特殊保障。

二、人的发展权利

发展权以人为主体,发展权的内容也围绕着人的发展需求而展开。《发

---

① 《马克思恩格斯选集》第 1 卷,人民出版社 1995 年版,第 31 页。

② 《发展权利宣言》第一条规定:"发展权利是一项不可剥夺的人权,由于这种权利,每个人和所有各国人民均有权参与、促进并享受经济、社会、文化和政治发展,在这种发展中,所有人权和基本自由都能获得充分实现。"

③ 汪习根:《发展权主体的法哲学探析》,《现代法学》2002 年第 1 期。

展权利宣言》中"发展是经济、社会、文化和政治的全面进程","所有人权和基本自由都能获得充分实现"等表述清楚地表明,发展权追求的是在权利话语体系中全面实现人的自由和尊严,发展权的内容涵摄经济发展、政治发展、文化发展、社会发展和可持续发展等诸多方面。中国发展权理论立足于中国具体国情和中国人民的现实需求,在吸收国际发展权研究成果的基础上,以经济发展权、政治发展权、文化发展权、社会发展权和可持续发展权五大发展权利为核心构筑起系统化的发展权利体系。

（一）人的五大发展权利的哲理分析

当代中国学术界普遍认为发展权应当是由政治发展权、经济发展权、社会发展权、文化发展权以及可持续发展权构成的"五位一体"权利体系。这种构建方法与党的十八大提出的中国特色社会主义"五位一体"总体布局和十九大提出的新时代总体布局保持了高度一致,是在马克思主义指导下立足于发展权理论所做的重大创新,其中蕴含着辩证唯物主义和历史唯物主义的基本原理。

首先,"五位一体"发展权利体系是马克思主义唯物史观的综合运用。发展权中的人是特定社会条件下的现实的人,人在推动社会进步的历史进程中实现自身的自由全面发展,故而人的发展需求和社会进步的要求具有很大程度上的一致性。"五位一体"的总体布局从生产力、生产关系和上层建筑三个层面来考察当代中国社会的发展实际,将中国社会的发展需求划分为经济、政治、文化、社会、生态五个方面。这五个方面相互制约、相互影响,共同构成一个全面而系统的整体。在此基础上,中国的发展权理论以五大发展权利阐释处于社会有机体中的人的发展需求,正是马克思主义唯物史观中关于人的发展和社会有机体发展关系论述的体现。

其次,"五位一体"发展权利体系是马克思主义唯物辩证发展观的实践反映。马克思主义唯物辩证法认为,事物既是相互区别的又是普遍联系的。联系是事物存在的方式和根本属性,也是事物发展的原因。联系具有系统性和整体性。人的发展权利体系是一个由五个子权利系统构成的相互联系的大系统。各个子权利系统之间相互联系、相辅相成。其中任何一个权利的保障的状况会制约、影响其他权利的保障,同时该权利的进一步保障又往往以其他权利的一定程度的实现为前提。因此,在构建特定发展权利的保障机制时需要时刻关注其他发展权利的保障状况,根据实际情况制采取合宜的保障措施,使各个权利之间相互协调,实现权利保障的最大化。最后,发展权的保障是整体性事业,只有全面推进各个方面发展权利的保障才能使人的发展权得到真正的实现,而"任何层次和任何方面发展的不健全,势必导致片面畸形的发展甚至导致最终窒息发展。"[①]

最后,"五位一体"发展权利体系马克思主义认识论的生动体现。马克思主义认为,认识活动是实践基础上的反复运动,人们对事物的正确认识往往要经过从实践到认识,再从认识到实践的多次反复才能完成。人类对于发展的认识也经历了一个逐步完善的过程。历史上,人们曾长期将发展等同于经济的增长,那些认为仅仅通过经济增长就能使所有社会问题都得到改善和解决的唯 GDP 论曾大行其道。20 世纪时这种看法因其无法解决日益严重的社会问题而被批判和抛弃,人们开始将发展视为政治、经济、社会等诸多方面的综合性进步,这一点也得到了联合国《发展权利宣言》的承认。在工业文明日益发达的今天,人与自然的矛盾日趋尖锐,人类社会的发展受到资源和环境的制约。中国学术界反思以往中国不可持续的发展道路所带来的负面影响,尝试提炼"可持续发展权"的新概念并将其纳入发展权利体系之中。可见,"五位一体"的发展权利体系不是书斋中的空想,而是在中国特色社会主义发展实践中认识不断深化的结果。

(二)人的五大发展权利的主要内容

"五位一体"的发展权利体系是一个内涵丰富、结构完备、各个部分之间功能耦合、协同共进的系统,其全方位地反映了实现人的全面发展的具体要求,科学地反映了当前社会发展情况下发展主体在实现发展权所应该占有的发展资源和获得的发展成果。

正如经济发展在整个社会发展中的基础地位一样,经济发展权在实现人的人的全面发展的过程中同样处于基础性地位。提升经济发展水平,使人民

---

① 汪习根:《法治社会的基本人权——发展权法律制度研究》,中国人民公安大学出版社 2002 年版,第 57 页。

的物质需求在充分参与经济发展的过程中不断得到满足,是中国发展权保障最首要的任务。中国语境下的经济发展权的实现在于确保每一个主体都能够通过自己的劳动参与经济发展活动并获得应有的经济发展成果,使主体能够在促进社会经济发展的过程中实现自身的发展。政治发展权可以说是人的全面发展得以实现的前提。如果人民没有参与发展决策的资格和能力,无法主宰自己的发展命运,那么发展权最终只会沦为权力者的施舍。中国语境下的政治发展权的实现一方面在于保障人民群众平等、有效、有序地参与政治活动,决定有关自身命运的事项并监督公共权力的运行;另一方面也在于提高每一个主体政治参与能力,使其在人格独立、意志自由的情况下更加深刻和广泛地参与政治活动,表达和捍卫自己的发展利益。社会发展权关注维系生存和实现发展的最基本条件和机会,其目的是通过社会资源的再分配,保障社会成员在受到年老、疾病、残疾、失业以及灾害等情况冲击下的基本发展能力。中国立足现实国情,超越西方社会治理理念,在"社会公平观"的指导下构筑起本国的社会发展权保障模式,通过对住房、医疗、教育、社会救济等与人民生活联系最紧密的资源的合理分配,极大地推进了全体社会成员发展权的公平保障。文化发展权是实现人的全面发展的重要内容。文化发展权的实现意味着通过发展教育科学文化事业,使每个个体得以在文化领域的发展过程中提高自身的素质,获取应有的收益。具体而言,文化发展权的保障在于通过教育资源的公平配置,使每一个人都能接受适足的教育,提升自己的素质水平;同时也在于保障个体自由参与学术研究、艺术创作等文化活动的权利,使人们能够在创造文化资源的过程中实现自身的价值;还在于保有社会少数群体的独特文化,使不同文化能在平等交流的过程中共同发展。可持续发展权是实现人的永续发展的坚实后盾,它既是发展权的基本要素之一,也是发展权可持续地得到保障和实现的基础。可持续发展权的实现主要通过节约资源、保护环境和生态恢复等政策,使得发展权主体所处的环境质量得到改善,使社会发展与生态环境趋于协调。可持续发展权不仅关注本代人的发展需求,更将目光投向下一代人,致力于实现子孙后代的全面发展。

第四节　以人民为中心的发展权的现实体现

《中华人民共和国国民经济和社会发展第十三个五年规划纲要》指出，"实现好、维护好、发展好最广大人民根本利益是发展的根本目的，必须坚持以人民为中心的发展思想，把增进人民福祉、促进人的全面发展作为发展的出发点和落脚点。"①以人民为中心的发展权导向，不仅是中国发展权理论的固有特性，同时也是当代中国人民发展实践的真实写照。在制度设计上，中国从法律制度、发展战略、发展规划以及各类专项行动计划多角度、多层次构建体系完备的以人民为中心的发展权保障制度。在实践模式上，中国根据不同区域的特殊情况总结出富有特色的发展权保障实践模式。

一、以人民为中心的发展行动规范

（一）以人民为中心的发展权导向在国家法律制度中的体现

"法律是治国之重器，良法是善治之前提"，以人民为中心的发展权导向首先体现在中国的法律制度之中。宪法是我国的根本法，从最高层次规定了我国以人民为中心的发展权保障原则。宪法序言明确国家的根本任务是"推动物质文明、政治文明和精神文明协调发展"并确定发展的依靠力量是"工人、农民和知识分子"以及最广泛的爱国统一战线这个"一切可以团结的力量"，揭示了国家谋求发展的根本目标和依靠力量。宪法宣告"中华人民共和国的一切权力属于人民"，规定国家机构运作的民主原则，确立了人民的主体地位。宪法将"国家尊重和保障人权"作为"公民的权利和义务"这一章节的一般原则，并在各项具体条款中进一步明确了公民在经济、政治、文化、社会诸方面全面发展的权利。

在宪法的统领下，国家以人民为中心的发展权原则得以在各个部门法中

---

① 《中华人民共和国国民经济和社会发展第十三个五年规划纲要》，人民出版社2015年版，第11页。

充分体现。就一般法而言,虽然目前大多数法律文本中并未列明以人民为中心的发展权指导原则,但在其具体规定中已经体现出该原则的内涵。如我国《教育法》规定其目标是"提高全民族的素质"、"培养德、智、体等方面全面发展的社会主义事业的建设者和接班人"①,表明该法将受教育者的自由全面发展作为其核心关切。国家还针对处于相对弱势地位的发展权主体制定并实施了一系列专门性的权利保障法律法规,切实保障这些主体在社会发展中的主体地位。《民族区域自治法》规定将"各民族的共同繁荣"作为其价值目标,并将"帮助本地方各民族发展经济、教育、科学技术、文化、卫生、体育事业"作为自治机关的法律义务②。《妇女权益保障法》明确规定"妇女在政治的、经济的、文化的、社会的和家庭的生活等各方面享有同男子平等的权利"③。《未成年人保护法》规定了未成年人享有发展权,并将"促进未成年人在品德、智力、体质等方面全面发展"④作为其指导性原则。《老年人权益保障法》规定老年人"有参与社会发展和共享发展成果的权利"⑤。

(二)以人民为中心的发展权导向在国家发展战略和规划中的体现

国家发展战略是对社会长期发展的全局设计,是一国发展理念的充分展示。改革开放以来,中国总结长期以来的社会主义建设经验,以现阶段基本国情为出发点,制定了一系列中国特色社会主义的国家发展战略,其中蕴含着以

---

　　① 《中华人民共和国教育法》第一条规定:"为了发展教育事业,提高全民族的素质,促进社会主义物质文明和精神文明建设,根据宪法,制定本法。"该法第五条规定:"教育必须为社会主义现代化建设服务,必须与生产劳动相结合,培养德、智、体等方面全面发展的社会主义事业的建设者和接班人。"

　　② 《中华人民共和国民族区域自治法》第五十条第二款规定:"民族自治地方的自治机关帮助本地方各民族发展经济、教育、科学技术、文化、卫生、体育事业。"第六十四条规定:"上级国家机关应当组织、支持和鼓励经济发达地区与民族自治地方开展经济、技术协作和多层次、多方面的对口支援,帮助和促进民族自治地方经济、教育、科学技术、文化、卫生、体育事业的发展。"

　　③ 《中华人民共和国妇女儿童权益保护法》第二条规定:"妇女在政治的、经济的、文化的、社会的和家庭的生活等方面享有与男子平等的权利。"

　　④ 《中华人民共和国未成年人保护法》第一条规定:"为了保护未成年人的身心健康,保障未成年人的合法权益,促进未成年人在品德、智力、体质等方面全面发展,培养有理想、有道德、有文化、有纪律的社会主义建设者和接班人,根据宪法,制定本法。"

　　⑤ 《中华人民共和国老年人权益保障法》第三条规定:"老年人有从国家和社会获得物质帮助的权利,有享受社会服务和社会优待的权利,有参与社会发展和共享发展成果的权利。"

人民为中心的发展原则的丰富内涵。20世纪80年代,中国共产党提出了分"三步走"、基本实现现代化的发展战略。在中国共产党的第十五次全国代表大会上,"三步走"的第三步战略目标被进一步划分为三个更加具体的阶段目标,提出了21世纪上半叶中国新"三步走"发展战略。无论是哪一个"三步走",人民生活水平始终是战略是否得以顺利推进的重要判断标准,显示出我国发展战略对于人民的关切。在我国现代化建设进入新阶段的历史时刻,中国共产党不失时机地提出了全面建设小康社会的战略构想,提出了在经济、政治、文化和可持续发展四个方面的奋斗目标。而这四个方面的目标,无一不是围绕人民的现实需求来展开的。全面小康在经济上要求"人民过上更加富足的生活",在政治上要使"人民的政治、经济和文化权益得到切实尊重和保障",在文化上"促进人的全面发展",而可持续发展方面的要求也是为了实现人的永续发展。2012年,党的十八大总结十六大以来全面建设小康社会取得的成就,顺应广大人民群众对更好生活的新期待,对全面建成小康社会提出新的要求,将人的平等发展、全面发展的精神纳入全面小康社会的要求之中,更是体现了发展以人为中心的理念。2017年,党的十九大基于我国发展新的历史方位,提出了从2020年全面建成小康社会到2050年建成社会主义现代化强国的"两步走"战略,立足于人民群众更加多层次的发展需求,紧贴人民群众对美好生活的向往,对社会主义现代化建设提出了更加高层次、多样化的战略目标,是对以人为中心的发展理念的深刻体现。

如果说发展战略是国家对于未来人与社会发展的长期谋划,那么国家发展规划就是指导中国人民实现发展战略目标的短期行动指南。到目前为止,中国已经连续制定了十三个国民经济和社会发展计划或规划。这些发展计划或规划体现了中国共产党全心全意为人民服务的宗旨以及将人民视作发展的主体和关键的理念。特别是在2015年通过的《中共中央关于制定国民经济和社会发展第十三个五年规划的建议》以及2016年通过的《"十三五"规划纲要》中明确将"坚持以人民为中心的发展思想"作为推动经济社会发展的指导原则,坚持以创新、协调、绿色、开放、共享的新发展理念指导发展。新发展理念深刻体现了以人为中心的发展原则。创新发展关注发展的驱动力。创新发展要求以人民群众现实需求为创新导向,同时注重激发人民群众的创造热情,最大限度地发掘广大人民群众的发展潜力。协调发展致力于解决发展不平衡问题。协调发展带来社会各方面的全面发展，才能全方位地满足人民的发展需求，其中蕴含着在不断推进经济社会协调发展的过程中不断推进人的全面发展的价值目标。绿色发展着力解决人与自然和谐的问题。正如《建议》中指出，绿色发展是"人民对美好生活追求的重要体现"，只有坚持绿色发展才能实现永续发展，才能为人民的幸福生活创造美好的环境。开放发展是国家繁荣发展的必由之路，而广大人民群众正是对外开放的主力军。共享发展理念集中体现了以人民为中心的发展原则。共享发展以共同富裕为前进方向，注重人民对发展成果的平等享有；注重改善民生，着力增进人民福祉，让人民群众充分享受发展的成果。《纲要》不仅在指导原则上坚持以人民为中心的发展权理念，也在具体部署中贯彻这一理念。在如何公平分享发展成果的问题上，《纲要》按照人人参与、人人尽力、人人享有的要求进行了更加具体的战略布局，主要包括增加公共服务供给、实施脱贫攻坚工程、提高教育质量、促进教育公平、促进就业创业、缩小收入差距、建立更加公平更可持续的社会保障制度、推进健康中国建设、促进人口均衡发展，将以人民为中心的发展原则具体化为可操作的行动指南。

（三）以人民为中心的发展权导向在国家专项行动计划中的体现

国家发展战略和国家总体规划是从宏观角度对国家各方面发展提供的方向和理念指导，而在具体事项上中国政府则通过制定的各类专项行动计划来落实发展权。一些行动计划着眼于推动互联网、物联网、科技创新、对外贸易等特定行业和特殊领域的发展，如"互联网+"行动、物联网发展专项行动计划、能源技术革命创新行动计划、农民创业创新行动计划、科技富民强县专项行动计划等等，为人的发展创造坚实的物质基础。有的行动计划直接关注就业、社会保障、食品与医疗、残疾预防、全民健身等有关人民幸福生活的民生领域，如创业就业三年行动计划、"互联网+人社"2020行动计划、智慧健康养老产业发展行动计划、全民参保计划，消除疟疾行动计划，全民健康生活方式行动计划，营养改善行动计划和全民健身计划等等。这些行动计划致力于在某一方面改善全体人民的生活水平，对人的自由全面发展有着突出的意义。还有一些行动计划本身就是为满足某些特殊群体的发展需求而提出，如帮助救助贫困地区失学女童重返校园的"春蕾计划"、帮助贫困地区学生升学的贫困地区专项招生计划、关注农村留守儿童的"合力监护、相伴成长"关爱保护专项行动计划、贫困残疾人脱贫攻坚行动计划等。这些行动计划针对社会特殊群体最为紧迫的发展需求,为相应群体构筑起坚实的发展权利保障之网。

二、以人民为中心的发展实践模式

实践是认识的基础。在一系列以人民为中心的发展行动规范的指导下,中国人民已经进行了 30 多年的发展实践,积累了丰富的有关发展和发展权的实践经验,为发展权理论创新提供了生动素材。中国学者在认真总结和仔细梳理这些经验的基础上,提炼出一系列类型化的发展实践模式,为中国乃至世界的发展实践提供强大的理论武器。

汪习根教授和唐勇以全局视角梳理了中国在平等发展权实现上反复探索形成的五种模式,即地方行政合作模式、公权力与私权利互动模式、可持续发展模式、综合开发模式和政府干预模式。[1] 五种模式是针对中国不同区域的发展实践而提出,同样充分彰显中国发展实践的人本色彩。如在以政府和市场互动为核心的公权力和私权利互动模式下,政府通过提供完善的外部环境和政策优惠,吸引外来投资和本地人力资源相结合,充分挖掘人民力量来实现区域的快速发展,充分展示了人在区域发展中的主体地位。在以西部大开发战略为代表的综合开发模式中,国家通过专项扶贫、转移支付、官方援助和民间合作等方式,全方位提高"脆弱地区"的发展水平。从实践结果上看,这种综合开发模式对于改善居住于"脆弱地区"人口的生活水平,培养其发展能力具有良好的效果,为其他类似地区的发展权保障实践提供了良好的范例。通过对发展权实践模式的归纳总结,分析其运作机理和在不同情况下的优势劣势,能够为政府制定发展权保障政策和社会各方面的发展实践提供方法上的指引。

---

[1] 参见汪习根、唐勇:《论平等发展权及其在中国的实践模式》,载《发展、人权与法治研究——新发展理念与中国发展权保障暨联合国〈发展权利宣言〉通过三十周年纪念》,武汉大学出版社 2017 年版,第 54 页。

除对中国发展实践模式进行宏观分析之外,中国学术界还从更为微观视角出发,以小范围的特定区域的发展实践为样本,提炼总结出特定条件下推动发展权某一方面实现的实践模式,为类似条件下的发展决策提供了参考范例,也为探索人类社会发展规律和实践方案的研究提供了理论基础。中国的这些学术成果,充分展示了中国人民的实践智慧,为世界发展权理论研究和他国人民的发展实践作出了巨大贡献。

第七章 战略:以"发展是第一要务" 落实发展权

习近平总书记提出了"中国梦",即"实现中华民族伟大复兴,就是中华民族近代以来最伟大的梦想[①]"。"中国梦"实质上是发展权之梦,发展权囊括了人在政治、经济、文化、社会和生态等多领域、全方位的发展需求,发展战略作为发展权现实化的突破口与新视域,将承担起使每个公民感受到人权温暖,推动人权保护从伦理世界走向法治世界的重任。改革开放以来,中国在厘清发展与发展权,发展战略与发展权等关系的基础上,对中国特色社会主义发展战略不断进行探索,提出了一系列卓有成效的理论成果,并站在发展的历史转折点,以新时期的发展战略来开启发展权现实化的大门。

第一节 理论基础:发展战略与发展权

一、发展与发展权的关系

二战以后,人权和发展已成为联合国的主要议题,但人权和发展却长期处于分道扬镳的状态。以发达国家为主导的人权理论片面追求民主与自由,使得人权沦为高度政治化的议题;而以经济增长为核心追求发展,严重忽视社会经济发展的现实实践,使得发展不均衡、不平等、不可持续等问题日益严重。随着《发展权利宣言》的颁布,人权与发展深度融合,视发展权为最广泛、最深

---

① 《习近平谈治国理政》,外文出版社 2014 年版,第 36 页。

刻、最基本的人权的观点逐渐被主流化。要准确把握发展权,我们必须厘清下面两对关系:

(一)发展权与人权的关系

发展权由提出到确认到独立,经历了漫长的历史时期。传统的西方观点认为,只要实现好传统人权,发展权自然而然就实现了,没有必要提出发展权这个新概念。很长一段时间,发展权的内涵都以非常模糊笼统的方式蕴含于传统人权,通过保障传统人权来实现个人和国家在某方面的发展。1970 年,联合国人权委员会委员卡巴·穆巴耶在题为《作为一项人权的发展权》的演讲中,首次提出了"发展权"的概念①,此后在对发展权的理论与实践进行不断探讨之后,发展权被国际社会日益主流化,1986 年《发展权权利宣言》第一条就明确指出发展权是一项不可剥夺的人权②。发展权是发展与人权的高度融合的产物,是以发展为客体的一项权利,它既不是独立的公民权和政治权,也不是分散的经济、社会和文化权,而是物质发展和精神发展的有机统一,其内容涵盖了政治、经济、文化、社会和生态等多领域。我国认为,发展权在人权体系中具有独特性、全面性、综合性等特点,它是一项不可剥夺的、独立的人权。发展权是各项权利相互依存的一种综合性权利,发展权不是各方面单独权利的简单相加,只有所有权利全面、均衡、协调地实现,发展权才能增进。也就是说,侵犯其中任何一项权利都是对发展权整体的践踏,只有在至少一项权利改善,同时又没有其他权利受侵害的情况下,我们才能判定发展权有所提升。联合国发展权独立专家 Arjun Sengupt 也将发展权定义为"发展过程的权利",是一个使所有人权和基本自由得到全面实现的过程③。发展权的提出,是将西方世界从抽象片面地追求"自由""民主""权利"的困境中解救出来的有效方法,是各项基本人权全面、协调、可持续发展的必然途径,实现发展权则是各项基本人权发展的必然结果。

---

①　汪习根:《法治社会的基本人权——发展权法律制度研究》,中国人民公安大学出版社 2002 年版,第 1—2 页。

②　联合国大会一九八六年十二月四日第 41/128 号决议通过大会,铭记《联合国宪章》中有关促成国际合作以解决属于经济、社会、文化或人道主义性质的国际问题,且不分种族、性别、语言或宗教,增进并激励对全体人类人权和基本自由的尊重的宗旨和原则。

③　森古塔:《作为人权的发展》,王燕燕编译,《经济社会体制比较》2005 年第 1 期。

（二）发展和发展权的关系

就其本质来说，发展权与发展隶属于不同的范畴。发展是一个哲学概念，是指任何事物从低级到高级的演化进程；而发展权属于权利范畴，它是一项权利。发展和发展权的关系是多维度的，本章将从因果关系、条件关系以及需求和权利的关系来进行分析。

首先，发展是因，发展权是果。发展权是发展演进的必然产物，并且其内涵会随着"发展理念"的变化而不断变化和丰富。"发展"，从某种程度上来说是一个极具复杂性的词。它代表的不是一个单一的观念，而是当代一系列价值观，它可指个人发展，也可指社会发展，有时又用于经济发展或政治发展。我们不能以静态的视角看待"发展"，而需要在动态变化中把握它的真谛。长期以来的西方发展中心论和经济发展观，使得社会矛盾不断加剧，社会问题层出不穷。在深刻反思了工业文明所造成的人的异化和人类生存环境恶化后，人们开始抛弃将"经济增长"等同于"发展"的经济发展观，逐渐意识到精神文化价值在发展中的重要作用，并为发展引入了以"人的发展"为核心的价值参考体系，人权与发展的高度融合，催生了"人—自然—社会"协调可持续的新发展观。这种"以人为核心"的发展理念也使得发展权应运而生，并且其内涵实现了由最初的追求经济发展到追求政治、经济、文化、社会和生态的全面发展的飞跃性的转变。

其次，发展是发展权实现的物质基础，发展与发展权相互依存，相互促进，发展权在发展建设的过程中实现，发展建设在发展权的保驾护航下飞速前行。一方面，发展是发展权的前提条件。首先，发展权是在广大发展中国家迅速发展的背景下提出的。二战以后，发展中国家普遍摆脱殖民半殖民统治，实现了国家独立，经济社会得到巨大发展，在国际逐步形成了一股新兴力量，开始打破发达国家的人权话语垄断。其次，经济的腾飞为国家建设发展凝聚了资本力量，为发展权的保障提供了物质前提，若发展权没有发展作为强大的经济支撑，很容易沦为"纸上谈兵"。最后，国家的发展使得国民发展需求由单一性向多元性转化，对发展权理论研究提出了新的要求和挑战，这使得发展权理论更加系统全面，即发展是发展权的实践来源。另一方面，发展权也是发展建设的价值指导和检验标准，只有以发展权理念为指导，才能做到将"人的利益"

作为一切发展建设的出发点和落脚点,才能维系发展的健康稳定、长足发展。虽然发展在一定程度上决定了发展权,但并不能认为发展水平低下的国家及其国民就不应享有发展权利和共享世界发展成果,这样不仅不符合社会公平和正义,也会导致发展建设偏离健康轨道。沃勒斯坦提出了新的"世界体系理论",他认为全球化时代世界体系的发展呈两极化发展趋势,一极是中心区的中心化发展,另一极则是边缘区的边缘化发展。沃勒斯坦的世界体系是由核心—半边缘—边缘国家组成的一个结构整体,所有国家都被囊括在内,没有一个国家可以脱离世界体系而存在。[①] 而在现有的、以西方发达国家为核心的世界体系之中,国家的发展程度直接决定了其国家与国民是否能够享有发展权,发展的资源和机会被中心区的发达国家所垄断,而发展落后的国家处于不断被边缘化的恶性循环之中。工业文明带来的繁荣与发展并没有惠及这些边缘区国家,边缘区国家受到来自发达国家这些既得利益者的天然排斥,根本无法公平参与国际竞争与发展,更别谈其国民享有发展权利以及共享世界的发展成果了。为了走出边缘区,改变现有的发展轨迹,边缘区国家提出了以发展权为核心价值理念的发展观,其注重分析不平等、歧视、排斥和不公正等现象背后的权力关系以及所有阻碍人权和发展的根源性和结构性的原因,充分重视那些受歧视、被排斥、被边缘化的弱势群体,给予他们共同分享发展成果的机会,保障他们的人权。[②] 因而,以发展权构筑的价值体系修正了国际社会不平等、不公正的传统价值体系,为实现公正性、均衡性、全面性、协调性的发展提供了价值指导,以发展权构筑的权利体系为全体成员参与、促进和共享发展之路提供了制度保障。

最后,发展权以主体的发展需求不断外化为逻辑起点。"作为目的本身的人类能力的发展"指的是沉睡于人体内的潜能素质被最大限度地发挥出来[③],这种潜能素质若不被唤醒,它就会萎缩甚至泯灭。"人的自由全面发展"

---

① ［美］伊曼纽尔·沃勒斯坦:《现代世界体系》第三卷,孙立田译,高等教育出版社 2000 年版,第 85—86 页。

② 参见夏清瑕:《从发展权到立足于人权的发展方针——联合国发展与人权结合的发展道路》,载汪习根主编:《发展、人权与法治研究》,武汉大学出版社 2017 年版,第 274 页。

③ 《马克思恩格斯全集》第 25 卷,人民出版社 1960 年版,第 297 页。

要求潜能素质被开发,开发潜能素质除了要求人类自身的劳动实践,还对外界提供合适的开发条件提出了要求,即人的内在需求。人的原始需求是一种通过不断从自然界获得生活资料以保障生命存续的需求。在自然和社会力量综合作用下,人类通过劳动实践,不断完善和丰富着自身需要,产生了区别于原始需求的高级社会需求,即对生命、安全、情感、尊严和自我实现等的内在需求,这种需求在当今世界外化为对政治、经济、文化、社会和生态等领域的发展需求。满足需求最直接有效的方式就是以权利的形式对其加以保护,而发展权则是满足人类不断增长的发展需求的方式,也是开发人类潜能素质,实现人的自由全面发展最好的方式。

二、发展战略与发展权的关系

发展战略与发展权的关系是多维度的,本章将以经济学的角度,从发展战略出现的背景、发展战略的构成以及特点三个方面来谈论如何利用发展战略来最大限度地实现发展权。

(一)发展战略出现的背景

探索企业如何发展的战略理论体系是发展战略理论起源。竞争战略是企业发展的传统战略,在竞争战略的影响下,企业前赴后继进入竞争圈,全方位的竞争使得企业普遍受到价格战、功能战、广告战、促销战等问题的困扰,不得不面临利润低下、企业发展停滞的困境,形成一种双败甚至多败的格局。因而,企业家们提出以发展战略代替竞争战略,并从发展方向、发展速度与质量、发展点和发展能力四个方面入手来系统地解决企业发展难题,引入合作机制,促进良性竞争,最终实现企业快速、健康、持续发展。对应到发展权利体系中,所有的发展成员或领域就好比所有的企业,它们像企业一样拼得头破血流尽,最大可能截取自身发展利益、实现自身的发展权,但这种自由竞争导致的发展是低效的、是具有牺牲性和浪费性的,是不可持续的,从整体来看,并不能实现发展权。并且,在西方经济发展中心主义理念的指引下,各国普遍陷入了低效、恶性竞争的发展困境。以企业发展战略理论为指导构建的国家发展战略体系为世界恶性竞争、低效发展提供了出路,国家发展战略以及世界发展战略结束了自由放任的低效发展,以强有力的国家力量将走入歧途的发展拉回正轨。全面协调可持续的科学发展战略体系为发展指明了方向,在提升发展速度的同时也增加了发展的质量,站在时代的前沿,创新性提出新的发展点,以培养各主体的发展能力为其终极目标与价值。而以发展战略体系为依托的发展权利体系,也为发展权主体提供了平等参与、有效促进发展的机会和途径,使其可以共享发展成果,为其发展权利的实现提供政策和制度保障。

（二）发展战略的构成

发展战略由发展方向、发展速度与质量、发展点和发展能力四部分组成。自 1978 年以来,"改革开放"一直是我国的发展战略方向,以改革来消除一切限制发展的因素,以开放来寻求更好地合作、更好地参与发展、更充分地共享发展利益。发展战略方向为发展权的实现消除了减损人类发展利益的主要因素,有利于在本质上满足和扩展人类的各项发展利益,实现发展权。在发展速度和发展质量上,我国经济已由高速增长的粗放型发展向高质量发展转型,坚持质量第一、效益优先的发展战略目标与发展权理念倡导的绿色、协调、可持续发展是一致的。我国发展战略力求实现政治民主和自由、经济可持续发展、社会昌盛、文化繁荣,建设生态文明家园,其终极目标就是为了以创新为动力实现经济、政治、文化、社会和生态文明"五位一体"的发展权利。我国的发展战略追求以法治拓展发展能力。发展权现实化的有效路径是法治思维和法治道路,而扩展发展能力的有力武器也是法治,这不仅要求发展战略在科学合法的框架内实施,还要求以制度保障发展战略所取得的发展成果。

（三）发展战略的特点

发展战略是我国立足于国内外的现状所进行的顶层设计,从宏观上对发展的价值目标、制度设计和路径进行选择,其具有全局性、前瞻性、可持续性。"十三五规划"是我国新时期的发展战略,其在"四个全面"战略布局下,以发展权理念为指引,运用法治思维方式服务于经济社会发展大局,牢牢把握发展方向,转理念、补短板、强动力、防风险,让法治带给人们更多尊严、安全、自信与幸福。[1] "一带一路"则是我国开放发展的国际倡议,其与沿线国家利益与

---

[1]　参见《中共中央关于制定国民经济和社会发展第十三个五年规划的建议》,《人民日报》2015 年 11 月 4 日。

共、共谋包容性发展,力求建设法治化、便利化、国家化的营商环境,构建"人类命运共同体"①。

综上,发展权既是发展战略的出发点,也是落脚点。只有以发展权为价值目标,才能处理好人民发展需求与不平衡不充分发展之间的矛盾,才能保证发展理念、发展布局和发展格局朝着满足人民日益增长的美好生活需要的道路前进,才能使社会的发展与人权的保障同步,在全面建成小康社会的同时实现人的自由全面发展。

第二节　战略定位:中国发展战略与发展权

发展战略的价值指导与终极目标是发展权,发展战略以实现发展权的各项发展利益为首要任务,发展战略为发展道路提供了方向和指导,是对发展道路的纠正与升华,也是发展权从纸上权利走向现实化的有效途径。我国不同时期的发展战略体现了不同的发展理念和发展权利内涵。

一、"发展是硬道理"与发展权

"文革"之后,民主法治惨遭破坏,经济发展缓慢乃至停滞,国家各个领域百废待兴。自 1978 年以来,以邓小平为核心的领导集体提出了"发展才是硬道理"的发展观,并以此为战略目标开启了改革开放的发展战略布局,使中国人民的发展权实践进入到一个飞速前进的崭新的历史时期。这一发展战略是一个系统完备的体系,是发展权实践在我国的初步探索与创新。

首先,发展是关键,经济建设是发展的重点。邓小平提出"中国解决所有问题的关键是要靠自己的发展"②,将发展作为国家的首要任务和关键任务,首次将发展提至前所未有的地位。邓小平同志揭示了社会主义的本质是解放和发展生产力,他从中国实际出发,科学分析当代中国国情,指出当时的中国

---

① 张德森、康兰萍:《新时期发展权现实化的法治向度与视域》,载汪习根主编:《发展、人权与法治研究》,武汉大学出版社 2017 年版。

② 《邓小平文选》第三卷,人民出版社 1993 年版,第 265 页。

处于社会主义初级阶段,确立了以经济建设为中心的发展战略。不仅如此,邓小平还提出世界是不断变化发展的,发展战略也必须与时俱进,作为中国发展长期指导的发展战略,必须具有前瞻性,因而其提出了基本实现现代化"三步走"的路线和步骤,由最初的满足温饱到解决小康再到基本实现现代化。在这一过程中,发展权的内涵也在不断地被充实。

其次,改革与开放是发展的两驾马车。邓小平同志认为只有不断对阻碍解放和发展生产力的因素进行改革,社会经济才能长足发展。改革是一场新时期的革命,是为了消除阻碍发展的一切障碍,对经济体制、政治体制的根本性变革。就经济体制改革而言,在东欧剧变、苏联解体的背景下,邓小平同志审时度势,在南方谈话中指出:"计划经济不等于社会主义,资本主义也有计划;市场经济不等于资本主义,社会主义也有市场"①,并提出建设社会主义市场经济的发展战略,其突破了传统社会主义观念和发展模式,为社会主义发展道路开辟出了一条新路径,中国的发展也开始进入新的历史阶段。市场经济代替计划经济意味着将发展的权利和责任从政府手中释放出来,赋予市场主体发展权利,调动他们的积极性,使他们参与到国家的发展建设中来。而对外开放是提高发展效率和发展水平的有效方式,邓小平同志将中国的发展与世界的发展联系起来,他认为对外开放是连接点和推进器,它可以连接国际国内两个市场、两种资源,并将中国推向世界,拓宽中国发展的途径,提高发展效率和水平,增强国际竞争力。他设计了一条以沿海地区的对外开放和率先发展,而后带动和帮助内地发展,最终形成全方位、宽领域、多层次的对外开放格局。

最后,"先富带动后富"②是发展的方法。社会主义的最终目标是消灭剥削,消除两极分化,最终达到共同富裕。邓小平同志认为任何发展都不是一蹴而就的,实现这一目标需要分阶段进行,他提出让部分人和部分地区先富起来,在具备一定经济实力之后,再帮助其他的人和地区逐步走上共同富裕的道路。"先富带动后富"的发展方法有利于集中力量办大事,在短时间内使得经济总量迅速增长,并为后续发展奠定物质基础。事实证明,从经济特区的设立

---

①　《邓小平文选》第三卷,人民出版社1993年版,第373页。
②　《邓小平文选》第三卷,人民出版社1993年版,第364页。

到经济带再到经济圈的设立,这些地区和人的"先富"不但使中国经济总量得到巨大额增长,还为其他地区提供发展范式与发展支援,成为实现"共同富裕"的突破口和有力保障。此外,邓小平同志还强调"两手抓",服务于经济发展的大局。其内容主要包括"一手抓物质文明,一手抓精神文明""一手抓经济工作,一手抓思想政治工作""一手抓建设,一手抓法制"①,这一系列"两手抓"为经济建设创造了较为和平稳定的发展环境,为其提供了发展的保障。

邓小平"发展是硬道理"的发展观使得经济取得了巨大的增长,为建设中国特色社会主义奠定了物质基础,但仍具有一定的历史局限性,其体现了经济发展权是当时发展权的主要内容,而经济发展又以经济总量的增长为主要目标,发展战略整体上具有一定的不平等、不均衡性、不全面性。

二、"发展是执政兴国的第一要务"与发展权

尽管发展价值的根本指向始终是人的全面发展,但由于历史背景、时代任务的差异,在不同的发展阶段,人们对发展价值定位的侧重点不同。在新世纪到来之际,经济全球化的发展、国内外环境的变化以及中国入世等,都使得国内经济竞争与政治斗争日益激烈,对中国发展而言,既是机遇,又是挑战。为了积极应对这些挑战和机遇,在党的十六大报告中,在继承和发展"发展是硬道理"理论的基础上,以江泽民为核心的第三代领导集体从党执政合法性的高度对发展价值做出的科学定位,即"发展是我们党执政兴国的第一要务"②。当代中国最关键的问题和最主要的任务就是发展,而作为中国唯一的执政党,中国共产党应当承担起执政治国的重任,应当把发展作为执政的"第一要务",其他"要务"以及事务都要与发展相适应、相配套,不能阻碍"第一要务"的推进和落实。发展始终是党执政的出发点和落脚点,因而,党的执政任务应始终致力于发展,执政措施应始终围绕着发展来制定,执政成果也应

---

① 邓小平视察南方谈话,发生在1992年1月18日—2月21日,当时已正式告别中央领导岗位的党的第二代领导核心、改革开放的总设计师邓小平,以普通党员的身份,凭着对党和人民伟大事业的深切期待,先后赴武昌、深圳、珠海和上海视察,沿途发表了重要谈话。3月26日,《深圳特区报》率先发表了"东方风来满眼春——邓小平同志在深圳纪实"的重大社论报道,并集中阐述了邓小平南方谈话的要点内容。

② 《十六大以来重要文献选编》(上),中央文献出版社2005年版,第623页。

由发展来检验。

"发展是党执政兴国的第一要务"的发展战略,将发展与执政、兴国与执政的紧密联系,要求执政党始终以发展为己任、以兴国为目标、以富民为取向,将发展放在首要位置,并且作为"第一要务"贯穿于执政治国的始终,这也是作为执政党的立党之本、执政之基、力量之源"三个代表"重要思想所要求的。中国共产党只有在发展中不断提升生产力,才能保障生产力的先进性;也只有准确预测先进生产力发展的趋势和要求,实施与之相适应的发展战略和政策,才能使得生产力高速、高质量地发展,才能代表中国先进生产力的发展要求。文化的先进性既要求对文化进行创新,又要求在促进文化传承和多元化的基础上,发挥文化对促进和保障生产力的反作用。中国共产党只有牢牢把握先进文化的发展方向,促进先进文化蓬勃发展,推动经济、政治、生态等领域的全面进步,才能持续代表中国先进文化。人民的根本利益在本质上就是使人民不断获得切实的政治、经济、文化利益,实现人的全面发展,而中国共产党代表人民根本利益的属性决定了历史和人民对中国共产党作为执政党的选择。"全心全意为人民服务是党的根本宗旨,党的一切奋斗和工作都是为了造福人民,要始终把实现好、维护好、发展好最广大人民群众的根本利益作为党和国家一切工作的出发点和落脚点,尊重人民主体地位,发挥人民首创精神,保障人民各项权益,走共同富裕道路,促进人的全面发展,做到发展为了人民、发展依靠人民、发展成果由人民共享"[1]。只有充分发展最广大人民的政治、经济、文化等利益,才能促进党的群众基础不断扩大,党的执政根基不断增强[2]。

综上,"发展是我们党执政兴国的第一要务"的发展观是党抓住历史机遇,使中国发展进入新阶段助推器,其有利于党切实保障人民发展利益,承担起推动中国社会进步的历史责任。

三、"科学发展观"与发展权

我国处于历史机遇期、改革攻坚期和社会矛盾凸显期之际,以胡锦涛为总

---

[1]　《改革开放三十年重要文献选编》(下),人民出版社 2008 年版,第 1720 页。

[2]　《改革开放三十年重要文献选编》(下),人民出版社 2008 年版,第 1349 页。

书记的党中央在十六届三中全会上提出了"坚持以人为本,树立全面、协调、可持续的发展观,促进经济社会与人的全面发展"①的科学发展观,其总结了我国 20 多年来改革开放和现代化建设宝贵经验,反映了经济社会发展的新要求,是新阶段全面建设小康社会,加快推进社会主义现代化建设事业的行动指南。"科学发展观"是我国发展权进入历史新阶段的重要标志,具体表现为以下两个方面。

首先,"以人为本"的科学发展观,促进了发展与人权的融合。我国长期以来强调发展客体,即强调物在发展中的地位和作用,如物质资本和货币资本对发展的作用,将物质财富的增长等同于社会的发展,却忽视了作为发展主体人的作用,一定程度上将人作为了发展的客体手段。法国经济学家佩鲁说过"个人的发展、个人的自由,是所有发展形式的主要动力之一"②。科学发展观以"人的全面发展"为目的,超越了物本主义社会发展观,确立人在社会发展过程中的主体地位,重视和发展人的价值,以人的全面发展推动社会的全面发展。"人的全面发展"具有多层次的内涵,既是"人"的发展,是一切人的"共同"发展,也是与社会发展相一致的人在其劳动能力、社会关系、需要、自由个性等方面的"全面"发展。"以人为本"强调经济、政治、文化的发展要为实现人的全面发展创造条件,要把提高人的素质、发展人的各项潜在能力、促进全社会人的自由和幸福为最终目标,并提出了使目标现实化的具体措施和途径。因此,科学发展观要求营造有利于人全面发展的各种条件和环境,使社会的发展运行在人与社会协调发展的轨道上。

其次,"全面协调可持续"的科学发展观,强调健康、可持续的发展。中国长期以来的发展观念和模式偏重于经济增长,以 GDP 作为唯一衡量社会发展水平和国家实力的硬性指标,强调经济增长的决定作用,追求高指标、高速度、高产量,虽然创造了前所未有的经济增长的奇迹,但以高投入和高消耗、高消费甚至牺牲资源和环境为代价,造成了资源浪费、环境污染、生态破坏、贫富分

---

① 彭建军、唐素芝:《发展是党执政兴国的第一要务:发展价值的崭新定位》,《中国青年政治学院学报》2006 年第 5 期。

② [法]弗朗索瓦佩鲁:《新发展观》,张宁、丰子义译,华夏出版社 1987 年版,第 175 页。

化、社会动荡等严重后果。① 科学发展观打破了片面追求经济发展的模式,开启了"全面协调可持续"发展模式。"全面"要求推进经济、政治、文化、社会和生态建设的共同进步。"协调"有五大统筹要求,分别为统筹城乡发展、统筹区域发展、统筹国内发展和国际发展、统筹经济发展和社会发展、统筹人与自然发展。"可持续"要求实现经济发展和人口、资源、环境相协调,建设资源节约型和环境友好型社会,坚持走生产发展、生活富裕、生态良好的文明发展道路,实现人与自然的和谐共存,保证人类的永续发展。科学发展观从主体、客体、时空三个维度进行统筹兼顾,实现了多元全面性、差异协调性、再生持续性的内在统一,也充分体现了对平等发展、全面发展、健康发展的贯彻。

科学发展观是在对传统的发展价值目标进行批判、反思和理论综合基础上逐步形成的,是人权和发展高度融合的产物,是一种以实现人权,以尊严、自由、公正为核心的人本发展价值观。

四、"新发展理念"与发展权

历经全球经济危机之后,西方世界正深陷经济持续低迷和曲折复苏的时期,而以中国为首的广大发展中国家通过国内经济刺激,国际经济合作形成了新的经济增长点和独具特色的发展道路。国际社会发展的深刻调整为建立新的全球治理体系,引发新一轮产业变革和科技革命提供了契机,也为发展中国家提供了发展新机遇和发展新动力。党的十八大以来,以习近平同志为核心的党中央站在新的历史起点,揭示了发展的深远意义,反复强调"发展仍然是当代中国第一要务","唯有发展,才能消除冲突的根源。唯有发展,才能保障人民的基本权利。唯有发展,才能满足人民对美好生活的热切向往"。党的十八大报告也再次指出:"解放和发展生产力是中国特色社会主义的根本任务,必须坚持发展是硬道理的战略思想"。十八届五中全会通过的十三五规划强调,必须牢固树立并切实贯彻创新、协调、绿色、开放、共享的新发展理念。新发展理念是我党对经济社会发展规律的新认识,是对今后发展实践上的新要求,是实现全面建成小康社会,有效应对各种风险、困难和挑战的强大精神

---

① 参见杨信礼:《科学发展观研究》,人民出版社 2007 年版,第 18 页。

武器和思想保证,指明了我国实现更高质量、更加协调、更有效率、更加公平、更可持续的发展路径。

目前,我国已经成为世界第二大经济体,经济发展取得了举世瞩目的成就,但人口红利优势的消失,发展驱动力的不足,使我国面临着"中等收入的陷阱"①。发展的问题多样,矛盾突出,具体变现为:"我国的创新驱动力不足,产业结构不合理,高新技术产业产值比重低、发展慢。城乡、区域、物质文明与精神文明发展显著不协调:城乡差距拉大,城乡公共品供给严重失衡,城乡二元结构所导致的问题凸显;中西部经济发展水平以及中东西部工业化和城市化程度差距较大;精神文明建设明显滞后物质文明的发展。由于资源过度开放与粗放使用,经济发展与资源短缺的矛盾依然尖锐,生态环境保护任重道远;开放水平和开放机制与我国经济实力和经济地位严重不相称;居民收入整体水平有待进一步提高,贫富差距过大,消除贫困任务艰巨"。新发展理念从问题出发,引入发展权体系作为发展的价值指南,以人权保障作为衡量发展质量的新标准,实现了发展理念上的"范式转换",建构了"问题范式""价值范式"和"质量范式"三大范式。以发展权的角度来看,发展是人通过创造性的实践工作来实现自身潜能的过程,是人能力拓展的过程,新发展理念在不同层面赋予了人不同的能力。创新理念有利于人挖掘自身潜能,实现自由和全面发展的权利;协调发展有利于均衡发展权的实现;绿色发展保障了人健康可持续发展的权利;开放发展也体现了发展的交互收益权;共享发展赋予了人们平等的发展参与权与收益权。

以新发展理念为指导的发展战略和权利保障体系,将适应和引领经济发展的新常态,加快促进我国在新一轮全球化竞争中进入控制战略性创新资源的新阶段,真正进入全球经济的中心,走出协同发展、互利共赢、惠泽世界的新型中国现代化之路。

---

① 世界银行《东亚经济发展报告(2006)》提出了"中等收入陷阱"(Middle Zncomp Trap)的概念,基本含义是指:鲜有中等收入的经济体成功地跻身为高收入国家,这些国家往往陷入了经济增长的停滞期,既无法在工资方面与低收入国家竞争,又无法在尖端技术研制方面与富裕国家竞争。

第三节　战略任务:战略规划与落实发展权

与传统人权观司法救济发展权的固有路径不同,中国发展权的现实化不仅限于司法保障,更注重于以改革开放为路径,以国家发展和区域开发的宏观战略视角来确认和促进发展权。党的十九大报告指出:"中国特色社会主义进入新时代,这是我国发展新的历史方位。我国进入决胜全面建成小康社会进而迈向全面建设社会主义现代化强国的新时代;进入实现全体人民共同富裕的新时代;社会的主要矛盾已经转化为人民日益增长的美好生活需要和不平衡不充分的发展之间的矛盾;这一关系全局的历史性变化对国家未来的战略规划提出了许多新要求"。新时期,党和国家从国家立法、政策、行动、规划等多层次出发,以缓解人民日益增长的美好生活需要和不平衡不充分发展之间的矛盾为目标,以脱贫攻坚、区域开发、城乡一体化建设、社会保障建设为切入点,推动发展权在特定领域、特定地区以至于全国范围得到确认和保障,并辐射世界各国和地区,发展全人类。"十三五"规划全面贯彻了党的十八大和十八届三中、四中、五中全会精神,在"四个全面"战略布局和"五位一体"总体布局下,贯穿新发展理念的基本内核,力求开创一条实现中华民族伟大复兴的中国梦的法治道路。中国梦的法治道路同时也是发展权的法治化道路,其将发展权从应然权利落实到可操作的指标体系,并最终内化为发展建设中的一个重要环节和实践节点,成为当前中国推动发展权现实化的一个突破口和成长路径。主要从以下四个方面为切入点来落实发展权:

一、脱贫攻坚与落实发展权

贫困问题是导致我国发展不平等、不均衡、不协调的重要因素之一,因此解决贫困问题是清除发展障碍的重大举措,是消除贫富分化和保障持续健康发展的必然途径。我国贫困问题由来已久,不仅仅是贫困人口的能力问题,更是历史和社会制度所带来的发展遗留问题,习近平总书记一再强调:"全面建成小康社会,最艰巨最繁重的任务在农村、特别是在贫困地区。没有农村的小康,特别是没有贫困地区的小康,就没有全面建成小康社会"①。"全面小康"是全面的,是惠及全体人民的,不仅要从总体上、总量上实现小康,更要让农村和贫困地区人民进入小康,绝不能让一个少数民族、一个地区掉队,要让 14 亿中国人民共享全面小康的成果。②"十三五"时期是全面建设小康社会的决战决胜阶段,脱贫攻坚则是全面建设小康社会的必然要求,减贫脱贫问题的实质,是保障人的生存权并在此基础上获得人的发展权,2016 年作为中国实施"十三五规划"的开局之年,以《中共中央、国务院关于打赢脱贫攻坚战的决定》为基础,国务院组织编制印发了《"十三五"脱贫攻坚规划》,中办、国办就落实《中共中央、国务院关于打赢脱贫攻坚战的决定》制定了 10 个配套文件,32 个牵头部门和 77 个参与部门共出台 118 个政策文件或实施方案,精准扶贫的政策体系搭建完成。随着各项政策、措施全方位铺开,2016 年农村贫困人口减少 1240 万,超额完成 1000 万人的全年目标任务,贫困地区农村居民人均可支配收入比上年实际增长 8.4%,增速高于全国平均水平,农村贫困人口生存权和发展权得到了有效保障。③ 2016 年以来,政府加大了对贫困地区的基础设施投入力度,使其在数量和质量上都有了较大的改善。截至 2016 年10 月底,全国新改建农村公路 23.6 万公里,提前完成了国务院下达的年度任务,其中交通扶贫规划范围涉及的 1177 个县新改建农村公路 15.9 万公里。④2016 年全年全国新增通硬化路建制村超过 1.3 万个。在水利建设上,2016 年农村饮水安全巩固提升工程重点解决 712 个贫困县,2.2 万个贫困村,125.7万户贫困户,国家建档立卡 432 万贫困人口用水问题。⑤ 在电力建设上,国家电网启动了新一轮农网改造工程,同时,开展西藏、新疆及四川、甘肃、青海等地的农村电网建设攻坚工程,促进西部及贫困地区农网供电服务均等化,提高

---

① 《习近平谈治国理政》,外文出版社 2014 年版,第 189 页。
② 参见《习近平全面建成小康社会更重要的是"全面"》,中国新闻网,http://www.chinanews.com/gn/2016/06-10/7899945.shtml,访问日期:2018 年 3 月 28 日。
③ 参见郑若瀚:《精准扶贫与农村贫困人口人权保障新进展》,载《中国人权事业发展报告(2017 年)》,社会科学文献出版社 2018 年版,第 55 页。
④ 参见刘志强:《交通扶贫超额完成 保障规划资金落实》,《人民日报》2016 年 11 月25 日。
⑤ 参见郑爽、王浩宇:《精准扶贫托起全面小康》,《中国水利报》2016 年 10 月 18 日。

553 个贫困县供电能力,全面解决 342.6 万农村用户"低电压"问题。① 在网络建设上,截至 2016 年 11 月底,我国农村网络光纤接入占比(FTTH 端口占比)达到 82.2%,比 2015 年底提升 19 个百分点;贫困村宽带覆盖率超过 80%;农村光纤宽带用户超过 6100 万,比 2015 年底提升 90%。②

党的十九大报告指出"6000 多万贫困人口稳定脱贫,贫困发生率从 10.2% 下降到 4% 以下,贫困群众生活水平明显提高,贫困地区面貌明显改善,脱贫攻坚战取得决定性进展"。但我国的脱贫攻坚任务仍十分艰巨,十九大报告提出要重点攻克深度贫困地区脱贫任务,确保到 2020 年我国现行标准下农村贫困人口实现脱贫,贫困县全部摘帽,解决区域性整体贫困,做到脱真贫、真脱贫。③ 截至 2016 年底,全国农村贫困人口还有 4300 多万人,要如期实现脱贫目标平均每年需要减少贫困人口近 1100 万人。西藏、四省藏区、南疆四地州等贫困区都是生存环境恶劣,贫困率普遍在 20%;分布在 14 个省区的最困难的 189 个贫困县,贫困发生率平均为 23%,县均贫困人口近 3 万人;全国 12.8 万个建档立卡贫困村居住着 60% 的贫困人口,基础设施和公共服务严重滞后,村"两委"班子能力普遍不强,无人管事、无人干事、无钱办事现象突出④,总之,深度贫困地区是脱贫攻坚的重点难点,需要一一攻破。实现脱贫扶贫的任务,有利于减小发展的短板效应,给予社会底层人民共享国家发展所获利益的机会,实现每一个人的发展权。

党和国家要充分发挥政治优势和制度优势,坚持开发式扶贫方针,全面实施脱贫攻坚任务。"十三五"规划开创了以"一区三片"为主战场,以改革创新为动力,以构建"三位一体"扶贫格局的路径。着力消除体制机制障碍,更加注重解决制约贫困地区发展的突出问题,更加注重增强贫困地区和扶贫对象自我发展能力,更加注重基本公共服务均等化,更加注重精准扶贫,加快贫困

---

① 参见于佳欣:《国家电网实施新一轮农网改造 总投资 5222 亿元》,2016 年 4 月 29 日,新华网,http://www.xinhuanet.com/fortune/2016-04/29/c_1118772592.htm,访问日期:2017 年 7 月 7 日。

② 参见侯云龙、林远:《多项产业扶持政策预计陆续出台 新一代信息技术产业今年全面提速》,《经济参考报》2017 年 1 月 5 日。

③ 参见《党的十九大报告学习辅导百问》,党建读物出版社 2017 年版。

④ 参见《党的十九大报告学习辅导百问》,党建读物出版社 2017 年版。

群众脱贫致富、贫困地区全面建成小康社会步伐。① 就精准扶贫政策而言,要求根据致贫原因和脱贫需求,做到扶贫对象精准、项目安排精准、资金使用精准、措施到户精准、因村派人精准、脱贫成效精准,切实提高扶贫实效;通过发展特色产业、转移就业、易地扶贫搬迁、生态保护扶贫、教育培训、开展医疗保险和医疗救助等措施,实现农村贫困人口不愁吃、不愁穿,义务教育、基本医疗和住房安全有保障;通过实行社保政策兜底,实现其余完全或部分丧失劳动能力的贫困人口脱贫;探索资产收益扶持制度,通过土地托管、扶持资金折股量化、农村土地经营权入股等方式,让贫困人口分享更多资产收益②;实行政策倾斜,重点支援革命老区、民族地区、边疆地区、集中连片贫困地区,持续加大对集中连片特殊困难地区的扶贫投入力度,增强造血能力;此外,还要求完善扶贫脱贫扶持政策,健全扶贫工作机制,创新各类扶贫模式及其考评体系,为脱贫攻坚提供强有力支撑。

落实发展权要求关注和保护那些受忽视、被排斥、被边缘化的贫困人口,不能将贫困看作个人的能力问题,而是要将这一问题与国家不平等、不公正的社会权力结构相结合,以消除体制机制的改革来帮助他们共同分享中国发展的成果,保障并促进他们的发展权。

二、区域开发与落实发展权

实现区域协调发展,事关经济发展和社会稳定大局,推动区域协调发展,不仅是全面建成小康社会,的内在要求,更是增强发展动力的基础条件,对解决党的十九大报告提出的社会主义新矛盾,实现经济新常态下更均衡、更高层次的发展具有重大意义。区域经济是构成国民经济的重要组成部分,区域经济发展不仅影响国民经济总量,也影响国民经济结构;不仅影响国民经济整体效率,也影响社会发展公平性;不仅影响经济社会发展,也影响人与自然关系。党的十八大以来,党中央提出并推进"一带一路"建设,京津冀协同发展和长

---

① 参见《中共中央关于制定国民经济和社会发展第十三个五年规划的建议》,《人民日报》2015 年 11 月 4 日。

② 参见《中共中央关于制定国民经济和社会发展第十三个五年规划的建议》,《人民日报》2015 年 11 月 4 日。

江经济带发展,在区域协调发展方面作出一系列重要决策,采取一系列重大创新性举措,谱写了我国区域协调发展的崭新篇章。一方面是"一带一路"建设进度和成果超出预期,京津冀协同发展取得重大进展,雄安新区启动设立,长江经济带发展顺利推进;另一方面是"一带一路"建设、京津冀协同发展、长江经济带发展与"四大板块"区域协调发展叠加效应显现,沿江、沿路形成一批新的增长极和增长带。过去四年,我国中西部地区生产总值年均分别增长8.6%和9.1%,分别快于全国1.4个和1.9个百分点。区域发展差距趋于缩小,人均地区生产总值最高省份与最低省份的倍差从2012年的4.73下降为2016年的4.19。① 但是区域发展不平衡问题仍然比较突出。如,区域间发展水平差距悬殊,空间布局有待进一步提升;资源要素有待优化配置;区域间同质化竞争普遍,区域分工须进一步深化;全方位、多层次、高水平的开放型经济有待建立。我国高度重视不同区域之间的协调发展,党的十九大报告再次强调要实施区域协调发展战略,并对不同地区出台了一系列针对性的区域特色发展战略。首先,强化沿海经济带的优势地位,更好地发挥对西部内陆的支撑引领作用,增强辐射带动能力。加强"长三角""珠三角""环渤海"地区合作协调,成功实现发展的转型。具体来说,我国实施了以下战略举措:加快实现创新驱动发展转型,打造具有国际影响力的创新高地;加快推动产业升级,引领新兴产业和现代服务业发展,打造全球先进制造业基地;加快建立全方位开放型经济体系,更高层次参与国际合作与竞争;争取在公共服务均等化、社会文明程度提高、生态环境质量改善等方面走在世界前列。②

其次,实施振兴东北、中部崛起战略,扩大内需,推动国家发展由外向型向内需型转型。加快市场取向的体制机制改革,鼓励创新,为东北地区等老工业基地发展活力、内生动力和整体竞争力。中部地区需加快建设贯通南北,沟通东西的现代立体交通和物流体系;培育壮大沿江沿线城市群和都市圈增长极;有序承接产业转移,加快发展现代农业和先进制造业,支持能源产业转型发展,建设一批战略性新兴产业和高技术产业基地,培育一批产业集群;加强水

---

① 参见《党的十九大报告学习辅导百问》,党建读物出版社2017年版。
② 参见《中共中央关于制定国民经济和社会发展第十三个五年规划的建议》,《人民日报》2015年11月4日。

环境保护和治理,推进鄱阳湖、洞庭湖生态经济区和汉江、淮河生态经济带建设。[①]

最后,西部大开发是新发展战略区域发展的首要任务。西部区域地处内陆,具有交通不便,资源匮乏、自然生态环境恶劣等不利于发展的自然和地理因素,东西部地区发展的差距在历史上长期存在,发展总体呈现东快西慢、海强陆弱格局,东西部经济的不平衡已成为一个长期困扰中国经济和社会健康发展的全局性问题,也制约着我国实现全面建成小康社会和社会主义现代化强国的伟大目标。因而,西部大开发是缩小区域差距,减小贫富差距,实现西部现代化和西部对外开放的一项重要的战略任务。[②] 西部地区是古代丝绸之路的发源地,"一带一路"的出台和实施,开辟了改革开放的新前线,西部地区是新一轮对外开放的重点和难点。推动建立开放型的经济体系,有利于西部发挥自有优势,尤其是和毗邻国家的区位优势,实现自身的发展,对解决中国发展的东中西发展不平衡以及社会、安全、政治等多方面问题具有重大意义。

三、城乡一体化建设与落实发展权

城乡一体化是中国城市化发展到一定阶段的必然要求,其要求将工业与农业、城市与乡村、城镇居民与农村村民作为一个整体来进行整体规划和改革,打破传统的城乡二元结构,实现城乡政策的相对平等、产业发展的互补和国民待遇的一致,让农村居民与城镇居民共享文明和发展成果,促进城乡一体化,经济社会全面、协调、可持续发展。习近平总书记在 2015 年 4 月 30 日中央政治局集体学习时指出:"要在破解城乡二元结构、推进城乡要素平等交换和公共资源均衡配置上取得重大突破,给农村发展注入新的动力,让广大农民平等参与改革发展进程、共同享受改革发展成果。"[③]"十三五"规划指出,加

---

① 参见《中共中央关于制定国民经济和社会发展第十三个五年规划的建议》,《人民日报》2015 年 11 月 4 日。

② 《中共中央关于制定国民经济和社会发展第十三个五年规划的建议》,载《人民日报》2015 年 11 月 4 日。

③ 参见《习近平加快推进城乡发展一体化》,新华网,http://www.xinhuanet.com/politics/2015-07/21/c_128039854.htm,访问日期 2018 年 3 月 28 日。

快新型城镇化步伐,提高社会主义新农村建设水平,努力缩小城乡发展差距,推进城乡发展一体化。党的十九大报告更是提出要实施乡村振兴战略,要始终把"三农"问题作为工作的重中之重。十九大报告对此提出了更为详细具体的要求,如:加快推进农业农村现代化;巩固和完善农村基本经营制度,深化农村土地制度改革,完善承包地"三权"分置制度;保持土地承包关系稳定并长久不变;深化农村集体产权制度改革;确保国家粮食安全;构建现代农业产业体系、生产体系、经营体系,完善农业经营主体,健全农业社会化服务体系;支持鼓励农民就业创业,拓宽增收渠道。①

由于历史原因,我国形成了城乡二元分化结构,在发展战略中并没有将农业发展、农村建设、农民利益与城市发展纳入一个有机整体之中,造成区域分割、资源分割和城乡分割,也导致了农村的基础设施差、资本投入少、发展缓慢。推进农村现代化发展,必须破除城乡二元结构,加快城市基础设施向农村延伸、公共服务向农村覆盖、现代文明向农村传播,构建和谐共生的城乡关系,形成城乡共同繁荣的良好局面。改革开放近40年,我国目前已经具备支撑城乡一体化建设的物质条件,已到工业反哺农业、城市支持农村的历史节点,推进城乡发展一体化对经济新常态来说,是发展迈向新阶段的历史机遇,主要表现在以下三个方面:

其一,城乡发展一体化有利于我国由外向型经济为主导向内外经济相辅相成,和谐共进转变,有利于促进经济健康持续发展。当前,世界经济复苏乏力,外部市场紧缩,国内经济面临下行压力,而扩大国内需求,增加农村投资、拉动农村消费,无疑是经济新常态下稳增长、调结构、转方式的必然选择。城乡发展一体化将极大激发农村投资潜力,开拓农村市场空间,带动产业升级换代,进而推动我国保持经济中高速增长。

其二,城乡发展一体化有利于我国实现资源高效配置。城乡二元结构已经严重妨碍了城乡资源平等交换和优化配置,城乡一体化发展在城乡之间建立自由流动的市场,使人口、技术、资本、资源等要素能够互相流动,互相配置,互相服务,为高效配置资源、整合资源和利用资源提供了充足的空间,有利于

---

① 参见《党的十九大报告学习辅导百问》,党建读物出版社2017年版。

提高中心城市的带动力、增强区域发展的协同性。

其三,城乡一体化有利于保障和改善民生,缩小城乡差距,构建和谐社会。深化户籍制度改革,为农业转移人口市民化提供健全的机制,有利于推动农村城镇化,保障农民的市民化权利。人类文明进步是城市和农村相互依赖、相互促进的过程,农村发展推动城镇化,而城市向农业提供先进的装备和充足的资本,促进农业的现代化,为农村发展提供强大动力。

综上,统筹城乡发展,构建新型城乡关系,实现城乡一体化发展是中国城市化发展的必然结果,也是缩小城乡差距,实现区域协调发展,全面建成小康社会的必然要求和途径。

四、社会保障体系与落实发展权

改革开放以来,我国市场经济的建立与繁荣发展,使得社会生产力急剧增长,但随之而来的社会负面影响也日益增多,尤其是社会中的弱势群体,其将要面临更大的风险,如贫富差距拉大、阶层分化以及阶层之间的矛盾激化、收入分配不公以及失业、饥荒等问题,这些风险加大了弱势群体陷入生活困境的可能,进而破坏社会秩序的稳定。市场经济的本质在于追求自由和效率的,市场机制本身不具有化解这些社会矛盾的机制。此时,市场这只无形的手需要政府这一只有形的手进行一定的干预,以维护市场秩序的稳定与长足发展。以发展权的视野看待政府干预,则要求政府提供一种倾向于保护弱势群体,以公平正义为基础的社会保障制度来对市场加以平衡。市场经济是现代国际经济发展的首选机制,而社会保障则是调整市场经济、维护社会稳定的首选机制。纵观发达国家发展的历史实践,有效而完备的社会保障制度不仅有利于消除社会矛盾,更能缓解社会矛盾,维护社会的安定与和谐,从而发挥社会稳定器的作用,这也是西方福利国家兴起的初衷。社会保障制度是化解社会问题与社会冲突最重要的制度安排。发展权视野下的社会保障制度应作为国家的一项制度性安排,以此实现社会的稳定和谐,促进全体社会成员的全面发展。人的全面发展是社会保障制度的最终目标,但这一目标实现不是一蹴而就的。首先,我们应从保障人民的基本权益出发,使社会全体成员的基本生活得到保障,尤其是解除处于极端贫困状态群体的生存危机;其次,我们应保证社会成员的身体健康、确保其生活正常运行、持续劳动力不断进行再生产,这也是实现生存权和发展权等基本人权的必然要求;此外,我们还应该增强社会成员的生活安全感、心理平衡感、社会公平感以及政治凝聚力,为人的全面发展奠基坚实的社会基础。①

我国"十三五"规划强调要"按照人人参与、人人尽力、人人享有的要求,坚守底线、突出重点、完善制度、引导预期,注重机会公平,保障基本民生,不断提高人民生活水平,实现全体人民共同迈入全面小康社会"。规划提出要增加公共服务供给,实施就业优先战略,缩小收入差距,改革完善社会保障制度,确保我国所有公民都能幼有所育、学有所教、劳有所得、病有所医、老有所养、住有所居。② 党的十九大报告也指出,要优先发展教育事业,提高就业质量和人民收入水平,按照兜底线、织密网、建机制的要求,全面建成覆盖全民、城乡统筹、权责清晰、保障适度、可持续的多层次社会保障体系,完善国民健康政策,为人民群众提供全方位全周期健康服务。③

建立健全社会保障体系制度,不仅是全面建设小康社会的基础性工程,也是保障社会全体成员共享经济社会发展成果、促进社会公平的战略举措,更是实现经济、政治、文化、生态等社会的全面协调可持续发展,贯彻以人为本的新型发展观的必然要求。社会保障制度作为上层建筑,应取决于生产力的发展状况,因而我们的社会保障制度应与经济发展水平相适应,不能滞后也不能过于超前,只有建立起与我国社会主义市场经济发展要求相适应的社会保障制度,才能真正促进社会主义现代化事业的发展。

---

① 参见陈庆修:《和谐社会如何保障》,《税务研究》2006 年第 10 期。
② 参见《中共中央关于制定国民经济和社会发展第十三个五年规划的建议》,《人民日报》2015 年 11 月 4 日。
③ 参见《党的十九大报告学习辅导百问》,党建读物出版社 2017 年版。

第八章 步骤:在实现中华民族伟大复兴中国梦中增进发展权

　　党的十九大报告明确指出,为人民谋幸福、为民族谋复兴是中国共产党的初心和使命,党和人民一定要团结一致、为实现中华民族伟大复兴而奋斗。中国梦的核心目标是"到中国共产党成立 100 年时全面建成小康社会"和"到新中国成立 100 年时建成富强民主文明和谐的社会主义现代化国家"①,习近平总书记指出:"为了实现这两大目标,我们将继续把发展作为第一要务,把经济建设作为中心任务,继续推动国家经济社会发展。我们将坚持以人为本,全面推进经济建设政治建设、文化建设、社会建设、生态文明建设,促进现代化建设各个方面、各个环节相协调,建设美丽中国。"②通过习近平总书记的讲话,可获得两个启发:其一,实现中国梦,必须以人民为主体,发展是重中之重,国家、民族的发展与每个人自由而全面发展密切相关;其二,小康社会全面建成和社会主义现代化国家的建立,不仅说明公民在政治、经济、社会、文化、生态等各方面的权利得到充分发展与保障,而且蕴含着大同世界、共同富裕、发展成果为广大人民共享的人权理想。因此,"中国梦在本质上就是全体中国人民和所有个人的人权梦"③,"在中国,生存权和发展权是最基本、最重要的人权"④,"维护和促进人民的生存权、发展权始终是中国在人权方面的首要课

---

① 《习近平谈治国理政》,外文出版社 2014 年版,第 44 页。
② 《习近平谈治国理政》,外文出版社 2014 年版,第 326 页。
③ 汪习根:《中国梦与人权——当今中国人权的法政治学解读》,《人权》2014 年第 3 期。
④ 《江泽民文选》第二卷,人民出版社 2006 年版,第 52 页。

题"①。由此可见，发展权是中国梦与人权梦的最佳结合点，实现中国梦与增进发展权相得益彰，互为促进。中华民族伟大复兴有利于实现人全面自由发展的权利，让发展成果更多、更公平地惠及全体人民。

第一节　中国梦的科学内涵与发展权

中国梦的内涵十分丰富，学界说法甚多，有"本意说""人民主体说""两层内涵说"②等，认真研究习近平总书记在第十二届全国人民代表大会第一次会议上的讲话③，中国梦的科学内涵可从三个层面解读：首先，从历史、现实、未来角度出发，中国梦凝结着自鸦片战争以来无数仁人志士的光荣与梦想，经历革命、建设、改革时期，中国共产党人率领人民不断探索人类世界发展的普遍规律，使之与中国特色社会主义发展道路相结合。其次，进行中外横向比较，中国梦是世界梦，实质上与"美国梦""欧洲梦"相通，追求"和平、发展、合作、共赢"。④ 最后，从个体群体角度，中国梦科学阐释国家、民族、个人三者之间的关系，国家富强、民族振兴、人民幸福构成"三位一体"中国梦，相得益彰，具有深远意义。发展权是一项基本人权，个人和集体充分参与发展进程、享受发展成果的过程就是发展权实现的过程。⑤ 综合分析中国梦的科学内涵，可知中国梦与发展权息息相关：第一，从发展权主体角度看，国家和民族享有集体人权；人民享有个体人权，且每个人不分种族、宗教、性别等均享有平等参与发展进程、享受发展成果的权利。第二，在权利的客体方面，发展权追求经济、社会、政治、文化、生态的全面发展，与"两个一百年"目标完全一致。第三，在时间维度上，发展权追求代际公平、可持续发展，与中国梦连接历史、现在、未来

① 《1991年〈中国的人权状况〉》，《中华人民共和国国务院公报》1991年第39期。
② 陈玉荣：《中国梦的伟大构想》，中国水利水电出版社2014年版，第20、21页。
③ 《习近平谈治国理政》，外文出版社2014年版，第38—43页。
④ 《习近平谈治国理政》，外文出版社2014年版，第42页。
⑤ 参见汪习根：《法治社会的基本人权——发展权法律制度研究》，中国人民公安大学出版社2002年版，第60页。

的发展有异曲同工之妙。第四,在空间维度方面,中国和美国、欧洲等国家一样享有平等发展权,如此方能真正建立国际政治经济新秩序,实现全球范围内的和平与发展。由此可知,中国梦与发展权是相辅相成,共生共荣的关系。

一、历史纵向中国梦与发展权

"中国梦是历史的、现实的,也是未来的。"[①]实现中华民族伟大复兴,是近代以来全体中国人民的伟大目标。中国梦具有丰富的历史内涵和深刻的历史背景。从历史进程看,"中国梦"经历了救国梦、建国梦、强国梦三个阶段。1840年鸦片战争后,中国开始进入百年屈辱史,主权一再被践踏,但无数仁人志士仍发奋图强、救国于危难,虽九死其犹未悔,希望"富国强兵"。从洪秀全领导太平天国运动,到李鸿章、张之洞等开展"洋务运动",再到康有为、梁启超推动"戊戌变法"及孙中山领导辛亥革命,皆为追求民族独立、人民解放,但均以失败告终。直到1949年,以毛泽东为代表的中国共产党人,率领人民取得新民主主义革命的胜利。中华人民共和国的成立,宣告长达一个世纪的救国梦结束,正式进入建国梦,亦标志着国家独立和人民解放历史任务的完成。1956年社会主义改造完成后,社会主义制度在我国基本建立,随后进入全面建设社会主义时期。建国梦进程中,政治、经济、文化、科技等各方面综合实力显著提高,为强国梦阶段奠定良好的理论基础和实践基础。1978年实行改革开放后,中国开启强国梦新议程。[②] 经过30多年发展,中国一跃成为世界第二大经济体,成果喜人,但强国梦不仅需要经济强,更要谋求文化强,随之,党的十八大确立文化强国战略,丰富强国梦的内涵。强国梦追求政治、经济、文化、社会、生态"五位一体"的全面发展,力争让中国全面建成小康社会和迈入社会主义现代化国家行列。

中华民族伟大复兴梦超越时空,连接中国的过去、现在和未来,是几代中国人的夙愿,无数英雄人物为之抛头颅、洒热血,这既是一段历经艰辛的追梦史,也是一段争取权利的斗争史。1840年鸦片战争到1949年新中国成立,是

---

① 《习近平谈治国理政》,外文出版社2014年版,第49页。
② 参见张涛甫:《"中国梦"的文化解析》,重庆出版社2014年版,第32页。

中国人民争取国家独立、人民解放的自由权的阶段,而1949年新中国成立至21世纪中叶,则是中国人追求全面自由发展权的历程。① 人权不断变化发展,与所处社会环境、历史背景有着密切的联系。当西方列强用"船坚炮利"打开中国大门,夜郎自大的清政府在一次次对外战争中战败,天朝梦碎,国土沦丧,不得不被动地融入世界近代化进程。在国家主权不断丧失的危急时刻,对全体中华儿女来说最重要的就是维护国家主权完整,争取人民解放。此时对自由权的追求,不仅是为个体自由,更为争取国家和民族的自由权。自由权是第一代人权的核心,发展权则是第三代人权的核心。进入和平建设时期,在政治民主、经济繁荣、社会安定的环境下,实现每个人自由全面地发展,成为全面建设小康社会和现代化国家的前提条件,发展权也成为中华民族伟大复兴梦进程中最重要的人权。

二、中外横向中国梦与发展权

习近平总书记多次在不同场合阐释中国梦的内涵和重要意义,使中国梦逐渐进入国际视野并引起国际国内社会的高度关注。在党的十九大报告中,中国梦依然是被关注的焦点,人类命运共同体的建立表明中国梦与世界各国人民的梦想密切关联②,和平稳定的国际环境与秩序是各国人民梦想成真的必要条件。尽管如此,仍有不少人对中国梦持有怀疑态度,认为它不过是集体主义的"美国梦"和亚洲版的"欧洲梦"③。这些说法均是由于对中国梦的价值基础、追求目标、世界意义等不了解所致。中国梦的实质是国家富强、民族振兴、人民幸福,追求和平、发展、合作、共赢,与包括美国梦在内的世界各国人民的美好梦想相一致。④ 美国梦可从两个层面理解,广义美国梦追求民主、自由、平等,狭义美国梦指不需要依赖社会和他人的帮助,通过个人的勤奋、决心、勇气就可以过上幸福生活。美国梦中心观点认为法治为美国梦提供保障,

---

①　参见汪习根:《中国梦与人权——当今中国人权的法政治学解读》,《人权》2014年第3期。

②　参见习近平:《决胜全面建成小康社会　夺取新时代中国特色社会主义伟大胜利——在中国共产党第十九次全国代表大会上的报告》,载《人民日报》2017年10月18日。

③　孙宏斌:《中国梦之中国复兴》,武汉大学出版社2015年版,第131页。

④　参见习近平主席同奥巴马总统共同会见记者时的讲话,《人民日报》2013年6月8日。

个人的幸福、国家的强盛与法治密不可分,因此美国梦的特点是法治与自由。德国梦追求统一团结,与其小国林立、分分合合的历史背景有关,尤其是第二次世界大战后,两德分立是德国人民心中永远的痛,因此,在德国的《魏玛宪法》和《基本法》中均明确表达渴望维护民族与国家统一的想法。日本梦追求尊荣和平,日本自从脱亚入欧以来,一直致力于提升在国际社会的形象,关心国家安全,渴望国际地位提高,希望获得身份认同。中国梦与他国梦存在共通之处:致力于国家统一、和平、富强及人民安定、幸福。但也存在以下差异:首先,在追求目标上,美国梦、欧洲梦实际上都是只关注自身发展的个体梦,中国梦却将个体梦与群体梦有机统一,既有现实感和未来感,也有历史感和使命感。其次,在价值基础方面,美国梦侧重物质个人主义,欧洲梦偏向精神个人主义,而中国梦则以集体主义为价值基石,号召全体中国儿女共同努力,促进国家梦、民族梦、人民梦的实现。最后,在世界意义上存在差异。美国梦总以自己为轴心,"本质上不是一个为世界准备的梦,而是一个分裂世界的梦"[1]。欧洲梦虽然具有可持续性、包容性,倡导人权的普遍性,具有跨国性质,有一定的先进性,但欧洲人却过于沉迷于西方中心主义,不顾国家背景差异,一厢情愿向其他国家推销欧洲梦。而中国梦始终坚持和平发展与互利共赢,在追求自身发展的同时,也坚持为人类的共同发展承担相应的责任、做出一定的贡献。中国梦不是霸权梦,是"各美其美,美人之美,美美与共,天下大同"[2]的世界梦。

中国坚持和平共处五项原则与世界人民追求和平的愿望一致,中国提出共赢共荣,和全世界人民追求发展的心愿一样。中国梦语境下的发展,指让每一个中国人民及世界人民皆能实现自由而全面发展,享有平等发展权。当今世界正处于大变革、大发展、大调整时期,和平与发展亟需解决,发展权正好为世界和平与发展提供解决之道。[3] 实现中国梦离不开完善发展权,增进发展

---

① 马静:《十字路口的国家路径选择:美国梦? 欧洲梦? 还是中国梦?——专访中国社会科学院哲学研究所研究员赵汀阳》,《人民论坛》2011 年第 27 期。

② 习近平:《弘扬和平共处五项原则 建设合作共赢美好世界——在和平共处五项原则发表 60 周年纪念大会上的讲话》,人民出版社 2014 年版,第 9 页。

③ 参见汪习根:《法治社会的基本人权——发展权法律制度研究》,中国人民公安大学出版社 2002 年版,第 153 页。

权亦需要中国梦助力。习近平总书记指出:"中国方案是:构建人类命运共同体,实现共赢共享"①,并配套提出"一带一路"倡议,全力促进自身及周边国家发展,由此看来,中国崛起的确具有世界主义情怀。发展权以"整个人类利益"为中心,将发展权置于中国梦伟大进程中,有助于早日实现"天下大同"。

三、个体群体中国梦与发展权

中国梦的实质是国家富强、民族振兴、人民幸福。从主体角度看,中国梦既是个体梦,又是集体梦。从内涵看,中国梦则是强国梦、复兴梦、幸福梦的有机统一。"国家好,民族好,大家才会好"②生动揭示了国家、集体与个人的辩证关系,国家梦与民族梦是人民梦的前提,人民梦是国家梦、民族梦的最终目标,三者不是平行关系,而是你中有我,我中有你,互相促进,相得益彰的关系。总体而言,中国梦可激发全体人民的创造力、创新力,为每个人享有发展权提供稳定的社会环境,保障充分实现个体发展权和集体发展权。

（一）国家富强与发展权

从中国梦角度谈国家富强,意旨中国综合国力得到显著提升③,在国际社会拥有更多话语权,硬实力与软实力兼具,在政治、经济、文化、社会、生态等各方面取得突破性发展,国家富强应是全面的发展,是政治文明、精神文明和物质文明的协调发展,因为单纯追求经济增长,并不必然带来国家整体发展的进步和人民物质生活的极大丰富。发展是一项十分复杂的工程,需要多方合力促成,中国发展除必须坚持以经济建设为中心外,还需努力改善政治环境、社会环境及自然环境,同时应从中华民族悠久的历史中,吸取传统文化之精华,共同助力实现中国梦。正如罗马俱乐部前主席 A.佩西所言,衡量任何进步是否具有价值的关键在于能否同时实现政治、社会、道德的进步。④ 中国梦语境下的国家富强体现在发展权方面就是物质发展权和精神发展权的统一,具体

---

① 《习近平谈治国理政》第二卷,外文出版社 2017 年版,第 539 页。

② 《习近平谈治国理政》,外文出版社 2014 年版,第 36 页。

③ 参见中共廊坊市委讲师团:《全面建成小康社会与中国梦构建研究》,中国社会科学出版社 2015 年版,第 128 页。

④ 参见[法]A.佩奇:《未来一百页——罗马俱乐部总裁的报告》,汪帼君译,中国展望出版社 1984 年版,第 81—90 页。

包括政治发展权、经济发展权、文化发展权、社会发展权及生态发展权,当这些发展权得到充分实现时,就说明我国真正迈入富强、民主、文明、和谐的现代化国家行列。

发展权的主体包括集体和个体,具体而言,分析国家富强问题时,发展权主体是国家,下面具体论述"五位一体"发展权。第一,在经济发展权方面,国家有权自主决定发展道路和发展模式,要求建立公正合理的国际经济关系①,平等参与国家贸易竞争,保护本国所有的自然资源免受其他国家侵害。中国虽是世界第二大经济体,但尚处于发展中国家行列,人均国内生产总值(GDP)排名落后,人民仍不够富裕,还不是经济强国,因此依然享有国际发展援助权和经济发展合作权,可在资金、技术、贸易优惠等方面获得支持。中国在经济发展上应注重质的提高,坚持基本经济制度,完善社会主义市场经济体制,促进我国国民经济又好又快发展,为实现中国梦打下坚实的物质基础。第二,在政治发展权上,国家有权根据本国国情决定自己的政治体制、政治制度,以及本国未来的社会政治进程和发展前景。为实现"两个一百年"目标,必须坚持中国特色社会主义政治制度,"坚持和完善人民代表大会制度、中国共产党领导的多党合作和政治协商制度、民族区域自治制度以及基层群众自治制度"②,全力推进政治体制改革、发展社会主义民主政治,建立健全中国特色社会主义法律体系,保证人民当家作主地位的实现。第三,文化发展权指国家采用各种方式发展具有本国家、本民族特色的文化底蕴和文化形态的权利。③文化发展权涵盖范围非常广泛,包括政治、法律思想、宗教、道德等社会意识形态为内容的各领域。党的十七大强调加强文化建设,提高国家文化软实力,推动社会主义文化大发展、大繁荣,十八大提出全面实施"文化强国"战略,充分说明文化发展权是中国梦的重要组成部分,中国特色社会主义文化是国家统一和民族团结的精神纽带,具有民族性、科学性、人民性、实践性、包容性,在大

---

① 汪习根:《法治社会的基本人权——发展权法律制度研究》,中国人民公安大学出版社2002年版,第88页。

② 《十八大以来重要文献选编》(上),中央文献出版社2014年版,第527页。

③ 汪习根:《法治社会的基本人权——发展权法律制度研究》,中国人民公安大学出版社2002年版,第91页。

力弘扬民族文化的同时,还应加大社会主义文化体制改革与创新。第四,社会发展权是人类在社会发展过程中享有的医疗、卫生、劳动保障、环境保护等方面的权利,随着社会发展的不断进步而日益丰富完善。社会发展是"五位一体"中重要的"一位",无论是全面建成小康社会还是社会主义现代化强国均需要和谐社会。国家有权通过国际交流及合作,为本国创造良好的社会发展环境,加强医疗卫生服务、实施积极的就业政策、坚持教育优先发展、做好环保工作,保障社会的公平正义,促进中国特色社会主义社会的和谐发展。第五,生态发展权指人的个体和集体,在尊重生物体生存规律和生态系统客观规律①前提下,通过人与自然和谐发展,最终实现每个人自由而全面发展权利。人口多、资源少、生态环境恶劣,是我国当前生态发展权面临的主要问题,中国取得长远发展、保持经济增长后劲的关键在于坚持生态文明建设。在战略上,科学部署我国的生态文明建设规划;在制度上,"实行最严格的源头保护制度、损害赔偿制度、责任追究制度"②,"用制度保护生态环境"③;在力量上,加大环保宣传、加强部门协作,充分发挥广大人民群众的积极性进行环境保护。凝聚各方力量、多管齐下,实现生态发展权,建设美丽中国。

中国梦是"五位一体"全方面的发展与进步,当国家在政治发展权、经济发展权、文化发展权、社会发展权、生态发展权方面均取得突破性成就时,综合国力必然显著提升,定将在全球范围内拥有更大竞争力、更多话语权。

(二)民族振兴与发展权

中国梦具有非凡的历史意义和现实意义,贯穿传统与现实,加强庙堂与民间联系,让中国与世界友好沟通。国家是一个政治共同体概念,民族则是文化共同体概念,二者之间常常有交叉,但在中国梦语境下,国家梦、民族梦作为独立的选项存在极具深意。国家是面子,民族是里子,国家偏重政治,显得刚性;民族偏重文化,富有弹性。④

中华民族有着五千多年的灿烂历史,创造出博大精深的民族文化,国学大

①　参见王开宇:《生态权研究》,社会科学文献出版社2016年版,第61页。
②　《十八大以来重要文献选编》(上),中央文献出版社2014年版,第837页。
③　《十八大以来重要文献选编》(上),中央文献出版社2014年版,第541页。
④　参见张涛甫:《"中国梦"的文化解析》,重庆出版社2014年版,第11页。

师钱穆曾说:"文化是民族的生命,没有文化,就没有民族。"民族复兴实际上就是文化的复兴。中国梦凝结着 56 个民族、14 亿人的共同信仰和信念,只有深深扎根在全体中华儿女共同的文化土壤上,才能焕发出蓬勃的生命力,因此民族复兴的关键在于找到中国的文化密码。在中国古代,国家成长遵循传统逻辑,即以文化权力为轴心,发展相当成熟,如盛唐等一度成为文化帝国,享誉全球,此时中华民族对自身文化非常自信。但随着西方列强入侵中国,一次次战败,签订一张张丧权辱国的条约,彻底击垮了中国人的文化自信,中国人民陷入极度自卑状态。伴随着屈辱的遭际,国家意识与民族意识逐渐觉醒,中国的国家成长开始从以文化权力为轴心的传统逻辑迈向现代逻辑——以公共权力为轴心。① 对于当时的中国来说,要想真正遵循现代逻辑发展,必须首先取得国家主权独立,但这一历程注定艰辛无比,洪秀全的太平天国运动、张之洞等人的洋务运动、康梁的"戊戌变法"及孙中山领导的一系列革命均未实现中国主权独立,直到 1949 年新中国成立才使国家主权得到实质保障。正是因为国家主权独立来之不易,所以当今的中国人分外珍惜这份权力,从而在中国梦逻辑结构中,格外注重国家梦与民族梦,将二者置于并列地位。但国家独立只是拥有国家尊严的第一步,所谓"弱国无外交",中国若想屹立于世界民族之林,重新找回东方大国的尊荣与梦想,必须提升国力,振兴民族,在源远流长的中华文化中找到支撑国家蓬勃发展的不竭动力。因此,分析民族振兴与发展权,主要从文化角度探讨二者之间的关联。在中国古代有丰富的关于发展的理念和思想,虽没有"发展权"的提法,但与发展权理念实质一致,如儒家的"成仁"之道和"大同"胜境,道家的无为之道与逍遥之境,以及墨家的"兼相爱、交相利"②,均体现各家理想中的个人和社会发展思想。这些优秀的传统文化对促成中国梦的实现意义重大。因此,努力挖掘传统文化精华,结合当今世界形势和本国国情,有助于增进文化发展权。民族振兴不仅有利于塑造中国的文化大国形象,向全世界宣告我国是一个有丰富文化底蕴的国家,而且与国内文化强国战略相呼应,有助于强化人民的民族自信和文化自信,增强民族

---

① 参见林尚立等:《制度创新与国家成长》,天津人民出版社 2006 年版,第 6 页。

② 胡建等:《文化价值演进与人的自由而全面地发展》,黑龙江人民出版社 2009 年版,第 203 页。

凝聚力。

(三)人民幸福与发展权

"中国梦归根到底是人民的梦,必须紧紧依靠人民来实现,必须不断为人民谋福利"①,习近平总书记的讲话表明:人民是中国梦实现的重要主体和关键力量,人民幸福是中国梦的最终归宿。幸福讲的实际上是发展,要让人民充分享有发展权,在很大程度上,中国梦就是发展梦与人权梦的结合。

习近平总书记在接受金砖国家媒体联合采访时指出:中国人民发自内心地拥护实现中国梦,因为中国梦首先是 13 亿中国人民的共同梦想。② 中国梦体现了人民的根本利益诉求,承载着全体中华儿女的精神力量,寄托着大家的共同奋斗目标。

人类社会一直都在探索幸福,人对"幸福"的感知能力,是人类与其他生物的重要区别。早在四千多年前,柏拉图就提出的幸福等于蜜泉加上清凉剂就反映出古希腊人非常朴素的幸福观。1776 年,杰斐逊在参与起草的《独立宣言》中,明确规定人人都有"追求幸福的权利"。到 20 世纪 70 年代,南亚不丹国王提出 GHN(Gross National Happiness 国民幸福总值的概念)③,后来很多发达国家包括联合国纷纷开始采用 GNH 来测评经济价值。当代著名经济学家萨缪尔森曾提出一个"幸福公式":幸福=效用/欲望。可见幸福权是古今中外人类的共同追求,在当今的中国,人民不仅有追求幸福的权利,更有获取幸福和享受幸福的权利。对人民而言,国家是一种为使其获得幸福而存在的制度,为让人民获得应有的幸福,国家必须承担相应的责任与义务。当前,政府高度重视人民的"获得感"与"幸福感","五位一体"总体布局与全面建成小康社会的推进有助于人民实现幸福权。从人权角度看,人民幸福包括三个层面:其一,客观要素,经济无忧、物质上的极大丰富是幸福的物质前提,因此必须大力保障经济发展权实现,让人民能公平享受发展成果。其二,主观要素,指人们对生活、社会等感到满意、满足,需要国家为人民营造一个和谐安

---

① 《习近平谈治国理政》,外文出版社 2014 年版,第 40 页。

② 参见《习近平接受金砖国家媒体联合采访》,《人民日报》2013 年 3 月 20 日。

③ 参见鲜开林:《论人权——人权理论前沿问题研究》,中央编译出版社 2016 年版,第82 页。

定、民主富强的社会氛围,促进政治发展权、社会发展权、文化发展权的实现。其三,主体人格要素,实际上是人在不断发展过程中,对自我价值的追求,满足物质需求后,人会在精神层面寻求更长远的发展,如职业成就、教育程度等均会给人带来幸福感,因此,国家大力促进和完善文化发展权实属必要。国家富强、民族振兴、人民幸福落到实处就是要促进每一个个体的自由而全面发展。即以自由发展为前提的物质需要、精神需要、生存需要、发展需要,及对生存与发展过程所获成果进行享受的需要的统一,实质上就是保障每一个人实现发展权,从而带动国家、民族的兴旺发达。

第二节 发展权理论保障实现中国梦

中国梦与发展权互为促进、共赢共荣。一方面,通过促进国家、民族及人民自由而全面发展,实现民族复兴梦;另一方面,在中国梦伟大进程中增进发展权。发展权理论为中国梦提供和谐、秩序、公平、自由的价值引领,中国梦为发展权在传统文化、理论、实践上做出贡献。

一、发展权理论为中国梦提供价值引领

实现"两个一百年"目标需要国家富强、民族振兴、人民幸福,落到实处是每一个个体得到自由而全面的发展,因此发展权是中国梦的重要目标,发展权包括和谐、秩序、正义、自由价值,为中国梦提供核心价值引领。

(一)和谐与中国梦

发展权要求个人、集体得到一种协调、均衡、可持续的发展,简言之,即和谐发展,和谐不仅是发展权的重要价值之一①,而且在中国具有悠久的历史渊源。"和而不同,求同存异"与中国梦蕴涵的世界梦价值理念一致,孔子的"礼之用,和为贵",孟子的"天时不如地利,地利不如人和"体现高度推崇和谐思想,《礼记》提出"致天下之和"是对和谐社会的执着追求。其一,在"人类命运

---

① 参见姜素红:《发展权论》,湖南人民出版社 2006 年版,第 137 页。

共同体"、世界全球化成为发展主流的趋势下，提倡和谐价值意义更加深远，因为和谐价值肯定世界多样性，认可每个国家独立梦想与价值，追求世界各国共同进步与发展，让每个国家及其人民均能公平参与世界发展进程、享受发展利益。其二，和谐价值包含人与人、人与社会、人与自然和谐发展，对推进中国梦有重要的实践指导意义。人民幸福的前提是每个人都能实现自由而全面发展，而发展的前提是稳定，中国目前人口总量多、贫富差距大、社会分层严重，不同利益群体之间矛盾尖锐。故国家务必协调好多方矛盾，为实现中国梦创造安定的国内环境。实现人与人之间的和谐发展显得尤为必要，个体和谐与集体和谐互为促进、紧密相连。个体与个体和谐，整个民族、国家才会和谐，而国家和谐亦为个体发展权提供有力保障。中国坚持"五位一体"总体布局及"四个全面"战略布局，力求经济发展、政治民主、文化先进、社会和谐、生态文明全面发展，实现国家富强、民族振兴、人民幸福，在统筹全局发展大背景下，更加需要以和谐价值为指引，扎实有效地保障和促进发展权。

（二）秩序与中国梦

发展权在建立国际新秩序的要求中诞生①，强调人自由而全面发展实质上隐含着发展对秩序的追求。秩序是发展权重要的价值形式之一，秩序意味着一致性、连续性和确定性，无序则主要指断裂和无规则的现象②，无论是自然界还是人类社会，秩序都发挥着极其重要的作用。人类在心理层面执着于追求秩序，喜欢按照一定的习惯和特定的方式安排生产、生活。纵览古今中外历史，有序生活方式要比无序生活方式更占优势③。古代遵循等级结构秩序观，近代推崇自由、平等秩序观，现代则以"社会本位"秩序观和唯物史观的秩序学说为准。④ 从国际层面看，中国梦必须要融入整个国际大舞台。作为全

---

① 参见汪习根：《法治社会的基本人权：发展权法律制度研究》，中国人民公安大学出版社2002年版，第132页。

② 参见［美］博登海默：《法理学：法律哲学与法律方法》，邓正来译，中国政法大学出版社1998年版，第219—220页。

③ 参见［美］博登海默：《法理学：法律哲学与法律方法》，邓正来译，中国政法大学出版社1998年版，第225页。

④ 参见汪习根：《法治社会的基本人权：发展权法律制度研究》，中国人民公安大学出版社2002年版，第133页。

球第二大经济体,中国的发展与整个世界的发展紧密关联,中国参加 WTO 组织、成为联合国常任理事国、参与各种各样的国际条约和公约等,皆为中国参与构建国际新秩序的具体形式,对促进世界的和平与发展功不可没。从国内层面看,国家富强、民族振兴、人民幸福均离不开社会的发展与进步,而发展又需要以稳定的社会环境和正常的社会关系为依托,这种社会关系就是由规则支撑起来的"秩序"关系。无论是实现个体发展权还是集体发展权,均需良好秩序,反之,发展权的日益完善,亦会促进秩序构建。在整个社会中,由规范调整人类事物的领域十分广泛①,规范是调整社会秩序的一个有力手段。随着社会发展迅猛、人口突增、经济结构日益复杂,生活方式变幻无穷,稳定有效的秩序显得更加必要,推进中国梦必须遵循秩序价值。

(三)公平与中国梦

发展权指每一个主体不仅能平等地参与发展进程,而且能公平地享受发展利益,前者是机会公平,后者是结果公平。在实现伟大复兴中国梦过程中增进发展权之所以意义重大,是因为发展权为中国梦提供公平的价值引领,社会公平是中国梦的底色。中国梦是每一个中国人民的梦,人民的根本利益是中国梦的最终归宿,体现在发展权层面便是不论性别、种族、宗教信仰等差异,每一个人都切实享受到发展带来的红利与好处,实现自由而全面发展,都享有发展权。但不可否认的是,社会利益关系纷繁复杂,个体利益与个体利益,个体利益与集体利益之间难免存在冲突和矛盾。人与人之间完全平等是天方夜谭,但过大的贫富差距最终会阻碍发展。目前,城乡差距、东西部差距、行业差距较大是导致我国经济发展不平衡的主要因素,随之会影响教育、就业、医疗、社保、生态等等与民生密切相关的一系列问题。因此,国家和政府一方面要大力促进经济可持续发展,为中国梦实现提供物质基础;更为重要的是公平地进行发展利益配置,实现利益与责任的和谐安排,体现在制度层面是大力推进收入分配体制改革,具体表现在三方面:第一,在思想上树立收入分配体制改革的政治思维②,改变权力结构、重新配置社会权利是重中之重。第二,从制度

① 参见[美]博登海默:《法理学:法律哲学与法律方法》,邓正来译,中国政法大学出版社 1998 年版,第 224 页。

② 参见陈玉荣:《中国梦的伟大构想》,中国水利水电出版社 2014 年版,第 150 页。

层面加强政府对资源的公平配置,把权力关进制度的笼子里,调整一切社会不公现象,在政府、市场及社会分配中均要遵循公平的价值理念。第三,政府的制度供给能力有待提高。为尊重和保障每个人的发展权,必须在法律规范层面提高政府的制度供给能力,加强保障权利公平、机会公平、规则公平、程序公平的制度建设,最终实现个体利益与集体利益双赢、共同推进发展权与中国梦。

(四)自由与中国梦

发展权是个人和集体实现自由而全面发展的权利,包括主体全面参与发展进程的自由及享受发展成果的自由,自由是发展权的价值要素。关于自由,古今中外学者有许多解说。在古希腊时期,自由观念经历三个阶段,前期萌发自由意识和政治自由观念;中期政治自由观念日趋成熟,且以集体自愈观念为中心;后期个人自由主义观念开始孕育和出现[1],但存在一定的消极性。在中世纪,自由观念开始异化,逐渐进入否定发展时期,这是人类自由最受压抑的时代。文艺复兴之后,以"人"为中心的人本主义精神开始占据主导地位,个体自由进入全面确立和拓展时期,洛克极力推崇政治自由,卢梭全力推进社会自由,康德强力支持道德自由,黑格尔大力主张自由"终极关怀"论。四位杰出学者从不同角度论述自由,为自由理论与实践发展奠定良好的思想基础。至19世纪,马克思通过反思自由发展的历史进程,提出"每个人的自由发展是一切人自由发展的条件"[2],他认为保障个人在上层建筑领域和经济基础领域的自由,是人类实现"幸福与道德配称一致"的根本标准。马克思关于自由的观点对中国梦的推进有较大启迪意义。中国梦要求国家、民族、个体均实现自由而全面发展,包含两层含义:首先,主体能力的发展自由,无论是集体还是个体,都有自由发展的权利,国家富强、民族振兴,最终是为人民幸福服务,实现中国梦需要依靠中国力量,具体指奋斗在各行各业的普通人民。人民是国家的主人,享有自由发展的权利能力和权利资格,每个个体在实现政治自由、经济自由、文化自由后,会促使社会自由度的整体提高,个人自由发展与一切

---

① 参见胡建:《文化价值演进与人的自由而全面发展》,黑龙江人民出版社2009年版,第3—22页。

② 《马克思恩格斯选集》第1卷,人民出版社2012年版,第422页。

个人自由发展相辅相成、互为促进。其次,发展模式的选择自由,指主体可根据自身条件选取具体发展路径和方法,有充分的自主决定权。鸦片战争后,近百年时间内我国主权和领土完整受到外国列强侵犯,一度受制于人,给个人、民族甚至国家的发展带来毁灭性打击。在综合国力日益强盛的今天,牢记历史教训,自主选择发展模式,走中国特色社会主义道路是实现中国梦的必然选择。

二、中国梦的实现有助于增进发展权

中国梦是习近平总书记提出的一个伟大壮举,激励 14 亿中华儿女心往一处儿想,力往一处儿使。在全面建成小康社会、实现社会主义现代化进程中,我们的国家、民族、每一个个体,也不断享有更广泛、更先进的权利,尤其是发展权的不断完善和发展,对国家、民族和个体意义重大。完善发展权有助于实现中国梦,反之,中国梦亦为发展权做出重要的理论贡献、实践贡献,而传统文化作为中国梦的文化基础,蕴含着丰富的发展权思想,为传播与增进发展权提供历史根源,故"发展权"一词虽是由联合国人权委员会委员凯巴·姆巴耶于 1972 年正式提出①,但实质上在中国有着深厚的思想基础。

(一)中国传统文化对发展权的贡献

中国梦语境下的发展权蕴含中华民族优秀传统文化特质,上下五千年的悠久历史为人民创造了珍贵的文化宝库,中国古代虽无发展权字眼,但关于发展权的思想十分丰富。从诸子百家、开明君主到资产阶级革命派对发展权思想皆有精辟论述,深刻影响当代中国人权观念和人权发展道路。

1.诸子百家

春秋战国时期,诸子百家思想十分活跃,百家争鸣、百花齐放,其中有不少与发展权、中国梦密切关联的思想和观点。儒家的孔子提出大同社会,在《礼记·礼运》中详细描绘大同社会和小康社会图景:财产公有、政治民主、社会文明、社会保障健全,为中国梦的发展提供重要启示。孟子设计出比孔子更为

---

① See Keba M'Baye,"Le Droit au developpement Commen un droit de l'Homme,5 Revue des Droits de l'Homme 503 (1972)", Cf Russel Lawrence Barsh, *The Right to development as a Human Right:Results of the Global Consultion*, Human Rights Quarterly 12(1991) , p.322.

完整的"仁政""王道"的"小康"社会,主张"恒产"是人民安居乐业、社会保持安定的经济基础。荀子则认为"隆礼至法"是更为理想的小康社会模式,儒家的"民本"①思想、"仁"的原则是社会道德黏合剂,有助于保持社会的和谐性,促进发展权实现。道家讲究无为而治,"道"是老子哲学的核心观念②,反映他的宇宙自然观和社会人生观,主张实现人与人、人与社会、人与自然和谐。墨家追求"兼相爱、交相利"的理想社会③,"兼相爱"指人们应该相亲相爱、和睦共处,"交相利"要求人们互利互惠、共同发展,与中国梦追求的发展理念相一致。诸子百家中关于发展权的思想不胜枚举,在此仅选取一些具有代表性的观点。

2. 开明君主

开明君主,不仅指帝王本身文治武功、有雄才大略,深谙用人之道亦是考察统治者是否贤明的重要标准。在中国数千年的封建历史长河中,涌现许多开明君主,其中最具代表性的三位帝王是:汉高祖刘邦、汉武帝刘彻、唐太宗李世民。刘邦建立汉朝后,用黄老之术治民,"与民休息"、清静无为④,主要措施是劝课农桑、轻徭薄赋、减免苛刑、节约皇室与国家开支、少修土木工程等,对于刚建国的西汉来说,这些举措尊重国情,利于恢复经济的持续发展,保障人民在安定的环境中休养生息,为西汉盛世奠定良好物质基础与文化基础。刘彻即位后,光大"文景之治",汉朝逐渐走向鼎盛,西汉的兴旺发达与刘彻的治国思想和举措密不可分。在政治上削弱相权、集中军权、加强中央集权;在经济上,实行盐铁官营制度等大力发展经济,增加财政收入;在文化上,广开仕途、选拔人才、改革人事制度,重视文化教育;在思想上,支持董仲舒"罢黜百家,独尊儒术",吸收儒家思想精华,以儒学治国。刘彻意识到政治、经济、文化等全面发展的必要性,并采取有效措施将发展付诸实践,达到"富商大贾周

---

① 傅永聚、任怀国:《儒家政治理论及其现代化价值》,中华书局2011年版,第430页。

② 参见林存光:《中国古典和谐政治理念与治国方略研究》,中国社会科学出版社2013年版,第39页。

③ 参见胡建:《文化价值演进与人的自由而全面发展》,黑龙江人民出版社2009年版,第204—205页。

④ 参见刘泽华、葛荃:《中国古代政治思想史》,南开大学出版社2001年版,第180页。

流天下,交易之物莫不通"①的兴旺局面。汉朝之后,三国两晋南北朝时期皆未出现一个强盛统一的大国,直到唐太宗李世民的"贞观之治",方可与西汉盛世媲美。李世民留下很多经典语录,"欲为君者,能以德和民……"体现执政为民观念;"大厦靠众材而成千间之广;大鹏借羽翼可扬万里之远"说明李世民在运用权力上颇有心得,权力须与人共享,事业须和民与共;"安危同力,盛衰一心"表明只有拥有共同利益,事业才得以久远。除此之外,李世民十分注重人才培养与任用,从谏如流、赏罚分明,关心"三农",重视社会稳定有序发展,他的治国理政思想对推进发展权与中国梦具有现实指导意义。

3.资产阶级革命派

1894 年,孙中山喊出"振兴中华"的口号,随后,围绕"复兴中国梦"②提出"三民主义",具体包括"民族、民权、民生",其中民生主义是孙中山进行民主革命的根本目的和落脚点。"民生主义如果能够实行,人民才能够享幸福,才是真正以民为主。"③孙中山的民生主义经历四个阶段,第一阶段是辛亥革命时期,主要目的是解决土地问题;第二阶段是民国初年,振兴实业为重中之重;第三阶段是一战后,结合当时的国际国内环境,大力发展实业,实行对外开放;第四阶段是国民党改组前后,以"平均主义"和"节制资本"为重心。总而言之,民生主义就是要解决好人民的衣食住行等基本问题,真正为人民谋福利,与发展权促进人自由而全面发展理念一致,因此,孙中山的"民生主义"对丰富与完善当代中国发展权有较强的借鉴和指导意义。

(二)中国梦对发展权的理论贡献

中国梦为发展权提供两个重要的理论贡献。

首先,中国梦强调人权是个人人权与集体人权的统一,克服西方单纯的个人自由主义人权观的局限。总体而言,西方学者只承认个体人权,将集体人权与个体人权割裂开来,具体观点如下:其一,在理论上不承认集体人权,认为人权只能属于个人,国家与民族等集体拥有人权的观念荒谬可笑。其二,在人权

---

① 《汉书·货殖列传》。
② 孙来斌:《中国梦之中国复兴》,武汉大学出版社 2015 年版,第 62 页。
③ 《孙中山全集》第 2 卷,中华书局 1986 年版,第 462 页。

的起源和国际人权公约方面否认集体人权，亨金认为："在国内法律制度中，群体可以享有一些权利，但至少在起源上，人权运动并不包括群体权利。"①其三，许多西方学者认为集体人权对个体人权具有侵害性，一旦承认集体人权，易导致集体人权滥用，以牺牲个体人权为代价。而中国梦将个人幸福和国家富强、民族振兴结合起来，让每个人都有梦想成真、人生出彩的机会，个人不是孤立的个人，个人存在于集体之中，集体由个人组成，充分说明个体人权与集体人权相互渗透、有机统一。中国并非单纯强调集体人权，亦十分注重个体人权，力求在二者之间寻求平衡，只有协调地促进个体人权与集体人权共同发展，才能早日实现中国梦。国家富强、民族振兴最终要落实到人民幸福上，实现个体梦想是集体梦实现的前提。从人权角度看，集体人权必须落实到个体人权上。发展权是集体人权与个体人权的结合，中国梦归根到底是人民梦，通过促进每一个人自由而全面发展，满足每一个人的幸福与尊严，最终实现中华民族伟大复兴。

　　其次，第二个理论基础是在平等基础上更强调社会正义，强调对弱者的正义。平等一直是西方政治、哲学家们关注的重点，西方社会政治制度的进步与发展离不开平等观念的不断演变。早在古希腊，城邦的确立与《德拉古法典》的诞生，孕育出西方最早的平等观念。随后，亚里士多德成为希腊第一个系统论述平等理念的思想家，他认为平等分为"数量相等"和"比值相等"②。在古罗马，西塞罗的平等观念最为有名，他阐述了"法律面前人人平等"原则，直至今天，对各国法律发展依然具有极大影响力。到中世纪后，基督教认为所有人在上帝面前一律平等，阿奎那主张："所有人在天地间都是平等的"③。文艺复兴和宗教改革后，平等观念得到飞速发展，"天赋人权"，"权利"是"公道"，"在民主政体中，显赫来自平等原则"④等一系列观念都深刻反映了人类对平等思想的追求，这一时期卢梭对平等的研究最多、贡献也最大，他认为，在自然

---

① ［美］亨金：《权利的时代》，信春鹰、吴玉章、李林译，知识出版社1997年版，第7页。
② ［古希腊］亚里士多德：《政治学》，吴寿彭译，商务印书馆1965年版，第314页。
③ ［意大利］阿奎那：《阿奎那政治著作选》，马清槐译，商务印书馆1963年版，第147页。
④ ［法］孟德斯鸠：《论法的精神》，许明龙译，商务印书馆2007年版，第101页。

状态中,"每个人都生而自由、平等"①,"不平等几乎是不存在的"②。但事实上,在社会生活中,理想的平等状态很难实现。以上思想均反映西方社会长期以来对平等孜孜不倦的追求,但机械地追求平等,并不利于国家、社会长远的安定与发展,最终亦并不能让每个公民享有平等发展的权利。中国梦的贡献在于不仅追求平等,而且更加强调社会正义价值,尤其是对社会弱势群体给予特别关注与优待,这一理念与罗尔斯的观点不谋而合,"收入和财富方面的不平等应该按照有利于最不利者的最大利益来加以安排"③。两千多年前,孟子提出政府对鳏寡孤独应该给予更多关心,事实上,这种关心不仅是因为弱势群体在物质上的贫困地位,而且因为他们在精神层面亦处于弱势,人际关系机会的减少、情感交流的阻碍,在很大程度上削弱他们享受幸福的权利。故国家应为这些最不利群体提供尽可能公平正义的福利待遇,让每一个中国人得到应有的体面与尊严,感受到生为中国人的自豪感。中国梦为发展权指明新方向,让每一个人平等享有发展权,不仅意味着个体均有参与发展进程、分享发展成果的平等机会,而且应遵循正义原则。所谓平等,不单是形式平等,更是实质平等,对弱者的正义有利于激发全体人民共同筑梦的热情,实现经济、政治、文化、社会、生态可持续发展。

(三)中国梦对发展权的实践贡献

习近平总书记指出中国梦实质上是人民梦,国家富强、民族振兴最终也是为实现人民幸福,维护广大人民的根本利益,必须以保障民生福祉作为发展为目的,"在幼有所育、学有所教、劳有所得、病有所医、老有所养、住有所居、弱有所扶上不断取得新进展"④,中国在教育、就业、医疗等方面付出巨大的努力,当然亦取得令人满意的实践成效,为丰富与完善发展权提供较好的借鉴与指导意义。从"幼有所育"到"弱有所扶",七个方面的民生保障基本涵盖人整

---

① 〔法〕卢梭:《社会契约论》,何兆武译,商务印书馆 2005 年版,第 6 页。

② 〔法〕卢梭:《论人类不平等的起源和基础》,李常山译,商务印书馆 1962 年版,第 149 页。

③ 〔美〕约翰·罗尔斯:《作为公平的正义:正义新论》,上海三联书店 2002 年版,第 60 页。

④ 习近平:《决胜全面建成小康社会 夺取新时代中国特色社会主义伟大胜利——在中国共产党第十九次全国代表大会上的报告》,人民出版社 2017 年版,第 23 页。

个的生命周期，充分体现中国对发展权的保障并非只是一句口号，而是落到实处且面向每一个人。

第一，幼有所育。党的十九大报告首次提出"幼有所育"，旨在让0—6岁适龄儿童得到更好的养育和教育。我国大约有1亿多6岁以下儿童，目前主要存在以下两方面的问题，亟须解决。

其一，提升幼儿入园率。目前，我国的幼儿园与幼师资源严重不足。在农村，大部分3—6岁幼儿无法入园学习；在城市，入园难、入园贵已司空见惯。加之，我国推行"全面二孩"政策，更加大幼儿养育难度。为有效解决上述问题，需要采取相应措施：首先，加强对幼师的培养和储备工作，提高幼教的素质与数量。其次，在幼儿园建立灵活的托管机制，分为全天托、半天托、小时制等，同时缓解幼儿园和家长的育儿压力。再次，在农村地区，国家支援建立更多更好的幼儿园，以满足当地育儿需求。最后，在城市社区可建立早教中心，邀请专家为家长提供专业指导。经过多方努力，我国在提高幼儿园入园率方面取得较好成效。2016年，全国共有幼儿园24万所，在园幼儿4413.9万人，全国学前三年毛入园率达到77.4%，四年来提高12.9%；①学前教育专任教师223.2万人，幼师数量和质量均有大幅提高。同时，对学前教育的资金投入也大大增加，2016年全国财政性教育经费，学前教育经费占比达4.2%，是2010年的2.5倍。②

其二，加强对幼儿园的监管与治理。2017年11月上海"携程亲子园虐童事件"和"11·22北京红黄蓝虐童事件"相继被爆出，在全国其他大中城市，也存在不计其数类似事件，令人痛心。不得不承认中国的0—6岁幼儿看护、教育领域、公共服务状况不容乐观，十九大提出"幼有所育"恰逢其时，对幼儿园的有效监管势在必行。为使我国幼儿教育发展取得进一步成就，必须细化对幼儿园的监管，政府在管理体制、投入体制、办园体制、教师队伍建设、督导评

①　参见《努力让十三亿人民享有更好更公平的教育（治国理政新思想新实践·新理念引领新发展）——党的十八大以来中国教育改革发展取得显著成就》，《人民日报》2017年10月17日。

②　参见《2016年〈中国儿童发展纲要（2011—2020年）〉统计监测报告》，中华人民共和国国家统计局网 http://www.stats.gov.cn/tjsj/zxfb/201710/t20171026_1546618.html，访问日期：2017年11月5日。

估等方面均应采取具体有效的改进措施。随着学前教育的发展和日益受到重视，加快学前教育立法的共识度越来越高。

其三，关注儿童福利和保护服务。全国共有儿童收养救助服务机构 705 个，床位 10.0 万张，年末收留抚养各类人员 5.4 万人。其中儿童福利机构 465 个，床位 9.0 万张。① 截至 2016 年底，全国共有孤儿 46.0 万人，其中集中供养孤儿 8.8 万人，社会散居孤儿 37.3 万人。2016 年全国办理家庭收养登记 1.9 万件，其中，内地居民收养登记 1.6 万件，港澳台华侨收养登记 131 件，外国人收养登记 2771 件。② 让当下的每一个幼儿都能吃饱穿暖有学上，在健康友爱的环境中茁壮成长，对实现中华民族伟大复兴有着重大现实意义，因为我们保护的正是一代又一代的追梦者，他们才是中国梦实现的不竭动力。

第二，学有所教。教育梦是关涉民生的重大事项，与国民素质提高、人的全面发展息息相关，若想强国必先强教育，人民平等发展的重要前提是公平享受教育资源。为让 14 亿中国人享有公平的教育环境，我国在资金投入、人才培养等方面不惜成本，以新发展理念为引领，最终在教育事业上取得卓越成就。

其一，在教育创新发展方面，现代教育治理改革取得突破。十八大以来，一系列教育改革措施牵动着无数亿万家庭与学子的心。首先，在国务院的领导下，我国考试招生制度得到近四十年来最大程度的改革，力度空前，全国已有 31 个省（区、市）制定出详细的高考改革实施方案③，与此同时，各地亦纷纷开始建立高中学业水平和综合素质评价制度，为学生制定更公平、开放的评价体系，利于人才培养与选拔。其中，"两依据一参考"的招生录取模式在上海、浙江两省取得突出成效，值得其他各省学习借鉴。其次，广大人民心系的高校招生录取公平性得到有效改善，在全国范围内，所有鼓励类加分项目均被取

---

① 参见《2016 年社会服务发展统计公报》，中华人民共和国民政部网站 http://www.mca. gov.cn/article/sj/tjgb/201708/20170800005382.shtml，访问日期：2017 年 11 月 5 日。

② 参见《2016 年社会服务发展统计公报》，中华人民共和国民政部网站 http://www.mca. gov.cn/article/sj/tjgb/201708/20170800005382.shtml，访问日期：2017 年 11 月 5 日。

③ 参见《努力让十三亿人民享有更好更公平的教育（治国理政新思想新实践·新理念引领新发展）——党的十八大以来中国教育改革发展取得显著成就》，《人民日报》2017 年 10 月 17 日。

消，地方性加分项目减少63％。① 鉴于中西部教育质量差异悬殊，国家启动"支援中西部地区招生协作计划"，为百万中西部孩子提供上大学的宝贵机会。再次，将普通本科与高职院校分类招生，此项改革有助于充分发挥学生特长，丰富人才层次。从2013年到2016年，我国高职分类考试招生人数占当年总招生人数的比例从43％提高到50％以上②，充分显示该项改革的现实意义。最后，配套改革高中阶段考试招生制度，严格规定各地优质高中应将其至少30％的名额③，按比例合理分配给同区域的各初中、高中招生选拔以学生的综合素质和初中学业水平考试成绩为依据，做到公正公平公开。

其二，在教育协调发展方面，教育为经济社会发展增添活力。首先，为促进城镇化发展，实现城乡教育公平，2012年至2016年，国家在城区建设1500多所义务教育学校，在镇区新增1000多所初中学校④，以缓解教育资源分配不均压力。其次，国家第一次从顶层设计的层面对中西部教育予以高度重视，并且中央财政投入大量工程资金改造农村义务教育薄弱学校，其中90％投向中西部地区。⑤ 2014年我国正式启动全面改善贫困地区义务教育薄弱学校基本办学条件工作计划（以下简称"全面改薄"），据统计，全国2656个县的21.8万所义务教育学校纳入实施范围，规划投入资金5227亿元，建设校园校舍2.2亿平方米、运动场地2.19亿平方米，购置计算机512万台、图书6.1亿册、

---

① 参见《努力让十三亿人民享有更好更公平的教育（治国理政新思想新实践·新理念引领新发展）——党的十八大以来中国教育改革发展取得显著成就》，《人民日报》2017年10月17日。

② 参见《努力让十三亿人民享有更好更公平的教育（治国理政新思想新实践·新理念引领新发展）——党的十八大以来中国教育改革发展取得显著成就》，《人民日报》2017年10月17日。

③ 参见《努力让十三亿人民享有更好更公平的教育（治国理政新思想新实践·新理念引领新发展）——党的十八大以来中国教育改革发展取得显著成就》，《人民日报》2017年10月17日。

④ 参见《努力让十三亿人民享有更好更公平的教育（治国理政新思想新实践·新理念引领新发展）——党的十八大以来中国教育改革发展取得显著成就》，《人民日报》2017年10月17日。

⑤ 参见《努力让十三亿人民享有更好更公平的教育（治国理政新思想新实践·新理念引领新发展）——党的十八大以来中国教育改革发展取得显著成就》，《人民日报》2017年10月17日。

课桌凳(椅)2561 万套、学生用床 948 万张,以及价值 745 亿元的教学仪器设备。① 再次,为让学生更好实现个体"中国梦",大力发展中等职业教育。同时扩大专业学位硕士研究生培养规模,目前我国专业硕士已占硕士总人数的 50%。② 最后,在全国范围内,完善继续教育体系,宣扬"学到老,活到老"的人生信条,鼓励学历教育与非学历教育协调发展。以上种种举措使教育层次类型结构更加合理,人才培养体系日趋完备,东中西部教育差距进一步缩小,区域教育协同发展。

其三,在教育内涵发展方面,人才培养质量得到有效提高。在教育改革不断推进之时,我国教育从"有学上"向"上好学"转变,追求教育质量的提高与学生的全面发展,进入"以提高质量和效益为中心"的内涵发展新阶段。然而关乎人才培养质量的关键是教师,因此,教师队伍建设是教育内涵发展的重中之重,为此,国家出台一系列惠及乡村教师的政策,对这些乡间的"人类灵魂工程师"予以重点支援。2015 年,中央共拨款 22.8 亿元支援乡村教师,人均月补助增加 300 元,共有 94.9 万教师享受到福利。其中 19.42 亿资金用于乡村教师宿舍建设,共建 3.2 万套 113.1 万平方米,此举有助于改善老师们的居住环境。③ 到 2016 年底,全国 22 省中共有 684 个县,实施乡村教师生活补助政策,惠及 8.1 万所学校的近 130 万名乡村教师。④

其四,在教育开放发展方面,中国教育逐渐成为世界教育的中心。成果主要体现在两方面:一方面,双向留学与人才引进成果喜人,我国人才国际化水平不断提高。中国成为全球第三留学目的国,对国外留学生吸引力大增,2016年共有 44 万人来华留学,较 2012 年增幅高达 33.3%。至 2016 年底,留学回

---

① 参见《让"大班额""大通铺"成为过去——党的十八大以来我国促进教育公平综述》,《中国教育报》2016 年 6 月 25 日。

② 参见《努力让十三亿人民享有更好更公平的教育(治国理政新思想新实践·新理念引领新发展)——党的十八大以来中国教育改革发展取得显著成就》,《人民日报》2017 年 10 月 17 日。

③ 参见《为了乡村教师留得住干得好——党的十八大以来我国促进教育公平综述》,《中国教育报》2016 年 6 月 23 日。

④ 参见《努力让十三亿人民享有更好更公平的教育(治国理政新思想新实践·新理念引领新发展)——党的十八大以来中国教育改革发展取得显著成就》,《人民日报》2017 年 10 月 17 日。

国人员总数达 265 万人,由 2012 年的 72.38%增长到 2016 年的 82.23%。[①]
另一方面,多边、双边人文交流机制不断完善,为我国外交事业的发展做出重
大贡献。党的十八大之前,我国与俄、美、欧、英建立人文交流机制,通过不断
对话与努力,五年间与法国、南非、德国、印尼成功建立新的人文交流机制。可
见,教育在我国对外战略的发展上扮演着重要角色。

其五,在教育共享发展方面,人民群众充分感受到教育获得感。首先,不
同阶段受教育人数比例提高,表明我国教育发展水平提升。我国有 51.2 万所
学校,1578 万名教师,2.65 亿在校学生,各级各类教育规模均居世界首位。九
年义务教育巩固率 93.4%,比 2012 年提高 1.6%;2016 年高中阶段教育毛入
学率 87.5%,比 2012 年提高 2.5%,高于中高收入国家平均水平 5 个百分点;
高等教育毛入学率达到 42.7%,比 2012 年提高 12.7 个百分点,超过中高收入
国家平均水平 6 个百分点;从 2011 年到 2016 年,16—59 岁人口的平均受教育
年限从 9.7 年增加到 10.35 年。其次,教育资助体系极具中国特色,实现学前
到研究生教育全覆盖,党的十八大以来,全国累计共资助学生 4.25 亿人次,资
助金额达到 6981 亿元,财政投入达到 4780 亿元。再次,随迁子女异地就学障
碍逐步消除,留守儿童关爱服务体系初步建立,布局合理、学段衔接、普职融
通、医教结合的特殊教育体系初步形成。[②] 最后,重点大学面向农村贫困地区
定向招生人数大幅增加,包括国家专项计划、地方专项计划、高校专项计划在
内,5 年来共录取农村和贫困地区学生 27.4 万人[③],更多农村孩子有了上重点
大学、实现梦想的机会。教育实现共享发展,是学有所教的重要组成部分。

第三,劳有所得。对人民来说,实现自我完善与发展,靠自己的能力获得

[①] 参见《努力让十三亿人民享有更好更公平的教育(治国理政新思想新实践·新理念引
领新发展)——党的十八大以来中国教育改革发展取得显著成就》,《人民日报》2017 年 10 月
17 日。

[②] 参见《努力让十三亿人民享有更好更公平的教育(治国理政新思想新实践·新理念引
领新发展)——党的十八大以来中国教育改革发展取得显著成就》,《人民日报》2017 年 10 月
17 日。

[③] 参见《努力让十三亿人民享有更好更公平的教育(治国理政新思想新实践·新理念引
领新发展)——党的十八大以来中国教育改革发展取得显著成就》,《人民日报》2017 年 10 月
17 日。

收入与尊严,是人生幸福的前提。我国是人口大国,劳动力资源十分丰富,据国家统计局发布的数据显示,2016 年我国 16 至 59 岁的人口数量占总人口的 65.6%,约有 9 亿余人,其中受过高等教育和有专业技能的人才高达 1 亿多。[①]一方面,这些劳动力是中国发展的宝贵资源和不竭动力;但另一方面,如何让每个人都能充分发挥各自的职业特长,打造公平的就业环境也成为迫切需要解决的问题。

为让人民收入实现倍增,并且是公平地倍增,需要从两个方面努力:一是促进更高质量就业。就业是民生之本、安国之策,当前在我国就业市场上存在大学生就业难、农民工"招工难"、"智力外流"等问题,为提高就业质量,政府采取有力措施:1. 鼓励战略性新兴产业与劳动密集型产业齐头并进发展;2. 实施积极的就业政策,引导大学毕业生到基层、到中西部地区、到中小企业就业;3. 大力发展中小企业;4. 大规模开展职业技能培训。以上举措,多管齐下,能有效缓解就业压力,促进更高质量就业。二是进行收入分配改革。在解决高质量就业问题时,收入分配问题也刻不容缓。许多工薪阶层都有"干得多,挣得少"的同感,贫富差距大是社会不和谐的因子,在做大蛋糕的同时,分好蛋糕更重要。中央对此问题高度重视,注重收入分配公平,努力缩小城乡收入差距、行业收入差距、中西部收入差距,保证每一个人都能参与发展进程、享受发展成果。

通过党和人民共同的努力,我国在促进就业领域取得可喜成就,主要体现在以下六个方面:一是从 2012 年到 2016 年,全国每年就业人数总量不断增长。其中城镇就业人员比例从 2012 年的 48.4%提高到 2016 年的 53.4%,呈现每年平稳增加趋势,而乡村就业人员则从 2012 年的 39602 万人降到 2016 年的 36175 万人,比重更是降到就业总量的 46.6%[②],这些数据表明我国城乡就业格局发生重大改变,具有历史性意义。二是就业规模呈扩大趋势。城市新增就业人数五年来不断增长,总体增长 4%,失业率从 2012 年的 4.09%降

---

① 参见《人口发展战略不断完善　人口均衡发展取得成效——党的十八大以来经济社会发展成就系列之十六》,中华人民共和国国家统计局网,http://www.stats.gov.cn/tjsj/sjjd/201707/t20170725_1516463.html,访问日期:2017 年 11 月 5 日。

② 参见《找个事儿做更容易了(一图说五年)》,《人民日报》2017 年 10 月 3 日。

低到 2016 年的 4.02%。[①]　三是就业结构不断优化。与 2012 年相比，五年来我国第一产业和第二产业比重均有所下降，比例分别是 5.9% 和 1.5%，第三产业比重则从 2012 年的 36.1% 到 2016 年的 43.5%[②]，充分表明第三产业对国民经济发展的贡献显著增强，据国家统计局初步核算，2017 年上半年，第三产业增加值 206516 亿元，同比增长 7.7%，比 2016 年同期增加 0.2 个百分点，高出国内生产总值 0.8 个百分点，且比第二产业增加值高出 1.3 个百分点。与此同时，第三产业也成为提供就业机会最多的领域，2017 年上半年，全国规模以上企业中，第三产业新增就业机会同比增加 5.6%，比第二产业多达 4.9 个百分点；在全部规模以上企业中，服务业新增加的就业人员占 73.7%，高于第二产业 47.5 个百分点。[③]　第三产业在为我国经济发展做出巨大贡献的同时，也为广大人民提供不可计数的就业机会，因此国家应大力支持第三产业的发展。四是就业市场始终供大于求，五年来公共就业服务机构市场求人倍率（即招聘人数与求职人数之比）最高比值是 2014 年的 1.15，最低比值是 2012 年的 1.08[④]，每年比值均大于 1，充分说明就业空间富余。五是农村富余劳动力转移就业有序推进，五年间劳动力转移就业人数不断提高，2016 年农村劳动力转移就业人数比 2012 年高 7.3%。六是工资收入持续增长。城镇非私营单位就业人员平均工资从 2012 年的 46769 元增长到 2016 年的 67569 元，增幅高达 44.5%[⑤]，收入提升对追求中国梦的人民来说，是看得见摸得着的好处，不仅能帮助他们解决生活工作中真正的难题，而且有助于物质生活与精神生活的提升。

第四，病有所医。人民享受生存权、发展权的前提之一是拥有健康的身体，否则，所谓巨额财富、权利对人民而言均无任何意义。健康的身体需要完善的医疗保障体系。对普通民众来说，迫切需要解决的问题有两个：首先，看

---

① 参见《找个事儿做更容易了（一图说五年）》，《人民日报》2017 年 10 月 3 日。

② 参见《找个事儿做更容易了（一图说五年）》，《人民日报》2017 年 10 月 3 日。

③ 参见许剑毅：《服务业继续发挥经济增长的主引擎作用》，中国经济网，2017 年 7 月 19 日。http://www.ce.cn/xwzx/gnsz/gdxw/201707/19/t20170719_24305769.shtml，访问日期：2017 年 11 月 5 日。

④ 参见《找个事儿做更容易了（一图说五年）》，《人民日报》2017 年 10 月 3 日。

⑤ 参见《找个事儿做更容易了（一图说五年）》，《人民日报》2017 年 10 月 3 日。

病难、看病贵问题。具体表现在药费贵、城乡之间的基本医疗服务差距巨大等方面,为解决上述问题,"统筹推进医疗保障、医疗服务、公共卫生、药品供应、监管体制综合改革"。① 其次,大病医保问题。对大部分普通家庭来说,患上白血病、先天性心脏病等重症后,因病致穷、因病致死都是屡见不鲜的事情。为切实解决大病医保问题,政府高度重视城乡居民大病保险工作,建立城乡居民大病保险的筹资机制,详细规定保障对象、保障范围、保障水平,城乡居民大病保险采用政府主导、商业保险机构承办的模式,提升大病保险管理服务的能力,并加强对商业保险机构承办大病保险的监管,强化对医疗机构和医疗费用的管控,建立信息公开、社会多方参与的监管制度,统筹协调、加强部门合作,全心全意为人民解决好大病医保问题。

中国为解决病有所医的问题,2016 年 10 月颁布《"健康中国 2030"规划纲要》②,2017 年 9 月 29 日发布《中国健康事业的发展与人权进步》白皮书③,在战略上为改善医疗环境、提高人民健康水平做出了重要部署。与此同时,多管齐下全方位解决看病难、看病贵的问题,仅在 2016 年一年,全国便有 10 方面、50 项与医改有关的任务发布,出台的健康方面政策性文件多达 20 个④,这些文件和任务的发布表明党中央、国务院进行医疗改革的决心,真正理解"没有全面健康,就没有全面小康"⑤的深意。在大家的共同努力下,我国医疗建设效果显著、人民健康水平不断提高。医疗成就体现在以下五方面:其一,医疗质量提升快。一方面,医疗环境和门诊量不断增加,全国医疗机构的床位从 2012 年的 572.5 万张增加到 2016 年的 741.0 万张,全国医疗卫生机构门诊量更是从 68.9 亿人次增加到 79.3 亿人次。另一方面,2016 年比 2012 年人均卫

---

① 《十八大以来重要文献选编》(上),中央文献出版社 2014 年版,第 538 页。

② 参见《中国健康事业的发展与人权进步》,《人民日报》2017 年 9 月 30 日。

③ 参见《〈中国健康事业的发展与人权进步〉白皮书发布》,《人民日报》2017 年 9 月 30 日。

④ 参见《夯实中华民族伟大复兴的健康之基——以习近平同志为核心的党中央加快推进健康中国建设纪实》,《人民日报》2017 年 10 月 14 日。

⑤ 2013 年 8 月,习近平总书记提出,人民身体健康是全面建成小康社会的重要内涵。2014 年 12 月,在江苏镇江考察时,他再次强调,没有全民健康,就没有全面小康。资料引自《夯实中华民族伟大复兴的健康之基——以习近平同志为核心的党中央加快推进健康中国建设纪实》,《人民日报》2017 年 10 月 14 日。

生费用提高 63%，卫生总费用占 GDP 比重由 2012 年的 5.36% 提高至6.2%①，充分说明国家财政投入大量资金扶助公共卫生事业的发展，为医疗质量提高做出贡献。其二，积极推进分级诊疗，2017 年基层医疗卫生机构诊疗量占比平均增长 4.7%，由上级医疗机构向下级医疗机构转诊的患者数量同比增长 15.1%，省域内和县域内就诊率平均达到 93% 和 82.7%。② 其三，人民就医负担大大减轻。公立医院药占比从 2012 年的 46.33% 降至 2015 年的40%，个人卫生支出占卫生总费用比重从 2011 年的 34.8% 降到 2016 年的28.8%，整整降了 6 个百分点。③ 其四，社会办医数量增长惊人，从 2011 年的8437 个增加到 2017 年的 17153 个，增幅高达 103%④，大大缓解公立医院的治病压力。其五，从人均预期寿命、孕产妇死亡率、婴儿死亡率的数据变化，可以看出我国的健康水平迈向更高台阶。人均预期寿命从 2010 年的 74.83 岁增加到 2016 年的 76.34 岁；孕产妇死亡率五年来降低 33.7%；婴儿死亡率呈持续下降趋势，2016 年较 2012 年降低 5.6‰。⑤ 以上五方面从不角度说明我国医疗卫生水平不断提升，党和政府致力于健康中国建设，让每一个人都享有健康权利。从"有药用"到"有良技"，从"看上病"到"更舒心"，从"看得起病"到"更便捷"，从"治病"到"健康+"……这些都是中国医疗事业不断进步的方向，对人民群众健康的每一分关心，实质上都在为全面建成小康社会、实现中国梦而奋斗。

第五，老有所养。人人都会老，家家都有老人，为不让一个失能老人压垮一个家庭，政府需要主动承担起责任和义务。由于受儒家思想影响，中国有依赖家庭提供福利服务的传统，但随着中国的不断强大与发展，国家和家庭一起承担养老是时代的必然要求。在养老问题上亟需解决两个问题：其一，农民工养老。目前，农民工养老问题十分严峻，参保意识弱、户籍限制、企业用工不规范、劳动关系不稳定都是导致农民工养老难的因素。中央为着力解决农民工

① 参见《瞧个病省事更省钱了(一图说五年)》，《人民日报》2017 年 10 月 6 日。
② 参见《瞧个病省事省钱了(一图说五年)》，《人民日报》2017 年 10 月 6 日。
③ 参见《瞧个病省事更省钱了(一图说五年)》，《人民日报》2017 年 10 月 6 日。
④ 参见《瞧个病省事更省钱了(一图说五年)》，《人民日报》2017 年 10 月 6 日。
⑤ 参见《瞧个病省事更省钱了(一图说五年)》，《人民日报》2017 年 10 月 6 日。

养老问题,整合城乡居民基本养老保险和基本医疗制度,并相应改革企业、机关事业单位社会保险制度,实现基础养老金全国统筹,加强各项制度的衔接,建立全覆盖、多层次、可持续的社会保障制度。其二,社会化养老。随着人口老龄化日趋严重,改进养老体系迫在眉睫,社会化养老无疑是当前最佳选择。当务之急是家庭、社区、机构有机结合起来,全面建立布局合理、种类繁多、功能俱全的养老服务体系。

我国为提高养老服务水平,付出诸多努力。首先,引导民众积极参加养老保险。截止到 2016 年年末,我国总共有 88777 万人参加基本养老保险,比 2015 年年末增加 2943 万人。全年基本养老保险基金收入 37991 亿元,比上年增长 18%,其中征缴收入 27500 亿元,比上年增长 16%。全年基本养老保险基金支出 34004 亿元,比上年增长 21.8%。年末基本养老保险基金累计结存 43965 亿元。[①] 其次,积极鼓励社会养老服务发展,全国各类养老服务机构和设施 14.0 万个,比上年增长 20.7%,其中,注册登记的养老服务机构 2.9 万个,社区养老服务机构和设施 3.5 万个,社区互助型养老设施 7.6 万个;各类养老床位合计 730.2 万张,比上年增长 8.6%(每千名老年人拥有养老床位 31.6 张,比上年增长 4.3%),其中社区留宿和日间照料床位 322.9 万张。[②] 再次,提供优质的老龄服务。截至 2016 年底,全国 60 岁及以上老年人口 23086 万人,占总人口的 16.7%,其中 65 岁及以上人口 15003 万人,占总人口的 10.8%。[③] 面对如此庞大的老龄人口群体,除为他们提供坚实的物质保障,老龄人的精神生活也成为关注的重点。优质的老龄服务需要多方面的努力,全国共有老龄事业单位 1828 个,老年法律援助中心 1.9 万个,老年维权协调组织 7.0 万个,老年学校 5.4 万个、在校学习人员 710.2 万人,各类老年活动室 35.9 万个,这些组织可保障老龄人的权益、丰富他们的娱乐生

---

① 参见《2016 年度人力资源和社会保障事业发展统计公报》,中国就业网,http://www.chinajob.gov.cn/PublicSentimentServices/content/2017-06/01/content_1326164.htm,访问日期:2017 年 11 月 5 日。

② 参见《2016 年社会服务发展统计公报》,中华人民共和国民政部网,http://www.mca.gov.cn/article/sj/tjgb/201708/20170800005382.shtml,访问日期:2017 年 11 月 5 日。

③ 参见《2016 年社会服务发展统计公报》,中华人民共和国民政部网,http://www.mca.gov.cn/article/sj/tjgb/201708/20170800005382.shtml,访问日期:2017 年 11 月 5 日。

活。最后,加大对老龄人的补贴力度。截至 2016 年底,享受高龄补贴的老年人 2355.4 万人,比上年增长 9.3%;享受护理补贴的老年人 40.5 万人,比上年增长 52.8%;享受养老服务补贴的老年人 282.9 万人,比上年增长 9.7%。①

第六,住有所居。让百姓住上"放心房""满意房"的前提是抓好保障性安居工程建设,这是我国在住房问题上首先要解决的问题。在实现个人全面自由发展时,拥有一个属于自己的安居之所,是很多中国人的梦想。在房价上涨快、炒房热的经济大背景下,一些年轻人租房都成问题。为了应对住房危机,政府从两个方面合力解决问题:其一,进行保障房建设,目前主要分为廉租房、公共租赁房、经济适用房和限价房四种,建立市场配置和政府保障相结合的住房制度,为困难家庭的住房问题提供保障。其二,实施征地制度改革。为解决征地拆迁给社会造成的隐患,需从以下五方面改进:(1)合理确定征地补偿标准;(2)鼓励推进多种方式的征地补偿安置机制;(3)建立合理有序城乡统一的土地市场;(4)改革资源配置和政府采购制度;(5)充分发挥被征地农民和基层的主体作用。改革征地制度,依法保障农民合法权益,提高农民在土地增值收益中的分配比例②,有助于保障农民发展权的实现。

首先,分析城市住房问题。2016 年年末,全国设市城市 657 个,自 2011 年以来,城区面积和城区人口均不断增长城市城区户籍人口 4.03 亿人,暂住人口 0.74 亿人,建成区面积 5.43 万平方公里(如图 8-1 所示)。

城市规模不断扩大,城市人口迅猛增加,给城市建设带来巨大压力,其中最为紧迫的问题是如何妥善解决住房问题,让每个人都住有所居,实现安居乐业中国梦。为缓解住房矛盾,当前政府大力进行房价调控和落实住房租赁政策,并且取得一定成效:其一,房价得到合理控制。据国家统计局调查显示,截

① 参见《2016 年社会服务发展统计公报》,中华人民共和国民政部网,http://www.mca.gov.cn/article/sj/tjgb/201708/20170800005382.shtml,访问日期:2017 年 11 月 5 日。

② 参见《十八大以来重要文献选编》(上),中央文献出版社 2014 年版,第 151 页。

（单位：万平方公里）　　　　　　　　　　　　　　　（单位：亿人）

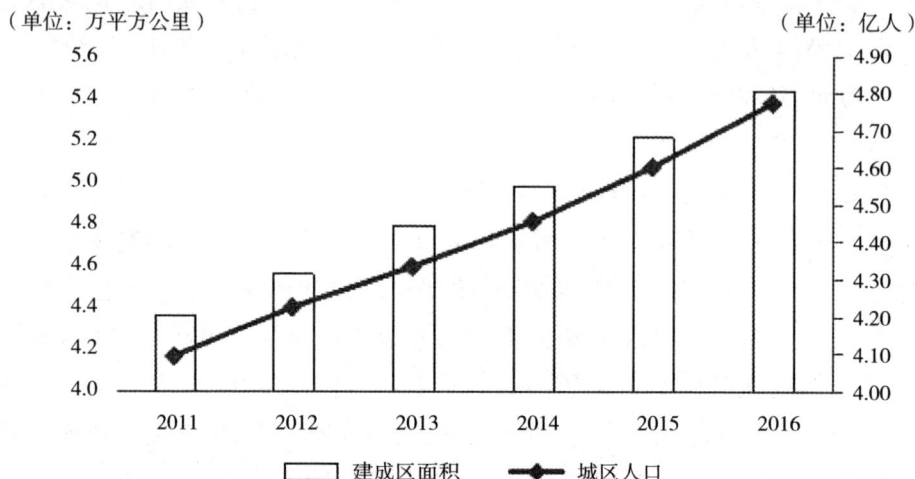

图 8-1　2011—2016 年城市建成区面积和城区人口①

止到 2017 年 10 月，我国房价出现以下趋势：热点城市新建商品房价格降幅在 0.1% 至 0.3%；全国 70 个大中城市的一二三线城市房价同比涨幅继续回落。② 其二，全国 48 城实施落地住房租赁政策。2017 年 7 月、8 月，我国在 14 个城市开展住房租赁试点③，取得较好成效。

　　其次，关注村镇房屋建设问题。2016 年，全国村镇房屋竣工建筑面积 10.6 亿平方米，其中住宅 8.0 亿平方米，公共建筑 1.1 亿平方米，生产性建筑 1.5 亿平方米。2016 年年末，全国村镇实有房屋建筑面积 383.0 亿平方米，其中住宅 323.2 亿平方米，公共建筑 24.0 亿平方米，生产性建筑 35.8 亿平方

---

　　①　参见《2016 年城乡建设统计公报》，中华人民共和国住房和城乡建设部网 http://www. mohurd.gov.cn/xytj/tjzljsxytjgb/tjxxtjgb/201708/t20170818_232983.html，访问日期：2017 年 11 月 9 日。

　　②　参见《10 月份房价总体稳定——国家统计局城市司高级统计师刘建伟解读 10 月份房价数据》，中华人民共和国国家统计局网 http://www.stats.gov.cn/tjsj/sjjd/201711/t20171117_1554665.html，访问日期：2017 年 11 月 9 日。

　　③　住建部、国土资源部、住房和城乡建设部等多部门选取了两类试点城市（人口净流入的大中城市和利用集体建设用地建设租赁住房的城市），除深圳、北京、上海外，其余 11 个城市：辽宁沈阳、江苏南京、浙江杭州、安徽合肥、福建厦门、河南郑州、湖北武汉、四川成都，及广东广州、佛山、肇庆。（参见《全国至少 48 城落地住房租赁政策已纳入住房体系重要部分》，中国青年网，http://news.youth.cn/sz/201710/t20171030_10936419.htm，访问日期：2017 年 11 月 9 日。）

米,分别占 84.4%、6.3%、9.3%(如表 8-1 所示)。

表 8-1　2011—2016 年村镇房屋建筑面积① 　　(单位:亿平方米)

年　份	年末实有房屋建筑面积	其中:住宅	本年竣工房屋建筑面积	其中:住宅
2011	360. 3	302. 9	10. 1	7. 0
2012	367. 4	308. 0	11. 2	7. 7
2013	373. 7	313. 3	11. 8	8. 6
2014	378. 1	317. 8	11. 6	8. 5
2015	381. 0	320. 7	11. 4	8. 6
2016	383. 0	323. 2	10. 6	8. 0

　　2016 年年末,全国村镇人均住宅建筑面积 33.75 平方米。其中,建制镇建成区人均住宅建筑面积 34.94 平方米,乡建成区人均住宅建筑面积 31.23 平方米,镇乡级特殊区域建成区人均住宅建筑面积 37.24 平方米,村庄人均住宅建筑面积 33.56 平方米,保证农村的人们也能拥有自己的一方天地,开启幸福的追梦旅程。

　　第七,弱有所扶。这是十九大报告的一个新提法,广义上的"弱"包括所有处于生活困难和发展困境中的主体,但狭义的"弱"指绝对贫困主体和残障人士。经过三十多年发展,中国逐步迈向世界强国行列,中国人民亦因此受益,大部分人已过上更加幸福的生活,但不可否认,依然有不少人在发展上受到诸多限制,长期挣扎于贫困线边缘,绝非靠自身努力奋斗就能改变命运,国家和社会必须对这类群体给予高度重视和实质帮助,让每一个人都能搭上中国梦的"幸福列车"。

　　中国为全球减贫工作贡献巨大力量。按照现行农村贫困标准测算,从1978 年到 2016 年,全国农村贫困人口减少 7.3 亿,贫困发生率从 1978 年的97.5%下降至 2016 年的 4.5%。按照每人每天 1.9 美元的国际极端贫困标

_____

　　①　参见《2016 年城乡建设统计公报》,中华人民共和国住房和城乡建设部网,http://www.mohurd.gov.cn/xytj/tjzljsxytjgb/201708/t20170818_232983.html,访问日期:2017 年 11 月9 日。

准,根据世界银行发布的最新数据,1981 年至 2013 年中国贫困人口减少 8.5 亿,占全球减贫总规模的 69.3%,为全球减贫做出重大贡献。① 中国精准扶贫的新理论、新实践亦为全球减少贫困提供中国范例。党的十八大以来,以习近平同志为核心的党中央高度重视脱贫攻坚工作,2013 年 11 月,习近平总书记在湖南省花垣县十八洞村首次提出精准扶贫,为扶贫工作指明方向。从 2013 年到 2017 年,中央财政投入到扶贫工作上的专项基金从 2013 年的 394 亿元增加到 2017 年的 861 亿元,增幅高达 118.5%,累计投资 2822 亿元。截至 2017 年 6 月底,共有 855 万贫困户获得 3381 亿元的扶贫小额信贷款。从 2013 年到 2016 年,全国累计脱贫 5564 万人,年均减贫 1391 万人。② 上述一系列数据充分显示我国脱贫攻坚工作取得巨大成效,已帮助数千万人改变贫困的命运。

另外,中国逐步提升对残障人士的福利待遇。2016 年,困难残疾人生活补贴人数 521.3 万人,重度残疾人护理补贴人数 500.1 万人。截至 2016 年底,民政部门直属康复辅具机构 25 个,固定资产原价 4.5 亿元。③ 我国共有 8500 万左右残疾人群体,在现实生活中他们面临的困难远远超出人们的想象,党和政府应该对其给予更多支持与帮助,继续加强残障人士公共服务设施建设,同时,营造公平、友爱的社会环境。我国在特殊教育和残疾儿童专业康复服务能力提高方面付出巨大的人力、物力、财力。2016 年,全国共有特殊教育学校 2080 所,特殊教育专任教师 5.3 万人,比 2010 年分别增加 374 所和 1.4 万人,增长 21.9% 和 34.2%。特殊教育招生人数 9.2 万人,在校学生数 49.2 万人,比 2010 年分别增长 41.1% 和 15.5%。全国义务教育阶段残疾儿童在校学生数 48.2 万人,比 2010 年增长 15.9%。2016 年,全国开展残疾儿童康复的残疾人服务机构共有 7858 个,比上年增加 747 个。15 万 0—6 岁残疾儿童接受了基本康复服务。国家《"十三五"加快残疾人小康进程规划纲

---

① 参见《精准脱贫成效卓著小康短板加速补齐——党的十八大以来经济社会发展成就系列之六》,中华人民共和国国家统计局网,http://www.stats.gov.cn/tjsj/sjjd/201707/t20170705_1509997.html,访问日期:2017 年 11 月 9 日。

② 参见《党的十九大代表热议——打赢脱贫攻坚战 拥抱全面小康》,《人民日报》2017 年 10 月 21 日。

③ 参见《党的十九大代表热议——打赢脱贫攻坚战 拥抱全面小康》,《人民日报》2017 年 10 月 21 日。

要》和《残疾人康复服务"十三五"实施方案》相继出台,残疾人康复服务体系和康复保障制度的建立健全,为残障人士康复提供更加有力的保障。[①] 努力让人人都有自信、勇气、能力追寻中国梦,真正实现"让每一个人都有人生出彩的机会",这才是对生命最大的尊重,也是发展权实现的重大意义。

---

① 参见《2016 年〈中国儿童发展纲要(2011—2020 年)〉统计监测报告》,中华人民共和国国家统计局网,http://www.stats.gov.cn/tjsj/zxfb/201710/t20171026_1546618.html,访问日期:2017 年 11 月 9 日。

第九章　保障:从机会均等到社会公平的发展权支持体系

《发展权利宣言》指出:"确认发展权利是一项不可剥夺的人权,发展机会均等是国家和组成国家的个人的一项特有权利。"由此可见,"机会均等"是发展权利宣言的理论基调之一,也是发展权的核心要义。一直以来,党和国家都高度重视人民群众的生存和发展问题,中国在发展问题上,对上述发展权理论进行了进一步扩展。党的十八大报告指出:"加紧建设对保障社会公平正义具有重大作用的制度,逐步建立以权利公平、机会公平、规则公平为主要内容的社会公平保障体系,努力营造公平的社会环境,保证人民平等参与、平等发展权利。"[①]上述努力致力于解决发展过程中遇到的社会不公、"收入分配差距较大"等社会问题,以达到"使发展成果更多更公平惠及全体人民,朝着共同富裕方向稳步前进"的崇高目标。

第一节　从"发展机会均等"到"社会公平"

在传统的发展权理论中,发展机会均等一直是重中之重。在中国的语境下,由于情景的变化和新的现实需要,作为一种价值判断标准,社会公平理论越来越受到重视,这种变化也体现在发展权理论的创新与发展之中。

---

① 《十八大以来重要文献选编》(上),中央文献出版社 2014 年版,第 12 页。

一、"发展机会均等"是发展权的核心要义

对于广大尚处于不发达阶段的国家来说，经济发展水平落后才是它们实现和享受其他人权的最大障碍。"'发展机会均等'既是国家的权利，也是组成国家的个人的权利。国家既有责任创造有利于个人实现发展权利的国内条件，又有责任创造有利于各国实现发展权利的国际条件。"①正因如此，对于大多数发展中国家而言，一方面，与其他发达国家享有均等的发展机会，才能实现弯道超越，提高本国的经济发展水平，从而实现作为集体人权的发展权；另一方面，要保障国内各个阶层人民的均等发展权利，才可能提高本国的人权水平，从而实现作为个人人权的发展权。

在 1986 年通过的《发展权利宣言》中，发展机会均等体现在宣言的方方面面，除了在序言中确认"发展机会均等是国家和组成国家的个人的一项特有权利"之外，宣言的第八条第一款同时明确规定："各国应在国家一级采取一切必要措施实现发展权利，并确保除其他事项外所有人在获得基本资源、教育、保健服务、粮食、住房、就业、收入公平分配等方面机会均等。"由此可见，发展机会均等是发展权的核心要义，其主要内容包括获得基本资源的机会均等、教育机会均等、住房机会均等、就业机会均等、收入分配机会均等等方面。而在促成个人自由而全面的发展中，教育机会均等和就业机会均等则显得尤为重要，二者构成发展机会均等的核心内容。

首先是教育机会均等。"教育机会均等是指给公民和儿童以同等受教育的机会。"②具体而言，教育机会均等作为一项制度或者政策的价值取向，其反对的是基于种族、财富、性别、阶级等因素，而对公民进行区别或者歧视对待。在发展权保障的语境下面，教育机会均等意味着如下几点：第一，可能性平等，在同等的社会政策条件下，公民，尤其是青少年，能够享有同等地接受某种教育的可能性。这种可能性对于整个社会所有人来说都是均等的，不因地域、财富或者阶级状况不同而有所区别。第二，法律权利上的平等，不考虑公民特别是青少年儿童生理或者心理上的差异，根据教育领域的相关法律法规，赋予他

---

① 肖巍：《作为人权的发展权与反贫困》，《社会科学》2005 年第 10 期。
② 石中英：《教育机会均等的内涵及其政策意义》，《北京大学教育评论》2007 年 10 月第 5 卷第 4 期。

们均等的接受教育的权利。这种法律地位上的平等,是法律面前人人平等原则在发展机会均等领域的生动体现。第三,相对平等,由于经济发展水平、社会背景和历史时期的差异,人们特别是青少年儿童能够享有的受教育的内容、类型以及质量是不可能完全一致的,这体现出的就是一种带有地域性或者时代性的教育机会均等,因为不论是在历史还是现实中,都不可能存在绝对的教育机会均等。而且,教育机会均等并不必然意味着教育过程公平、教育结果公平从而实现教育公平。即便如此,"要实现严格意义上的机会均等,无论在发达国家还是在发展中国家都仍是一种近乎乌托邦式的理想,但对机会均等的不懈追求永远是各国政策制定者所不应轻视的。"①从公共服务的提供者——政府的角度而言,政府推行教育机会均等政策的意义在于,通过教育机会均等的路径,去改变不同社会阶层享有不同的教育机会的不平等现实,从而克服之前广泛存在的教育歧视、教育特权等不合理的社会现象,进一步降低先前存在的社会不平等对今后的教育机会配置的恶劣影响。

其次是就业机会均等。就业机会均等指的是一定条件下的就业机会对所有满足工作要求的应聘者而言是平等的,而不是由特定的一部分人所独有。值得注意的是,就业机会均等并不反对根据工种或者岗位的不同,而对应聘者设置各种要求和条件,恰恰相反,这种合理的差别对待往往是必须的。就业机会均等反对的是就业中不合理的差别对待,即歧视,这种"歧视",根据国际劳工组织所颁布的《消除就业和职业歧视公约》的解释,指的是"基于种族、肤色、性别、宗教、政治见解、民族血统或社会出身等原因,具有取消或损害就业或职业机会均等或待遇平等作用的任何区别、排斥或优惠"。体现在我国《劳动法》中,就是第十二条:"劳动者就业,不因民族、种族、性别、宗教信仰不同而受歧视。"

究其实质而言,作为发展机会均等原则的两个重要组成部分,就业机会均等原则是教育机会均等原则的必然延伸。因为公民接受教育的机会和可能性关系到公民个人的自由而全面的发展,这会对一个人的就业产生深远的影响。

---

① 丁小浩:《规模扩大与高等教育入学机会均等化》,《北京大学教育评论》2006 年 4 月第 4 卷第 2 期。

因此作为发展机会均等原则的一体两面,教育机会均等和就业机会均等实际上是相互联系、相互影响的。要想实现发展权利宣言所载明的"确认发展权利是一项不可剥夺的人权,在这种发展中,所有人权和基本自由都能获得充分实现"这个目标,坚持发展机会均等是必不可少的。

二、"社会公平"对"发展机会均等"的超越

发展权概念引入中国以后,许多学者对此进行了卓有成效的讨论和研究工作,他们指出发展权属于基本人权,认为"发展权是人的个体和人的集体参与、促进并享受其相互之间在不同时空限度内得以协调、均衡、持续地发展的一项基本人权"。① 发展机会均等是发展权的核心要义,在此基础上,中国的学者对此理论进行了再创造。他们提出要将发展机会均等优化为"社会公平",党的十八大报告指出,"加紧建设对保障社会公平正义具有重大作用的制度,逐步建立以权利公平、机会公平、规则公平为主要内容的社会公平保障体系,努力营造公平的社会环境,保证人民平等参与、平等发展权利。"发展权的社会公平保障体系即依此原则建立。

就定位而言,将"社会公平观"作为发展权保障体系的理论基石,这是对西方名义上的法律面前人人平等的形式主义人权观的一种超越。长期以来,西方在正义问题上一直争议颇多。正如博登海默所言,"正义有着一张普洛透斯似的脸,变幻无常,随时可呈不同形状并具有极不相同的面貌。"②这种现象的出现,究其实质,是西方社会左右两派长期斗争的必然结果。代表大资产阶级和部分富有中产阶级利益的右派所理解的正义是自由的绝对优先,他们倡导建立"守夜人"式的国家,政府的干预越少越好,让一切社会资源在自由竞争的市场中实现优化配置。右派的代表思想家有诺奇克,他在《无政府、国家与乌托邦》中写道:"国家不可以使用强制手段迫使某些公民援助其他公

---

① 汪习根:《发展权法理探析》,《法学研究》1999 年第 4 期。
② [美]博登海默:《法理学:法律哲学与方法》,邓正来译,中国政法大学出版社 2004 年版,第 261 页。

民,也不可以使用强制手段禁止人们追求自己的利益和自我保护。"①而代表工人阶级和部分中下层中产阶级的"左"派则认为,由于大量不可归责于个人的偶然因素和社会制度问题的影响,个人之间的差距不断拉大,所以左派倡导建立一个福利国家,国家对富人征收重税,以抹平不断增大的贫富差距,创造一个公民可以平等地生存与发展的社会体制。左派比较著名的思想家如罗尔斯,他提出了著名的"正义二原则",其认为:"社会和经济的不平等应该这样安排,使它们适合于最小受惠者的最大利益。"②这种分歧与对立不仅在思想界长期存在,在西方政坛也是根深蒂固。我们可以大胆预言,只要资本主义制度一日不消亡,这种在正义问题上的持久争论将永不停歇。

鉴于国情和社会制度的差异,西方国家在正义问题上的分歧与我国的具体情况有所不同,尽管如此,其基本精神对我国仍有借鉴意义,特别是在改革开放以后,我们国家处于一个快速发展与变革的时代,社会分层明显,各种新的社会阶层不管涌现。如何运用正义理论解决社会分歧和利益冲突成为理论和实务界关注的重点。有学者指出:"应当置身于人类全体而非个别群体,特别是通过比较不同群体的发展程度来解说正义,即从相互对应、相互比较的角度,根据实体价值和程序价值进行最广义的理想选择。我们姑且称之为'广义相对正义论'。"③这种有关正义的观点就跳出了西方左右两派长期争论不休的窠臼,以一种更高的视角来看待正义问题。对于我们需要怎样的正义观这个问题,党也进行了积极有益的探索。十六届四中全会之后,我们党提出了构建社会主义和谐社会的目标。自此社会公平正义有了更加重要的地位。十八大报告提出要将公平正义作为中国特色社会主义的内在要求。这都体现出了社会公平观在国家治理体系中的重要价值定位。

与发展机会均等原则相比较,社会公平观的提出,意味着我们对发展权的

---

① [美]诺奇克:《无政府、国家和乌托邦》,姚大志译,中国社会科学出版社 2008 年版,第 1 页。

② [美]约翰·罗尔斯:《正义论》,何怀宏、何包钢、廖申白译,中国社会科学出版社 1988 年版,第 302 页。

③ 汪习根:《论社会公平的权利诉求——发展权视角的法哲学考量》,载徐显明主编:《法治与社会公平》,山东人民出版社 2007 年版,第 187 页。

保障有了更加深刻的理解和认识。2014年1月7日，习近平总书记在北京召开的中央政法工作会议上指出：理国要道，在于公平正直，他同时强调"把促进社会公平正义作为核心价值追求，把保障人民安居乐业作为根本目标"①。"我们讲社会公平正义，就要从最广大人民根本利益出发"②。可见，社会公平是发展的价值内核，是建构发展权保障体系的必备条件。就目前而言，发展权法律实践面临着诸多挑战，在现阶段的中国，主要体现为各区域发展水平不协调、城乡收入差距不断拉大等方面。要解决这些棘手问题，建立发展权的社会公平保障体系就显得尤为重要。因为发展只有与人的平等、自由以及社会公平融为一体，才能体现其基本人权的优位性，片面的、满足一部分人私欲的发展是不可接受的。这也是我们要在发展机会均等原则的基础上，再深入一步，提出社会公平观的重要原因。在社会公平观的指导之下，建立发展权的社会公平保障体系，是实现创新、协调、绿色、开放、共享发展的必由之路。

第二节　社会公平观是发展权保障的重要理论基础

如前所述，党的十八大报告指出要"逐步建立以权利公平、机会公平、规则公平为主要内容的社会公平保障体系"，这是我国现阶段建设中国特色社会主义必须要秉持的发展理念，当然也是发展权保障体系构建的重要理论基础。社会公平观的主要内容包括三个方面，分别是权利公平、机会公平与规则公平。这三大公平理念有机联系、相互作用，共同保障公民发展权的实现。与西方法律倡导形式主义的法律面前人人平等观念不同。这里论及的社会公平是对中国国情的回应。公平观念，古已有之。但是对于究竟什么是公平这个问题，长期以来，大家争论不休、莫衷一是。最主要的原因在于处于不同历史时期和不同地域的人们对公平的标准并没有统一的认识，这才导致了人们在

① 《习近平谈治国理政》，外文出版社2014年版，第147页。

② 《习近平谈治国理政》，外文出版社2014年版，第96页。

认识和理解公平上的对立。由此可见,公平作为一种价值评价尺度,既有主观性、也有客观性。其主观性体现在,一个人或者一个群体对公平的评价与判断往往是从自身的生活经验和利益出发,如果某件事符合其利益或者与其价值目标相一致,他们往往就会认为其是公平的,否则就是不公平的。但是我们也应该认识到,尽管"公平"作为一种价值评价尺度具有主观性,这绝不意味着公平不可捉摸,其背后不存在客观的必然性因素。我们认为,公平的客观标准是存在的。符合社会发展的客观规律,从最广大人民的根本利益出发,就能找到衡量公平的标准、实现公平的路径。这也是我们提倡社会公平观的目的所在。

一、权利公平与发展权

社会公平决定性地要求并首先体现在人们所拥有的各项权利的公平上。这是机会公平和规则公平的根本前提。如果没有权利公平,则不可能出现机会公平、规则公平。中华人民共和国宪法第三十三条明确规定:"中华人民共和国公民在法律面前一律平等,国家尊重和保障人权,任何公民均享有宪法和法律规定的权利。"这是权利公平的最好注解。权利公平作为社会公平的内在要求,主要体现在国家对每个公民的"不偏袒性"上。一个公民,无论其身份地位、家庭背景、民族性别等情况有何差异,他们在法定权利和身份地位上应当是平等的。

在现阶段的中国,权利公平主要包括政治权利公平、经济权利公平和文化权利公平。首先,政治权利,通常是指:"公民参与并影响政治生活从而得以在社会的政治生活领域实现人的内在需要的权利。"[1]政治权利是一个内涵和外延都非常丰富的权利,根据我国宪法,公民的政治权利主要包括如下几个方面:选举权和被选举权(宪法第 34 条);言论、出版、集会、结社、游行、示威的自由(宪法第 35 条);申诉、控告、检举权(宪法第 41 条)等等。其中选举权和被选举权是最重要的政治权利,这是公民参与国家公共事务管理的基本前提。2010 年新修改的选举法,实行城乡平等选举权,"每一代表所代表的城乡人口

---

① 李琦:《公民政治权利研究》,《政治学研究》1997 年第 3 期。

数相同"，用这种方式来保障政治权利公平的实现。新的选举法颁布实施以后，"在 2011 年到 2012 年全国县乡两级人大换届选举中，参加县级人大代表换届选举登记的选民达 9.81 亿多人，参加投票选民占登记选民的 90.55%。"①如此看来，公民的政治权利保障不仅有法可依，而且也落到了实处。

其次是经济权利公平，党的十八届三中全会指出："经济体制改革是全面深化改革的重点，核心问题是处理好政府和市场的关系，使市场在资源配置中起决定性作用和更好发挥政府作用。"在经济体制改革全面深化的过程中，维护好广大人民群众的经济权利公平当然是十分重要的。"坚持社会主义市场经济改革方向，不仅是经济体制改革的基本遵循，也是全面深化改革的重要依托。使市场在资源配置中发挥决定性作用，主要涉及经济体制改革，但必然会影响到政治、文化、社会、生态文明和党的建设等各个领域。"②也就是说，经济权利公平事关改革发展大局。我们应该切实维护好经济建设的良好社会环境，实现社会的经济权利公平。改革开放 40 多年来，中国在经济建设领域取得了举世瞩目的巨大成就，不仅经济总量逐年递增，已跃居世界第二位，仅次于美国；"2016 年，我国精准扶贫各项政策、措施全方位铺开，农村贫困人口减少 1240 万，超额完成 1000 万人的全年目标任务；贫困地区农村居民人均可支配收入比上年实际增长 8.4%，增速高于全国平均水平，农村贫困人口的生产生活进一步改善，生存权和发展权有了基本的保障。"③中国的减贫事业已取得显著成效。2016 年 3 月份发布的《中华人民共和国国民经济和社会发展第十三个五年规划纲要》指出，要"实现贫困地区农民人均可支配收入增长幅度高于全国平均水平，基本公共服务主要领域指标接近全国平均水平。"党和政府在扶贫事业上巨大投入正是为了确保公民经济权利公平的实现。

最后是文化权利公平，宪法第 47 条规定："中华人民共和国公民有进行

① 国务院新闻办公室：《发展权：中国的理念、实践与贡献》，人民出版社 2016 年版，第 25 页。

② 《习近平谈治国理政》，外文出版社 2014 年版，第 95 页。

③ 李君如主编：《中国人权事业发展报告（2017）》，社会科学文献出版社 2017 年版，第 55 页。

科学研究、文学艺术创作和其他文化活动的自由。国家对于从事教育、科学、技术、文学、艺术和其他文化事业的公民的有益于人民的创造性工作，给以鼓励和帮助。"十九大报告指出："中国特色社会主义进入新时代，我国社会主要矛盾已经转化为人民日益增长的美好生活需要和不平衡不充分的发展之间的矛盾。"要想满足人民群众日益增长的美好生活需求，营造良好的社会文化环境，保障社会的文化权利公平是非常必要的。为了更好实现这一目标，2015年，中共中央办公厅和国务院办公厅印发了《关于加快构建现代公共文化服务体系的意见》，并在意见中指出了《国家基本公共文化服务指导标准（2015—2020年）》，文件指出："到2020年，基本建成覆盖城乡、便捷高效、保基本、促公平的现代公共文化服务体系。"①这是实现公民文化权利公平的重要举措。

权利公平的三个方面，即政治权利公平、经济权利公平和文化权利公平是相互联系、相互作用的，每一个公平的建设都必然会牵涉到其他领域。在强调各个权利时也应该意识到，权利与义务是相统一的。马克思主义认为："没有无义务的权利，也没有无权利的义务。"②我们所讲的权利公平，既是对权利的确认，也是对与之相对应的义务的确认。

从权利公平与发展权的关系来看，一方面，"权利公平是实现人权的基本保证"③，发展权作为一项基本人权，更加需要权利公平原则来保驾护航。权利公平是具体的，这种具体性体现在它总是与一定的经济社会发展水平相适应。在现阶段的中国，"生存权与发展权是两项基本人权，其中的发展权不仅是经济的发展自由，还包括政治、社会、文化、生态全面协调可持续发展的权利。"④不管怎样，一个公平合理有秩序的社会总是更有利于人们自由而全面的发展。另一方面，发展权保障水平的提高的结果是社会的不断进步，一个全面发展的社会，更有利于形成权利公平的良好氛围。

---

① 摘自中共中央办公厅、国务院办公厅：《关于加快构建现代公共文化服务体系的意见》。
② 《马克思恩格斯全集》第2卷，人民出版社1995年版，第610页。
③ 陈家付：《我国社会公平保障体系研究》，齐鲁书社2013年版，第191页。
④ 汪习根：《论法治中国的科学含义》，《中国法学》2014年第2期。

二、机会公平与发展权

机会公平是实现社会公平的前提。通常情况下,机会公平是指"一个人的成就,应该是他或她努力以及才能的结果,而不是由其所拥有的背景决定。一个人的天生条件(包括性别、人种、出生地和家庭背景)以及他或她所拥有的社会关系等因素,不应该决定此人在经济上、社会上以及政治上的成就。"①机会公平是一个内涵非常丰富的概念,它主要是指机会平等(或者说机会均等)但并不局限于此。对于机会平等,鉴于其对实现社会公平的重要性,它不仅是学者的研究重点,也受到了国际社会的重视。2016 年,在联合国大会七十届大会上通过的《2030 年可持续发展议程》指出:"我们要创建一个普遍尊重人权和人的尊严、法治、公正、平等和非歧视,尊重种族、民族和文化多样性,尊重机会均等以充分发挥人的潜能和促进共同繁荣的世界。"对机会公平的追求是人类的永恒主题,这一点对处于落后地位的发展中国家和身处社会底层、迫切需要改变自身命运的人来说尤其如此。在全面深化改革、推进市场在资源配置中发挥决定性作用的当下,我们强调机会公平,显然具有更深刻的现实意义。在机会公平层面,西方新自由主义经济学的代表人物,诺贝尔经济学奖的获得者弗里德曼认为:"它的真正含义的最好的表达也许是法国大革命时的一句话:前程为人才开放。任何专制障碍都无法阻止人们达到与其才能相称的,而且其品质引导他们去谋求的地位。出身、民族、肤色、信仰、性别或任何其他无关的特性都不决定对一个人开放的机会,只有他的才能决定他所得到的机会。"②

如前文所述,发展机会均等的两个核心要义是教育机会均等和就业机会均等,作为一个比机会均等内涵更加丰富的上位概念,机会公平当然也要求教育机会公平和就业机会公平。除此之外,机会公平更加注重对社会弱势群体的倾斜性保护。也就是说,对于身处不同阶层的社会成员给予"不平等"地差异化的对待,不仅不违背机会公平原则,反而是机会公平的真正体现。由于历史和地理等诸因素的影响,许多弱势群体在机会公平方面并没有得到足够的

---

① 世界银行:《公平与发展:2006 年世界发展报告》,清华大学出版社 2006 年版,第 31 页。
② [美]米尔顿·弗里德曼:《自由选择》,胡骑、席学媛、安强译,商务印书馆 1982 年版,第 135 页。

保障。因此,十八届三中全会强调"逐步建立以权利公平、机会公平、规则公平为主要内容的社会公平保障体系",以落实和加强对公民尤其是弱势群体的社会保障,实现发展机会公平。这里所称的弱势群体,包括妇女、儿童、残疾人、老人,在我国也包括贫困地区的困难群众、少数民族等等。《2030 可持续发展议程》倡导"一个公正、公平、容忍、开放、有社会包容性和最弱势群体的需求得到满足的世界",这与我们提倡机会公平是一致的。

机会公平的内涵与发展权的要求不谋而合,发展机会均等是发展权的核心要义,而社会公平的新理念则是对"发展机会均等"的一种超越。有学者指出,"机会公平具有多方面的内容和要求,最基本的是起点的机会公平和发展的机会公平。"①发展机会公平这一概念可以说是发展权和机会公平的共同要求。

什么是发展机会公平呢? 新自由主义的代表人物哈耶克在《自由秩序原理》一书中指出:"'任才能驰骋'这一要求包括三个含义:一是阻碍某些人发展的任何人为障碍都应当被清除;二是个人所拥有的任何特权都应当被取消;三是国家为改进人们之状况而采取的措施,应当同等地适用于所有的人。"②这种观点与发展机会公平的指向是一致的,也就是说,在所有社会成员的生存与发展过程中,某些人为的或者社会性的因素不应该成为他们获取机会的障碍。在社会主义国家中,要想实现共同富裕,确保发展机会公平就显得尤为重要。现阶段,酝酿在大部分群众心里的不满情绪,并不是由于结果不公平,或者他们本身仇富,其主要原因在于机会的不公平。针对这样的社会现象,有报道指出:"近年来,'苦累都不怕,就怕没机会'成为一些社会弱势人群的心声。"③改革开放以来,党和政府在确保发展机会公平方面做出了卓有成效的努力和尝试。如实行九年制义务教育,免除适龄儿童学杂费,确保了广大农村儿童的受教育权的实现;废除农业税,这一举措切实减轻了农民负担,为他们

---

① 陈家付:《我国社会公平保障体系研究》,齐鲁书社 2013 年版,第 195 页。

② [英]哈耶克:《自由秩序原理》,邓正来译,生活·读书·新知三联书店 1997 年版,第 111 页。

③ 吴晶、傅勇涛:《权利公平·机会公平·规则公平》,《新华社每日电讯》2012 年 11 月 12 日。

更好的发展创造了条件。根据教育部官方网站发布的《2015 年全国教育事业发展统计公报》,"全国共有义务教育阶段在校生 1.40 亿人,九年义务教育巩固率 93.0%;全国义务教育阶段在校生中进城务工人员随迁子女共 1367.10 万人;全国各类高等教育在学总规模达到 3647 万人,高等教育毛入学率达到 40.0%"①;"自 2012 年起国家实施农村和贫困地区定向招生等专项计划,2015 年共招收 7.5 万名学生,比 2014 年增长了 10.5%。"②上述举措体现出我们在维护发展机会公平上的决心和努力。在建设发展权社会公平保障体系的过程中,权利公平是核心要素,但是机会公平是实现权利公平的基础和条件。发展权既是一项集体人权,也是一项个人人权。在发展权的实现之路上,如果没有机会公平做背书,大量的社会资源和财富将积聚在少部分国家或者少数人手中,在国际上,这种情况体现为不断拉大的发达国家和发展中国家的差距;在国内,则体现为基尼系数不断增长,阶层之间的鸿沟愈加难以填平。因此,我们应当采取措施加以防范。

三、规则公平与发展权

规则公平是实现社会公平的制度保障。在实现社会公平正义的过程中,如果说机会公平是前提,权利公平是目标,那么规则公平就是关键。究其实质而言,规则公平就是一种制度安排,是实现社会主义法治的必然要求。习近平总书记指出:"不论处在什么发展水平上,制度都是社会公平正义的重要保证。我们要通过创新制度安排,努力克服人为因素造成的有违公平正义的现象,保证人民平等参与、平等发展权利。"③在大多数情况下,权利公平和机会公平更像是一种价值理念,如果没有合理的规则做支撑,社会公平难以实现。我们也可以这么讲,规则公平是作为社会公平的形式存在的,它具有如下特征。

---

① 杨东平主编:《中国教育发展报告(2017)》,社会科学文献出版社 2017 年版,第 278 页以下。
② 《"十二五"时期我国社会事业改革稳步推进》,新华网,http://news.xinhuanet.com/politics/2015-10/14/c_1116824362.htm,访问日期:2017 年 11 月 29 日。
③ 《习近平谈治国理政》,外文出版社 2014 年版,第 97 页。

首先,规则公平是一种形式公平。这个程度上的规则公平是相对于结果公平而言的。比如有学者就指出,"规则公平也称形式公平、市场公平,意即在规则面前人人平等,没有区别对待。结果公平也称实质公平、社会公平,意即人们实际社会处境的平等化,为了实现实质意义的平等,人们不得不区别对待不同地位的人们,例如,赋予那些受冷落的群体以某些特权。"①规则公平强调的是规则适用上的平等性、一致性。中国古代"王子犯法与庶民同罪"的思想与规则公平的内涵颇有异曲同工之妙。体现在近现代,则是法律面前人人平等的思想。这种形式上的平等最重要的就是"消除特权,打破'潜规则'"②。之所以这么说,是因为广大群众对于因个人努力和天资的差异所造成的不平等犹可接受,而对用非法手段获取不正当利益的社会现象则难以容忍。这种利用特权和潜规则攫取非法利益的行为是对社会公平的极大破坏。规则公平的形式性还体现在它是一种明确的"看得见"的公平,人们可以根据已公布的规则安排自己的工作,参与社会活动。

其次,实现规则公平的关键在于制定出合理有效的规则,这种合理性体现在这样的规则必须是"合目的性与合规律性的统一"③。一方面,社会治理的规则要合乎理性,符合立法的一般要求,符合社会发展的一般规律。规则的制定本身是一个技术活,这种技术性体现在我们在制定规则的过程中一定要符合法治的一般要求,如"一般性或普遍性、公布、可预测性或非溯及既往、明确、不矛盾、可为人遵守、稳定性、官员的行为与已公布的规则的一致性"④。另一方面,社会治理的规则又必须体现最广大人民群众的愿望和要求,维护人民群众的切身利益,体现公平正义的基本要求。总而言之,规则公平的实现取决于科学合理的规则,这些规则不仅仅包括法律规则,也包括党内规范、行业准则、乡规民约等等。

最后,规则公平是一种制度公平,发展权社会公平保障体系的建构,最终

---

① 吴增基:《坚持"规则公平优先、兼顾结果公平"的公平观——兼论"效率优先、兼顾公平"的实质与合理性》,《学术界》2006 年第 1 期。

② 吴晶、傅勇涛:《权利公平·机会公平·规则公平》,《新华社每日电讯》2012 年 11 月 12 日。

③ 王士杰、乔中国:《公平正义的内容分析》,《四川省社会主义学院学报》2009 年第 4 期。

④ [美]富勒:《法律的道德性》,郑戈译,商务印书馆 2005 年版,第 55 页。

还是要回到制度建设上来。在科学合理的制度安排下，坏人不敢做坏事，好人做好事会得到恰如其分的评价。相反，在不合理的制度安排下，好人也可能会做坏事。这正如邓小平同志所言："制度好可以使坏人无法任意横行，制度不好可以使好人无法充分做好事，甚至会走向反面。"①总而言之，权利公平让每个人有平等参与社会活动的权利，机会公平保障社会大众在参与社会经济活动时拥有平等的机会。而规则公平则使大家在行使上述权利与机会的时候，受同样的社会规范的约束，在相同的规则中展开竞争。这种过程就是社会公平的体现。

习近平总书记在党的十八届中央纪委第六次全会上指出："反腐败增强了人民群众对党的信任和支持，人民群众给予高度评价。2015 年，国家统计局问卷调查结果显示，91.5%的群众对党风廉政建设和反腐败工作成效表示很满意或比较满意。中国社科院一个问卷调查显示，93.7%的领导干部、92.8%的普通干部、87.9%的企业人员、86.9%的城乡居民对中国反腐败表示有信心或比较有信心。"②在党中央的坚强领导和部署之下，反腐行动取得了有效成果，"中共十八大以来，中央纪委立案审查中管干部 222 人，给予纪律处分的中管干部 212 人。2016 年中央纪委'打虎'力度不减，1 到 9 月份，处分省部级干部共 67 人。"③党的反腐高压态势反映了我党维护社会规则公平的决心。

在发展权与规则公平的关系中，如前所述，要将发展权的保障落到实处，就必须遵从法治，依靠合理有效的规则、公正合理的社会制度，而这些方面也正是规则公平的重要特征和要求。发展权的倡导需要规则公平，在发展权法定化过程中，无论是联合国《发展权利宣言》的通过，还是各主权国家将有关发展权条款规定在各国国内法之中，都需要制定公平合理的规则。发展权的落实需要规则公平，作为一项基本人权，发展权不应该仅仅停留在应然层面

---

① 《邓小平文选》第二卷，人民出版社 1994 年版，第 333 页。

② 习近平：《在第十八届中央纪律检查委员会第六次全体会议上的讲话》，人民出版社 2016 年版，第 6 页。

③ 张英伟主编：《中国反腐倡廉建设报告 2016 版》，社会科学文献出版社 2016 年版，第 2 页以下。

上,更应该作为一种实有权利,为社会大众实实在在地享有。人们在实际享有发展权,如政治发展权、经济发展权、文化发展权的过程中,应该受到规则的约束。发展权的救济也需要规则公平。有学者在论证了发展权的可司法性之后指出:"当现实的立法选择了绝对恒定的发展权法律原则并在相对可行的范围内确立起其法律规则后,发展权就不应仅停留在抽象原则的领地而无所作为,相反,应当无条件地进入司法程序。"[1]在完善发展权法律救济机制的过程中,制度建设必不可少,规则公平自然也是发展权救济的应有之义。

第三节 发展权社会公平保障体系的建构路径

在分析了社会公平观作为发展权保障的理论基础后,一个更为重要的问题摆在我们面前,即发展权的社会公平保障体系应该如何建构。笔者认为可以从如下几个方面着手。

一、完善收入分配制度

收入分配制度是经济社会发展中一项带有根本性、基础性的制度安排,是社会主义市场经济体制的重要基石。国民收入是影响公民幸福指数的重要指标,其是否能得到合理分配势必会影响到社会公平的建设。现阶段我国的分配制度以按劳分配为主体,多种分配方式并存,这种分配制度是由我国公有制为主体、多种所有制经济并存的基本经济制度决定的。自改革开放以来,我国收入分配领域的改革也在不断推进,但是依然存在着很多影响社会公平的问题。有学者在考察了我国收入分配的历史轨迹之后得出结论:"它经历了一个由旧中国收入水平极低、分配极不平等通过革命手段达到过度平均,然后又由这种过度平均通过改革走向拉开收入差距的'否定之否定'过程。"[2]除了收入差距不断扩大之外,我国收入分配领域还存在着其他一些亟待解决的问

---

① 汪习根:《论发展权的法律救济机制》,《政治与法律》2007 年第 4 期。

② 武力、温锐:《新中国收入分配制度的演变及绩效分析》,《当代中国史研究》2006 年第 13 卷第 4 期。

题,如"收入分配秩序不规范,隐性收入、非法收入问题比较突出,部分群众生活比较困难"[①]。针对后一阶段收入差距日益扩大的社会现实,党的十九大报告指出:"坚持按劳分配原则,完善按要素分配的体制机制,促进收入分配更合理、更有序。鼓励勤劳守法致富,扩大中等收入群体,增加低收入者收入,调节过高收入,取缔非法收入。坚持在经济增长的同时实现居民收入同步增长、在劳动生产率提高的同时实现劳动报酬同步提高。拓宽居民劳动收入和财产性收入渠道。履行好政府再分配调节职能,加快推进基本公共服务均等化,缩小收入分配差距。"十九大报告的出台,为我们深化收入分配制度改革指明了方向和出路。就改革思路而言,我们可以从以下几个方面作出努力。

首先,在完善收入分配制度的价值取向上,一方面我们要正确处理好经济发展和收入分配的关系。经济发展和公平的收入分配不是所谓的"鱼和熊掌不可兼得"的水火不容的关系,恰恰相反,二者是有内在关联的。经济增长为收入分配提供物质前提,公平的收入分配可以调动广大人民群众的积极性,为经济增长创造良好条件。这两者的关系也是我们常常讲的既要把"蛋糕"做大,也要把"蛋糕"分好。单一地只侧重一个方面,都对经济社会的可持续发展不利,从而也会对发展权的保障产生不利影响。另一方面,我们还应该处理好公平和效率的关系。十六大的时候我们讲"初次分配注重效率,发挥市场的作用,鼓励一部分人通过诚实劳动、合法经营先富起来。再分配注重公平,加强政府对收入分配的调节职能,调节差距过大的收入",但初次分配如果只强调效率而忽视公平,就会产生很多问题,所以十七大将其纠正为"初次分配与再分配都要处理效率与公平的关系"。

其次,在具体的策略选择上,国务院于 2013 年批转了发改委、财政部、人力资源和社会保障部《关于深化收入分配制度改革的若干意见》,这份文件为将来我国完善收入分配制度提供了指导性意见。文件从我国深化收入分配制度改革的重要性和艰巨性出发,指出了改革的总体要求和主要目标,然后分别从"继续完善初次分配机制"、"加快健全再分配调节机制"、"建立健全促进农民收入较快增长的长效机制"、"推动形成公开透明、公正合理的收入分配秩

---

① 权衡:《收入分配与社会公平》,上海人民出版社 2014 年版,第 3 页。

序"、"加强深化收入分配制度改革的组织领导"等方面对完善收入分配制度提出了 35 条具体的指导性意见。

最后,在收入分配制度完善的过程中,我们也应该认识到反腐败斗争的紧迫性,把权力关进制度的笼子里。之所以要强调腐败问题,一方面是因为腐败形成的非法收入,以及由腐败衍生出来的对规则的破坏而产生的灰色收入,影响了公平的收入分配,在初次分配中就没有做到令人满意。另一方面是因为腐败问题会影响相关政策的贯彻落实,最终会使收入分配制度改革的效果大打折扣。"一切有权力的人都会滥用权力,这是万古不易的经验。要防止滥用权力,就必须以权力制约权力。"①有鉴于此,习近平总书记也多次指出:"要加强对权力运行的制约和监督,把权力关进制度的笼子里,形成不敢腐的惩戒机制、不能腐的防范机制、不易腐的保障机制。"②

二、完善社会保障制度

"社会保障制度,是以国家为主体,依照一定的法律和政策,通过参与国民收入的分配和再分配,对社会成员基本生存和生活权利给予相应物质保障的社会安全体系的总称。"③它主要包括社会保险制度、社会救助制度、和社会福利制度。社会保障的本质在于维护社会公平进而促进社会持续稳定发展,其完善与否已经成为社会文明进步的重要标志之一。宪法第 14 条和 45 条分别规定"国家建立健全同经济发展水平相适应的社会保障制度"、"中华人民共和国公民在年老、疾病或者丧失劳动能力的情况下,有从国家和社会获得物质帮助的权利。"宪法的直接规定为我国社会保障体系的建立和完善提供了法律依据。就目前而言,作为完善国民收入分配的一种重要方式,社会保障的作用并没有得到很好地发挥。以养老保险为例,"从实施效果来看,社会养老保险制度在总体上不仅没有起到调节不同人群收入分配差距的正向调节作用,而且对不同人群收入分配差距的扩大起到了逆向调节作用。"④社会保障

---

① [法]孟德斯鸠:《论法的精神》,张雁深译,商务印书馆 1982 年版,第 154 页。
② 《习近平谈治国理政》,外文出版社 2014 年版,第 388 页。
③ 胡建新:《社会保障与社会公平》,武汉出版社 2007 年版,第 3 页。
④ 林闽钢:《中国社会保障制度优化路径的选择》,《中国行政管理》2014 年第 7 期。

制度是完善国民收入分配的重要制度，也是社会公平体系建设的重要内容，然而实际运行中却出现了与设计初衷的背离，这说明我国的社会保障制度亟待完善。党的十九大报告指出："加强社会保障体系建设。按照兜底线、织密网、建机制的要求，全面建成覆盖全民、城乡统筹、权责清晰、保障适度、可持续的多层次社会保障体系。全面实施全民参保计划。完善城镇职工基本养老保险和城乡居民基本养老保险制度，尽快实现养老保险全国统筹。完善统一的城乡居民基本医疗保险制度和大病保险制度。"党的十八大以来，"社会保障覆盖范围持续扩大，截至 2016 年底，基本养老、失业、工伤、生育保险参保人数分别达到 8.88 亿人、1.81 亿人、2.19 亿人、1.85 亿人，分别比 2012 年末增加9980 万人、2864 万人、2879 万人、3022 万人。基本医疗保险覆盖人数超过 13 亿人，全民医保基本实现。"[1]尽管我们已经取得了这样的成就，但也应注意到社会保障制度仍存在一些问题。发展权社会公平保障体系的建成离不开公平合理的社会保障制度，要达成这一目标，我们需要注意以下几个方面：

首先，社会保障制度的完善应该坚持"全覆盖"的原则，这也是党的十八大报告精神的要求。"社会保障制度内容体系的完善，要求社会保障制度实现与社会保障相关联的养老、医疗、工伤、失业和生育等社会问题的全覆盖，并且各社会保障制度间要有效衔接。"[2]现代社会是一个风险社会，在风险社会中，每一个独立的个体都面临着方方面面的社会风险，而且很多风险的产生，都有着不可归咎于个人的原因。回顾社会保障制度发展的历史，我们可以发现，正是由于个体力量微弱，难以应付系统的、日益复杂的由社会风险所引起的危机，现代社会保障制度才应运而生。社会保障制度的"全覆盖"要求我们不断整合与完善现有的社会保险、社会救助、社会福利等制度，弥补现有体系的不足与缺憾，满足困难家庭的基本需求，做到精准保障。

其次，社会保障制度的完善还应该注重构建合理的层次体系，发挥各类社会组织在社会保障方面的作用，相互协作，以科学合理的制度安排实现我国社

---

① 中华人民共和国人力资源和社会保障部官方网站：《党的十八大以来人力资源和社会保障事业发展的主要成就》，http://www.mohrss.gov.cn/zcyjs/gongzuodongtai/201707/t20170729_274830.html，访问日期：2017 年 11 月 29 日。

② 丁建定：《中国社会保障制度体系完善研究》，人民出版社 2013 年版，第 191 页。

会保障制度的可持续发展。十八大报告指出要"支持发展慈善事业"、"建立市场配置和政府保障相结合的住房制度,加强保障性住房建设和管理",就是关于社会保障层次体系建设的指导性意见。这种社会保障制度建设的思路与"福利多元主义"也有某些暗合之处,这种观点认为"政府不再是唯一的福利提供者,福利的责任从此由公共部门、营利部门、非营利部门、家庭和社区四个部门共同承担"[①]。2016年,全国人大发布了最新通过的《中华人民共和国慈善法》,这部法律填补了我国慈善事业法律领域的空白,在制度上对慈善组织、慈善财产以及法律责任等方面进行了规范。除了上述慈善事业组织的作用外,我们还应该发挥商业保险在社会保障方面的独特作用,以构建多层次的社会保障体系。

最后,从促进人们发展权的角度出发,完善社会保障制度不仅要在维护人们生存权上发力,还应该致力于创造更好的社会条件,为人民群众实现发展权提供便利。当然,生存性福利应该是社会保障的重点方面,尤其是在我们这样一个发展中的大国里,解决群众温饱问题始终是头等大事。但是以生存性福利为建设重点并不妨碍我们构建发展性福利体系。发展性福利建设的重点应该是在教育方面,因为只有接受了系统而严谨的教育训练,包括基础教育、高等教育和职业教育等方面,个人才能有机会在现代社会里更好地生存与发展。十八大报告也在强调:"大力促进教育公平,合理配置教育资源,重点向农村、边远、贫困、民族地区倾斜,支持特殊教育,提高家庭经济困难学生资助水平,积极推动农民工子女平等接受教育,让每个孩子都能成为有用之才。"[②]这既是完善社会保障制度的需要,也是保证人们平等参与、平等发展权利的必要举措。

三、完善公共财政制度

公共财政,指的是国家或者政府为社会提供公共产品或者公共服务的政府分配行为,它是与市场经济体制相适应的一种财政模式。公共财政以公权

---

① 林闽钢:《福利多元主义的兴起及其政策实践》,《社会》2002年第7期。
② 《十八大以来重要文献选编》(上),中央文献出版社2014年版,第27—28页。

力为基础来进行社会资源的再分配,不仅对国家的正常的经济运转有重大作用,也是促进国家与公民之间和谐关系的重大推动力量。有学者指出,"公共财政实质是市场经济财政,它与计划经济体制下的财政之最本质区别,就在于前者是公共服务型财政,后者是生产建设型财政。"①作为一种与社会主义市场经济体制相适应的财政机制,公共财政制度的首要特征是其"公共性",这种公共性在于它要以满足社会成员的公共需要作为财政支出的主要目标。"社会公共需要的实质就是不能通过市场得以满足或者通过市场解决得不能令人满意的需要"②在市场这只看不见得手不能发挥作用或者发挥作用不那么令人满意的时候,就需要国家或者政府出面来解决问题。除却"公共性"之外,公共财政制度的另一个特征是"公共财政在管理运行上要以现代意义的具有公开性、透明度、完整性、事前确定、严格执行的预算作为基本管理制度。"③因为此项制度的设立是为了关照公民的公共需要,所以它需要广泛征求民意,公开透明。

改革开放 40 多年来,随着社会主义市场经济体制在我国的确立,作为与之相适应的财政模式,公共财政制度的建设取得很大成就,如取消农业税,在农村对义务教育阶段的贫困学生实行"两免一补"政策,大力推动新型农村合作医疗制度改革等等。但是我们也应该看到问题与成就同在,就目前而言,在公共财政制度领域至少存在着公务服务方面投入不足、城乡和地区之间投入差距较大等影响社会公平等问题。针对这些问题,党的十八大报告指出:"加快改革财税体制,健全中央和地方财力与事权相匹配的体制,完善促进基本公共服务均等化和主体功能区建设的公共财政体系,构建地方税体系,形成有利于结构优化、社会公平的税收制度。"④这样看来,完善公共财政制度势在必行,我们可以从如下几个方面作出努力。

首先,要正确处理政府和市场的关系,尊重市场经济运行规律。党的十八

①　安体富:《完善公共财政制度　逐步实现公共服务均等化》,《财经问题研究》2007 年第 7 期。

②　马昊:《当代中国县级公共财政制度研究》,中国经济出版社 2008 年版,第 21 页。

③　贾康:《"十二五"时期中国的公共财政制度改革》,《财政研究》2011 年第 7 期。

④　《十八大以来重要文献选编》(上),中央文献出版社 2014 年版,第 16 页。

届三中全会指出"经济体制改革是全面深化改革的重点,核心问题是处理好政府和市场的关系,使市场在资源配置中起决定性作用和更好发挥政府作用。"公共财政制度是与市场经济相配套的财政模式,在现行的经济体制模式下,企业通过市场为人们提供私人产品和服务,与之相对应的,政府则通过财政支出为人们提供公共产品和服务。因此,如果市场在资源配置方面更有效率,政府就不应该插手。但是,理应由政府提供的公共产品和服务,政府也不应该缺位。

其次,要加强法治建设,尤其要加强财政法制建设。《中共中央关于全面推进依法治国若干重大问题的决定》指出:"对财政资金分配使用、国有资产监管、政府投资、政府采购、公共资源转让、公共工程建设等权力集中的部门和岗位实行分事行权、分岗设权、分级授权,定期轮岗,强化内部流程控制,防止权力滥用。"公共财政制度应该建立在法治的基础之上,财政收入和财政支出都应该做到有法可依,全部政府收支都应该进入政府预算。与此同时,财政收支活动还应该广泛接受立法机关和人民群众的监督。

最后,完善公共财政制度,应该以实现公共服务均等化为目标。发展机会均等是发展权的核心要义,发展权社会公平保障体系的建构应该以实现公平为最高价值追求。自党的十八大提出公共服务均等化的目标以来,我们在这方面取得了一些成就,但是也存在一些问题,2017年1月23日,国务院印发了《"十三五"推进基本公共服务均等化规划》,规划指出:"到2020年,基本公共服务体系更加完善,体制机制更加健全,在学有所教、劳有所得、病有所医、老有所养、住有所居等方面持续取得新进展,基本公共服务均等化总体实现。"根据规划,在基本公共教育方面,九年义务教育巩固率要从93%增加到95%;在基本劳动就业创业方面,城市新增就业人口要大于5000万人,农民工职业技能培训要累计达到4000万人次;在基本社会保险方面,基本养老保险参保率要从82%上升到90%;基本医疗卫生方面,婴儿死亡率要从8.1‰下降到7.5‰;在基本社会服务方面,生活不能自理特困人员集中供养率要从31.8%上升到50%;在基本住房保障方面,城镇棚户区住房改造累计达到2000万套;在基本公共文化体育方面,公共图书馆年流通人次要从5.89亿人增加到8亿人,国民综合阅读率要从79.6%上升到81.6%,经常参加体育锻炼的人数要从 3.64 亿人增加到 4.35 亿人。这些具体的规划和任务反映了我们实现公共服务均等化,维护和保障社会公平的决心和态度。目前,我们正处在全面建设小康社会的关键阶段,这也是中国梦的有机组成部分。在此过程中,我们要实现人的自由而全面的发展,就必须为社会公众提供有价值的公共产品和公共服务。而现实中广泛存在的区域和城乡之间差距,导致不同的社会群能获得的基本社会公共产品和服务不尽相同,这种差异影响了社会公平的实现,也不利于和谐社会的构建。因此,我们应该以实现公共服务均等化为完善我国公共财政制度的目标,助力实现伟大中国梦。

第十章 方式：以法治思维和法治方式推动发展权

    在首都各界纪念现行宪法公布施行 30 周年大会上，习近平总书记明确要求："各级领导干部要提高运用法治思维和法治方式深化改革、推动发展、化解矛盾、维护稳定的能力，努力推动形成办事依法、遇事找法、解决问题用法、化解矛盾靠法的良好法治环境，在法治轨道上推动各项工作。"①"法治思维和法治方式"的提出，意味着我国法治建设发展达到更高层次，从制度建设逐步迈向思维领域和行为领域，既是全面依法治国战略的基本内容，也是发展权实现的有力保障。以法治思维和法治方式协同"创新、协调、绿色、开放、共享"新发展理念，保证每一个人都能公平参与发展进程、平等享受发展成果，是中国实现"两个一百年"目标的必由之路。党的十九大报告对我国法治成就予以高度肯定："中国特色社会主义法治体系更加完善，全民法治观念不断增强，法治国家、法治政府、法治社会建设齐头并进、相得益彰。"②我国持续推动、保障发展权进程中，必须坚定遵循法治思维和法治方式，为人民提供更全面、更可靠的人权保障，除开展广泛的人权教育、具体的人权政策外，深入推进发展权之科学立法、严格执法、公正司法、全民守法③，是十九大对法治中国建

---

① 《习近平谈治国理政》，外文出版社 2014 年版，第 142 页。
② 习近平：《决胜全面建成小康社会　夺取新时代中国特色社会主义伟大胜利——在中国共产党第十九次全国代表大会上的报告》，人民出版社 2017 年版，第 4 页。
③ 参见习近平：《决胜全面建成小康社会　夺取新时代中国特色社会主义伟大胜利——在中国共产党第十九次全国代表大会上的报告》，人民出版社 2017 年版，第 38 页。

设的明确指示。

第一节　以法治思维和法治方式推动
发展权的内在机理

以法治思维和法治方式推动发展权,充分体现法治对发展和发展权利的重要性。发展权与法治相依相扶、共生共荣。以法治思维和法治方式推动发展权的内在机理体现在两个方面:其一,法治注重个人价值、具有契约精神、强调公民意识,对发展权有重要价值引领作用;其二,发展权蕴含以人为本,全面、协调、可持续发展理念,为新时期民主法治建设指明方向。

一、法治对发展权的价值

放眼全球,法治已成为人类共同追求,尽管各国法治模式、法治道路不尽相同,但总体而言均在法治理论和法治实践领域,取得丰硕成果。公民权利日益丰富完善,社会秩序更加稳定和谐,政治体制逐步迈向成熟,均离不开法治发展与实践。法治思想来源于西方,历经数千年传播与发展,逐渐受到不同国家认可与推崇,最终形成辉煌灿烂的法治文明。考察法治文明必须首先厘清法治产生、发展的文化背景和土壤。法治文化是携带人类共同价值观的文明,从法治文化角度挖掘法治对发展权的价值,有助于寻找法治精神之真义。法治的价值实际上蕴含着人类自出现以来就一直关注的人自身及人类的命运。① 中国特色社会主义法治的价值意在追求人民性,实现社会公正,促进每个人自由而全面发展。

第一,法治注重个人价值,为发展权实现"人自由而全面发展"提供价值引领。法治不是目的,人权才是法治的出发点和落脚点,法治最终是为维护人之尊严与权利。在西方,人自我意识觉醒与法治发展相依相伴,正如汪太贤所

---

① 参见赵秀芳:《当代中国法治的价值追求》,《前沿》2017 年第 1 期。

言,西方社会在'人的发现'过程中塑造出人文精神,并'孵化'出具备西方色彩的法治。① 尤其是文艺复兴后,个人价值得到深层次挖掘,人的自我意识逐渐觉醒。随后,欧洲大陆爆发以追求"自由、平等、人权、博爱、现代民主"为目标的启蒙运动,这些价值追求成为西方法治文明的精神内核。虽然西方的"个体主义"实质上是为资产阶级的根本利益服务,存在一定局限性,但不可否认,从个人价值衍生出法治精神,对发展权有较大借鉴指导意义。其一,个人价值是西方法治的理性基础。法治使社会从无序变为有序,为实现个人价值提供制度保障。对个人主义、个人价值的追求,奠定西方法治理性基础。发展权的诞生是为改变国际经济新秩序,让每一个国家、每一个民族、每一个个体都能享有平等参与发展进程、享受发展成果的机会。其二,个人价值是推动法治不断向前发展的强大动力。人类社会"为权利而斗争"进程中,逐渐衍生出自由、平等、正义等价值,不仅丰富个人价值内涵,而且促进法治理论和实践发展。西方法治倡导自由、平等、正义价值与发展权追求社会结构运行的正义化、主体全面发展的自主化、发展利益配置的公平化,实质上是异曲同工之妙。

第二,法治的契约主义精神为发展权提供新思路。契约主义是理解西方政治法律思想的基础理论之一②,最早可追溯到古希腊的自由、理性、正义观念。契约主义交易规则,深刻影响人与人、人与社会、人与政府之间关系的转变,公平、平等、自由等法治价值直接来源于契约交易规则。契约制度与契约文明的形成,为人类社会从人治走向法治提供社会条件。直至今天,契约主义精神依然渗透在人类社会的方方面面。尤其是当代中国,以法治思维和法治方式推动发展权,更加需要遵循契约主义精神。契约主义具体包含两个层面:其一,每个人都对共同拟定的规则表示同意;其二,每个人均愿意根据规则,履行相应义务。颁布已逾三十年的《发展权利宣言》本质上就是不同国家之间的一个契约,在国际上,为人类解决饥饿、贫困、疾病、不公平等问题发挥巨大

---

① 参见汪太贤:《人文精神与西方法治传统》,《政法论坛》2001 年第 3 期。
② 参见徐国栋:《论卢梭在社会契约论思想史上的地位》,《法治研究》2011 年第 4 期。

作用；在国内，为中国践行五大理念①、统筹六大建设、实现"两个一百年"伟大目标提供重要价值指引。公平是契约主义最核心的问题，没有契约公平，无从谈契约，而且契约所指公平不仅存在于当代人之间，也包括代际公平。按照罗尔斯有关"无知之幕"的论述②，契约不能只为当代人考虑，也须照顾后代人福利，为他们留下丰富发展资源，实现代际正义。另外，"互惠"也是契约主义的一个重要因素，即交易双方当事人均能公平获益，实现互利互惠目标，体现对"平等"的执着追求。契约精神为发展权不断丰富、完善，提供新思路、新引领。发展权旨在让每一个人都能平等参与发展进程、公平享受发展成果，不仅为当代人谋福利，也为后代人留下青山绿水。人与人、人与政府、人与社会之间，当代人与后代人之间，实际上存在着不计其数的契约。发展权与契约精神有着共同价值追求，即公平正义、自由平等。

　　第三，公民意识有助于推动法治与发展权齐头并进。公民意识是公民对权利、义务及能力的自我觉悟，尤其身处现代法治社会，公民意识显得尤为必要，参政议政、制约权力、保障人权均需要公民具备主人翁精神，主动参与到社会治理与发展之中。提升公民意识是维护权利、制约权力之有效手段，有助于早日实现法治中国。③ 欲以法治思维和法治方式推动发展权，现代公民务必提升自治能力、培养法律意识。因为仅仅只有法治观念、法治思想萌芽，并不足以推动法治进程，普遍提升公民意识是法治形成的必备前提和心理条件，纵观古今中外各国法治建设历程，莫不如此。④ 公民概念与西方发展史密切相连，早在古希腊时期，亚里士多德提出公民与城邦相扶相依、共存共荣⑤，公民是城邦的主人，城邦是公民的城邦，二者共同促进、共同繁荣。随着文艺复兴

---

　　① 习近平总书记在对"十三五"规划建设的说明时强调：发展理念是发展行动的先导，是管全局、管根本、管方向、管长远的东西，是发展思路、发展方向、发展着力点的集中体现。发展理念搞对了，目标任务就好定了，政策举措也就跟着好定了。在"十三五"规划的建设稿中，明确提出了"创新、协调、绿色、开放、共享"五大发展理念。（参见汪习根：《发展、人权与法治研究：新发展理念与中国发展权保障暨联合国〈发展权利宣言〉通过三十周年纪念》，武汉大学出版社 2017 年版。）

　　② 参见姚大志：《公平与契约主义》，《哲学动态》2017 年第 5 期。

　　③ 参见马长山：《公民意识：中国法治进程的内驱力》，《法学研究》1996 年第 6 期。

　　④ 参见魏健馨：《论公民、公民意识与法治国家》，《政治与法律》2004 年第 1 期。

　　⑤ 参见［古希腊］亚里士多德：《政治学》，吴寿彭译，商务印书馆 1997 年版，第 33—37 页。

与启蒙运动兴起，"人"之地位不断提升，个人与国家的二元格局逐渐形成，公民概念亦日益丰富，自由、平等、博爱等都成为公民的价值追求。在当今中国，良好的公民意识至少包括三方面：其一，公民意识指公民拥有自主管理国家、参政议政的能力。充分保障公民政治权利，有利于监督政府权力运行，防止腐败，使政府权力运行合法化、合理化，提高各项法律政策的科学性、民主性。其二，公民意识包括守法护法意识。"法律必须被信仰，否则形同虚设"。根据亚里士多德对法治的经典阐释①，法治要素有两个：一是良法；二是民众对法律的信仰。在法治社会，自觉遵守法律是公民的神圣义务。其三，公民意识注重保障公民基本权利。权利本位主义是西方法治精神的实质②，法治为保障权利服务，公民对权利的追求与守护，是形成法治社会的最大动力。公民意识到权利重要性后，必然会竭尽所能推动法律实施与完善，用法律手段维护自身权利，牢固树立法律信仰，最终建成法治社会。

二、发展权对法治的功能

在全面依法治国大背景下，党的十九大报告提出"法治国家、法治政府、法治社会相互促进"③，协同发展。发展权理念为民主法治建设不断深化提供科学指引。发展权的以人为本、全面协调可持续理念对提高我国法治建设成就，促进法治长远发展，起着不可小觑的作用。

首先，发展权的以人为本，是民主法治建设基本出发点。以人为本即以人民的利益为根本，以人为本的"人"指最广大人民群众。法治中国建设务必立足于人，一切以人为根本出发点，全心全意提升人民法治体验，让人民依法享受发展成果和利益。实施法治，关键在于"保护权利、限制权力"。保护权利是保护人在政治、经济、文化等各方面具体权利，保障以发展权为核心的第三

---

① 亚里士多德曾对法治的含义做出经典阐释，即法治本身应包含两层含义：一是，已成立的法律能获得普遍的服从；二是，大家所普遍服从的法律本身又是制定得良好的法律。参见王人博：《中国特色社会主义法治理论研究》，中国政法大学出版社2016年版，第97页。

② 刘小平：《法学中西之间：西方法学在中国法学理论体系建构中的构建和定位》，《法制与社会发展》2012年第6期。

③ 习近平：《决胜全面建成小康社会 夺取新时代中国特色社会主义伟大胜利——在中国共产党第十九次全国代表大会上的报告》，人民出版社2017年版，第4页。

代人权是法治中国建设的重中之重。限制权力实质上是从另一层面对权利进行保护，因为权力若不加以限制，极易侵犯和伤害权利。发展权注重以人为本，挖掘人最本质需求，把人民幸福、人民利益放在第一位，为我国开展法治建设提供宝贵的经验与启发。开展法治建设，主体是人，核心是保护人，贯穿立法、执法、司法、守法全过程，人始终处于中心地位，全面保障人民各项具体权利成为法治最主要目标。几千年来，"权力本位""官本位"思想，深刻影响我国历史发展进程，权力所向披靡、包揽一切，有权有势往往成为衡量社会地位的关键等观点渗透在社会生活方方面面。然而，对权力过度推崇必然滋生腐败，沉迷于权力的游戏更会导致社会乱象丛生、秩序颠倒。与权力相比，对权利的认知与保护则在意识层面处于相对弱势地位，权利成为不幸地被支配对象。直到改革开放后，权利本位开始逐渐为国人接受并出现在法律条文中，如人权入宪、罪刑法定、无罪推定以及公私财产平等保护原则等，均充分说明权利本位思想为我国法治建设做出了突破性贡献。尽管中国法治建设已取得举世瞩目成就，但以人为本仍是法治建设不懈努力的方向，当务之急是把以人为本核心理念贯穿于民主法治建设进程中。

其次，发展权的全面、协调可持续发展理念为法治建设指明方向。全面发展，指以经济建设为中心，实现物质文明、精神文明、政治文明、生态文明与社会文明的全面进步。可持续发展关键在于促进人与自然和谐，处理好人口、资源与环境的关系，建设美丽中国，走一条生产发展、生活富裕、生态良好的可持续科学发展道路。习近平总书记明确提出绿色发展理念，将马克思主义生态理论与中国生态实际相结合，提出"生态兴则文明兴，生态衰则文明衰"①，把生态文明建设置于"五位一体"发展关键地位，对推进绿色富国、绿色惠民、绿色生产有着重要意义。从人类命运共同体角度看，人类爱护自然、与自然和谐共生，推进 2030 可持续发展议程②，有助于实现人与自然永续发展。协调发展内涵十分丰富，重点是协调好几组关系，城市与农村、区域之间、人与自然、经济与社会、国内与国外、生产力与生产关系、经济基础和上层建筑，保证每组

---

① 任理轩：《坚持绿色发展——"五大发展理念"解读之三》，《人民日报》2015 年 12 月 22 日。

② 参见杨洁篪：《推动构建人类命运共同体》，《人民日报》2017 年 11 月 19 日。

关系彼此和谐发展是促进发展权与法治建设的有力保障。在十八届五中全会上习近平总书记特别强调协调发展理念,旨在解决改革开放以来我国一直存在的发展短板、发展不平衡问题。从理论角度看,提出协调发展,意义重大,马克思主义认为人类社会是由各种复杂因素组成的"有机体"[①],因素之间彼此制约、联系、转化,"有机体"的整体性与协调性深刻影响人类社会发展规律。协调发展强调发展的科学性、包容性、可持续性,对人类社会发展规律,予以科学总结,有助于解决我国当前主要矛盾。[②] 只有切实解决好发展不平衡、不充分问题,人民才能真正享有美好生活的权利。目前,迫切需要解决城市和农村及区域之间的协调发展。为此,十九大报告着重提出乡村振兴战略和区域协调发展战略。乡村振兴战略旨在妥善处理三农问题,推进农村农业现代化,充分保障农民发展权利,在乡村治理体系中将自治、法治、德治有机结合起来,实现农村全面繁荣与发展,让每一个农民均能实现法治"中国梦",进一步缩小城乡差距,让城市、农村协调发展、共同进步。区域协调发展重点在于扶持革命老区、民族地区、边疆地区、贫困地区发展,予以资金、技术、人才、政策等全方位支持,进一步深化西部大开发格局。与此同时,持续推进中部崛起战略、强化对东北老工业基地的扶持力度,充分挖掘东部地区优势,完善城镇化格局,促进大中小城市与小城镇协调发展,如推动京津冀协同发展,建雄安新区,缓解首都压力,皆为推进区域发展之良策。

全面、协调、可持续发展是发展权重要理念,三者密切联系,有机统一,全面发展是前提,协调发展是关键,可持续发展是保证,共同构成完整的科学发展理念。民主法治建设按照全面、协调、可持续要求不断完善,坚定不移走中国特色社会主义民主法治道路。一方面,立足国家政治、经济、文化、社会、生态发展实际,尤其是遵从我国民主法治建设实际,总结民主法治经验,适应民主法治要求;另一方面,勇于并善于积极借鉴、吸收世界各国政治文化中的民

---

① 常啸:《我们为什么需要协调发展》,新华网,http://news.xinhuanet.com/comments/2016-03/23/c_1118420162.htm,访问日期:2017 年 12 月 20 日。

② 党的十九大报告提出,我国社会主要矛盾已经转化为人民日益增长的美好生活需要和不平衡不充分的发展之间的矛盾。(参见习近平:《决胜全面建成小康社会 夺取新时代中国特色社会主义伟大胜利》,人民出版社 2017 年版。)

主法治优秀文化成果，结合中国法治文化，探索中国特色社会主义法治发展路径与实践举措。维护与保障发展权时，推动法治进程，最终实现"三个统一"：经济发展、社会发展和人全面发展的统一，经济社会与人口、资源、环境的统一，物质文明、精神文明、政治文明、生态文明与社会文明建设的统一。

三、发展权法治思维方式

"法治思维和法治方式"概念提出后，立刻引起学界广泛而热切地关注。不少学者针对法治思维科学内涵，从不同角度发表真知灼见。首先，有学者从价值与方法论角度定义法治思维[1]；其次，有学者主张法治思维是执政者在法治理念指导下，依法处理问题的思想认识活动与过程[2]；再次，有学者将法治思维与人治思维、权力思维进行比较，从三者的差异之处阐发法治思维优越性[3]；最后，也有学者从法治固有特性和法治信念角度予以论述[4]。尽管大家选取角度各异，但基本都从法治概念及法律方法与思维方式关系角度出发，论证"法治思维"内涵。

法治思维与法治方式存在辩证统一关系，一个是价值观，另一个是方法论。可从三个层面解读二者关系：其一，法治思维对法治方式起着决定、支配作用，只有具备法治思维，才可能有意识用法治方式处理国家社会事务；其二，法治方式是法治思维的具体体现，真正的法治思维必定是思想与行为的高度统一。单有规范、意识、精神，无法实现治国理政目标，故法治思维须外化为法治方式，渗透在社会发展的方方面面，方能助力依法治国。最后，二者互为促进，相互作用，共同进步与完善。法治思维和法治方式紧密相关，法治思维方式必须遵循法治精神，依照法治原则、规则，合乎法定实体规定和程序规范，进行思维和行为[5]，与人治思维存在根本区别。权利是法治的逻辑起点和根本

---

① 参见陈金钊：《"法治思维和法治方式"的意蕴》，《法学论坛》2013 年第 5 期。

② 参见姜明安：《再论法治、法治思维与法律手段》，《湖南社会科学》2012 年第 4 期。

③ 参见十八大报告文件起草组：《十八大报告辅导读本》，人民出版社 2012 年版，第 221 页。

④ 参见汪永清：《法治思维及其养成》，《求是》2014 年第 12 期。

⑤ 参见汪习根：《法治中国：民主法治精神举要》，中国人民大学出版社 2014 年版，第 193 页。

归宿,法治为权利实现提供根本保障。因此,发展权法治思维方式指在促进个体的人和人的集体平等参与发展进程、公平享受发展成果时,应遵循法治精神,以合乎法定的实体规范和程序规范进行思维和行为,从而促进人均衡、协调、可持续发展。以法治思维和法治方式推动发展权,蕴含法治是维护权利最有效手段,发展权贯穿于法律运行全部环节和过程,一切发展行为均须于法有据,通过法治思维方式的科学指引,促进"五位一体"发展权持续发展。

第二节　以法治思维和法治方式推动发展权

以法治思维和法治方式推动发展权,首先,厘清发展权法治思维的丰富内涵,具体包括规范思维、程序思维、权威思维、监督思维、正义思维。其次,通过落实发展权的科学立法、严格执法、公正司法、全民守法,促进"五位一体"发展权和民主法治建设共同实现。

一、发展权法治思维的丰富内涵

党的十八届三中全会提出法治思维和法治方式,法治思维蕴含公平正义,能最大限度凝聚共识,优化资源配置,协调利益分配,有效约束权力,保障人权,全心全意为人民谋福祉,实现全面建成小康社会和社会主义现代化国家的伟大目标。发展权法治思维的内涵十分丰富,具体包括发展权的规范思维、程序思维、权威思维、监督思维、正义思维。

(一)发展权的规范思维

习近平总书记指出:"小智治事,中智治人,大智立法。"①治国理政必须首先将规矩立清楚、讲明白,且所立规矩得到严格遵守,在中国最重要的规矩是法律,以法治思维和法治方式推动发展权,规范思维必不可少。规范思维是法治思维的核心要义,党的十八大以来,习近平总书记在许多重要场合强调法治

---

① 中共中央文献研究室编:《习近平关于党风廉政建设和反腐败斗争论述摘编》,中央文献出版社2015年版,第132页。

社会应讲规则、守规矩,规范是法治的治理基础和重要依据。培养法治思维应多管齐下,除在意识层面具备规范思维外,更应在法治实践中充分运用规范思维。规范思维蕴含着对规则的尊重与遵守,具有平等性、合法性及形式理性,对法治中国建设功不可没。公民有规范思维,则会在规则指导下做出具体行为,具备规范性和可预测性。国家机关及其公职人员有规范思维,则在保障和完善发展权时,注重权力的约束与边界,自觉防止权力滥用现象发生,为权力提供合法性依据。对社会而言,规范是社会安定、和谐的重要基础。

发展权的规范思维是在保障发展权实施和完善过程中,充分考虑法律规范要求的一种思维方式。法律规范从规则层面具体规定权力、权利、义务及法律后果等或明确赋予一个事实状态以法律意义的一般性规定。法律规范不仅是维护法治社会和谐、稳定最重要的工具,而且能最大限度保障公民发展权利,发挥指引、评价、预测、教育和强制等作用。首先,法律规范具有明确性、稳定性、可预测性,是保障社会秩序的最牢固基础。秩序是发展权追求的重要价值之一,明确的法律规范有利于创造稳定的社会秩序。实质上,法律、规则、秩序三者内涵存在重叠。① 无规范,无秩序,秩序的基础与保障取决于明晰具体的规范。其次,规范有助于不同主体公平享有发展权,将每个人的权利、义务在法律上做出明确规定,不仅可以减少利益分配矛盾,而且可在制度上对每个人的发展机会与利益予以保障。再次,规范具有价值引导的作用。立法者通过高超的立法技术与经验,能最大程度按照具体情形,对不同利益主体进行利益衡量和价值判断,从而设定可为、当为、禁为法律行为,并为每种法律行为规定相应法律后果。法律规范确认的社会主义核心价值,与发展权追求的自由平等、公平正义等价值理念相一致。最后,规范是法治的治理基础和重要依据。法治的意义极其重大,对国家而言,法治意在治国理政;对社会而言,法治侧重行为规范;对个人而言,法治应为生活方式。如此,法治中国方可建立,但无论何种形式的法治,均为规则之治。以法治思维和法治方式推动发展权,必须遵循规则之治。

我国法治建设仍在路上,普通公民及公职人员法治意识较为薄弱,缺乏对

---

① 参见胡玉鸿:《法律原理与技术》,中国政法大学出版社 2007 年版,第63页。

规范的应有尊重,在相当长时间内,注重培养、运用规范思维,协调好规则与原则、政策以及改革创新的关系,是发展权保护与法治建设工作的重中之重。

(二)发展权的程序思维

程序思维是法治思维的重要内容。保障发展权必须树立程序思维,方能做到有章可循、有规可依。习近平总书记在一系列讲话中,多次提到程序思维,充分显示程序思维的重要性。执政过程中,除不得违背法治理念和法治体制外,应努力改进领导和执政方式,遵循法治程序开展工作,促进依法执政的程序化、制度化。① 程序不仅体现在执法中,立法亦离不开程序思维,在我国,任何改革均需有明确的法律依据,其中需要由法律授权的,应当按照法律明文规定的程序进行②,否则,存在程序瑕疵会将直接导致改革为人诟病。党的任何决议、主张,也需通过法定程序上升为国家意志,才能具有更广泛的约束力和效力,此举是从程序上对党的领导予以限制和规范③,有助于加强和改善党的领导。程序在依法执政、依法治国中作用不容小觑,用法治思维和法治方式推动发展权,必须培养程序思维。

程序,是指事物发展的既有次序和脉络,以及为进行某项活动而规定的过程、步骤、顺序、方式。法律程序主要包括立法程序、行政程序、司法程序等。程序思维不仅适用于立法、行政、司法等典型的法律过程,而且对社会主义社会建设、深化体制改革和改善党的领导均有方法论上的意义和实用价值。程序思维首要保障程序主体的程序权利,维护程序正当性,强调过程与结果并重。具体包括程序正义思维、程序保障思维、程序效力思维、程序优先思维、程序民主思维。在促进政治、经济、文化、社会、生态发展权实现过程中,应充分运用程序思维。其一,在发展权立法和决策方面遵循程序思维。进行公共利益的程序识别,为了保护公共利益,要求立法机关、政府职能部门在行使权力做出决定时,必须经过法定的步骤、采取法定的方式。以程序思维促进立法与

---

① 参见习近平:《加快建设社会主义法治国家》,《求是》2015 年第 1 期。
② 参见中共中央文献研究室编:《习近平关于全面依法治国论述摘编》,中央文献出版社 2015 年版,第 45—46 页。
③ 参见中共中央文献研究室编:《习近平关于全面依法治国论述摘编》,中央文献出版社 2015 年版,第 22 页。

决策科学化、民主化，维护正当程序。其二，在发展权执政与行政方面遵循程序思维，核心是依法执政、依法行政，以程序思维促进执政程序的法定化。其三，在发展权司法方面遵循程序思维。"坚持公正司法，努力让人民群众在每一个司法案件中都能感受到公平正义。"①司法的程序思维具体包括：司法公开、司法中立、司法独立、司法廉洁、司法改革，在每一个层面均应坚守程序正义。其四，改革的程序思维。中国自 1978 年改革开放之后，综合国力提升较大，为进一步促进国家和个人的发展权，改革是必要手段。改革的正当程序观认为，改革决定及其方案需要通过正当和合理的公共选择过程才能产生。当前我国立法应主动适应改革需要，立法机构必须具备程序思维。人民和国家对程序的服从态度，直接影响一个国家的法治程度②，加强运用程序思维的能力是培养法治思维的重要前提，与法治中国建设密不可分。

（三）发展权的权威思维

发展权的权威思维意指把公权力关进制度的笼子里，维护宪法和法律权威，用法治手段丰富与完善发展权。十九大报告强调坚决反对特权思想、特权现象，抵制以言代法、以权压法、逐利违法、徇私枉法行为，树立宪法法律至上、法律面前人人平等的法治理念。法律权威指法律在社会生活中普遍有效、得以实施。法律权威是区别人治和法治的关键，为了迈向法治权威型社会，必须以法治思维和法治方式彻底有效地化解社会发展进程中的矛盾，走中国特色社会主义法治道路。

为了培养发展权的权威思维，前提是构建一套符合中国实际的规则体系，即以宪法为核心的中国特色社会主义法律体系。按照人类社会发展的经验，在确立宪法、法律至上核心价值之后，应配套设立具体、系统的规则，以适应错综复杂的现实，维护和谐、稳定的社会秩序。规则统一，秩序才统一；规则稳定，秩序才稳定；规则有权威性，我们的秩序才有权威性。相反也是这个道理。当前，我国法律体系基本形成，但真正的法律并不只存在于纸上，而应活在现实中，法律通过法官的裁判文书，受到大众认可与尊重，是践行法治的意义所

---

① 《习近平关于全面依法治国论述摘编》，中央文献出版社 2015 年版，第 65—66 页。
② 参见季卫东：《法律程序的意义——对中国法制建设的另一种思考》，《中国社会科学》1993 年第 1 期。

在。法官在判案过程中,享有独立审判、不受干涉的权利,当法官眼里只有法律时,那么判决结果才会令更多人信服,十八届三中全会十分注重司法改革,保证法院依法独立判案。因此,司法权威是发展权的权威思维的一个重要方面,维护司法权威是坚持司法独立、确保司法公正的必然要求。在中国特定的历史条件和政治环境下,维护司法权威需处理好与另外两个公权力之间的关系,即司法权与立法权、行政权的关系。另外,为了维护司法权威,在体制外,司法判决不能被"专家意见书"和"媒体审判"绑架、左右。只有充分维护法律权威、司法权威,才有可能以法治思维和法治方式推动发展权的完善。

(四)发展权的监督思维

绝对的权力导致绝对的腐败,维护发展权离不开有效的权力制约与监督。当前,我国权力结构体系、权力制约与监督尚不完善,权力滥用、以权谋私、腐败现象仍较严重。习近平总书记指出:"……不少领导干部法治意识比较淡薄,有法不依、违法不究……大搞权权勾结、权钱交易……损害了政治、经济、文化、社会、生态文明领域的正常秩序……给全面推进依法治国造成了很多问题,甚至是很严重的问题。"①只有法治制度才能管好权力,依法设定权力、规范权力、制约权力、监督权力,是打造权力法治笼子的有效路径。习近平总书记强调,加强对权力运行的制约和监督,把权力关进制度的笼子里,形成不敢腐的惩戒机制、不能腐的防范机制、不易腐的保障机制。② 不敢腐是消极反腐,不能腐是制度反腐,不易腐是积极反腐,层层递进,逐步形成强有力的反腐体系。腐败是对发展权的最大破坏,因此,加大反腐力度,牢固树立发展权监督思维,势在必行。

十八大以来,我国监察成绩显著。首先,在纪检监察方面,2015 年全国纪检机关共谈话函询 5.4 万件(次),2016 年增幅高达 161%,仅 2017 年上半年,全国纪检机关谈话函询件数就是 2015 年全年的 2 倍左右。③ 同时,纪检机关

---

① 中共中央文献研究室编:《习近平关于全面依法治国论述摘编》,中央文献出版社 2015 年版,第 119 页。

② 参见《习近平在十八届中央纪委二次全会上发表的重要讲话》,人民网,http://cpc. people.com.cn/n/2013/0122/c64094-20289660.html,访问日期:2017 年 10 月 12 日。

③ 参见赵兵:《把纪律挺在前面 让红脸出汗成常态(砥砺奋进的五年·全面从严治党)》,《人民日报》2017 年 10 月 6 日。

为便利工作开展,对谈话函询工作作出细致规定。① 5 年来,各级监察机关反腐日益严苛,处分党员干部人数不断增加,2013 年处分 18.2 万人,至 2016 年增幅高达 128%,年均增幅为 30%②,反腐成绩大快人心。其次,在巡视监察方面,5 年来,全国共有 277 个党组织接受中央巡视组 12 轮巡视,其中 16 个省区市甚至被"回头看",有 4 个中央单位被机动式巡视。与此同时,在各省区市内,有 8362 个党组织接受相应党委巡视,巡视工作实现各行各业全覆盖,包括地方、部门、企事业单位党组织。五年巡视工作中,共有 1326 名厅局级干部、8957 名县处级干部被立案查处,问责追责人数达 45 万,共避免经济损失近 2000 亿元。③ 再次,启动国家监察体制改革。2016 年 11 月,国家监察体制改革正式开始,党内监督与国家监督有机结合,实现党的纪律检查与国家监察的有机统一,从制度层面遏制腐败,并颁布切实可行改革方案,率先在北京、山西、浙江开展试点工作。④ 最后,出台《中华人民共和国监察法》。2018 年 3 月 20 日《中华人民共和国监察法》在十三届全国人大一次会议闭幕会上获表决通过,标志党中央关于深化国家监察体制改革的决策部署通过法定程序成

---

① 纪检监察机关细化具体制度,强化日常监督执纪,让"红脸""出汗"成为常态:十八届中央纪委七次全会通过的《中国共产党纪律检查机关监督执纪工作规则(试行)》,对谈话函询工作作出细致规定;内蒙古制定实施《关于进一步落实主体责任和监督责任推进干部约谈工作常态化的意见》,促进各级纪委准确把握谈话函询的标准和尺度,正确区分情形;广东印发《关于开展谈话提醒构建抓早抓小工作机制的通知》,要求惩前毖后、治病救人,防止小错酿成大错。[参见赵兵:《把纪律挺在前面　让红脸出汗成常态(砥砺奋进的五年·全面从严治党)》,《人民日报》2017 年 10 月 6 日。]

② 赵兵:《把纪律挺在前面　让红脸出汗成常态(砥砺奋进的五年·全面从严治党)》,《人民日报》2017 年 10 月 6 日。

③ 孟祥夫:《擦亮巡视利剑　形成强大震慑(砥砺奋进的五年·全面从严治党)》,《人民日报》2017 年 10 月 5 日。

④ 为推动国家监察体制改革顺利进行,2016 年 11 月,中共中央办公厅印发《关于在北京市、山西省、浙江省开展国家监察体制改革试点方案》,部署在三省市设立各级监察委员会,从体制机制、制度建设上先行先试、探索实践,为在全国推开积累经验。此后,各项工作紧锣密鼓地推进——2016 年 12 月 25 日,十二届全国人大常委会第二十五次会议表决通过全国人大常委会关于在北京市、山西省、浙江省开展国家监察体制改革试点工作的决定;2017 年 1 月 18 日,山西率先成立全国第一个省级监察委;2017 年 4 月 27 日,随着浙江湖州选举产生市监察委主任,北京、山西、浙江三试点省份各级监察委全部成立;2017 年 6 月底,十二届全国人大常委会第二十八次会议审议了监察法草案。[参见姜洁:《确立中国特色监察体系的创制之举(砥砺奋进的五年·全面从严治党)》,《人民日报》2017 年 10 月 7 日。]

为国家意志,国家监察体制成果进一步固化为法律制度。制定监察法不仅有助于完善国家监察制度,而且能实现改革与立法的完美衔接。真正做到以法治思维和法治方式开展反腐工作,保障反腐斗争的规范化、法治化、制度化。

尽管我国在权力监督方面取得一定成就,但党和政府毫不松懈,十九大报告明确提出健全党和国家的监督体系。在市县党委建立巡查制度①,提高反腐力度,让腐败分子无处逃身,接受法律制裁。另外在立法层面对反腐和监督予以明确规定,一方面大力推进反腐败国家立法,完善检举举报平台;另一方面,制定国家监察法,明确监察委员会职责权限和调查手段,用留置取代"两规"措施。②

我国现有的权力监督体系无法形成有效合力,党内监督制度、人民代表大会监督、行政监督、司法监督缺乏分工与合作,监督合力与综合效应尚未得到有效发挥。拓宽人民群众参与监督的渠道,改进民主监督、舆论监督机制③,迫在眉睫。创新发展互联网监督④,使微博、微信等成为监督的新途径。各监督主体应团结协助、上下联动,增强监督合力,最终实现对权力的约束与监督,从而有力保障发展权。

(五)发展权的正义思维

"公平正义是我们党追求的一个非常崇高的价值,全心全意为人民服务的宗旨决定了我们必须追求公平正义,保护人民权益、伸张正义。"⑤公平正义同时也是发展权的重要价值追求,因此以法治思维和法治方式推动发展权,必须具备正义思维。法治天然具有正义属性,任何一个国家在法治建设过程中,

---

① 《关于在全国各地推开国家监察体制改革试点方案》指出,党中央决定,北京市、山西省、浙江省继续深化改革试点,其他28个省(自治区、直辖市)设立省、市、县三级监察委员会,整合反腐败资源力量,完成相关机构、职能、人员转隶,明确监察委员会职能职责,赋予惩治腐败、调查职务违法犯罪行为的权限手段,建立与执法机关、司法机关的协调衔接机制。(参见《中办印发〈关于在全国各地推开国家监察体制改革试点方案〉》,《人民日报》2017年10月30日。)

② 参见习近平:《决胜全面建成小康社会 夺取新时代中国特色社会主义伟大胜利——在中国共产党第十九次全国代表大会上的报告》,《人民日报》2017年10月28日。

③ 参见中共中央文献研究室编:《习近平关于全面深化改革论述摘编》,中央文献出版社2014年版,第79页。

④ 参见赵洪祝:《进一步强化权力运行制约和监督体系》,《人民日报》2013年11月27日。

⑤ 《习近平谈治国理政》第二卷,外文出版社2017年版,第129页。

都始终把公平正义作为其重要价值追求之一,无论是认识事物,还是判断是非,抑或解决纠纷,均需心怀公平正义。

公平正义思维在国家治理体系和治理能力现代化进程中发挥着极其重要的作用。维护社会公平正义,是个人、国家发展权实现的重要前提和基础,有助于推进国家治理体系和治理能力现代化。尤其是在市场经济时代,公平正义是十分宝贵的契约精神,市场经济之所以能高效、科学运行,是因为绝大多数市场主体都认可公平正义,并在其价值指引下规范自身行为。同时,公平正义还能弥补市场竞争造成的利益失衡缺陷。公平正义思维是在观念基础上,指引、支配、决定行为的思考方式,运用公平正义理念分析问题、解决问题,是一种自觉而非他觉的思维,是一种事前而非事后的思维,是一种持续稳定的而非一时兴起的思维,有助于实现自由、全面、可持续的发展。任何社会的发展变革,皆以追求公平正义为目标,公平正义贯穿于社会发展的全过程,贵在执行者的践行。马克思认为平等不应该浮于表面、流于形式,而是切实在国家领域、社会领域、经济领域中得到实现。① 在法治中国,维护和保障发展权,亦不应当沦为空谈,以法治思维和法治方式推进发展权,当务之急是将公平正义贯穿于提升发展权和法治建设全过程。尤其是我国尚处在发展不平衡、不充分的社会主义初级阶段,对维护和保障弱势群体的发展权,需要党和政府予以高度关注与支持,仅靠市场经济自由调节可能导致强者更强,弱者更弱的局面。我国弱势群体主要包括老年人、妇女、儿童、残疾人及极端贫困者,该类群体在参与社会发展进程、享受发展成果时处于相对弱势地位,因此,一定程度的政策关怀、精神抚慰和物质支援均十分必要。如此,方能实现实质的公平正义。当然,公平正义与多种因素相关,除分配正义外,大力提升社会经济发展水平、极大地丰富社会资源,亦是关键之举,因为整个社会发展不充分将会直接导致人民无法更好地享受发展权,坚实的物质基础是发展权全面实现的最重要条件。② 让每一个人实现发展权,享受公平正义、追求美好生活,是最美中国梦。

---

① 参见《马克思恩格斯选集》第 3 卷,人民出版社 1995 年版,第 447—448 页。

② 参见习近平:《切实把思想统一到党的十八届三中全会精神上来》,《求是》2014 年第 1 期。

二、发展权法治思维的实践成效

发展权法治思维对中国进行发展权法治实践有十分重要的指导意义。法治思维侧重于理念形态、观念,法治方式可具体解决问题,因此,发展权的理论规划要依靠法治思维[1],而具体推动发展权的进程,则有赖于法治方式。在我国全面推进依法治国的大背景下,发展权法治思维取得巨大实践成效,具体包含完善科学立法、推动严格执法、促进公正司法、实现全面守法。

(一)完善科学立法

立法机关科学公正立法,协调、平衡好发展权的核心问题,以宪法和法律作为保障发展权的根本依据,让依法享有发展权、共享发展利益,成为人们的自觉选择和内心确信,只有树立对法律的信任与信仰,方能实现以法治思维和法治方式推动发展权。我国早在2010年底便形成中国特色社会主义法律体系[2],以宪法为核心,民商法、刑法、行政法等部门法为主干的法律体系,是保障发展权的最重要依据,且具体规定发展权的相关内容和主要救济途径,标志我国发展权法律保障制度日益完善。

首先,宪法从根本法意义上明确对发展权的规定与保障。其一,2004年宪法修正案明确规定"国家尊重和保护人权",并且进一步扩大对人权的保护范围,充分显示国家发展的最终目的是保障人权。为进一步提升人权保障质量,自2009年以来,国家先后制定"国家人权行动计划",为发展权保障提供更具体的任务和步骤。其二,宪法序言明确规定"国家的根本任务是,沿着中国特色社会主义道路,集中力量进行社会主义现代化建设",这实际上是将发展权理论与中国的国情相结合,坚持"发展是硬道理",走一条具有中国特色的发展之路,以发展作为国家的中心任务。其三,政治文明在2004年宪法修改时,被明确写入宪法中,不仅意味中国大力提倡的"富强、民主、文明"有了明确的法律依据,而且将物质文明与精神文明有机统一、协调发展。其四,宪法规定爱国统一战线,对维护与保障各主体发展权具有深刻意义,因为宪法语境下,人民是发展权的主体与力量,爱国统一战线指一切可以团结的力量均应

---

[1] 参见中共中央文献研究室编:《习近平关于全面依法治国论述摘编》,中央文献出版社2015年版,第124页。

[2] 徐爽:《公民基本权利的宪法和法律保障》,社会科学文献出版社2016年版,第140页。

积极参与到国家建设与发展进程中,贡献出一分力量。那么,人民既是发展权的主体,又是发展成果的既得利益者,即"发展为了人民、发展依靠人民、发展成果由人民共享"。① 其五,宪法规定"中国革命和建设的成就是同世界人民的支持分不开的,中国的前途是同世界的前途紧密地联系在一起的",意味着中国的发展与世界的发展休戚与共,是世界意义上的共享发展,为此我国积极通过"一带一路"、丝路基金等形式,构建人类命运共同体,希冀促进全世界人民的共同发展。其六,宪法在确定发展的任务、目标和方式之外,还明确规定公民享有广泛的知情权、参与权、表达权及监督权,完善权利保障体系,构建民主政治、法治体系的总体框架。其七,构建发展权制度关键是将公民权利保障落实为具体的法律规范及国家政策。宪法的基本权利章节中,系统列举平等权、政治权利、宗教信仰自由、人身自由、监督权、社会经济权利、文化教育权利及对妇女儿童等特殊主体的权利保护等。这些具体的权利为公民真正参与国家政治、经济、文化、社会等事业的发展与管理,提供明确的法律指导,有助于实现个体和国家发展权。

其次,为让每个人皆能平等享有发展权②,我国制定并实施一系列专门性的权利保障法律法规,尤其是针对特殊群体的权利保障。为使"未成年人享有生存权、发展权、受保护权、参与权等权利",颁布《未成年人保护法》;为让妇女像男性一样平等享有政治、经济、文化、社会、生态等发展权,颁布《妇女权益保障法》;为让老年人能享受社会服务和社会优待,参与社会发展和共享发展成果,颁布《老年人权益保障法》;为让残疾人公平参与社会发展进程、共享发展成果,颁布《残疾人保障法》;为让少数民族人民能根据本民族实际,自主选择发展道路,促进五十六个民族的繁荣、团结,共享发展利益,颁布《民族区域自治法》。这些专门性法律的颁布为我国发展权的实现提供更为全面、具体的法律保障。

最后,进一步完善对发展权的科学立法。正如习近平同志所指出:"我们所制定的法规,只有真正反映了人民群众的根本利益,体现了人民群众的基本

---

① 王理万:《中国实现发展权利的宪法基础》,《人民日报海外版》2016 年 12 月 7 日。

② 参见汪习根主编:《平等发展权法律保障制度研究》,人民出版社 2018 年版,第 1 页。

要求,才能为广大人民群众所拥护、所接受、所依赖。"①科学公正的立法,归根到底是立法的立场问题,关键在立法过程是不是牢固树立以人为本的理念,是不是拓宽人民群众有序参与的途径。习近平总书记特别强调:"民主立法的核心在于为了人民、依靠人民。要完善科学立法、民主立法机制,创新公众参与立法方式,广泛听取各方面意见和建议。"②在此意义上,拓宽人民有序参与立法途径,是协助社会治理的法律机制,不仅是推进科学立法的本质要求,而且能有效预防、化解矛盾,意义重大。拓展人民有序参与立法的途径,须做到以下三点:一是避免迷信专家。兼听则明、偏信则暗,立法是关涉民生的重大事项,不能仅听取专家意见,应在综合听取民间意见基础上科学立法。二是克服立法工作中的部门化倾向。当前主要阻碍科学立法的因素是部门利益和地方保护主义,立法成为利益博弈的手段与焦点,让法律的权威和效力大打折扣,不同部门间为争夺利益,以牺牲法律为代价,在博弈过程中,有的法律久拖不决,有的法律根本不管用。三是建立完善的意见收集、整理、评估和反馈机制。避免漏掉立法相关的意见,有助于充分吸纳各行各业群体最真实、最全面、最客观的观点,激发公民参与立法的热情。

(二)推动严格执法

法律的生命和权威均在于实施,行政机关是实施法律法规的重要主体,如果执法人不守法,那么法律再好也没用。依法执政是中国特色社会主义法治体系的核心与灵魂。③ 维护人民发展权,严格执法是重要一环。从《法治政府建设实施纲要(2015—2020)》的印发④,到权责清单的普遍建立,从重大行政决策程序化,到日常执法行为规范化,严格执法已成为常态,且将新发展理念贯穿其中,发展权得到更全面的保障。规范政府行为,确保行政机关严格文明公正执法,能增强执法公信力,使执法过程、执法结果得到执法对象的内心认

---

① 习近平:《干在实处　走在前列——推进浙江新发展的思考与实践》,中共中央党校出版社 2006 年版,第 364 页。

② 《习近平关于全面依法治国论述摘编》,中央文献出版社 2015 年版,第 49 页。

③ 参见汪习根、汪火良:《执政党运用法治思维与法治方式的重大意义与基本路径》,《学习与实践》2015 年第 1 期。

④ 参见《政府权责有清单了(严格执法)》,《人民日报》2017 年 10 月 12 日。

同,从而在源头上减少矛盾产生。为此,我国在全国多个省市开展法治政府建设,并颁布具体的指标体系。① "严格文明公正执法是一个整体,要全面贯彻。"②五年来,我国为维护广大人民群众的发展权,在严格执法方面取得一系列成效。全国 31 个省均已公布省市县三级政府部门权力清单和责任清单,17个省级政府和 23 个较大的市政府出台规范重大行政决策程序的规章,22 个省(市、区)的 138 个城市开展综合执法改革试点,行政机关负责人出庭应诉日益制度化,有的地方出庭率达 100%。③ 除此之外,在维护人民群众具体发展权益时,亦取得较大突破,体现在关涉民生的重大事项上:一是市场监管方面,行政机关将重心放在工商监管上,尤其加强事中事后监管,并大力宣扬企业诚信建设,对非法集资、地下钱庄等违法犯罪活动予以严厉打击,力图创造良好的市场经营环境。二是环保方面,全力清理"小散乱污"企业,严格执行项目环评验收标准,守护绿水青山。三是注重安全生产,深入督查、严查隐患、严控风险,严守"发展决不能以牺牲人的生命为代价"这条不可逾越的红线。四是食品药品安全方面,建立健全覆盖生产、流通、消费的监管制度,落实最严谨标准、最严格监管、最严厉处罚、最严肃问责,护航"舌尖上的安全"。除此之外,政府做出一系列心系民生的举措:1300 多万群众告别"黑户",171 万群众居民身份证号码不再重号④,居民身份证异地受理……五年来,政府严格执法,让广大群众享有更多发展权,感受到了法治带来的获得感。严格执法是社会和谐稳定、国家长治久安的重要保证,有助于实现发展成果由人民共享。

(三)促进公正司法

2012 年 12 月,习近平总书记在出席一次会议时强调"要让人民群众在每

---

① 各地的法治政府建设指标体系:《广东省法治政府建设指标体系(试行)》《宁夏回族自治区法治政府建设指标体系》《太原市法治政府建设指标体系》《吉林省法治政府建设指标体系》《江苏省法治政府建设指标体系》《湖北省法治政府建设指标体系(试行)》《合肥市法治政府建设指标体系》《江西省鹰潭市法治政府建设指标体系》等。

② 《十八大以来重要文献选编》(上),中央文献出版社 2014 年版,第 717—724 页。

③ 参见《政府权责有清单了(严格执法)》,《人民日报》2017 年 10 月 12 日。

④ 参见《政府权责有清单了(严格执法)》,《人民日报》2017 年 10 月 12 日。

一个司法案件中都能感受到公平正义"①,自此努力促进司法公正、保障每一个人的发展权便成为司法机关五年来的首要任务。中国不断加强发展权的司法保护与司法救济,构建发展权司法救济机制,防止和惩治对发展权的侵害。

第一,最令人民群众苦恼的"六难三案"②司法问题得到有效解决。针对"立案难",从 2015 年 5 月起,立案登记制取代立案审查制,有效提高立案效率,一审受案数由 2014 年的 1500 万余件增长到 2016 年的 2300 万余件,当场登记立案率达 95%③;针对"执行难",截止到 2017 年上半年,全国法院执行案件结案 229.4 万件,较去年同期上升 17.8%,执行标的到位金额 5553.9 亿元,同比上升 53%;与此同时,全国 98.9%的法院建立了诉讼服务大厅,2189 家法院开通诉讼服务网④,极大地便利人民群众处理诉讼相关事务,大大节约人民群众维权的司法成本。截至 2017 年 7 月,党的十八届三中、四中全会共确定 129 项司改任务,118 项已出台改革意见,11 项正深入研究制定改革方案⑤,涉及到公益诉讼、法律援助、立案登记制等方方面面的问题,为维护司法公正做出具体指示。

第二,为保障困难群众的发展权,国家积极推动司法救助制度改革,取得可喜成效。2014 年,国家颁布《关于建立完善国家司法救助制度的意见(试行)》,为司法救助工作明确具体措施。最近三年来,国家财政共投入 50 亿元资金进行司法救助,共有 27.4 万人得到救助。⑥ 充分保障生活困难群众依法参与诉讼的权利。因为对人民群众来说没有救济的权利,并非真正的权利,若发展权被侵害,无法伸张正义,使受损权利获得应有的救助和赔偿,那么享有发展权也只是空谈。我国除以救助金的形式帮助困难群众维权外,还结合思

---

① 2012 年 12 月,习近平总书记在首都各界纪念现行宪法公布施行 30 周年大会上强调:我们要依法公正对待人民群众的诉求,努力让人民群众在每一个司法案件中都能感受到公平正义。(参见《公平正义的获得感更强了》,《人民日报》2017 年 10 月 12 日。)

② "立案难、诉讼难、执行难""门难进、脸难看、事难办""人情案、关系案、金钱案",曾几何时,"六难三案"成了人民群众"吐槽"最多的司法问题。(参见《公平正义的获得感更强了》,《人民日报》2017 年 10 月 12 日。)

③ 参见《讲了很多年的改革做成了》,《人民日报》2017 年 10 月 12 日。

④ 参见《公平正义的获得感更强了》,《人民日报》2017 年 10 月 12 日。

⑤ 参见《讲了很多年的改革做成了》,《人民日报》2017 年 10 月 12 日。

⑥ 参见《讲了很多年的改革做成了》,《人民日报》2017 年 10 月 12 日。

想疏导、宣传教育,配套法律援助、诉讼救济等制度,与多种社会救助相衔接,力争全方位、多层次、多角度帮助人民群众在司法诉讼过程中享有发展权的获得感。

第三,进一步加强法律援助工作力度,为贫困群众提供机会维护自己的发展权。目前,我国已降低法律援助门槛标准,尤其是涉及医疗、教育、就业等与民生密切相关的领域,在法律援助事项范围、经济困难程度上均发生较大改变。司法部相关负责人介绍,全国共设立法律援助机构3000多个,依托司法所、工、青、妇、老、残、部队、劳动、信访、看守所、监狱等部门设立法律援助工作站7万余个,法律援助机构工作人员1.4万余人。2013年以来,全国法律援助机构共组织办理法律援助案件500万余件,受援群众超过557万人次,提供法律咨询超过2800万人次①,为困难群众合法权益提供有力保障。

第四,加大司法救济力度,保护弱势群体发展权。我国弱势群体主要包括妇女、儿童、老年人、残疾人及极端贫困群体,法治社会建成的重要标志之一在于社会上最弱势群体享受到法治建设与发展的成果。中国向来注重对发展权等基本人权的司法保护,尤其是打击力度最大的刑事司法保护,力图用法治作为发展权最坚固的后盾。国家依法制裁对妇女、儿童、老年人、残疾人、进城务工人员等的犯罪,强化保障特定群体身心健康发展的权利以及经济社会权利。国家坚持不懈预防、打击拐卖妇女儿童犯罪,拐卖妇女儿童犯罪得到有效遏制。为加大对未成年人权益司法保护力度,颁布《关于依法惩治性侵害未成年人犯罪的意见》和《关于依法处理监护人侵害未成年人权益行为若干问题的意见》。国家出台《关于在检察工作中切实维护残疾人合法权益的意见》,依法从重打击侵害残疾人权益的犯罪活动,保障残疾人合法权益。

第五,重视发挥仲裁功能,保护特定群体平等发展权。通过依法定纷止争、制裁侵权强化权利的程序性保护。截至2015年年底,全国各地乡镇街道劳动就业社会保障服务所(中心)劳动争议调解组织组建率达80%,比2014年增加14%;共建劳动人事争议仲裁院2919家,总体建院率为91.1%,比"十

---

① 参见《法律援助,给群众更多获得感(砥砺奋进的五年·全面依法治国)》,《人民日报》2017年9月12日。

一五"末期的 946 家增加了 208%。2010 年至 2015 年,全国各地调解仲裁机构共处理争议案件 756.6 万件,仲裁结案率保持在 90%以上①。2017 年 4 月 24 日,人力资源社会保障部分别审议通过《劳动人事争议仲裁组织规则》②和《劳动人事争议办案规则》③,为我国进行劳动仲裁确立了更清楚具体的规定。

司法是纠纷争端解决机制的一种,但它处于基础地位,发挥着核心作用,具有终局效力。司法公正是社会公正的最后一道防线,也是矛盾化解的最后一道底线。"人民群众每一次求告无门、每一次经历冤假错案,损害的都不仅仅是他们的合法权益,更是法律的尊严和权威,是他们对社会公平正义的信心。要懂得'100-1=0'的道理,一个错案的负面影响足以摧毁九十九个公正裁判积累起来的良好形象。执法司法中万分之一的失误,对当事人就是百分之百的伤害。"④总之,要通过公正司法,让老百姓相信法治、认识法治、接受法治,并在法治的保护下维护发展权。

(四)实现全民守法

党的十八大报告明确提出"全民守法"的概念,将其与科学立法、严格执法、公正司法相并列,共同成为我国法治建设的新十六字方针。"全民守法,就是任何组织或者个人必须在宪法和法律范围内活动,任何公民、社会组织和国家机关都要以宪法和法律为行为准则,依照宪法和法律行使权利或权力、履行义务或职责。"⑤在全民守法上,党员干部是关键的少数,要做依法办事的表率。"吃百姓之饭,穿百姓之衣,莫道百姓可欺,自己也是百姓;得一官不荣,失一官不辱,勿说一官无用,地方全靠一官。"⑥这些朴素的话语,表明领导干部是我国守法的模范代表,他们的遵纪守法行为有着良好的示范效应,身教重于言传,领导干部对人民的影响力不可小觑。当然,人民是守法的最重要主

---

① 参见《发展权:中国的理念、实践与贡献》,中华人民共和国国务院新闻办公室网,http://www.scio.gov.cn/zfbps/32832/Document/1532315/1532315.htm,访问日期:2017 年 11 月 20 日。

② 参见《劳动人事争议仲裁组织规则》,《人民日报》2017 年 5 月 8 日。

③ 参见《劳动人事争议仲裁办案规则》,《人民日报》2017 年 5 月 8 日。

④ 《习近平关于全面依法治国论述摘编》,中央文献出版社 2015 年版,第 96 页。

⑤ 《习近平关于全面依法治国论述摘编》,中央文献出版社 2015 年版,第 87—88 页。

⑥ 《全民守法——政论专题片〈法治中国〉解说词(第六集)》,《人民日报》2017 年 8 月 24 日。

体,发展权益要靠法律保障,法律权威要靠人民维护①,人民群众是基础力量。卢梭说,一切法律中最重要的法律,既不是刻在大理石上,也不是刻在铜表上,而是铭刻在公民的内心里。建立民众对法律的信仰,除加强法律宣传外,最为根本的还是让公民能从每个矛盾的法治化化解中感受到公平正义。当下,特别要坚决遏制"大闹大解决、小闹小解决、不闹不解决"现象的蔓延,坚决改变"违法成本低、守法成本高"现象的存在,坚决杜绝"违法者能从违法中获益"现象的发生。

全民守法是法治建设的基础工程,对以法治思维和法治方式推动发展权进程具有重大意义。法治是发展的可靠保障,全民守法与发展权的完善相辅相成、共同促进。首先,全民守法为发展权的丰富和完善保驾护航。其一,全民守法能降低人民群众的维权成本,不仅可减少政治、经济、文化、社会、生态等发展中的诸多矛盾与冲突,提高行为效率,而且能尽量避免发展权受损后的恢复成本、救济成本等制度性成本,从而促进法治与发展权的良性循环。其二,全民守法能有效保护发展成果。如果人民群众的发展成果得不到有效保护,那么发展权存在的意义便会大大降低,人民群众最终也会失去促进和维护发展权的动力。其次,发展权的丰富与完善为全民守法奠定现实基础。其一,发展权有益于促进国家政治、经济、文化、社会、生态"五位一体"的全面发展,助力个体实现自由而全面发展,于国于民百利而无一害,不仅为国家和人民的可持续发展奠定良好的物质基础,而且有利于人民培养法治思维、形成法治工作方式,牢固树立规则意识、权利意识,知法懂法,最终实现全民守法。其二,创新、协调、绿色、开放、共享发展理念有助于增强人民的守法意识。全民守法的前提是每个人均能公平参与发展进程、平等享受发展成果,创新和开放发展可为人民提供更多更好的发展机会;协调发展和共享发展将会缩小城乡之间、区域之间发展不平衡的差距;绿色发展有利于代际公平,可促进当代人和后代人的可持续发展,是长远发展观。新发展理念设身处地为 14 亿人民的发展利益考虑,必然激发全民守法的自主性和积极性。

---

① 参见《全民守法——政论专题片〈法治中国〉解说词(第六集)》,《人民日报》2017 年 8 月 24 日。

　　全民守法意义深远，为真正促进全民守法实现，根源在于培养人民的守法意识，注重法治宣传教育，牢固树立法治信仰。我国新时期为宣传法治建设做出一系列努力，《中央宣传部、司法部关于在公民中开展法治宣传教育的第七个五年规划（2016—2020年）》和《法治政府建设实施纲要（2015—2020年）》的颁发为全民守法、法治建设提供具体指导。与此同时，应完善社会信用体系，奖优惩恶，强化守法动机。更重要的是强化法治机制的建构，科学立法、严格执法、公正司法是全民守法的前提，四者协同一体方能不断推进法治建设与发展权迈向更高台阶。

参 考 文 献

著 作 类

一、中文著作

[1]《马克思恩格斯全集》第 2 卷,人民出版社 1995 年版。

[2]《马克思恩格斯全集》第 3 卷,人民出版社 1979 年版。

[3]《马克思恩格斯全集》第 7 卷,人民出版社 1959 年版。

[4]《马克思恩格斯全集》第 25 卷,人民出版社 1959 年版。

[5]《马克思恩格斯文集》,人民出版社 2009 年版。

[6]《马克思恩格斯选集》第 1 卷,人民出版社 1973 年版。

[7]《马克思恩格斯选集》第 3 卷,人民出版社 1995 年版。

[8]《毛泽东文集》,人民出版社 1993 年版。

[9]《毛泽东选集》,人民出版社 1991 年版。

[10]《邓小平文选》,人民出版社 1993 年版。

[11]《江泽民文选》,人民出版社 2006 年版。

[12]胡锦涛:《在省部级主要领导干部提高构建社会主义和谐社会能力专题研讨班上的讲话》,人民出版社 2005 年版。

[13]胡锦涛:《坚定不移沿着中国特色社会主义道路前进为全面建成小康社会而奋斗——在中国共产党第十八次全国代表大会上的报告》,人民出版社 2012 年版。

[14]习近平:《干在实处　走在前列——推进浙江新发展的思考与实践》,中共中央党校出版社 2006 年版。

[15]习近平:《决胜全面建成小康社会　夺取新时代中国特色社会主义伟大胜利——在中国共产党第十九次全国代表大会上的报告》,人民出版社 2017 年版。

[16]《习近平总书记系列重要讲话读本（2016 年版）》,学习出版社、人民出版社 2016 年版。

[17]《习近平关于全面深化改革论述摘编》,中央文献出版社,2014年版。

[18]《习近平关于党风廉政述设和反腐败斗争论述摘编》,中央文献出版社2015年版。

[19]《习近平关于全面依法治国论述摘编》,中央文献出版社2015年版。

[20]《习近平关于科技创新论述摘编》,中央文献出版社2016年版

[21]《习近平谈治国理政》,外文出版社2014年版。

[22]《建国以来重要文献选编》第九册,人民出版社1994年版。

[23]《十七大以来重要文献选编》,中央文献出版社2009年版。

[24]《十八大以来重要文献选编》,中央文献出版社2014年版。

[25]《中国共产党第十三次全国代表大会文件汇编》,人民出版社1987年版。

[26]《中国共产党第十七次全国代表大会文件汇编》,人民出版社2007年版。

[27]《中共中央关于全面深化改革若干重大问题的决定》,人民出版社2013年版。

[28]中华人民共和国民政部编:《中华人民共和国2016年社会服务发展统计公报》,中国统计出版社2017年版。

[29]中华人民共和国国务院新闻办公室:《发展权:中国的理念、实践与贡献》,人民出版社2016年版。

[30]中华人民共和国国务院新闻办公室:《国家人权行动计划(2009—2010年)》,外文出版社2009年版。

[31]中华人民共和国国务院新闻办公室:《中国健康事业的发展与人权进步》,人民出版社2017年版。

[32]中华人民共和国国家统计局:《中国统计年鉴—2016》,中国统计出版社2016年版。

[33]国家统计局住户调查办公室编:《中国农村贫困监测报告》,中国统计出版社2011年版。

[34]《十八大报告辅导读本》,人民出版社2012年版。

[35]《党的十九大报告学习辅导百问》,党建读物出版社2017年版。

[36]人民日报社评论部编著:《"四个全面"学习读本》,人民出版社2015年版。

[37]中共廊坊市委讲师团:《全面建成小康社会与中国梦构建研究》,中国社会科学出版社2015年版。

[38]《孙中山全集》第2卷,中华书局1986年版。

[39]蔡元培:《中国伦理学史》,上海古籍出版社2005年版。

[40]《胡适文集》,北京大学出版社1998年版。

[41]《梁启超全集》,北京出版社1999年版。

[42]梁启超:《先秦政治思想史》,东方出版社1996年版。

[43]萧公权:《中国政治思想史》,商务印书馆2011年版。

[44]熊向晖:《我的外交和情报生涯》,中央党史出版社1999年版。

[45]韩德培主编:《人权的理论与实践》,武汉大学出版社 1995 年版。

[46]郭道晖:《法理学精义》,湖南人民出版社 2005 年版。

[47]李步云主编:《法理学》,经济科学出版社 2000 年版。

[48]李君如主编:《中国人权事业发展报告(2017 年)》,社会科学文献出版社 2017 年版。

[49]江必新:《法治与经济社会发展:〈十三五规划建议〉之法治研读》,中国法制出版社 2016 年版。

[50]徐显明主编:《人权法原理》,中国政法大学出版社 2008 年版。

[51]徐显明主编:《法治与社会公平》,山东人民出版社 2007 年版。

[52]汪习根:《法治社会的基本人权——发展权法律制度研究》,中国人民公安大学出版社 2002 年版。

[53]汪习根:《法治中国:民主法治精神举要》,中国人民大学出版社 2014 年版。

[54]汪习根主编:《发展、人权与法治研究——新发展理念与中国发展权保障暨联合国〈发展权利宣言〉通过三十周年纪念》,武汉大学出版社 2017 年版。

[55]汪习根主编:《平等发展权法律保障制度研究》,人民出版社 2018 年版。

[56]胡鞍钢、鄢一龙等:《中国新理念:五大发展》,浙江人民出版社 2016 年版。

[57]魏后凯、黄秉信主编:《农村绿皮书:中国农村经济形势分析与预测(2016—2017)》,社会科学文献出版社 2017 年版。

[58]沈宗灵、黄枏森:《西方人权学说》,四川人民出版社 1994 年版。

[59]鲜开林:《论人权——人权理论前沿问题研究》,中央编译出版社 2016 年版。

[60]夏勇:《人权概念起源——权利的历史哲学》,中国政法大学出版社 2001 年版。

[61]王延中主编:《中国民族发展报告(2016)》,社会科学文献出版社 2016 年版。

[62]张英伟主编:《中国反腐倡廉建设报告 2016 版》,社会科学文献出版社 2016 年版

[63]郑功成主编:《中国残疾人事业发展报告(2017)》,人民出版社 2017 年版。

[64]杨东平:《中国流动儿童教育发展报告(2016)》,社会科学文献出版社 2016 年版。

[65]杨东平:《中国教育发展报告(2017)》,社会科学文献出版社 2017 年版。

[66]世界银行:《1995 世界发展报告:一体化世界中的劳动者》,中国财政经济出版社 1996 年版。

[67]世界银行:《公平与发展:2006 年世界发展报告》,清华大学出版社 2006 年版。

[68]联合国开发计划署:《2014 年人类发展报告》,联合国开发计划署 2014 年版。

[69]丁建定:《中国社会保障制度体系完善研究》,人民出版社 2013 年版。

[70]张晓玲主编:《人权理论基本问题》,中共中央党校出版社 2006 年版。

[71]傅永聚、任怀国:《儒家政治理论及其现代化价值》,中华书局 2011 年版。

[72]龚微:《发展权视角下的气候变化国际法研究》,法律出版社 2013 年版。

[73]杨信礼:《科学发展观研究》,人民出版社年 2007 年版。

[74]王开宇:《生态权研究》,社会科学文献出版社 2016 年版。

［75］陆士桢、魏兆鹏、胡伟编著：《中国儿童政策概论》，社会科学文献出版社 2005 年版。

［76］徐爽：《公民基本权利的宪法和法律保障》，社会科学文献出版社 2016 年版。

［77］林存光：《中国古典和谐政治理念与治国方略研究》，中国社会科学出版社 2013 年版。

［78］胡建等：《文化价值演进与人的自由而全面地发展》，黑龙江人民出版社 2009 年版。

［79］胡建新：《社会保障与社会公平》，武汉出版社 2007 年版。

［80］胡玉鸿：《法律原理与技术》，中国政法大学出版社 2007 年版。

［81］刘楠来：《发展中国家与人权》，四川人民出版社 1994 年版。

［82］刘培哲等：《可持续发展理论——中国 21 世纪议程》，气象出版社 2001 年版。

［83］刘泽华、葛荃：《中国古代政治思想史》，南开大学出版社 2001 年版。

［84］林尚立等：《制度创新与国家成长》，天津人民出版社 2006 年版。

［85］杨建文：《发展是执政兴国的第一要务》，上海社会科学院出版社 2002 年版。

［86］范进学：《权利政治论》，山东人民出版社 2003 年版。

［87］冯天瑜、谢贵安：《解构专制——明末清初"新民本"思想研究》，湖北人民出版社 2003 年版。

［88］马昊：《当代中国县级公共财政制度研究》，中国经济出版社 2008 年版。

［89］陈玉荣：《中国梦的伟大构想》，中国水利水电出版社 2014 年版。

［90］杨春福主编：《人权法学》，科学出版社 2010 年版。

［91］朱穆之、周觉等主编：《中国人权年鉴》，当代世界出版社 2000 年版。

［92］权衡：《收入分配与社会公平》，上海人民出版社 2014 年版。

［93］张涛甫：《"中国梦"的文化解析》，重庆出版社 2014 年版。

［94］孙来斌：《中国梦之中国复兴》，武汉大学出版社 2015 年版。

［95］王人博：《中国特色社会主义法治理论研究》，中国政法大学出版社 2016 年版。

［96］薛小建：《论社会保障权》，中国法制出版社 2007 年版。

［97］洪银兴主编：《创新发展》，江苏人民出版社 2016 年版。

［98］蒋伏心主编：《协调发展》，江苏人民出版社 2016 年版。

［99］刘德海主编：《绿色发展》，江苏人民出版社 2016 年版。

［100］张二震主编：《开放发展》，江苏人民出版社 2016 年版。

［101］王庆五主编：《共享发展》，江苏人民出版社 2016 年版。

［102］陈家付：《我国社会公平保障体系研究》，齐鲁书社 2013 年版。

［103］卜卫：《媒介与儿童教育》，新世界出版社 2002 年版。

［104］南京大学法学院人权法学教材编写组：《人权法学》，科学出版社 2005 年版。

［105］刘柯、李克和：《〈管子〉译注》，黑龙江人民出版社 2003 年版。

［106］《论语》，张燕婴译注，中华书局 2006 年版。

［107］《孟子》，万丽华译注，中华书局 2006 年版。

［108］《荀子》，安小兰译注，中华书局 2007 年版。

［109］《老子》，饶尚宽译注，中华书局 2006 年版。

［110］刘安：《淮南子》，顾迁译注，中华书局 2009 年版。

［111］周勋初编著：《韩非子校注》，凤凰出版社 2009 年版。

［112］孙诒让撰，孙启治点校：《墨子闲诂》，中华书局 2001 年版。

［113］《董子（春秋繁露）译注》，阎丽译注，黑龙江人民出版社 2003 年版。

［114］顾炎武著，黄汝成集释：《日知录集释（全校本）》，上海古籍出版社 2006 年版。

［115］张建业主编：《李贽文集》，社会科学文献出版社 2000 年版。

［116］杨俊光：《墨子新论》，江苏教育出版社 1992 年版。

二、外文译著

［1］［古希腊］亚里士多德：《政治学》，吴寿彭译，商务印书馆 1965 年版。

［2］［意］阿奎那：《阿奎那政治著作选》，马清槐译，商务印书馆 1963 年版。

［3］［意］但丁：《论世界帝国》，朱虹译，商务印书馆 1985 年版。

［4］［法］孟德斯鸠：《波斯人信札》，罗国林译，译林出版社 2000 年版。

［5］［法］孟德斯鸠：《论法的精神》，许明龙译，商务印书馆 2007 年版。

［6］［荷］格劳秀斯：《战争与和平法》，何勤华等译，上海人民出版社 2013 年版。

［7］［英］约翰·洛克：《政府论（下编）》，丰俊功、张玉梅译，北京大学出版社 2014 年版。

［8］［英］哈耶克：《自由秩序原理》，邓正来译，生活·读书·新知三联书店 1997 年版。

［9］［法］卢梭：《论人类不平等的起源和基础》，李平沤译，商务印书馆 1979 年版。

［10］［法］卢梭：《社会契约论》，何兆武译，商务印书馆 1980 年版。

［11］［美］米尔顿·弗里德曼：《自由选择》，胡骑、席学媛、安强译，商务印书馆 1982 年版。

［12］［美］诺奇克：《无政府、国家和乌托邦》，姚大志译，中国社会科学出版社 2008 年版。

［13］［美］约翰·罗尔斯：《正义论》，何怀宏、何包钢、廖申白译，中国社会科学出版社 1988 年版。

［14］［美］约翰·罗尔斯：《作为公平的正义》，姚大志译，中国社会科学出版社 2011 年版。

［15］［美］伊曼纽尔·沃勒斯坦：《现代世界体系》第三卷，孙立田译，高等教育出版社 2000 年版。

［16］［法］弗朗索瓦·佩鲁：《新发展观》，张宁、丰子义译，华夏出版社 1987 年版。

［17］［美］亨金：《权利的时代》，信春鹰、吴玉章、李林译，知识出版社 1997 年版。

［18］［美］博登海默：《法理学：法律哲学与法律方法》，邓正来译，中国政法大学出版社

1998 年版。

　　[19][美]富勒:《法律的道德性》,郑戈译,商务印书馆 2005 年版。

　　[20][印度]阿马蒂亚·森:《以自由看待发展》,于真等译,中国人民大学出版社 2002 年版。

　　[21][新加坡]阿努拉·古纳锡克拉:《全球化背景下的文化权利》,张旒强译,中国传媒大学出版社 2006 年版。

　　[22][法]A.佩奇:《未来一百页——罗马俱乐部总裁的报告》,中国展望出版社 1984 年版。

三、外文原著

　　[1]Isaiah Berlin, *Liberty*. London: Oxford University Press, 2002.

　　[2]Indermit Gill, Homi Kharas, *An East Asian Renaissance: Ideas for Economic Growth*. Washington, DC: World Bank, 2007.

　　[3]United Nations Statistics Division, *UN Women. MDGs Gender Chart 2015*. New York: United Nations Entity for Gender Equality and the Empowerment of Women(UN Women), 2016.

　　[4]Moreno Dodson B., *Reducing Poverty on a Global Scale: Learning and Innovating for Development—Findings from the Shanghai Global Learning Imitative*. World Bank Publications, 2005.

论 文 类

一、中文论(译)文

　　[1]习近平:《在十八届中央政治局常委同中外记者见面时的讲话》,《人民日报》2012 年 11 月 16 日。

　　[2]《习近平同各界优秀青年代表座谈时的讲话》,《人民日报》2013 年 5 月 5 日。

　　[3]习近平:《共同维护和发展开放型世界经济——在二十国集团领导人峰会第一阶段会议上关于世界经济形势的发言》,《人民日报》2013 年 9 月 6 日。

　　[4]习近平:《切实把思想统一到党的十八届三中全会精神上来》,《求是》2014 年第 1 期。

　　[5]习近平:《弘扬和平共处五项原则　建设合作共赢美好世界——在和平共处五项原则发表 60 周年纪念大会上的讲话》,《人民日报》2014 年 6 月 28 日。

　　[6]习近平:《在纪念孔子诞辰 2565 周年国际学术研讨会暨国际儒学联合会第五届会员大会开幕会上的讲话》,《人民日报》2014 年 9 月 25 日。

　　[7]习近平:《谋求持久发展,共筑亚太梦想——在 2014 年 APEC 工商领导人峰会上的主旨演讲》,《人民日报》2014 年 11 月 10 日。

［8］习近平:《加快建设社会主义法治国家》,《求是》2015 年第 1 期。

［9］习近平:《"促进妇女全面发展　共建共享美好世界"——在全球妇女峰会上的讲话》,《人民日报》2015 年 9 月 28 日。

［10］习近平:《携手消除贫困　促进共同发展——在 2015 减贫与发展高层论坛的主旨演讲》,《人民日报》2015 年 10 月 16 日。

［11］习近平:《立足我国国情和我国发展实践　发展当代中国马克思主义政治经济学》,《人民日报》2015 年 11 月 25 日。

［12］《习近平到河北阜平看望慰问困难群众讲话》,《"四个全面"学习读本》,人民出版社 2015 年版。

［13］习近平:《在第十八届中央纪律检查委员会第六次全体会议上的讲话》,《人民日报》2016 年 5 月 3 日。

［14］习近平:《在全国科技创新大会、中国科学院第十八次院士大会和中国工程院第十三次院士大会、中国科学技术协会第九次全国代表大会上的讲话》,《人民日报》2016 年 5 月 31 日。

［15］习近平:《在纪念孙中山先生诞辰 150 周年大会上的讲话》,《人民日报》2016 年 11 月 12 日。

［16］习近平:《抓住世界经济转型机遇　谋求亚太更大发展——习近平在亚太经合组织工商领导人峰会上的主旨演讲》,《人民日报》2017 年 11 月 10 日。

［17］中华人民共和国国务院新闻办公室:《中国的人权状况(1991 年)》,《中华人民共和国国务院公报》1991 年第 39 期。

［18］中华人民共和国国务院新闻办公室:《中国人权事业的进展(1995 年)》,《中华人民共和国国务院公报》1995 年第 32 期。

［19］中华人民共和国人力资源和社会保障部:《2016 年度人力资源和社会保障事业发展统计公报》,《中国劳动》2017 年第 7 期。

［20］中华人民共和国人力资源和社会保障部:《党的十八大以来人力资源和社会保障事业发展的主要成就》,《中国劳动》2017 年第 8 期。

［21］中华人民共和国住房和城乡建设部:《2016 年城乡建设统计公报》,《城乡建设》2017 年第 17 期。

［22］国家统计局:《2016 年〈中国妇女发展纲要(2011—2020 年)〉统计监测报告》,《中国信息报》2017 年 10 月 27 日。

［23］国家统计局:《〈中国儿童发展纲要(2011—2020 年)〉中期统计监测报告》,《中国信息报》2017 年 11 月 2 日。

［24］国家统计局:《2016 年农民工监测调查报告》,《中国信息报》2017 年 5 月 2 日。

［25］国家信息中心分享经济研究中心、中国互联网协会分享经济工作委员会:《2018 中国共享经济发展年度报告》,《经济日报》2018 年 3 月 9 日。

［26］黄华:《在安理会特别会议上就非洲问题作总发言坚决支持非洲人民反帝反殖斗

争》,载人民出版社编写组:《我国代表团出席联合国有关会议文件集》,人民出版社 1972
年版。

[27]乔冠华:《在联合国大会第二十六届会议全体会议上的发言》,《人民日报》1971
年 11 月 17 日。

[28]《李鹏在计划生育工作座谈会上的讲话》,《中办导报》1991 年 4 月 7 日。

[29]李龙:《人本法律观简论》,《社会科学战线》2004 年第 6 期。

[30]李龙、郑华:《习近平同志治国之道的法哲学解读》,载汪习根主编:《发展、人权与
法治研究——新发展理念与中国发展权保障》,武汉大学出版社 2017 年版。

[31]李步云:《发展权的科学内涵和重大意义》,《人权》2015 年第 4 期。

[32]杨洁篪:《推动构建人类命运共同体》,《人民日报》2017 年 11 月 19 日。

[33]陈润儿:《加快推进城乡发展一体化》,《人民日报》2015 年 7 月 21 日。

[34]靳昊、夏静:《贯彻新发展理念 积极保障发展权——访中国人权研究会会长罗
豪才》,《光明日报》2016 年 5 月 8 日。

[35]徐显明、曲相霏:《人权主体界说》,《中国法学》2001 年第 2 期。

[36]季卫东:《法律程序的意义——对中国法制建设的另一种思考》,《中国社会科学》
1993 年第 1 期。

[37]汪习根:《新发展理念是实现发展权的根本指引》,《人民日报》2016 年 6 月 8 日。

[38]汪习根:《中国特色发展权的实现之道》,《光明日报》2016 年 12 月 7 日。

[39]汪习根:《论法治中国的科学含义》,《中国法学》2014 年第 2 期。

[40]汪习根:《发展权法理探析》,《法学研究》1999 年第 4 期。

[41]汪习根:《免于贫困的权利及其法律保障机制》,《法学研究》2012 年第 1 期。

[42]汪习根:《论发展权的本质》,《社会科学战线》1998 年第 2 期。

[43]汪习根:《发展权主体的法哲学探析》,《现代法学》2002 年第 1 期。

[44]汪习根:《发展权含义的法哲学分析》,《现代法学》2004 年第 6 期。

[45]汪习根、王雄文:《论科学的法律发展观》,《当代法学》2005 年第 2 期。

[46]汪习根:《论发展权的法律救济机制》,《政治与法律》2007 年第 4 期。

[47]汪习根:《论人本法律观的科学含义——发展权层面的反思》,《政治与法律》2007
年第 3 期。

[48]汪习根:《中国梦与人权——当今中国人权的法政治学解读》,《人权》2014 年第
3 期。

[49]汪习根:《新发展理念与中国人权保障——纪念联合国〈发展权利宣言〉通过三十
周年理论研讨会综述》,《人权》2016 年第 4 期。

[50]汪习根:《民生法治的一个焦点——农民工平等发展权的法律保障》,《法学论坛》
2012 年第 6 期。

[51]汪习根:《论社会公平的权利诉求——发展权视角的法哲学考量》,载徐显明主
编:《法治与社会公平》,山东人民出版社 2007 年版。

[52]汪习根、彭建军:《论区域发展权的本质属性及法律实践》,《中南民族大学学报(人文社会科学版)》2009 年第 6 期。

[53]汪习根、汪火良:《执政党运用法治思维与法治方式的重大意义与基本路径》,《学习与实践》2015 年第 1 期。

[54]汪习根、朱林:《新常态下发展权实现的新思路》,《理论探索》2016 年第 1 期。

[55]汪习根、王信川:《论文化发展权》,《太平洋学报》2007 年第 12 期。

[56]汪习根:《中国发展权话语体系构建——纪念联合国〈发展权利宣言〉通过 30 周年》,《发展、人权与法治研究》,武汉大学出版社 2017 年版。

[57]汪习根、唐勇:《论平等发展权及其在中国的实践模式》,《发展、人权与法治研究》,武汉大学出版社 2017 年版。

[58]彭清燕、汪习根:《留守儿童平等发展权法治建构新思路》,《东疆学刊》2013 年第 1 期。

[59]胡鞍钢、张新:《创新发展:国家发展全局的核心》,《中共中央党校学报》2016 年第 2 期。

[60]汪永清:《法治思维及其养成》,《求是》2014 年第 12 期。

[61]任理轩:《坚持创新发展——"新发展理念"解读之一》,《人民日报》2015 年 12 月 18 日。

[62]任理轩:《坚持绿色发展——"五大发展理念"解读之三》,《人民日报》2015 年 12 月 22 日。

[63]赵洪祝:《进一步强化权力运行制约和监督体系》,《人民日报》2013 年 11 月 27 日。

[64]王理万:《中国实现发展权利的宪法基础》,《人民日报海外版》2016 年 12 月 7 日。

[65]马长山:《公民意识:中国法治进程的内驱力》,《法学研究》1996 年第 6 期。

[66]项焱、郑耿扬、李沉:《留守儿童权利状况考察报告———以湖北农村地区为例》,《法学评论》2009 年第 6 期。

[67]汪太贤:《人文精神与西方法治传统》,《政法论坛》2001 年第 3 期。

[68]刘小平:《法学中西之间:西方法学在中国法学理论体系建构中的构建和定位》,《法制与社会发展》2012 年第 6 期。

[69]陈金钊:《"法治思维和法治方式"的意蕴》,《法学论坛》2013 年第 5 期。

[70]魏健馨:《论公民、公民意识与法治国家》,《政治与法律》2004 年第 1 期。

[71]姚大志:《公平与契约主义》,《哲学动态》2017 年第 5 期。

[72]陈焱光:《论科学发展观与人权的和谐发展》,《科学社会主义》2008 年第 4 期。

[73]辛鸣:《论当代中国发展战略的构建》,《中国特色社会主义研究》2016 年第 1 期。

[74]李德顺:《谈社会主义核心价值"公正"》,《中国特色社会主义研究》2015 年第 2 期。

[75]方世南:《论绿色发展理念对马克思主义发展观的继承和发展》,《思想理论教育》

2016 年第 5 期。

　　[76]王水平:《以开放发展新理念引领开放发展新时代》,《理论视野》2016 年第 6 期。

　　[77]董云虎:《中国人权发展史上的一个重要里程碑》,《人权》2002 年第 1 期。

　　[78]梁洪霞:《发展权权利属性的宪法解读——以宪法文本为视角》,《人权》2015 年第 4 期。

　　[79]关世杰:《把握世界文化发展趋势寻求中国文化发展对策》,《国际新闻界》2002 年第 2 期。

　　[80]贾康:《"十二五"时期中国的公共财政制度改革》,《财政研究》2011 年第 7 期。

　　[81]李琦:《公民政治权利研究》,《政治学研究》1997 年第 3 期。

　　[82]陈庆修:《和谐社会如何保障》,《税务研究》2006 年第 10 期。

　　[83]武力、温锐:《新中国收入分配制度的演变及绩效分析》,《当代中国史研究》2006 年第 13 卷第 4 期。

　　[84]徐国栋:《论卢梭在社会契约论思想史上的地位》,《法治研究》2011 年第 4 期。

　　[85]孙斌栋、郑燕:《我国区域发展战略的回顾、评价与启示》,《人文地理》2014 年第 5 期。

　　[86]辛向阳:《创新发展的四大维度》,《当代世界与社会主义》2016 年第 2 期。

　　[87]郑若瀚:《精准扶贫与农村贫困人口人权保障新进展》,载李君如主编:《中国人权事业发展报告(2017 年)》,社会科学文献出版社 2017 年版。

　　[88]夏清瑕:《从发展权到立足于人权的发展方针——联合国发展与人权结合的发展道路》,载汪习根主编:《发展、人权与法治研究》,武汉大学出版社 2017 年版。

　　[89]张德淼、康兰萍:《新时期发展权现实化的法治向度与视域》,载汪习根主编:《发展、人权与法治研究——新发展理念与中国发展权保障》,武汉大学出版社 2017 年版。

　　[90]彭建军、唐素芝:《发展是党执政兴国的第一要务:发展价值的崭新定位》,《中国青年政治学院学报——新发展理念与中国发展权保障》2006 年第 5 期。

　　[91]安体富:《完善公共财政制度　逐步实现公共服务均等化》,《财经问题研究》2007 年第 7 期。

　　[92]赵秀芳:《当代中国法治的价值追求》,《前沿》2017 年第 1 期。

　　[93]林闽钢:《福利多元主义的兴起及其政策实践》,《社会》2002 年第 7 期。

　　[94]连保君、孟鸣歧:《论人权中的发展权问题》,《北京师范大学学报》1992 年第 3 期。

　　[95]唐勇:《论贫困人口发展权的法律完善》,《北京工业大学学报》2014 年第 5 期。

　　[96]石中英:《教育机会均等的内涵及其政策意义》,《北京大学教育评论》2007 年 10 月第 5 卷第 4 期。

　　[97]丁小浩:《规模扩大与高等教育入学机会均等化》,《北京大学教育评论》2006 年 4 月第 4 卷第 2 期。

　　[98]杨家宁、钟传优:《发展权视角下的农民贫困》,《新疆大学学报(哲学社会科学版)》2006 年第 2 期。

[99]李红松:《共享发展理念的哲学基础与落实路径》,《求实》2016年第9期。

[100]李凯林:《全国人权理论研讨会关于生存权和发展权的讨论侧记》,《南京社会科学》1993年第1期。

[101]姜明安《再论法治、法治思维与法律手段》,《湖南社会科学》2012年第4期。

[102]杨庚:《论核心人权》,《南京社会科学》1996年第7期。

[103]王士杰、乔中国:《公平正义的内容分析》,《四川省社会主义学院学报》2009年第4期。

[104]吴增基:《坚持"规则公平优先、兼顾结果公平"的公平观——兼论"效率优先、兼顾公平"的实质与合理性》,《学术界》2006年第1期。

[105]谭吉华、龙转:《开放发展新理念及其实现途径初探》,《党政研究》2016年第5期。

[106]朱启贵:《"绿色+":中国可持续发展的全新战略思维》,《学术前沿》2016年第2期。

[107]林闽钢:《中国社会保障制度优化路径的选择》,《中国行政管理》2014年第7期。

[108]马静:《十字路口的国家路径选择:美国梦？欧洲梦？还是中国梦？——专访中国社会科学院哲学研究所研究员赵汀阳》,《人民论坛》2011年第27期。

[109]王友明:《拉美陷入"中等收入陷阱"的教训、经验及启示》,《当代世界》2012年第7期。

[110]周皓、荣珊:《我国流动儿童研究综述》,《人口与经济》2011年第3期。

[111]肖巍:《作为人权的发展权与反贫困》,《社会科学》2005年第10期。

[112]杨俊光:《谈关于墨学的理论体系问题》,载《墨子研究论丛(一)》,山东大学出版社1991年版。

[113]蔡尚思:《墨子十大宗旨的主次问题》,载《墨子研究论丛(四)》,山东大学出版社1991年版。

[114]谭风雷:《墨子"尚同"思想中的民主意识》,载《墨子研究论丛(一)》,山东大学出版社1991年版。

[115][德]康德:《权利的科学导言》,转引自黄枬森、沈宗灵主编:《西方人权学说(上)》,四川人民出版社1994年版。

[116][印度]艾君·森古布达:《作为人权的发展》,王燕燕编译,载《经济社会体制比较》2005年第1期。

[117]易白沙:《述墨》,载陈独秀等著,王中江、苑淑娅选编:《新青年》第1卷,中州古籍出版社1999年版。

[118]钟毅:《陕甘宁边区的女工》,《新华日报》1940年10月4日。

[119]李红梅:《中国减贫成就在人类历史上前所未有》,《国际商报》2008年10月18日。

[120]《习近平出席博鳌亚洲论坛年会的中外企业家代表座谈》,《人民日报》2013年4

月8日。

[121]《习近平接受金砖国家媒体联合采访》,《人民日报》2013年3月20日。

[122]《加强互联互通,实现亚太联动发展》,《人民日报》2017年11月21日。

[123]《中共中央关于制定国民经济和社会发展第十三个五年规划的建议》,《人民日报》2015年11月4日。

[124]《党的十九大代表热议——打赢脱贫攻坚战　拥抱全面小康》,《人民日报》2017年10月21日。

[125]《坚持总体国家安全观　走中国特色国家安全道路》,《人民日报》2014年4月16日。

[126]《一千二百四十万人去年脱贫(打赢脱贫攻坚战)》,《人民日报》2017年3月1日。

[127]中共国务院扶贫办党组:《脱贫攻坚砥砺奋进的五年》,《人民日报》2017年10月17日。

[128]《交通扶贫超额完成　保障规划资金落实》,《人民日报》2016年11月25日。

[129]《增强可持续发展能力实现各民族共同发展(声音2016)》,《人民日报》2016年3月14日。

[130]《全国480万农民工返乡创业》,《人民日报》2017年8月23日。

[131]《把纪律挺在前面　让红脸出汗成常态(砥砺奋进的五年·全面从严治党)》,《人民日报》2017年10月6日。

[132]《擦亮巡视利剑　形成强大震慑(砥砺奋进的五年·全面从严治党)》,《人民日报》2017年10月5日。

[133]《确立中国特色监察体系的创制之举(砥砺奋进的五年·全面从严治党)》,《人民日报》2017年10月7日。

[134]《法律援助,给群众更多获得感(砥砺奋进的五年·全面依法治国)》,《人民日报》2017年9月12日。

[135]《我家的房子更敞亮了(一图说五年)——居民人均住房建筑面积达40.8平方米》,《人民日报》2017年10月7日。

[136]《找个事儿做更容易了(一图说五年)》,《人民日报》2017年10月3日。

[137]《瞧个病省事更省钱了(一图说五年)》,《人民日报》2017年10月6日。

[138]《政府权责有清单了(严格执法)》,《人民日报》2017年10月12日。

[139]《公平正义的获得感更强了》,《人民日报》2017年10月12日。

[140]《讲了很多年的改革做成了》,《人民日报》2017年10月12日。

[141]《努力让十三亿人民享有更好更公平的教育(治国理政新思想新实践·新理念引领新发展)——党的十八大以来中国教育改革发展取得显著成就》,《人民日报》2017年10月17日。

[142]《夯实中华民族伟大复兴的健康之基——以习近平同志为核心的党中央加快推

进健康中国建设纪实》,《人民日报》2017 年 10 月 14 日。

[143]《全民守法——政论专题片〈法治中国〉解说词(第六集)》,《人民日报》2017 年 8 月 24 日。

[144]《1.56 亿人受益新一轮农网改造》,《经济日报》2017 年 11 月 24 日。

[145]《权利公平·机会公平·规则公平》,《新华社每日电讯》2012 年 11 月 12 日。

[146]《精准扶贫托起全面小康》,《中国水利报》2016 年 10 月 18 日。

[147]《让"大班额""大通铺"成为过去——党的十八大以来我国促进教育公平综述》,《中国教育报》2016 年 6 月 25 日。

[148]《为了乡村教师留得住干得好——党的十八大以来我国促进教育公平综述》,《中国教育报》2016 年 6 月 23 日。

[149]《多项产业扶持政策预计陆续出台　新一代信息技术产业今年全面提速》,《经济参考报》2017 年 1 月 5 日。

[150]新华社:《习近平在十八届中央纪委二次全会上发表重要讲话》,人民网 http://cpc.people.com.cn/n/2013/0122/c64094 - 20289660.html,访问日期:2017 年 10 月 12 日。

[151]新华社《习近平:领导干部要做尊法学法守法用法的模范》,人民网 http://politics.people.com.cn/n/2015/0202/c1024-26494271.html,访问日期:2017 年 10 月 13 日。

[152]李树林:《推进国家治理体系与治理能力的现代化》,载中国共产党新闻网:http://theory.people.com.cn/n/2013/1220/c40531 - 23902227.html,访问时间:2017 年 9 月 2 日。

[153]于佳欣:《国家电网实施新一轮农网改造总投资 5222 亿元》,2016 年 4 月 29 日,新华网,http://www.xinhuanet.com/fortune/2016-04/29/c_1118772592.htm,访问日期:2017 年 7 月 7 日。

[154]常啸:《我们为什么需要协调发展》,新华网,http://news.xinhuanet.com/comments/2016-03/23/c_1118420162.htm,访问日期:2017 年 12 月 20 日。

[155]联合国社会发展委员会:《新出现的问题:"将残疾问题纳入发展议程的主流"》,联合国网站,http://www.un.org/chinese/disabilities/default.asp? id = 1190,访问日期:2017 年 11 月 20 日。

[156]新华社:《美媒称"四大支柱"支撑中国经济奇迹进入第二阶段》,新华网 http://news.xinhuanet.com/world/2017-04/01/c_129523358.htm,访问日期:2017 年 7 月 12 日。

[157]新华社:《残疾儿童入学率要再提高》,新华网,http://news.xinhuanet.com/health/2017-08/08/c_1121446236.htm,访问日期:2017 年 11 月 15 日。

[158]中国残疾人联合会,《2016 年中国残疾人事业发展统计公报》,中国残疾人联合会官方网站,http://www.cdpf.org.cn/zcwj/zxwj/201703/t20170331_587445.shtml,访问日期:2017 年 11 月 17 日。

[159]新华社:《习近平:加大推进新形势下农村改革力度》,新华社网站,http://news.xinhuanet.com/politics/2016-04/28/c_1118763826.htm,访问日期:2016年4月28日。

[160]新华社:《中央民族工作会议暨国务院第六次全国民族团结进步表彰大会在京举行》,新华网,http://news.xinhuanet.com/politics/2014-09/29/c_1112683008.htm,访问日期:2017年11月23日。

[161]《介绍从数据看党的十八大以来我国教育改革发展有关情况(文字实录)》,教育部,http://www.moe.gov.cn/jyb_xwfb/xw_fbh/moe_2069/xwfbh_2017n/xwfb_20170928/201709/t20170928_315538.html,访问日期:2017年11月25日。

[162]《习近平在七大会址论党的实践创新和理论创新:永无止境》,新华网,http://news.xinhuanet.com/politics/2015-02/15/c_1114372592.htm,访问日期:2017年8月21日。

[163]《精准脱贫成效卓著小康短板加速补齐——党的十八大以来经济社会发展成就系列之六》,中华人民共和国国家统计局网,http://www.stats.gov.cn/tjsj/sjjd/201707/t20170705_1509997.html,访问日期:2017年11月9日。

[164]《人口发展战略不断完善 人口均衡发展取得成效——党的十八大以来经济社会发展成就系列之十六》,中华人民共和国国家统计局网,http://www.stats.gov.cn/tjsj/sjjd/201707/t20170725_1516463.html,访问日期:2017年11月5日。

[165]《许剑毅:服务业继续发挥经济增长的主引擎作用》,中国经济网 http://www.ce.cn/xwzx/gnsz/gdxw/201707/19/t20170719_24305769.shtml,访问日期:2017年11月5日。

[166]《10月份房价总体稳定——国家统计局城市司高级统计师刘建伟解读10月份房价数据》,中华人民共和国国家统计局网,http://www.stats.gov.cn/tjsj/sjjd/201711/t20171117_1554665.html,访问日期:2017年11月9日。

[167]《全国至少48城落地住房租赁政策已纳入住房体系重要部分》,中国青年网,http://news.youth.cn/sz/201710/t20171030_10936419.htm,访问日期:2017年11月9日。

[168]《"十二五"时期我国社会事业改革稳步推进》,新华网,http://news.xinhuanet.com/politics/2015-10/14/c_1116824362.htm,访问日期:2017年11月29日。

[169]《习近平:努力让人民群众在每一个司法案件中都感受到公平正义》,人民网 http://politics.people.com.cn/n/2013/0224/c70731-20581921.html,访问日期:2017年10月12日。

[170]李洪雷、白春景:《商务部:行政审批取消后新注册国际招标机构数量增长2.5倍》,中华人民共和国中央人民政府网,http://www.gov.cn/xinwen/2017-01/26/content_5163598.htm,访问日期:2017年8月4日。

[171]郝栋:《绿色发展道路的哲学探析》,2012年中共中央党校博士学位论文。

二、英文论文

[1] Jack Donnelly, "Human Rights as Natural Rights", *Human Rights Quarterly*, Vol. 4 (1982).

［2］Jack Donnelly，"In Search of the Unicorn：The Jurisprudence and Politics of the Right to Development"，*California International Law Journal*，Vol.15（1985）.

［3］Philip Alston，"Making Space for New Human Rights：The Case of the Right to Development"，*Harvard Human Rights Yearbook*，Vol.34（1988）.

［4］Karel Vasak，"Pour une Troisième Génération des Droits de l'Homme"，*cited in Studies and Essays on International Humanitarian Law and Red Cross Principles*，1984.

［5］Keba M'Baye，"Le Droit au developpement Commen un droit de l'Homme"，5 Revue des Droits de l'Homme，Vol.503（1972）.Cf.Russel Lawrence Barsh，"The Right to development as a Human Right：Results of the Global Consultation"，*Human Rights Quarterly*，Vol.12（1991）.